KB220548

국어학개론

국어학개론 - 개정판

초판 1쇄 발행   2013년 12월 17일
개정판 1쇄 발행   2020년 8월 25일
개정판 2쇄 발행   2022년 8월 31일

지은이 | 신승용, 이정훈, 오경숙
펴낸곳 | (주)태학사
등록 | 제406-2020-000008호
주소 | 경기도 파주시 광인사길 217
전화 | 031-955-7580
전송 | 031-955-0910
전자우편 | thspub@daum.net
홈페이지 | www.thaehaksa.com

편집 | 최형필 조윤형 김성천
디자인 | 이윤경 이보아
마케팅 | 안찬웅
경영지원 | 정충만
인쇄·제책 | 영신사

값 24,000원

ISBN 979-11-90727-22-8 93710

이 도서의 국립중앙도서관 출판예정도서목록(CIP)은 서지정보유통지원시스템 홈페이지
(http://seoji.nl.go.kr)와 국가자료종합목록 구축시스템(http://kolis-net.nl.go.kr)에서 이용하실 수 있습니다.
(CIP제어번호 : CIP2020029746)

국어학개론

개정판

신승용 · 이정훈 · 오경숙 지음

태학사

개정판 머리말

이 책의 초판이 나온 지 어느덧 7년이 흘렀다. 그동안 분에 넘치는 사랑을 받으며 예상치 못하게 초판 1쇄(2013년 12월 17일)를 내고 3년 정도 후에 초판 2쇄(2017년 3월 10일)까지 내기도 했다. 초판 2쇄를 낼 때 내용을 개정판 수준으로 보완할까 고민하기도 했었는데, 급히 서두르지 말고 여유를 갖자고 의견을 모았다. 초판 2쇄가 필요하다는 출판사의 연락이 다소 갑작스러워서 개정까지 하기에는 시간이 촉박했기 때문이다. 그래서 개정판은 작년 2월 말에 발행하기로 하고 각자 집필한 부분을 보완하기 시작했다. 하지만 글이라는 것이 일정을 겨우 맞추거나 넘기기 마련이라, 이 책도 마찬가지였고 이제야 애초 계획보다 1년 반 늦게 개정판을 내놓는다.

*

개정판 준비 기간에 비해 개정된 내용은 많지 않다. 초심자에게 어렵거나 불필요하다고 여겨지는 부분을 덜어 내고 더 친절하게 집필하는 등 큰 폭으로 개정할까도 했으나, 덜어 낼 부분을 찾지 못했다. 이 책의 초판을 사용한 분 중 어떤 분은 이 부분이 어렵다고 하시는데 또 어떤 분은 그 부분이 책의 개성이고 장점이라고 말씀하시는 등, 다소 자찬하자면 뺄 만한 곳이 없었다. 책을 처음 구상하고 집필할 때부터 공을 많이 들였는데 그 덕인 듯하다. 그렇다고 양을 늘리기도 곤란했다. 실제로 강의를 해 보니 한 학기 내에 이 책에 담긴 내용을 전하기가 꽤 빡빡했기 때문이다. 해서 보완을 최소화하는 선에서 개정판을 꾸미게 되었다. 개정은 주로 이해를 용이하게 하고, 내용 사이의 연계를 강화하며, 학생들이 자발적으로 사고할 수 있는 단서를 제공하는 데에 주안점을 두었으며, 실제 강의에서 학생들이 어려워했던 부분에 집중했다.

*

이 책을 처음 내면서 기원했듯이, 이번 개정판을 통해서도 학생들이 국어학 연구의 결과보다는 과정을 배우고, 정적인 개념과 규칙보다는 역동적인 현상에 주목하며, 수동적으로 암기하기보다는 적극적으로 분석하는 능력을 갖추기를 고대한다.

2020년 6월 22일
필진을 대신하여 이정훈 씀.

초판 머리말

강의를 업으로 삼다 보니 웬만한 강의는 익숙해지면 크게 부담이 되지 않는다. 그런데 학생들을 국어학에 입문하게 하는 강의는 하면 할수록 어렵게 느껴진다. 강의 계획서를 쓰는 순간부터 강의 내용 선정 때문에 매번 고민하고 갈등하는 일을 반복한다. 해야 한다는 생각이 앞서면, 이것도 해야 하고 저것도 해야 하니 전달해야 할 내용이 너무 많아진다. 반면 각론 강의에서 자세히 다루겠지 하고 생각하면, 입문 강의에서 다룰 내용이 너무 소략해진다.

국어학 입문 강의가 국어학의 기본 개념과 주요 논의 내용을 전달하는 것에만 만족해서는 안 된다는 생각에 고민은 한층 깊어진다. 그러한 개념과 논의들을 존재하게 하는 국어의 다양한 현상, 일견 그 무질서해 보이는 어제와 오늘의 말 속에서 한 줄기 가지런한 일관성과 질서를 발견하는 방법과 기쁨을 학생들 스스로 터득하고 느끼게 해야 하지 않을까?

이 고민이 해결되려면, 그래서 생기 있는 강의가 되려면 어떻게 해야 할까? 무엇보다도 수준과 내용을 고려하면서 국어학의 다양한 성과를 담은 책, 그리고 복잡한 현실을 통찰하여 그 안에 내재한 간단명료한 질서를 찾아가는 과정을 지도처럼 보여주는 책, 이런 책을 가지고 강의실에서 학생과 마주해야 하지 않을까?

*

이미 훌륭한 국어학 개론서들이 많이 출간되었지만, 내용과 기술 방법, 관점 등이 입맛에 딱 맞는 것을 찾기가 쉽지 않았다. 입맛에 맞는 것이 없으니 새로 만들어야 하겠는데, 그렇다고 만드는 것이 쉽지도 않았다.

무엇보다도 국어학의 각 영역을 골고루 다루면서 가장 기본적이고도 핵심적인 현상과 기술 내용들을 선별해야 하는데, 한 개인이 그럴 수 있을 만큼 모든 영역에 두루두루 넓은 지식을 갖추는 게 어렵다. 그래서 스스로 만든 것과 남의 것에서 빌린 것을 뒤섞어서 강의를 운영할 수밖에 없었고, 학생들에게 안정적인 책을 주지 못하는 데서 오는 미안함을 떨칠 수가 없었다. 이런 와중에 각기 전공이 다른 세 사람이 우연히 고민을 공유하게 되었고, 서로의 지식을 모아서 기왕에 나온 국어학 입문서와 조금은 다른 책을 꾸미기로 뜻을 모았다.

*

이 책은 기획 단계에서부터 학부에 개설되는 국어학 입문 성격의 강의에 초점을 두었다. 그래서 지나치게 깊이 들어가는 것은 지양하고, 학부 수준의 이해를 고려하여 내용의 난이도를 조절하였다. 구성도 15주나 16주 강의를 염두에 두었으며 차례도 이에 따라 작성하였다. 관점에 따라서는 '방언론'이나 '문자론', '응용언어학' 등도 꼭 다루어야 한다고 할 수도 있다. 그러나 강의 성격이나 기간을 고려할 때 이들 분야까지 포괄하기가 쉽지 않았고, 자칫 그렇게 하다가는 오히려 핵심적인 분야가 소홀해질 수도 있다고 판단하여 이들 분야는 포함하지 않았다.

논의 전개 방식은 국어 현상에서 시작하여 개념과 규칙을 귀납적으로 정리하는 방식을 채택하였다. 복잡한 국어 현상 속에 내재하는 질서를 발견하는 과정을 담는 데는 이 방식이 효과적이라고 판단했기 때문이다. 물론 경우에 따라서는, 예를 들어 전달 내용이나 분량이 귀납 방식과 어울리지 않는 경우에는 연역적 방식으로 구성하기도 했다. 연역적 방식을 섞기도 한 것은 이 방식이 반증례를 스스로 찾아보는 데 효과적이기 때문이기도 하다. 그 동안의 강의 경험에 따르면, 학생들은 현상에 압도되면 새로운 현상을 찾는 데 흥미를 느끼지 못하지만, 현상에 내재한 질서를 먼저 제시하면 그 질서를 위반하는 사례를 찾는 데 골몰하곤 한다. 그리고 위반하는 사례, 즉 반증례의 발견은 국어의 현상과 질서를 깊이 이해하는 데 무척 도움이 된다. 그래서 연역적 구성을 병용하였다.

*

이 책을 쓰는 과정에서 우선은 세 사람이 각자의 전공 영역을 살려, 제2장 음운론과 제6장 국어사는 신승용 선생이(제2장은 신승용(2012), 『국어사와 함께 보는 학교문법 산책』의 제2장 '음성학과 음운론'을 부분적으로 수정·보완한 것임을 밝혀 둔다.), 제3장 형태론과 제4장 통사론은 이정훈 선생이, 제5장 의미론과 화용론은 오경숙 선생이 집필하였다. 제1장은 다른 장들의 내용을 고려하면서 이정훈 선생이 집필하였다. 이후 윤독과 토론 과정을 거치면서 내용을 첨삭하고 하나의 관점으로 전체 내용이 기술되도록 조정하였다. 더불어 정독과 교열을 여러 번 반복하여, 셋이서 집필하였음에도 한 사람이 집필한 것과 같은 모습을 갖추려고 노력하였다.

*

모쪼록 이 책을 접하는 학생들이 국어학 연구의 결과보다는 과정을 배우고, 정적인 개념과 규칙보다는 역동적인 현상에 주목하며, 수동적으로 암기하기보다는 적극적으로 분석하는 태도를 갖추기를 기대한다.

2013년 11월 1일
신승용·이정훈·오경숙

차 례

국어와 국어학

1.1. 언어와 한국어

세상에는 다종다양한 언어가 존재하며 그 중 하나가 바로 한국어이다. 이 사실은 너무나 평범해서 별다른 흥미를 유발하지 않는 듯하다. 그런데 언어와 한국어가 '있다'는 것이 아니라 '언어'와 '한국어'에 초점을 맞추면 매우 도전적인 문제가 제기된다. '언어'란 무엇이며, 또 '한국어'란 무엇인가? '생명'이 존재하는 것은 확실한데 '생명'이 무엇인지는 알기 어렵듯이 '언어'와 '한국어'도 구체적인 존재 여부를 확인하는 것은 어렵지 않아서 어떤 것이 언어인지 또 어떤 언어가 한국어인지는 쉽게 확인할 수 있다. 하지만 막상 '언어'와 '한국어'를 정의하려고 하면 문제가 결코 녹록치 않다. 존재에 대한 확인이 그 존재에 대한 앎을 보장하지는 않는 것이다.

언어와 한국어의 정체를 파악하는 것이 중요한 문제가 아니라면 위와 같은 상황은 무시할 수 있다. 하지만 언어와 한국어가 무엇인지를 아는 것은 매우 중요한 의미를 지닌다(이 장의 1.3. 참고). 따라서 '언어란 무엇인가?', '한국어란 무엇인가?'와 같은 질문을 무책임하게 방기할 수는 없으며 그 중요성을 무시할 수도 없다.

그렇다면 언어와 한국어의 정체는 어떻게 알 수 있을까? 이 문제를 풀기 위해서는 기호(sign)라는 것부터 이해하는 것이 효과적이다. 기호는 우리가 늘 접하는 것으로 아래에서 보듯이 평이하게 정의된다. 다만 기호라는 용어만 생경할 뿐이다.

기호 : 일정한 표현(기표)과 일정한 의미(기의)가 연합되어 있는 것.

예를 들어 교통 신호등의 빨간색 등은 기호의 일종이다. 표현(빨간 색)과 의미(멈춤)가 연합되어 있기 때문이다. 물론 파란색 등과 노란색 등도 표현과 의미가 연합되어 있으므로 기호이며, 나아가 빨간색 등, 파란색 등, 노란색 등이 한 군데 모인 교통 신호등 자체도 기호의 일종이다. 다만 빨간색 등이나 파란색 등, 노란색 등은 비교적 단순한 기호인데 비해 교통 신호등 자체는 다소 복합적인 기호라는 차이가 있다. 이밖에도 기호의 예는 무궁무진하다. 감정(의미)을 드러내는 표정(표현)도 기호이고, 강의의 시작과 끝(의미)을 알리는 종소리(표현)도 기호이다.

이제 기호에 대한 위의 이해를 바탕으로 '언어'가 무엇인지 생각해 보자. 특히 조금만 생각해 보면 알 수 있듯이 마음속 생각(사고)을 말소리(음성)로 드러내는 것을 언어라고 하는 점에 주목해 보자. 그러면 '언어'도 기호의 하나라는 것을 쉽게 알 수 있다. 예를 들어 단어 '하늘'은 기호로서 그 의미는 우리 머리 위에 있는 푸른 공간이고, 그 표현은 'ㅎ, ㅏ, ㄴ, ㅡ, ㄹ'로 이루어진 음성이다. 이렇게 기호의 일종으로서 특히 그 표현 수단이 음성인 기호를 가리켜 언어 기호, 혹은 줄여서 언어라고 한다.

> **언어 (기호)** : 음성과 사고가 연합되어 있는 것.
> 참고 언어는 때로 음성이 아니라 문자나 손짓, 몸짓 등을 표현 수단으로 삼기도 한다. 표현 수단의 차이를 반영할 때는 음성 언어(spoken language), 문자 언어(written language), 수화(sign language)와 같이 구별하여 지칭하기도 한다.

교통 신호등의 예를 살피면서 단순한 기호와 복합적인 기호에 대해서 언급했는데 단순한 것과 복합적인 것의 구분은 언어에서도 유효하다. 예를 들어 '하늘'은 단순한 언어 기호이지만 '푸른 하늘'은 '하늘'보다 복합적인 언어 기호이다. 물론 '하늘'보다도 복합적이고 '푸른 하늘'보다도 복합적인 '푸른 하늘 은하수'라는 언어 기호도 가능하고, '푸른 하늘 은하수'보다도 더 복합적인 언어 기호도 얼마든지 가능하다. 사실 교통 신호등도 얼마든지 확장하려면 확장할 수도 있다. '빨강, 파랑, 노랑'에 '하양, 검정, 보라, 분홍' 등을 더하고 그 각각에 '시속 100km 이하, 낙석 주의 구간,

어린이 보호 구역, 휴게소 부근'과 같은 특정한 의미를 부여할 수도 있기 때문이다. 또 단순히 색을 더하는 데서 나아가 색과 색을 조합해서 새로운 의미를 나타낼 수도 있다. '빨강'과 '파랑'을 동시에 켜고 '언제든 멈출 수 있는 속도로 주행'을 나타낼 수도 있는 것이다. 다만 현실을 고려할 때 그렇게 복잡한 교통 신호등이 필요치 않거나 그리 썩 유용하지 않을 따름이다.

위와 같이 언어든 교통 신호등이든 기호는 단순 기호가 결합해서 복합 기호가 형성되는 힘을 가지고 있다. 또 가만 생각하면 어렵지 않게 알 수 있듯이 단순 기호도 얼마든지 새로 나타날 수도 있다. 이렇게 새로운 단순 기호가 나타나고, 단순 기호와 단순 기호가 결합해서 복합 기호가 형성될 수 있는 힘은 무궁무진한데 기호의 이러한 성질을 가리켜 창조성 (creativity)이라 한다. 기호의 창조성은 당연히 의미의 창조성 및 표현의 창조성과 직결된다.

> **기호의 창조성** : 표현과 의미의 연합이 무한히 나타날 수 있는 성질.
>
> 참고 기호는 창조성에 더해 자의성(arbitrariness)과 사회성도 지닌다. 자의성은 표현과 의미의 연합이 필연적이지 않은 성질을 가리킨다. 예를 들어 '머리 위의 푸른 공간' 이라는 의미는 '하늘'이라는 음성과 연합하기도 하고 'sky'라는 음성과 연합하기도 하는데 이런 성질을 자의성이라고 한다. 그런데 '머리 위의 푸른 공간'(의미)과 '하늘'(음성)이 자의적으로 연합하면 그 연합은 일종의 사회적 계약의 자격을 얻게 된다. 한국어라는 언어 공동체에 속한 사람이면 누구나 '머리 위의 푸른 공간'(의미) 과 '하늘'(음성)의 연합을 따라야만 상호간의 의사소통이 원활하기 때문이다. 기호 가 지니는 이와 같은 사회적 계약의 성질을 기호의 사회성이라고 한다.

언어를 음성과 사고가 연합된 것으로 이해하면 '한국어'가 무엇인지도 그리 어렵지 않게 알 수 있다. 한국어가 존재한다는 것은 한국어가 아닌 언어가 존재한다는 것과 통하는바, 한국어는 언어의 일종으로서 다른 언어, 예를 들어 중국어, 일본어, 스와힐리어, 스페인어, 영어, 독일어 등 다른 언어와 구분되기 때문에 한국어라는 독자성을 부여 받는다. 그러면 앞서 제시한 언어의 정의에서 한국어와 다른 언어 사이의 구분과 통하는 것은 무엇인가?

언어의 정의에서 주목할 것은 '음성', '사고', '음성과 사고의 연합' 이 세 가지이다. 한국어와 다른 언어 사이의 구분, 일반적으로 언어 사이의 차이는 아마도 이 셋 중에 무엇인가가 요인이 되어 발생할 것이다. 그렇다면 언어 사이의 차이와 직결되는 요인은 무엇인가?

먼저 '음성'이 언어 사이의 구분과 통한다는 것은 쉽게 알 수 있다. 예를 들어 한국어의 음성과 독일어의 음성은 다르다. 또 어떤 외국어를 배울 때 그 외국어의 음성을 익히는 데 어려움을 겪게 되는데 이는 언어들이 음성에서 차이를 지닌다는 것을 의미한다. 모든 언어가 음성적으로 동일하다면 그런 어려움을 겪을 리가 없기 때문이다.

다음으로 '사고'는 어떠한가? '사고'는 한국어와 다른 언어 사이의 구분과 통하는가? 그렇지 않을 것이다. 예를 들어 한국어 화자의 사고와 영어 화자의 사고가 서로 다르다고 하기는 어렵다.

물론 특유의 사회문화적 특성이 언어에 반영되고 이로 인해 사고방식에서 차이가 나타나는 듯이 보이기는 한다. '쌀, 밥, 벼'를 구분하는 사고방식과 이러한 구분 없이 'rice'라고 하는 사고방식이 같아 보이지는 않는다. 하지만 이렇게 차이가 나는 듯이 보이는 것은 환경, 즉 사회문화적 특성에 의한 것이자 언어의 사회성에 따른 것이지 사고 자체에 의한 것이 아니라는 점에 주의해야 한다. '쌀, 밥, 벼'를 구분한다고 해서 이 셋을 아우르는 개념을 사고할 수 없는 것이 아니며, 또 'rice'로 포괄한다고 해서 '쌀, 밥, 벼'의 구분이 나타내는 개념을 사고할 수 없는 것도 아닌 것이다. 어찌하다 보니, 달리 말해 서로 다른 환경에 처해 그와 상호작용하는 문화를 형성하다 보니 '쌀, 밥, 벼'로 나뉜 언어가 나타나기도 하고, 'rice'로 뭉뚱그리는 언어가 나타나기도 했다고 보는 것이 합리적이다.

끝으로 '음성과 사고의 연합'은 언어를 구분 짓는 요인이 되는가? 우리말의 '사람'(人)과 영어의 'man'(人), 우리말의 '만'(萬)과 독일어의 'mann'(人) 정도만 고려해도 음성과 사고의 연합이 언어 사이의 차이와 통한다는 것을 쉽게 알 수 있다. '사람'과 'man'에서 알 수 있듯이 같은 개념을 서로 다른 음성으로 실현시키기도 하고, '만'과 'mann'에서 보듯이 같은 음성이 서로 다른 개념과 연합되기도 하므로 음성과 사고의 연합은 분명 한국어와 영어의 차이, 한국어와 독일어의 차이와 통한다.

지금까지의 논의를 바탕으로 한국어가 무엇인지 간추려 보면 아래와 같으며,

> **한국어** : 언어의 일종으로서, '음성'과 '음성과 사고의 연합'에서 다른 언어
> 와 구별되는 특징을 지니는 언어.
>
> 참고 '한국어'에 더해 '국어'라는 용어도 쓰이며, 이 둘은 흔히 구별 없이 쓰인다. 다만
> 우리가 우리말을 가리킬 때는 '국어'로 충분하지만, 우리말을 다른 언어와 비교하거
> 나 객관화할 때는 '한국어'가 더 적절하다. 한편 용어가 늘어나는 것을 가급적 피하
> 는 입장에서는 '국어'든 '한국어'든 어느 하나만 택하기도 한다. 이 책은 '국어'와
> '한국어' 둘 다를 사용하는데 문맥에 따라 그리고 저자 각각의 시각에 따라 선택해
> 서 사용한다.

위의 정의에서도 알 수 있듯이 한국어는 독자성을 띠는 동시에 다른 언어와의 차이, 즉 다른 언어와의 대조 관계를 바탕으로 성립한다. '나'라는 것이 '나'의 존재와 더불어 '남'의 존재, 그리고 '나'와 '남' 사이의 관계가 있어야만 성립하듯이 '한국어'도 한국어 자체, 한국어와는 다른 언어의 존재, 한국어와 다른 언어 사이의 관계가 있어야만 성립하는 것이다.

위와 같은 점을 고려하면 '한국어에 대한 이해'가 기본적으로 아래의 두 문제를 궁구하는 것임을 알 수 있는데,

한국어 자체의 특성에 대한 이해
한국어와 다른 언어 사이의 관계에 대한 이해

이 책에서는 주로 '한국어 자체의 특성에 대한 이해', 즉 한국어의 여러 모습을 살피고 이를 통해 한국어의 특성을 이해하는 데에 집중하고자 한다. '한국어에 대한 이해'와 '한국어와 다른 언어의 관계에 대한 이해' 이 두 가지를 병행할 수도 있지만 한국어 자체에 대해 먼저 이해하고 다음으로 한국어와 다른 언어 사이의 관계를 이해하는 방법을 취하는 것이다. 체계적, 과학적 탐구를 위해서는 실제 사례를 다양하게 살펴야 하므로, 전문적인 소양을 쌓기 전에는 여러 언어를 동시에 나루는 것보다는 어떤 하나의 언어, 우리가 함께 공부하는 이 책의 경우 한국어라는 하나의 언어에 집중하는 것이 더 나은 것으로 판단하기 때문이다.

논의가 이 정도 진행되면 '한국어의 특성'이 무엇인지 궁금할 텐데 한국어의 특성을 본격적으로 파헤치는 것은 다음 장부터 시작하고 이 장에서는 그에 앞서 한국어의 특성을 탐구하는 데 필요한 몇 가지 기본적인 사항을 짚고자 한다.

1.2. 국어와 국어 문법

국어는 관찰 가능한 현상으로 존재하며 국어 현상에는 질서가 존재한다. 예를 들어 국어는 말소리로 '가, 나' 등은 허용하지만 'ㄱ나'나 'ㄴ가'는 허용하지 않는다. 'ㅏ' 앞에 'ㄱ'이나 'ㄴ'이 올 수 있지만 'ㄱ'과 'ㄴ'이 같이

올 수는 없다. 또 '우리'와 '소원'을 '의'로 연결하려면 '의'를 '우리'와 '소원' 사이에 두고 '우리의소원'이라고 해야지 '의'를 '우리' 앞에 두어서 '의우리소원'이라고 하거나 '의'를 '우리'나 '소원'의 내부에 끼워 넣어 '우의리소원', '우리소의원'이라고 해서는 안 된다.

이렇게 국어 현상은 무질서하게 아무렇게나 존재하지 않고 일정한 질서에 따라 존재하는데 국어가 따르는 질서를 특히 국어의 '문법'(grammar)이라고 한다.

> **국어 문법** : 국어 현상에 내재하는 질서.
>
> 참고 한국어 이외의 언어도 일정한 질서를 지니므로 한국어 문법과 나란히 중국어 문법, 일본어 문법, 독일어 문법, 스와힐리어 문법 등이 존재한다. 이에 '언어는 문법을 지닌다', '문법은 언어를 지배한다', '언어는 문법에 기대어 작동한다' 식의 언급이 성립한다.

사회 생활에서 질서를 따르는 것은 허용되고 질서를 위반하는 것은 허용되지 않는다. 언어 현상도 이와 마찬가지여서 국어 문법을 따르는 것은 국어로 허용되며 국어 문법을 따르지 않는 것은 국어로 허용되지 않는다. 다시 말해 '가, 나'와 '우리의소원'은 국어 문법을 준수하므로 존재할 수 있지만, 'ㄱ나', 'ㄴ가'와 '의우리소원', '우의리소원', '우리소의원' 등은 국어 문법을 위반하므로 그 존재가 성립하지 않는다.

국어 문법이 무엇인지 간략히 살폈는데 이와 관련하여 세 가지 유의할 사항이 있다. 하나는 문법성과 수용성의 구분이고, 또 하나는 문법의 보편성과 개별성이며, 나머지 하나는 문법과 다른 영역의 상호작용이다.

문법성(grammaticality)과 수용성(acceptability)

문법성과 수용성의 구분은 문법적인 것과 인정할 수 있는 것 사이의 구분을 일컫는다. 이 구분은 문법이 허용하는 것과 실제 현상으로서 존재하는 것이 정확히 일치하지만은 않기 때문에 필요하다. 즉 문법이 허용하는 것과 실제로 존재하는 것 사이의 관계가 (1㉠)이면 문법성과 수용성을 구분할 필요가 없지만, 실상은 (1㉠)이 아니라 (1㉡)이므로 문법성과 수용성의 구분이 필요하다.

(1) ㉠ 문법성 = 수용성   ㉡ 문법성 ≠ 수용성

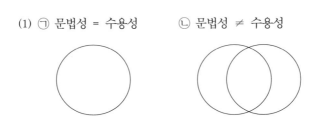

> 참고 │ 문법성과 수용성의 구분은 가능성(possibility)과 실제(reality)의 구분과도 통한다. 문법은 실제 현상 일부에 대한 관찰을 바탕으로 하되 그 힘은 거기에 멈추지 않고 아직 관찰하지 않은 현상에까지 미치므로 가능성과 통한다. 이와 달리 수용성은 말 그대로 있는 현상을 받아들이는 것으로서 실제와 직결되며, 수용성을 중시하면 현상으로서 확인되지 않는 것은 인정하지 않게 된다. 문법성과 수용성 중 어느 것을 강조하느냐에 따라 문법 연구는 사뭇 다른 방법과 결과를 낳게 된다. '사람이 할 수 있는 것'에 대한 연구와 '사람이 한 것'에 대한 연구가 차이를 지니는 것과 마찬가지이다.

언뜻 언어 현상에 내재한 질서를 추출한 문법을 준수하는 현상과 실제로 존재하는 현상이 일치하지 않는다는 것이 이상할 수도 있다. 그리고 '대개' 문법과 실제 현상은 '대략' 일치한다. 하지만 문제는 문법과 실제가 '정확히' 일치하지는 않는다는 데에 있다. 예를 들어 아래 (2㉠)~(2㉢)은 모두 국어 문법을 준수하고 있지만 최대한 양보해도 (2㉢)~(2㉢)이 실제로 나타난다고 보기 어렵다. 말하기도 어렵고 알아듣기도 어려운 것은 기

호의 역할을 제대로 발휘하지 못하므로 (2ⓒ)~(2ⓜ)이 실제로 나타나기 어려운 것이고 그러면 (2ⓒ)~(2ⓜ)은 수용성의 범위에서 벗어난다.

(2) ㉠ 민수가 순이가 왔다고 말했다.

㉡ 영이가 민수가 순이가 왔다고 말했다고 주장했다.

㉢ 철수가 영이가 민수가 순이가 왔다고 말했다고 주장했다고 생각했다.

㉣ 내가 철수가 영이가 민수가 순이가 왔다고 말했다고 주장했다고 생각했다고 보고했다.

㉤ 그가 내가 철수가 영이가 민수가 순이가 왔다고 말했다고 주장했다고 생각했다고 보고했다고 추측했다.

또 아래 (3)에서 보듯이 문법에 어긋나는 듯함에도 불구하고 현상으로서 엄연히 존재하는 것도 있다.

(3) ㉠ 덮밥

㉡ 무엇을 그리고 왜 공부하는지가 중요하다.
누가 그리고 어떻게 하는가도 중요하다.

'볶음밥, 비빔밥'이나 '찜닭, 튀김우동' 등에서 보듯이 '볶다'의 '볶'과 '밥', '비비다'의 '비비'와 '밥', '찌다'의 '찌'와 '닭' 그리고 '튀기다'의 '튀기'와 '우동'이 결합하려면 '-음'이 매개되어야 한다. 이것이 바로 국어의 질서이고 국어의 문법이다. 그런데 (3㉠)은 '덮다'의 '덮'과 '밥'이 아무런 매개 없이 바로 결합하고 있다. 일종의 변칙인 셈인데, 질서가 존재하면 그 질서를 피하거나 위반하는 행동이 나타나듯이 언어에도 질서 즉 문법과 나란히, 문법에 저촉되는 현상이 나타난다. 문법에 저촉되는 것은 (3㉡)도 마찬가지다. (3ⓛ)은 문법적인 것으로 인정되는 '너 그리고 나', '국어학 그리고 국문학', '느긋이 그리고 부지런히'와 같은 현상과는 너무나 이질적인 것이다.

사실 (1ⓛ)과 같은 상황은 문법 연구의 토대가 되는 언어 현상이 동질적이지 않은 것과 통한다. 언어 현상을 살피다 보면 어떤 질서가 발견되는 것이 사실인 한편으로 그런 질서에서 벗어나는 자료가 나타나는 것도 사실이다. 그런데 문법은 질서이다. 따라서 질서에서 벗어나는 자료는 존재함에도 불구하고 문법의 범위에 들지 못한다.

물론 문법 연구는 존재함에도 불구하고 문법의 범위에 들지 못하는 자료를 가급적 줄이려고 노력한다. 예를 들어 예외를 예외로만 치부하는 태도에서 벗어나 그것이 예외를 이루게 된 사정을 면밀히 검토해서 문법과 예외가 공존하는 길을 찾으려고 노력한다. 일상생활에서 질서 위반 사례(지하철 선로에 뛰어 내리기)가 발견되면 질서를 어기게 된 나름의 타당한 사연과 이유(지하철 선로에 떨어진 사람 구하기)가 있는지 검토하여 납득할 수 있는 질서 위반 사례와 그렇지 않은 질서 위반 사례를 구분하고 그 둘을 다르게 취급한다. 질서 위반 사례와 질서의 공존 가능성을 인정하는 셈인데 문법과 예외의 공존 가능성을 인정하는 태도와 통한다.

또 예외를 줄이려는 노력과 더불어 문법이 존재하리라 예측하지만 실제로는 잘 나타나지 않는 (2ⓒ~ⓜ)같은 현상은 왜 잘 나타나지 않는지도 이해하려고 한다.

이렇게 언어에 대한 탐구는 문법성과 수용성을 구분하고 (1ⓛ)과 같은 상황을 인정하되, 문법성과 수용성이 겹치지 않는 영역도 충분히 고려하면서 이루어진다. 이를 통해 문법과 언어 현상은 어느 한 쪽으로 쏠리지 않고 균형을 이루게 된다.

문법의 보편성과 개별성

문법의 보편성과 개별성은 사람의 본성과 개성에 해당하는 것으로 이해하면 된다. 사람은 누구나 다른 모든 사람과 공유하는 특징(본성)을 지니기도 하고 또 그와 동시에 다른 모든 사람과 구분되는 특징(개성)을 지니기도 하는데, 언어도 이와 마찬가지여서 국어 문법에는 다른 언어의 문법과 통하는 것도 있고 국어만의 특징인 것도 있다.

위와 같은 관점을 가지고 국어를 포함하여 여러 언어를 연구해서 각언어의 문법을 밝혔다고 해 보자. 그러면 이 모든 문법들이 공유하는 문법, 다시 말해 모든 언어에서 발견되는 질서를 찾을 수 있는데 이러한 문법을 흔히 '보편 문법'(universal grammar)이라고 한다.

보편 문법의 존재를 인정하면 어떤 한 개별 언어의 문법, 즉 개별 문법(particular grammar)은 보편 문법과 개별 언어 특유의 문법으로 이루어진다. 그러면 국어 문법은 아래와 같이 규정되고,

국어 문법 = 보편 문법 + 국어 특유의 문법

> 참고 위를 일반화하면 '개별 문법 = 보편 문법 + 개별 언어 특유의 문법'이 된다. 한편
> 보편 문법과 개별 언어 특유의 문법 사이에 존재하는 문법, 즉 모든 언어에서 성
> 립하는 것은 아니지만 적지 않은 언어들에서 성립하는 문법도 있다. 이러한 문법
> 은 언어들을 하나의 유형으로 묶는 역할을 하므로 유형적 문법이라 할 수 있다.
> 예를 들어 국어의 특성으로 꼽히며 일본어 등에서도 확인할 수 있는 자유로운 어
> 순, 경어법의 발달, 활발한 생략 등이 유형적 문법에 속하며, 이태리어, 독일어,
> 불어 등에서 나타나는 성, 수, 인칭 등의 일치도 유형적 문법에 속한다.

이에 따라 국어 문법은 보편 문법의 차원과 국어 특유의 문법 이 두 차원에서 연구하게 된다. 즉, 국어의 특정 현상을 연구해서 어떤 문법이 밝혀지면 연구는 밝혀진 그 문법이 다른 언어에서도 성립하는지, 성립한다면

얼마나 성립하는지, 혹시 언어 보편적으로 성립하지는 않는지 등을 검토하는 방향을 취하게 된다.

국어학도가 국어만 연구해서 국어의 문법을 밝히기만 하면 되지 굳이 다른 언어의 문법까지 살피면서 국어 문법의 보편성과 개별성을 살펴야만 할까? 언뜻 국어만 연구해서 국어 문법을 규명하는 것이 더 적절하게 느껴질 수도 있다. 하지만 국어만 보면 국어를 제대로 이해하지 못하기 때문에 국어를 제대로 이해하기 위해서는 다른 언어의 문법, 나아가 언어 일반의 문법을 살펴야 한다. 왜 그럴까?

단적으로 국어만 보면 우연과 필연을 구분하기 곤란한 경우가 비일비재하다. 예를 들어 (3)에서 살핀 현상을 다시 한 번 살펴 보자. (3)은 우연히 나타난 변칙에 불과한가, 아니면 충분히 개연적인 것이어서 언제 어디서든 기회만 닿으면 나타날 수 있고 나타나야만 하는 현상인가? 국어만 보아서는 제대로 답하기 어렵다. 국어에 더해 다른 언어도 살펴야 제대로 답할 수 있다. 이에 (3)이 무시할 수 없을 정도로 다른 언어에 자주 나타난다고 해 보자. 그러면 (3)은 예외가 아니라 개연적 혹은 필연적인 현상이 되고 국어 문법도 (3)을 본격적으로 다루면서 예외로 간주될 만큼의 지위에 머물렀던 그간의 사정을 밝히는 방향을 취하게 된다. (3)이 다른 언어에서도 좀처럼 풍부히 확인되지 않으면 어떻게 되는가? 그러면 (3)은 우연한 예외에 머물게 된다. 물론 양적으로 충분치 않다고 해서 무조건 예외로 간주할 수는 없다. 존재해야만 하는 현상인데 이제야 몇몇 언어에 나타나기 시작했을 수도 있기 때문이다. 따라서 우연한 예외로 간주한다는 것은 (3)을 아예 문법에서 배제하겠다는 것이 아니라 일단은 예외로 간주하고, 진정한 예외인지를 계속 검토하겠다는 것을 의미한다.

이와 관련하여 주의할 것은 현대국어 문법을 밝힌다고 해서 현대국어 현상만 대상으로 해서는 안 된다는 점이다. 물론 예전 국어의 문법을 밝히는 것이 목적이라고 해서 예전 국어의 현상만 들여다봐서도 안 된다.

현대국어 문법을 제대로 밝히려면 예전 국어의 문법도 이해해야 하며, 또 예전 국어의 문법을 제대로 밝히려면 현대국어 문법도 이해할 필요가 있는 것이다. 단적인 예로 만약 (3)이 예전 국어에서 흔한 현상이었다면 (3)을 단순히 예외로만 치부할 수는 없다. 원래 국어 문법이 (3)을 허용하는데 어쩌다 보니 현대국어에 이르는 과정에서 (3)이 축소되었을 수도 있기 때문이다. 또 예전 국어에서는 희귀하게 나타나는 현상이 현대국어에서는 비일비재하게 나타날 수도 있다. 그러면 예전 한국어 현상만을 고집해서 예전 한국어의 희귀한 현상을 예외로만 간주하는 것은 결코 타당한 조치라 하기 어렵다.

문법과 다른 영역의 상호작용

문법과 다른 영역의 상호작용과 관련해 주의할 것은 아래와 같은 현상에서 잘 볼 수 있다.

(4) 문　누가 또 왔니?
　　답1 선생님도 <u>오셨어</u>.
　　답2 선생님도 <u>왔어</u>.

(4문)에 대한 두 가지 답 (4답1)과 (4답2)의 문법성 여부를 따져보자. (4답1)은 문법적인가? 누구나 그렇다고 할 것이다. 수용성과 문법성이 구분되는 것이기는 하지만 누구나 수용하는 것은 문법적인 것으로 보는 것이 합리적이다. 모두가 수용하는 것을 문법적이지 않다고 하면 그것은 언어 현상에 내재한 질서라는 문법의 의의를 망각하는 것에 다름 아니다.

다음으로 (4답2)는 어떤가? (4답2)는 문법적인가? 그럴 것 같다. 그런데 (4답2)를 좀 더 관찰하면 뭔가 이상이 느껴진다. 다시 말해 (4답2)가 문법적이지 않은 듯도 하다. '선생님'이랑 어울리는 것은 '왔어'보다는 '오셨어'이기 때문이다. 그래서 사람들에게 (4답₂)가 어떠냐고 물으면 괜찮다는 부류와 그렇지 않다는 부류로 비등비등하게 나뉜다.

그러면 (4답₂)는 어떻게 보아야 하는가? 문법적이면서도 비문법적이라고 할 수는 없는 노릇이므로 어느 한 쪽을 선택해야만 한다. 이런 맥락에서 (4답₂)는 문법적이지만 사용에 있어서 부적절한 표현으로 보는 것이 합리적이다. 즉, '선생님'을 높이는 '오셨다'는 물론이고 높이지 않는 '왔다'도 문법적인 측면에서는 아무런 이상을 가지지 않는 것으로 보되, 다만 (4답₂)는 일상생활에서 사용할 때 관습이나 전통 등과 같은 문화적인 면에서 적합하지 않은 것으로 판단하는 것이다. 결국 (4답₂)는 문법적이지만 수용성은 떨어지는 예로 분석되는데, 이러한 해석은 문법성과 수용성의 구분과 더불어 문화 등 문법 이외의 영역이 문법과 상호작용하는 것을 인정하고 그 상호작용의 실상을 이해하려고 할 때 비로소 가능하다.

1.3. 국어 문법 탐구의 의의

무언가를 탐구하는 것은 탐구의 동기가 있기 때문이다. 졸리니까 자고 배가 고프니까 밥을 먹듯이 탐구도 어떤 동기에 의해 촉발된다. 물론 안 졸려도 잘 수 있고 배가 불러도 또 밥을 먹을 수는 있다. 하지만 이런 행동은 자고 먹는 목적이나 자고 먹음으로써 얻을 수 있는 만족감과는 거리가 멀다. 헛짓에 불과할 따름이다. 탐구도 별다른 목적의식 없이 진행될 수도 있다. 하지만 그런 탐구는 진정한 의미에서의 탐구라 보기 어렵고 자칫 오도되거나 오용될 가능성도 크다. 탐구의 정수는 의도적이고 의지적인 탐구 정신이 있어야 발휘된다.

그렇다면 국어 문법은 왜 탐구하는가? 당연히 국어 문법 탐구가 중요한 의의를 지니기 때문이다. 앞서 이 장을 시작하면서 국어를 아는 것이 매우 중요하다고 했는데, 진짜로 국어를 이해하는 것이 중요한가? 여기서는 국어 문법을 탐구하는 목적, 이유, 동기 등을 국어 문법 탐구의 의의로 묶고 국어 문법 탐구의 의의로 꼽을 수 있는 것 몇 가지를 살피고자 한다. 아래에서 제시하는 국어 문법 탐구의 의의가 설득력을 지니면 국어와 국어 문법은 중요한 것이자 탐구할 만한 가치가 충분한 대상이 된다.

가장 쉽게 파악할 수 있는 국어 문법 탐구의 의의는 실용적인 차원에서 찾을 수 있다. 실용적인 차원에서 문법 연구의 목적은 분명하다. 예를 들어 한국어가 아닌 다른 언어를 사용하는 화자가 한국어 화자를 만나 무언가를 하기 위해서는 한국어 화자가 다른 언어를 할 줄 알든지 아니면 다른 언어 화자가 한국어를 할 줄 알아야 한다. 다른 언어를 사용하는 화자가 한국어를 해야 하는 필요성이 더 절실하다고 해 보자. 그러면 그 화자는 당연히 한국어를 배우려고 할 것이고, 한국어를 배우려면 한국어 문법을 알아야 한다. 이런 것은 외국어를 배워 본 경험이 있는 사람 누구에게나 익숙한 상황으로 언어를 사용할 줄 알기 위해서는 그 언어의 문법을 알아야 한다. 그래서 실용적인 차원에서 문법 연구는 매우 긴요하다. 더군다나 날이 갈수록 한국어를 배우려는 외국인이 늘어나고 한국으로 이주해 오는 사람들이 증가하는 현상을 고려하면 국어 문법 탐구의 실용성은 분명하다.

국어 문법 탐구의 실용적 의의가 언어 학습 차원에만 머물지는 않는다. 한글날만 되면 들을 수 있는 국어가 오염되어 타락하고 있다느니 외래어와 외국어가 범람하고 있다느니 하는 걱정거리를 생각해 보자. 또 쉽고 아름다운 국어를 써야 한다는 주장도 생각해 보자. 국어 오염과 타락, 외래어와 외국어의 범람, 지나치게 어렵거나 거친 국어는 걱정거리이고 또 그 걱정거리는 개인적 차원이 아니라 사회적 차원의 문제이다. 그런 현상이 적지 않은 사회적 비용을 초래하기 때문이다. 따라서 사회적 비용을 줄이기 위한 차원에서 사회적 자산이 투입되기도 한다. 이러한 사정을 잘 보여주는 일례를 아래에 제시한다.

대민기관 행정서식 용어 개선에 따른 경제적 기대 효과는 어려운 용어를 개선함으로써 국민들이 얻게 되는 시간 비용 절감액을 통해 산출하였다. 이를 위해 우선 어려운 용어 때문에 발생하는 불편 비용을 산출해야 하는데, 이는 크게 일반 국민의 시간 비용과 민원 처리 공무원의 시간 비용으로 나눌 수 있다. 조사 결과 일반 국민의 시간 비용은 약 118.3억 원, 민원 처리 공무원의 시간 비용은 51.8억 원이었다. 정책 추진 결과에 따른 경제적 기대 효과는, 정책 추진 완성도를 30%로 예측할 때, 총비용 절감액이 약 3,431.1 억 원으로 산출되었다.

- 『공공언어 개선의 정책 효과 분석』(국립국어원, 2010)

위의 예에서 알 수 있듯이 현대 사회에서 국어는 사회적 자산을 투입해서 적당히 돌보지 않으면 만만찮은 사회적 비용을 초래한다. 경제적 가치로도 환산할 수 있는 사회적 비용은 대개 의사소통의 어려움에서 발생한다. 계약서, 약관, 관공서의 각종 서식을 보면 국어로 공적인 의사소통을 한다는 것이 얼마나 어려운지 잘 알 수 있다. 이에 원활하지 않은 의사소통에서 발생하는 사회적 비용을 줄이려는 노력이 사회적 차원에서 전개되는데 그 노력이 성공적이려면 국어다운 국어, 국어 화자가 편하게 여기는 국어의 정체를 제대로 밝히고 그에 따른 처방이 행해져야 한다. 그리고 국어의 정체를 밝히는 것은 당연히 국어 문법 탐구에 다름 아니다.

이제 실용적이고 물질적인 시각에서 벗어나 다소 다른 시각에서 국어 문법을 탐구하는 의의를 찾아보자. 실용적이든 그렇지 않든 상관없이 실용성과는 별개로 성립하는 국어 문법의 탐구 의의는 무엇일까? 여러 가지가 있을 수 있지만 여기서는 두 가지만 살피기로 한다.

첫째, 사람을 이해하기 위해서는 언어를 이해해야 하고 이에 따라 한국인을 이해하려면 한국어를 이해해야 하며, 한국어에 대한 이해는 곧 한국어 문법의 탐구이므로 한국어 문법은 탐구할 만한 것이고 또 탐구해야 하는 것이 된다.

사람을 이해하기 위해서는 사람의 마음과 행동을 이해해야 한다. 그런데 사람의 마음과 행동을 차지하는 주요한 영역이 바로 언어이다. 언어가 담당하는 마음과 행동이 없으면 사람이 아니라고 하기도 한다. 그만큼 언어는 사람의 정체성에 있어 핵심을 차지한다. 이러한 사실을 한국어라는 개별언어에 비추어 보자. 그러면 당연히 한국인의 마음과 행동의 주요한 영역을 차지하고 있는 한국어와 한국어 문법은 탐구할 만할 뿐만 아니라 탐구해야 하는 대상이 된다. 한국어를 탐구해야 한국인의 마음과 행동을 이해할 수 있다.

둘째, 한국어 문법을 탐구하는 의의를 넘어 한국어의 존재 자체가 지닌 의의와도 직결되는 것으로 언어 다양성을 들 수 있다. 언어 다양성을 위시하여 다양성 자체가 삶의 토대가 되는바, 한국어를 보전하고 탐구하는 것은 다양성을 확보하는 일일 뿐만 아니라 다양성에 대해 깊이 이해하는 일이므로 그만큼 삶의 토대를 굳건하게 해 주는 의의를 지닌다.

물론 다양성이 왜 중요하냐고 의아심을 품을 수도 있다. 하지만 다양한 색깔과 맛과 향이 주는 감흥, 다양한 음악이 선사하는 행복, 다양한 움직임이 자아내는 아름다움 등을 생각하면 다양성은 우리 삶의 필수불가결한 요소이다. 다만 필수불가결한 요소인 다양성이 삶의 구석구석에 이미 구현되어 있기 때문에 그 중요성을 간과하기 쉬울 뿐이다.

다양성의 효과는 서로 다른 것을 경험하는 데서 선명히 드러난다. 따라서 한국어가 존재하고 한국어 문법을 탐구함으로써 확보되는 다양성은 한국어와 다른 언어를 나란히 경험할 때 보다 확실해진다. 'rice'라는 말만 사용하다가 '쌀, 밥, 벼'라는 말을 접했다고 해 보자. 그러면 하나의 대상을 뭉뚱그려서 표현하는 방법과 하나의 대상이 존재하는 구체적인 여러 방식에 따라 표현하는 방법, 이 두 가지 방법을 깨닫게 된다. 이는 나아가 세상을 바라보는 세계관과 가치관이 풍성해지는 것으로 자연스럽게 이어지고 그만큼 삶은 윤택해진다. 세계관이나 가치관은 삶을 영위하는 방식의 바탕이 되므로 세계관과 가치관이 풍부하다는 것은 삶의 바탕이 풍부하다는 것이고 삶의 바탕이 풍부하다는 것은 곧 행복과 통한다.

실용적인 시각과는 다른 관점에서 확인한 국어와 국어 문법 탐구가 지닌 의의는 사실 실용성과도 밀접히 관련된다. 정체성과 다양성이 언뜻 추상적이기만 한 것 같지만 사실 이 둘은 지극히 실용적이며 물질적인 면과 직결되는 것이다. 하다못해 한국인의 마음과 행동에 적합한 상품을 만들어서 이윤을 남기기 위해서는 한국인의 마음과 행동을 이해해야 한다. 각종 전자기기에 음성 인식 기능을 구현하려면 당연히 국어 문법을 알아야 하고, 교정 기능이 있는 문서 작성 프로그램을 개발하려면 역시 국어 문법을 알아야 한다. 나아가 한국어를 포함하여 언어의 정체성과 다양성은 아래에서 보듯이 좀 더 거시적인 차원에서도 그 실용성을 확인할 수 있다.

언어와 문화가 붕괴된 집단은 자부심과 자립심까지 상실하며, 사회경제적인 문제의 수렁에 빠져드는 경향을 띤다. 오래전부터 그들은 자신들의 언어와 문화에 관련된 모든 것이 생각만큼 가치 있는 게 아니라는 얘기를 들어왔다. 그 결과로 국가 정부가 부담하는 복지 혜택과 건강관리 비용이 막대하다. 게다가 알코올과 마약과 관련된 문제의 해결도 국가 정부의 몫이다. 한마디로 그들이 국가 경제에 기여하는 몫보다 그들에게 쏟는 비용이 훨씬 크다. 그러나 최근에 미국에 넘어온 이민자 집단처럼 자신들의 언어와 문화를 고집스레 유지한 소수집단들은 이미 국가 경제에 막대한 기여를 하고 있다. 원주민 소수집단들 중에서도 문화와 언어를 원형대로 유지한 집단들은 그렇지 않은 집단에 비해서 경제적으로 자립해서 사회복지를 요구하는 목소리가 더 적다.

- 『어제까지의 세계』(재레드 다이아몬드, 강주헌 옮김, 2013)

원래 실용성과 추상성은 하나의 뿌리에서 나온 두 개의 가지이다. 현상에 대한 근본적이고 합리적인 이해를 추구하면서 멀리 떨어져서 현상을 관조하면 추상성을 띠게 되고, 일상의 경험보다 더 가까이 현상에 밀착해서 좀 더 편하고 좋은 무엇인가를 추구하면 실용성을 띠게 된다. 실용성과 추상성은 둘 다 필요하다. 멀리서 보는 산의 아름다움과 산 속에서 느끼는 쾌감이 서로 다르면서도 둘 다 소중하듯이 실용성과 추상성은 둘 다 추구해야 하는 것이며, 또 둘은 서로 어깨를 나란히 하며 가야 한다.

1.4. 문법의 구성

지금까지 언어가 무엇이고 한국어가 무엇인지, 또 국어 문법은 무엇이며 국어 문법을 탐구하는 것이 어떤 의의를 지니는지 논의해 왔다. 국어 문법을 탐구하는 데 있어서 근본적인 문제들이긴 하지만 아무래도 변죽만 울린 면이 강하다. 이에 지금부터는 국어 현상과 국어 문법의 속내를 본격적으로 살피기로 하는데, 우선 이 절에서는 국어 문법의 전체적인 조감도를 그려보고 다음 장부터는 이 절에서 마련된 조감도를 바탕으로 국어 현상과 국어 문법의 실상을 구체적으로 탐구하기로 한다.

국어 문법 전체에 대한 조감도는 어떻게 그릴 수 있을까? 우선 분명히 할 것은 국어 문법의 조감도가 미리 주어지는 것은 아니라는 점이다. 우리가 아는 한 누군가가 국어 문법의 조감도를 미리 작성하고 이에 따라 국어를 발명하지는 않았기 때문이다. 국어는 설계 의도를 가지고 작성된 조감도를 기반으로 만들어진 인공 언어(artificial language)가 아니라 자연

언어(natural language)이다. 따라서 자연물(natural object)을 관찰하고 이를 통해 자연물에 대한 이해를 증진하듯이 국어 문법도 관찰할 수 있는 국어 현상을 토대로 그 조감도를 구성하는 방법을 취하게 된다.

이에 국어를 포함하여 언어가 음성과 사고의 연합이라는 점을 상기해 보자. 그러면 문법의 조감도에는 최소한 음성을 다루는 부분이 있어야 하고, 사고 즉 의미를 다루는 부분이 있어야 하며 이 둘은 연합되어 있어야 한다. 음성을 다루는 부분을 음성부(phonetic component)라 하고, 의미를 다루는 부분을 의미부(semantic component)라 하면 국어 문법의 조감도에 는 음성부와 의미부가 포함되고 이 둘의 연합이 표시된다. 이러한 사항을 반영하여 국어 문법의 조감도를 그려보면 아래와 같다.

위의 조감도가 있으면 '우리 머리 위의 푸른 공간'이라는 의미와 '하늘' 이라는 음성의 연합을 포착할 수 있다. 그런데 국어가 '하늘'처럼 단순한 것만 포함하는 것은 아니다. 단순 언어 기호가 결합해서 만들어 낸 '푸른 하늘'이나 '푸른 하늘 은하수'처럼 복합적인 언어 기호도 국어에 속한다. 따라서 단순 언어 기호를 결합해서 복합적인 언어 기호를 형성할 수 있는 부분, 즉 형성부(formation component)가 필요하다. 이를 고려하여 위의 조감도를 보완하면 아래와 같다.

앞의 조감도에서 형성부가 음성부와 의미부의 연합을 나타내는 실선에 연결된 것은 복합 언어 기호도 음성으로 표현되며 나름의 의미를 지니기 때문이다.

지금까지 이 절에서는 간략하게나마 국어 문법의 조감도를 구성하였다. 이 조감도에 속한 각 부분의 구체적인 내용은 다음 장부터 본격적으로 살피게 되는데 조감도의 각 부분과 그 부분이 본격적으로 논의되는 장을 짝지어 제시하면 아래와 같다.

    음성부 : '제2장. 음운론'
    의미부 : '제5장. 의미론과 화용론'
    형성부 : '제3장. 형태론'과 '제4장. 통사론'

위에서 보듯이 앞으로 우리는 음성부와 형성부를 살핀 다음에 의미부를 다룬다. 의미부가 순서에서 뒤로 밀린 것은 단순 언어 기호는 물론이고 복합 언어 기호의 의미도 다루기 위한 조치로 보면 된다. 복합 언어 기호의 의미를 다루려면 복합 언어 기호의 형성을 담당하는 형성부를 의미부에 앞서 논의하는 것이 효과적이다.

그런데 앞의 조감도와 관련하여 유념할 사항이 세 가지 있다. 먼저, 앞에 제시한 국어 문법의 조감도는 언어 일반의 조감도와 통한다는 사실을 유념해야 한다. 한국어뿐만 아니라 언어라면 어떤 언어든지 지니고 있는 성질, 즉 음성과 의미의 연합, 단순 언어 기호와 복합 언어 기호의 구분을 바탕으로 조감도를 구성하였으므로 이는 당연한 결과이다. 그런데 한국어는 언어 일반적인 보편성을 지니기도 하지만 한국어 특유의 개별성을 지니기도 한다. 따라서 한국어와 보다 잘 어울리고 한국어의 세세한 면까지 포착한 조감도를 위해서는 한국어의 풍부한 현상을 살피고 그 이면에서 작동하는 한국어 특유의 문법을 밝히고 이를 조감도에 반영해야만 한다. 다음 장부터 진행되는 논의는 크게 보면 한국어의 언어 보편성과 개별성을 충분히 살린 그야말로 제대로 된 한국어 문법의 조감도를 그리기 위한 노력이라고 보아도 무방하다.

다음으로, 앞의 조감도는 최소한의 수준, 다시 말해 필수적인 수준만을 반영한 것이며, 한국어를 비롯하여 여러 언어가 보이는 현상 전반을 설명하려면 음성부, 의미부, 형성부 외에 다른 부분이 보태질 수 있고, 또 각 부분이 더 나뉠 수 있다는 점도 유념해야 한다. 예를 들어 음성부, 의미부, 형성부 외에 어휘부(lexicon)를 따로 두기도 하는데, 어휘부는 최소 언어 기호를 모아 놓은 부분으로서 여기에 등재된 어휘 항목(lexical item)이 형성부에 입력되어 복합 언어 기호가 형성된다. 어휘 항목 등재(list)는 어휘 항목 기억(memory)과 통하는 것으로서 등재와 기억의 구분은 문법과 심리의 구분과 통한다. 이러한 구분이 있으므로 시나 노래 가사 암기에서 보듯이 문법적으로는 등재할 필요가 없는 것을 기억할 수는 있다.[1]

또 형성부를 조어부(또는 단어 형성부, word formation component)와 통사부(syntactic component)로 나누기도 한다. 앞으로 살피게 되겠지만 복합 언어 기호도 성격이 일률적이지는 않아서 단어(word)와 단어보다 큰 단위, 이렇게 둘로 나뉘는데(3장의 3.1.2. 참고), 이를 반영하여 단어는 조어부에서 형성되고 단어보다 큰 단위는 통사부에서 형성되는 것으로 간주한다. 그리고 단어는 최소 언어 기호처럼 어휘부에 등재되는 것으로 간주된다.

최소 언어 기호가 어휘부에 등재되듯이 단어가 어휘부에 등재되는 것은 외국어 학습 상황을 떠올리면 쉽게 확인할 수 있다. 예를 들어 최소 언어 기호 'blue'(푸른)와 'tooth'(치아)의 의미를 안다고 해서 단어 'bluetooth'

---

1 등재는 문법을 운용하기 위해서 필수불가결한 정보를 기록하는 것을 가리킨다. 따라서 언어 표현을 원활하게 형성하려면 등재하는 것은 기억해야 한다. 이에 비해 기억된 것은 등재되어 있는 것일 수도 있고 시나 노래 가사 암기의 사례처럼 그렇지 않을 수도 있다.

의 의미(전자 기기의 무선 연결 기법)를 알기 어렵다. 이는 'blue'와 'tooth' 외에 이 둘로 이루어진 단어 'bluetooth'를 등재해야 함을 의미한다. 참고로 'bluetooth'뿐만 아니라 'blue, tooth' 이 둘도 단어인데, 앞의 것은 복합 언어 기호이면서 단어인 반면 뒤의 것은 최소 언어 기호이면서 단어이다. 이에 복합어(complex word)와 단순어(또는 단일어, simple word)의 구분을 둔다(3장의 3.5.1. 참고).

위와 같은 사항들을 반영하여 문법의 조감도를 보다 자세히 나타내면 아래와 같다.

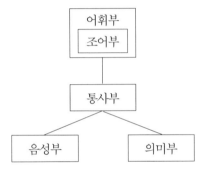

위의 조감도에서 어휘부에 등재된 어휘 항목들은 조어부나 통사부에서 복합 언어 기호 형성 없이 그대로 음성부와 의미부에서 발음되고 해석될 수도 있으며, 조어부나 통사부에서 복합 언어 기호를 형성한 다음 음성부와 의미부에서 발음되고 해석될 수도 있다. 그리고 위에는 표시하지 않았지만 음성부와 의미부의 상호 관계도 있을 수 있다.

끝으로, 위의 조감도는 동적인 현실을 정적으로 표현한 것이라는 점도 유념하는 것이 좋다. 현실의 실제 언어 행동은 정적인 것이 아니라 동적인 것이어서 회지(speaker)의 입장에서 조감도기 작동히는 방식괴 청지(hearer)의 입장에서 조감도가 작동하는 방식이 같지만은 않다. 청자는 우선 들어야 하고(음성부 먼저), 화자는 말할 거리를 먼저 생각해야 하는

데(의미부 먼저), 이렇게 먼저 작동하는 부분과 나중에 작동하는 부분이 구분되는 동적인 현실이 앞의 조감도에는 반영되어 있지 않은 것이다. 앞의 조감도는 현실의 화자와 청자의 구분 이면에 존재하는 보다 본질적인 차원에서 화자이면서 청자여야 하는 사람, 즉 화청자(speaker-hearer)가 갖추고 있는 조감도에 해당하는바, 이 조감도가 실제로 작동하는 방식은 따로 연구해야 한다.

위와 관련된 것이기도 한데 여기서 살피고 있는 조감도는 시간에 따른 국어의 변화를 포착하는 데에도 충분하지 않다. 역사를 지닌 존재를 제대로 이해하려면 현재의 모습에 더해 과거의 모습, 그리고 과거의 모습에서 현재의 모습으로 변화를 겪어 온 과정을 이해해야 하는데 논의 중인 조감도에서는 변화에 대한 배려를 찾을 수 없기 때문이다. 하지만 유의할 것은 변화라는 것이 변화 전과 변화 후의 비교를 통해 포착된다는 것이고, 변화 전과 변화 후의 비교를 위해서는 마치 사진을 찍듯이 그 둘을 징직인 상태로 포착해야 한다는 점이다. 국어를 이렇게 정적인 상태로 포착하는 것에 적합한 것이 바로 앞에 제시한 조감도이며, 국어의 역사는 이 조감도에 시간의 흐름과 변화의 과정을 포착할 수 있는 또 다른 방법이 보태졌을 때 제대로 이해할 수 있다.

국어를 제대로 충실히 이해하기 위해서는 국어의 역사도 이해해야 한다. 이를 고려하여 제6장에서는 간략하게나마 국어의 역사를 살피기로 한다.

음성부 : '제2장. 음운론'
의미부 : '제5장. 의미론과 화용론'
형성부 : '제3장. 형태론'과 '제4장. 통사론'
국어의 역사 : '제6장. 국어사'

이제 남은 것은 국어 화청자의 실제적인 언어 행동, 즉 앞에 제시한 조감도가 작동하는 방식을 살피는 일인데, 이 책에서는 따로 살피지 않는다. 이는 앞에 제시한 조감도에 따라 국어 현상을 이해하고 이를 바탕으로 국어 문법을 꾸미는 데 진력하기 위한 방편이다.

물론 국어 문법의 기초를 다지면서 동시에 국어 화청자의 실제 언어 행동을 다루는 방법을 택할 수도 있다. 그러나 이런 방법은 자칫 논의를 혼란스럽게 하고 논지를 흐릴 우려가 있다. 화청자의 실제 언어 행동을 포착하려면 앞의 조감도를 적잖게 보완해야 하고 그 보완 내용은 다분히 문법 이외의 영역이 채우게 되는바, 문법과 문법의 작동 방식을 구분하는 이 책의 입장이 선명하게 전달되지 않을 수도 있는 것이다.

또한 화청자의 실제 언어 행동은 문법과 문법 이외의 영역이 협력해서 탐구해야 하는 영역이므로, 필요한 여러 분야를 고루 섭렵하는 것이 바람직하다. 이 책을 통해 국어 문법의 기초를 튼튼히 하고, 이후에 혹은 동시에 화청자의 실제 언어 행동을 이해하는 데 필요한 분야의 책을 접하면 좋을 것이다. 특히 화청자의 실제 언어 행동은 언어심리학(linguistic psychology) 또는 심리언어학(psycholinguistics) 분야에서 활발히 연구되고 있으므로, 이 분야의 책을 우선 참고하면 크게 도움이 될 것이다.

제 2 장

음운론

2.1. 음소와 음운론

2.1.1. 음성과 음소

인간의 발성 기관을 통해서 나오는 모든 소리는 음성이다. 그런데 언어학에서 음성이라고 할 때는 이보다는 좁은 의미로 사용하는 것이 일반적이다.

> **광의의 음성** : 인간의 발성 기관을 통해서 나오는 모든 소리.
>
> **협의의 음성** : 인간의 발성 기관을 통해 나오는 소리 중에서 의사소통을 하기 위해 사용되는 소리.

광의의 음성에는 기침 소리, 신음 소리, 한숨 소리 등 인간의 발성 기관을 통해서 나오는 소리가 모두 여기에 해당된다. 반면 협의의 음성은 발성 기관을 통해서 나오는 소리 중에서 의사소통을 목적으로 사용되는 소리를 이른다. 그래서 일반적으로 의사소통의 목적 없이 발성 기관을 통해서 나오는 소리는 협의의 음성에서 제외된다.

협의의 음성은 크게 자음과 모음으로 구분되며, 자음과 모음은 발화자에 따라, 또 동일한 발화자라 하더라도 발화할 때마다 물리적으로 조금씩 차이가 있다. 이러한 물리적인 차이는 변별적으로 인식되는 경우도 있고, 변별적으로 인식되지 못하는 경우도 있는데, 물리적으로 서로 다른 소리가 변별적으로 인식될 때 각각의 소리를 음소(phoneme)(또는 음운)라고 한다. 즉 음소는 협의의 음성 가운데서 변별적으로 인식 가능한 소리를 가리킨다. 일반적으로 알고 있는 국어의 자음 /ㄱ, ㄴ, ㄷ ……/, 모음 /ㅏ, ㅓ, ㅗ, ㅜ ……/ 등이 바로 전형적인 음소들이다. 우리는 /ㄱ/과 /ㄴ/이 서로 다르다는 것을, /ㅏ/와 /ㅓ/가 서로 다르다는 것을, 또한 /ㄱ/과 /ㅏ/가 서로 다르다는 것을 변별적으로 인식하고 있다.

언어학에서 음성은 모든 언어에서 동일하다고 가정한다. 그것은 인종마다 발성 기관의 모양이나 크기가 조금씩 차이가 있긴 하지만, 인간의 발성 기관에서 낼 수 있는 소리의 종류는 같다고 가정하는 것이다. 하지만 음성 가운데서 변별적으로 인식하는 소리 즉, 음소는 각 언어마다 그 종류도 다르고 그 수도 다르다. 우리가 다른 언어를 접할 때 낯설게 느끼는 중요한 이유 가운데 하나가 바로 언어마다 음소의 종류와 수가 서로 다르기 때문이다. 음소의 정의를 보다 구체화하면 아래와 같다.

> **음소의 정의** : 의미를 갈라내는 최소의 변별적 단위.
> 참고 앞으로 음성은 기호 '[ ]' 안에 표시하고, 음소는 기호 '/ /' 안에 표시한다. 이는 국제적인 규약에 따른 기호 사용이다.

즉 음성 중에서 의미를 갈라내는 변별적인 기능을 하는 소리를 음소라고 한다. 음소에 대응되는 개념으로 의미를 갈라내는 기능이 없는 비변별적인 음성을 이음(異音) 또는 변이음(變異音)이라고 부른다. 음소와 달리 이음 또는 변이음은 그 소리를 듣더라도 인식하지 못하고 물리적으로 그 이음과 유사한 음소로 인식하게 된다. 예컨대 국어 화자는 영어의 자음 [θ]나 [ʃ]를 인식하지 못한다. 국어에서는 이 두 소리가 의미를 갈라내는 기능을 하지 못하기 때문이다. 그래서 국어 화자는 영어의 [θ], [ʃ]를 국어에 존재하는 음소 중에서 이와 유사한 /ㅆ/[sʼ], /ㅅ/[s]으로 인식하게 된다.

음성은 물리적 실재이지만, 음소는 물리적 실재인 음성에 대한 심리적 실재이다. 다시 말해 음소는 음성과 달리 추상화된 소리이다. 하지만 물리적 실재에 기반한 심리적 실재라는 점에서 물리적 실재와 무관한 추상화된 소리는 아니다. 우리가 [애]라는 모음을 발음한다고 가정해 보자. 남성의 [애] 발음과 여성의 [애] 발음은 물리적으로 분명 차이가 있고, 한 사람이 [애]를 여러 번 발음할 때조차도 물리적으로는 같은 [애]일 수 없다.

물리적으로는 분명 다른 [애이지만 우리는 모두 같은 /아/로 인식한다. 즉 물리적으로는 각기 다른 [애이지만, 우리의 인식은 동일한 하나의 /아/로 인식한다. 이처럼 음소는 물리적 실재에 기반한 인식과 관련된 심리적 실재이다. 그래서 음소를 실재하는 물리적 소리가 아닌 추상적 실재로서의 소리라고도 한다.

2.1.2. 음성학과 음운론

음성학이든 음운론이든 음성을 연구 대상으로 삼는다는 점에서는 공통적이다. 다만 음성학은 음성을 대상으로 소리의 물리적인 특성 및 소리의 변동을 연구하는 분야이고, 음운론은 음성 가운데서도 변별적 기능을 하는 소리, 즉 음소를 대상으로 음소의 특성 및 음소의 변동을 연구하는 분야라는 점에서 차이가 있다.

음성학은 물리적 실재로서의 음성을 객관적으로 구명하는 것을 목적으로 한다. 따라서 음소뿐만 아니라 변이음도 중요한 연구 대상이다. 하지만 음운론은 물리적 실재로서의 음성이 아니라 심리적 실재로서의 음소를 주된 연구 대상으로 하기 때문에 변별적 인식 단위가 아닌 변이음이나, 변이음으로의 변동과 같은 현상은 그 자체로 주된 연구의 대상으로 삼지 않는다.

음성학은 음성을 연구하는 방법에 따라 조음 음성학, 음향 음성학, 청음 음성학으로 나뉜다. 조음 음성학은 발성 기관을 통해 소리가 조음되는 방법, 소리가 조음되는 발성 기관의 위치 등을 통해 소리의 특성을 연구한다. 즉 각 소리의 조음 방식과 조음 위치를 밝히고, 이를 통해 소리의 특성을 구명하고 소리를 분류한다. 이를 위해 X선 사진기와 같은 기계의 도움을 보조적으로 이용하기도 한다.

음향 음성학은 음성이 화자의 입을 떠나 청자의 귀에 이르는 과정을 연구한다. 물리적으로 소리의 세계는 진동의 세계이다. 인간의 발성 기관에서 진동을 발생시키는 장치는 성대이고, 진동을 전달하는 매개체는 공기이다. 음향 음성학은 진동의 모양, 진폭, 진동의 횟수, 음장(音長) 등과 같은 음성의 물리적인 특성을 분석하고 연구한다. 따라서 음성의 물리적 특성을 측정할 수 있는 음향 분석기와 같은 기계 장치의 도움이 필수적이다.

음향 음성학은 순수 언어학적인 관점에서의 연구도 이루어지지만, 특히 음성 합성이나 음성 인식과 같은 음성 공학 분야와 연계되어서 활발한 연구가 이루어지는 분야이다. 참고로 인간의 발성 기관을 통해서 나오는 음성의 대부분의 유용한 정보는 초당 200~5,000Hz 내에 담겨 있으며, 들을 수 있는 소리 즉, 가청 주파수는 초당 20~20,000Hz 사이이다. 그리고 진동을 충분히 감지할 만큼의 진폭이 있어야 한다. 진폭이 너무 작으면 들을 수 없으며, 진폭이 너무 커도 소리를 구별하지 못하고 그냥 소음으로 들리게 된다.

마지막으로, 청음 음성학은 음성을 청자가 어떻게 인식하는지, 그 인식 과정을 연구하는 분야이다. 조음 음성학이나 음향 음성학에 비해 상대적으로 연구가 더딘 분야이기도 하다. 음절, 단어, 구와 같은 언어 단위는 음성 신호 자체의 음향적 구조, 문맥, 화자에 대한 친숙도, 청자로서의 기대 등에 따라 다르게 인식되는 것으로 알려져 있다.

음운론은 음성학적 사실을 바탕으로 이루어지기 때문에 음성학과 불가분의 관계에 있다. 특히 음운론과 직접적으로 관련된 분야가 조음 음성학이다. 많은 부분에서 음운론은 조음 음성학적 사실을 기반으로 한다. 20세기 후반에 들어서 음향 분석기의 발달로 음향 음성학 분야의 연구가 활발해지면서, 음향 음성학적 사실들도 음운론적 사실을 해석하는 데 있어 중요하게 도입되고 있다.

음성의 물리적인 특성 즉, 음성학적 사실은 실제 대부분 음운론적 사실과 일치한다. 다시 말해, 소리의 물리적인 차이가 인식상에서도 그대로 반영되어 음운론적 차이로 실현된다. 하지만 그렇다고 음성학적 사실과 음운론적 사실이 반드시 일치하는 것은 아니다. 왜냐하면 물리적인 사실과 이러한 물리적인 사실에 대한 인간의 인식이 반드시 일치하는 것은 아니기 때문이다. 인간의 인식이 소리의 물리적인 차이를 인식할 수도 있고 인식하지 못할 수도 있으며, 물리적으로는 분명 차이가 있는 소리임에도 이러한 물리적인 차이를 인식상에서는 무시하고 동일한 소리로 인식하기도 하기 때문이다. 음운론은 물리적인 실재에 대한 인간의 인식을 다루는 분야이다. 그래서 물리적인 실재에 대한 음성학적 사실과 이에 대한 음운론적 해석이 일치하지 않을 수도 있다. 예를 들어 보자.

(1) ㉠ 사람[saram] : 신[ʃin]
    ㉡ file[fail] : pile[pail]

'사람'의 /ㅅ/과 '신'의 /ㅅ/은 음성학적으로는 각각 [s]와 [ʃ]로 서로 다른 소리이다. 두 소리는 입 안에서 소리를 내는 위치가 서로 다르다. [ʃ]는 /ㅣ/ 모음 앞에서만 실현되며 물리적으로 [s]보다 뒤쪽에서 조음되는 소리로서 분명 [s]와는 다른 소리이다. 하지만 국어 화자는 [s]와 [ʃ]를 모두 같은 소리인 /ㅅ/으로 인식한다.

영어의 'file'와 'pile'의 경우도 마찬가지이다. 영어 화자는 [f]와 [p]를 변별적으로 인식하지만 국어 화자는 [f]와 [p]를 변별적으로 인식하지 못하고 둘 다 /ㅍ/으로 인식한다. 하지만 [f]와 [p]는 분명 음성학적으로 다른 별개의 소리이다. 또한 영어의 /p/는 음성학적으로 [p]이지만, 국어 화자가 인식하는 영어의 /p/는 [p]가 아니라 [pʰ](/ㅍ/)이다. 즉 영어의 /p/에 대한 국어 화자의 인식은 영어 /p/의 물리적인 실재인 [p]와 차이가 있다.

음소 판별 기준

국어 화자가 국어의 소리 중에서 어떤 소리가 음소인지는 쉽게 알 수 있다. 하지만 처음 접하는 언어에서 어떤 소리가 음소인지 아닌지를 판별하기 위해서는 이를 판별할 수 있는 기준이 필요하다. 그러면 어떠한 소리가 음소인지 아닌지를 어떻게 판별하는가? 첫 번째 방법은 최소 대립어(minimal set)에 의한 소리 분석이다.

(2) ㉠ 불 : 풀 : 뿔
　　㉡ 발 : 벌
　　㉢ 감 : 간

(2㉠)의 '불 : 풀 : 뿔'은 초성의 '[ㅂ] : [ㅍ] : [ㅃ]' 소리의 차이로 인해 각각 그 의미가 달라진다. 그리고 (2㉡)의 '발 : 빌'은 중성의 '[ㅏ] : [ㅓ]' 소리의 차이로 인해 각각 그 의미가 달라지며, (2㉢)의 '감 : 간'은 종성의 [ㅁ] : [ㄴ] 소리의 차이로 인해 각각 그 의미가 달라진다. 이처럼 (2㉠)의 /ㅂ/, /ㅍ/, /ㅃ/, (2㉡)의 /ㅏ/, /ㅓ/, (2㉢)의 /ㅁ/, /ㄴ/은 의미를 갈라내는 기능을 하고 있기 때문에 음소의 정의에 따라 각각 음소가 된다.

(2㉠~㉢)에서처럼 어떤 소리를 대체하거나 첨가했을 때 의미가 달라지는 단어의 집합을 최소 대립어라고 한다. 그리고 최소 대립어를 이루는 각각의 소리는 그 정의에 따라 각각 하나의 음소가 된다. 그래서 최소 대립어에 의한 분석은 어떠한 소리가 음소인지 아닌지를 판별하는 핵심적인 방법이다. 최소 대립어는 달리 최소 대립쌍(minimal pairs)이라고도 한다. 최소 대립쌍이 정확히 두 개의 단어를 지칭하는 하는 개념이라면, 최소 대립어는 (2㉠)처럼 동일한 조건의 단어군을 포함하는 개념이다.

만일 국어 화자에게 [sin]과 [ʃin]을 들려 주었을 때 같은 말이라고 한다면, 이때 [s]와 [ʃ]는 최소 대립어를 이루지 못하게 된다. 실제 국어 화자는

[s]와 [ʃ]를 구별하지 못한다. 따라서 국어에서 [s]와 [ʃ]는 최소 대립어를 이루지 못하기 때문에 [ʃ]는 음소로 판별 받지 못하게 된다.

음소를 판별하는 두 번째 방법은 상보적 분포를 확인하는 것이다. 상보적 분포는 달리 배타적 분포라고도 한다.

(3) [x] :——————:   : E1

    [y] :   :——————: E2

참고 [x], [y]는 소리, E는 환경

(3)에서 [x]가 나타나는 자리에는 절대로 [y]가 나타날 수 없고, 또한 [y]가 나타나는 자리에는 절대로 [x]가 나타날 수 없다. 이러한 분포를 상보적 분포라고 한다. 이처럼 유사한 두 소리가 절대로 동일한 음성 환경에서 나타나지 않는 경우, 두 소리는 음소와 변이음의 관계가 된다. 이때 두 소리 중 하나를 음소로 설정하고, 나머지는 해당 음소의 변이음으로 본다. 즉 /x/가 음소이고 [y]가 /x/의 변이음이거나 아니면, /y/가 음소이고 [x]가 /y/의 변이음이거나 둘 중 하나이다. 변이음은 정의상 변별적으로 인식하지 못하는 소리이다.

(4) ㉠ 나라[nara] : 달[tal]

    ㉡ 배[pa] : 나비[nabi]

국어의 /ㄹ/은 물리적으로 초성에서는 [r]로, 종성에서는 [l]로 실현된다. 다시 말해 초성에 [l]이 나타나거나 종성에 [r]이 나타나지 못한다. 또한 /ㅂ/은 초성에서는 [p]로, 모음 사이에서는 [b]로 실현된다. 그래서 초성에서 [b]가 나타나거나 모음 사이에서 [p]가 나타나지 못한다. 즉 이들은 각각 상보적 분포를 이루면서 동시에 [r]과 [l], [p]와 [b]가 서로 음성적으로 유사하다. 그리고 국어 화자는 [r]을 듣든 [l]을 듣든 모두 /ㄹ/(/l/)로 인식하고, 또한 [p]를 듣든 [b]를 듣든 모두 /ㅂ/(/p/)으로 인식한다. 그래서 [l]과 [r]의 관계에서는 /l/이, [p]와 [b]의 관계에서는 /p/가 음소가 되고, [r]은 음소 /l/이 초성에서 실현될 때의 변이음, [b]는 음소 /p/가 모음 사이에서 실현될 때의 변이음이 된다.

음소를 판별하는 세 번째 방법은 음성적 유사성이다. 이는 두 번째 방법의 부칙 조항의 성격을 띠는데, 상보적 분포를 이루더라도 음성적으로 유사하지 않으면 각각 별개의 음소로 판정한다. 다시 말해서 상보적 분포를 이룬다고 해서 항상 변이음 관계는 아니다. 상보적 분포를 이루면서, 해당 분포를 이루는 소리들이 음성적으로 유사할 때에만 변이음 관계로 본다.

예컨대 국어에서 /ㅎ/은 초성에만 올 수 있고, 종성에는 올 수 없다. 반대로 국어의 /ㅇ/([ŋ])은 초성에는 올 수 없고, 종성에만 온다. 따라서 분포상으로만 보면 국어의 /ㅎ/과 /ㅇ/은 상보적 분포이다. 하지만 /ㅎ/은 유기음이고 /ㅇ/은 비음이므로 둘 사이에는 음성적인 유사성이 전혀 없다. 따라서 비록 상보적 분포를 이루지만 /ㅎ/과 /ㅇ/은 별개의 음소로 분석한다.

2.2. 국어의 음소

음소는 크게 자음과 모음으로 나뉜다. 그리고 순수하게 자음도 아니고 그렇다고 순수하게 모음도 아닌, 자음과 모음의 중간적인 성격을 가진 활음(또는 반모음)이 있다. 자음과 모음을 구별하는 일차적인 기준은 허파에서 나온 공기가 성문을 통과하여 입 밖으로 나올 때까지 장애를 받느냐 받지 않느냐이다. 장애를 받으면 자음, 장애를 받지 않으면 모음이라고 한다. 정상적으로 조음되는 모든 모음은 성대를 진동시켜서 조음된다. 자음은 대부분 성대를 울리지 않으나, 발음할 때 미세하게 성대를 울리는 자음도 있다. 활음은 장애를 받지 않는다는 점에서, 그리고 성대를 울린다는 점에서 모음과 같은 특성을 갖고 있다. 하지만 모든 모음은 스스로 하나의 음절을 이룰 수 있는 반면, 활음은 스스로 음절을 이루지 못한다는 점에서 모음과 차이가 있다.

모음은 다시 단모음과 이중모음으로 구분한다. 이중모음은 용어가 암시하듯이 두 개의 음소가 결합한 모음이다. 즉 활음과 모음이 결합한 연쇄가 이중모음이다. 이중모음은 하나의 음절 안에서 발음된다는 점에서 두 개의 음절로 발음되는 두 모음의 연쇄와 다르다. 단모음 /ㅏ/[a]와 이중모음 /ㅑ/[ya], /ㅣ/[i]와 /ㅏ/[a] 두 모음의 연쇄가 보이는 음절상의 차이는 (5)와 같다.

(5)　　㉠ 단모음　　　㉡ 이중모음　　　㉢ 두 모음의 연쇄

참고 S는 음절

2.2.1. 발음 기관

소리를 내기 위해서는 발음 기관을 움직여야 한다. 소리를 내는 데 관여하는 발음 기관을 보이면 아래와 같다.

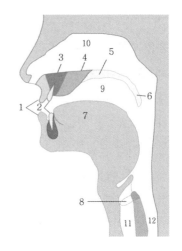

1: 입술   2: 이

3: 치조   4: 경구개

5: 연구개   6: 목젖

7: 혀   8: 성대

9: 구강   10: 비강

11: 기도   12: 식도

우리는 허파로부터 공기를 내보내면서 발음을 한다. 즉 공기를 외파시키면서 소리를 낸다. 특수한 경우에 숨을 들이마시면서 소리를 내기도 하지만, 일상적인 발음은 모두 숨을 내쉬면서 이루어진다. 허파에서 나온 공기가 성대(聲帶)를 통과하면서 진동을 일으키는데, 대부분의 모음은 이러한 성대의 진동을 통해 만들어진다. 성대가 열려 있는 틈을 성문(聲門)이라고 한다. 성대의 진동을 수반하는 소리를 유성음, 성대의 진동을 수반하지 않는 소리를 무성음이라고 한다. 대부분의 모음은 유성음이고, 자음은 비음(/ㅁ, ㄴ, ㅇ/)이나 유음(/ㄹ/)과 같은 일부 소리를 제외하고는 대부분 무성음이다.

성대를 거쳐 나온 진동을 다양한 모양으로 바꾸어서 여러 가지 소리를 내게 하는 것이 혀이다. 혀가 굳어버리면 말을 하지 못한다는 사실은 발음에서 혀의 역할이 얼마나 중요한지 간접적으로 알려 준다. 혀가 없으면 말을 하지 못하며, 혀가 지나치게 짧아도 말이 어색하게 들리게 되는 것도 소리를 내는 데 혀의 기능이 얼마나 중요한지를 짐작할 수 있게 해 준다.

소리를 낼 때 허파에서 나온 공기는 성대를 거쳐 구강(口腔)을 통해 입

밖으로 나가게 된다. 대부분의 경우 구강을 통해 공기가 밖으로 나가게 되지만, 일부 소리는 비강(鼻腔)을 통해서 나가기도 한다. 이때 구강으로 공기를 내보내면서 내는 소리를 구강음이라고 하고, 비강으로 공기를 내보내면서 내는 소리를 비강음 또는 비음(鼻音)이라고 한다.

성대를 통과한 소리가 구강으로 지나가게 하느냐, 비강으로 지나가게 하느냐를 조절하는 기관이 목젖이다. 따라서 목젖 역시 소리를 내는 데 능동적으로 관여하는 중요한 발음 기관 가운데 하나이다.

조음에 능동적으로 관여하느냐의 유무에 따라서 발음 기관을 조음체와 조음점으로 구분한다. 성대, 아래턱, 아랫입술, 혀, 목젖은 조음에 능동적으로 관여하는 기관으로 이들을 조음체라고 한다. 반면, 윗입술, 윗니, 치조(잇몸), 경구개(센입천장), 연구개(여린입천장)는 고정부로 이들을 조음점이라고 한다.

2.2.2. 소리 분류의 기준

외파, 불파, 내파

인간이 발성 기관을 통해서 소리를 내는 방식은 크게 3가지가 있다. 즉, 외파, 내파, 불파가 그것이다.

> **외파** : 허파에서 공기를 밖으로 내보내면서 하는 조음.
> **내파** : 공기를 허파로 들이마시면서 하는 조음.
> **불파** : 허파에서 공기를 내보내긴 하지만 완전히 입 밖으로 나가기 전에 공기의 흐름을 막는 조음.

일반적으로 소리를 내는 방식은 외파이다. 즉 대부분의 소리는 허파에서 공기를 밖으로 내보내면서 낸다. 우리가 말을 하다가 중간에 쉬었다

말을 하게 되는 것은 말을 하면서 공기를 다 내보내게 되어 다시 공기를 들이마셔야 하기 때문이다. 외파와 반대의 조음 방식이 내파이다. 내파는 공기를 들이마시면서 소리를 내는 방식이다. 언어에 따라서는 내파음이 있기는 하지만, 일반적인 조음 방식이 아니기 때문에 특별한 경우라고 할 수 있다. 국어에는 내파음이 없다. 다만 일반적이지 않은 조음 상태에서 내파로 소리를 내기는 한다. 예컨대 숨이 막혀서 [헉]하는 소리를 낼 때는 숨을 들이마시면서 내는 전형적인 내파음이다.

　다른 언어와 구분되는 국어의 특징적인 조음 방식은 불파이다. '잎[입]'과 '잎이[이피]'의 발음을 비교해 보면 쉽게 이해할 수 있다. '잎'을 발음하게 되면 발음이 끝난 뒤에 두 입술을 붙이고 있다. 두 입술을 붙이고 있기 때문에 허파에서 나온 공기가 빠져나가지 못하고 닫힌 채 조음을 마치게 된다. 이러한 발음을 불파라고 한다. 공기가 중간에 닫히기 때문에 '잎'의 종성 /ㅍ/이 온전하게 실현되지 못하고 [ㅂ]으로 실현되는 것이다. 즉 /ㅍ/은 /ㅂ/에 비해 추가적인 조음 동작이 요구되는 소리인데, 이러한 추가적인 조음 동작이 온전히 실현되기 위해서는 외파가 되어야 한다. 그런데 중간에 공기를 닫아버림으로 인해 추가적인 조음 동작이 실현되지 못하게 되어 결국 [ㅂ]으로 실현되는 것이다. 이에 비해 '잎이'를 발음해 보면 [이피]로 중간에 공기가 닫히는 조음 동작이 없다. 다시 말해 외파가된다. '잎이'에서 '잎'의 종성 /ㅍ/이 다음 음절의 초성으로 연음이 됨으로써 외파되어 [ㅍ]으로 실현된다.

　외파와 불파, 내파를 도식화하면 (6)과 같다.

(6)

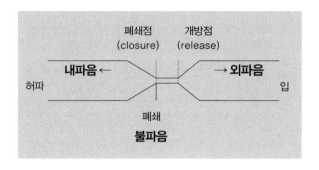

소리 분류의 기준

소리를 분류하는 기준에는 크게 다섯 가지 정도가 있다.

첫째, 성대 진동의 유무.
둘째, 공기의 유출 통로가 어디인가?
셋째, 공기가 빠져나갈 때 장애를 받는가 받지 않는가?
넷째, 소리를 내는 위치 즉, 조음 위치.
다섯째, 소리를 내는 방식 즉, 조음 방식.

먼저 성대 진동의 유무에 따라 유성음과 무성음으로 구분한다. 유성음은 허파를 통해 나온 공기가 성대를 울리면서 나는 소리이고, 무성음은 성대를 울리지 않고 나는 소리이다. 기본적으로 모음은 모두 성대의 진동을 수반하는 유성음이다. 대부분의 자음은 무성음이지만, 비음(/ㅁ, ㄴ, ㅇ/)과 유음(/ㄹ/)은 모음처럼은 아니더라도 약하게 성대의 진동을 수반한다. 그래서 비음과 유음을 유성 자음이라고 하고, 나머지 자음들은 무성 자음이라고 한다. 활음도 성대의 진동을 수반하기 때문에 유성음이다.

허파에서 나온 공기가 밖으로 나오는 길은 구강과 비강 두 군데밖에 없다. 모음은 자연스러운 조음 상태에서는 모두 입으로 공기가 나가는 구강음이다. 하지만 우리가 흔히 코맹맹이 소리라고 하는 발음은 공기가 비강을 통해서도 나가는데, 이러한 모음을 비강 모음이라고 한다. 국어에서 구강 모음과 비강 모음은 변별적이지 않다. 자음은 대부분 구강을 통해서 공기가 빠져나가면서 나는 소리이다. 그런데 자음 중에서 비강을 통해 공기가 빠져나가면서 나는 소리가 있는데, 이를 비음(鼻音)이라고 한다. /ㅁ, ㄴ, ㅇ/이 바로 이러한 소리이다.

공기가 빠져나갈 때 장애를 받는지, 받지 않는지에 따라 소리를 나누기도 한다. 그래서 공기가 빠져나갈 때 장애를 받는 소리를 장애음이라고 하고, 장애를 받지 않는 소리를 공명음이라고 한다. 모음은 당연히 장애를 받지 않으므로 공명음이다. 자음은 대부분 장애를 받지만, 자음 중에서 비음과 유음은 장애를 받지 않는 공명음이다.

입 안에서 나는 소리는 제 각기 자신의 위치가 정해져 있다. 그렇기 때문에 자신의 위치를 벗어나면 제 소리가 나지 못하고 다른 소리가 된다. 그래서 소리가 나는 위치 즉, 조음 위치에 따라 소리를 분류할 수 있다. 조음 위치에 따른 소리의 분류는 조음 위치의 이름을 따서 명칭을 붙인다.

자음의 경우에는 입 앞에서부터 순서대로 '양순음－치조음－경구개음－연구개음－후음'으로 분류한다. 모음의 경우에는 혀의 앞쪽에서 나는 소리인지, 뒤쪽에서 나는 소리인지에 따라 양분하여 전설 모음, 후설 모음으로 분류한다. 그리고 혀의 높이에 따라 '고모음－중모음－저모음'으로 분류한다.

소리를 내는 방식, 즉 조음 방식에 따라서도 소리를 분류할 수 있다. 자음의 경우에는 소리를 내는 방식에 따라 파열음, 마찰음, 파찰음, 유음(설측음), 비음으로 나뉜다. 그리고 소리를 낼 때 성대의 상태가 어떠한지에 따라 예사소리(평음), 거센소리(유기음), 된소리(경음)로 나뉜다. 모음의 경우에는 입술을 둥글게 해서 소리를 내는지, 입술을 평평하게 해서 소리를 내는지에 따라 원순모음, 평순모음으로 나뉜다.

2.2.3. 자음 체계

국어의 자음은 /ㄱ, ㄴ, ㄷ, ㄹ, ㅁ, ㅂ, ㅅ, ㅇ, ㅈ, ㅊ, ㅋ, ㅌ, ㅍ, ㅎ, ㄲ, ㄸ, ㅃ, ㅆ, ㅉ/ 총 19개가 있다. 이는 한글 자모 배열 순서에 따라 자음을 제시한 것인데, 한글 자모 배열 순서는 특별한 원리에 따른 것이 아니라 임의적인 순서이다. 위에서 살펴본 소리 분류 기준에 따라 국어의 자음을 체계적으로 분류하면 아래와 같다. 이렇게 자음을 조음 위치와 조음 방식에 따라 체계적으로 분류한 것을 자음 체계라고 한다.

(7) 자음 체계

조음 방식 \ 조음 위치		양순음	치조음	경구개음	연구개음	후음
장애음	평음	ㅂ p	ㄷ t ㅅ s	ㅈ ʧ	ㄱ k	
	거센소리	ㅍ pʰ	ㅌ tʰ	ㅊ ʧʰ	ㅋ kʰ	ㅎ h
	된소리	ㅃ p'	ㄸ t' ㅆ s'	ㅉ ʧ'	ㄲ k'	
공명음	비음	ㅁ m	ㄴ n		ㅇ ŋ	
	유음(설측음)		ㄹ l			

참고 한글 자모 옆에 표시한 기호는 한글 자모로 표기된 소리의 국제음성기호(IPA)이다.

(7)에서 보듯이 조음 위치에 따라 순서대로 '양순음-치조음-경구개음-연구개음-후음'으로 나뉜다. 가장 앞쪽에서 나는 소리는 두 입술 사이에서 나는 양순음 /ㅂ, ㅍ, ㅃ, ㅁ/이다. 순서대로 치조음 /ㄷ, ㅌ, ㄸ, ㅅ, ㅆ, ㄴ, ㄹ/, 경구개음 /ㅈ, ㅊ, ㅉ/, 연구개음 /ㄱ, ㅋ, ㄲ, ㅇ/, 후음 /ㅎ/의 순이다. 치조 위치에서 나는 소리가 가장 많은데, 이는 국어뿐만 아니라 다른 언어에서도 마찬가지이다. 이는 자음의 위치 중에서 치조 위치가 가

장 많은 소리를 낼 수 있는 자리이기 때문이다.

조음 방식에 따른 분류에서 먼저 파열음은 허파에서 나온 기류를 막았다가 한꺼번에 터트리는 소리로 /ㅂ, ㅍ, ㅃ, ㄷ, ㅌ, ㄸ, ㄱ, ㅋ, ㄲ/이 이에 해당한다. 파열음은 달리 폐쇄음이라고도 한다. 파열음이 공기를 내보내는 방식에 초점을 맞춘 용어라면, 폐쇄음은 공기를 닫는 동작에 초점을 맞춘 용어이다.

마찰음은 허파에서 나온 기류를 막는 조음 과정이 없다. 대신 구강을 좁혀서 공기가 한꺼번에 빠져나가지 않고 좁은 통로로 서서히 빠져나가도록 함으로써 마찰을 일으켜 내는 소리이다. /ㅅ, ㅆ, ㅎ/이 이에 해당한다.

파찰음은 처음에는 파열음을 조음할 때와 마찬가지로 기류를 막는 조음 동작이 있지만, 이후에 공기를 내보낼 때는 한꺼번에 내보내지 않고 마찰음처럼 서서히 내보내면서 내는 소리이다. /ㅈ, ㅊ, ㅉ/이 이에 해당한다.

허파에서 나온 공기가 구강을 통과할 때는 주로 혀의 기운뎃길을 통해서 나간다. 그런데 특이하게 혀의 가장자리로 공기가 빠져나가면서 나는 소리가 있다. 이를 설측음(舌側音)이라고 하는데, /ㄹ/이 바로 이러한 소리이다. 설측음은 달리 유음이라고도 한다. 유음은 소리의 청각적 인상에 초점을 맞춘 용어로, 물이 흘러가듯이 나는 소리라는 의미에서 붙여진 이름이다.

예사소리(평음), 거센소리(유기음), 된소리(경음)의 구분은 성대의 상태에 따른 소리의 분류이다. 거센소리는 예사소리에 비해 상대적으로 성대가 펴져서 나는 소리이고, 된소리는 예사소리에 비해 상대적으로 성대가 긴장되어서 나는 소리이다. /ㅂ, ㄷ, ㅅ, ㅈ, ㄱ/이 예사소리이고, /ㅍ, ㅌ, ㅊ, ㅋ, ㅎ/이 거센소리이고, /ㅃ, ㄸ, ㅆ, ㅉ, ㄲ/이 된소리이다.

그리고 비음과 유음은 약하게나마 성대의 진동을 수반하는 소리이다. 그래서 비음과 유음을 공명음이라고 한다. 반면 비음과 유음을 제외한 나머지 자음들은 모두 허파에서 나온 공기가 입안에서 장애를 받아 나는 소리이기 때문에 장애음이라고 한다.

2.2.4. 모음 체계

모음은 크게 단모음과 이중모음으로 구분된다. 단모음은 하나의 음소인 반면, 이중모음은 두 개의 음소로 이루어져 있다. 단모음은 하나의 음소이기 때문에 발음을 시작할 때의 조음 동작과 발음을 끝냈을 때의 조음 동작에 변화가 없다. 하지만 이중모음은 두 음소의 결합이기 때문에 발음의 시작과 끝의 조음 동작에 변화가 생긴다.

이중모음을 두 모음의 결합으로 보기도 한다. 하지만 이중모음을 두 모음의 결합체로 보더라도 이중모음과 두 모음의 연쇄는 서로 다르다. 이중모음은 한 음절 내에서 두 모음이 실현되는 것인 반면, 두 모음의 연쇄는 두 개의 모음이 각각 하나의 음절로 실현된다. 즉 이중모음은 1음절을 이루는 반면, 두 모음의 연쇄는 2음절을 이룬다. 이중모음을 이루는 두 모음은 상대적 공명도에 의해 공명도가 낮은 모음이 활음화된다. 그래서 실질적으로 이중모음은 '활음-모음' 또는 '모음-활음'의 연쇄로 실현된다.

단모음 체계

모음을 조음 위치와 조음 방식에 따라 체계적으로 분류한 것을 모음 체계라고 한다. 일반적으로 모음 체계라고 할 때는 단모음의 체계를 일컫는다. 국어의 단모음은 /ㅣ, ㅔ, ㅐ, ㅏ, ㅓ, ㅗ, ㅜ, ㅟ, ㅚ, ㅡ/ 10개이다. 이를 혀의 위치와 높이에 따라 분류한 국어의 단모음 체계는 (8)과 같다.

(8) 모음 체계

		혀의 위치					
		전설 모음			후설 모음		
혀의 높이	고모음	ㅣ i	ㅟ ü	ㅡ ɨ		ㅜ u	
	중모음	ㅔ e	ㅚ ö	ㅓ ə		ㅗ o	
	저모음	ㅐ ɛ			ㅏ a		

먼저 혀의 위치에 따라 전설 모음과 후설 모음으로 나뉜다. 전설 모음에서 /ㅣ/와 /ㅟ/는 조음의 위치는 같고, 다만 조음의 방식이 서로 다르다. /ㅣ/는 입술을 평평하게 해서 내는 소리인데 비해, /ㅟ/는 입술을 둥글게 해서 내는 소리이다. /ㅔ/와 /ㅚ/의 관계 역시 /ㅣ/와 /ㅟ/의 관계와 평행하다. 후설 모음에서 /ㅡ/와 /ㅜ/, /ㅓ/와 /ㅗ/의 관계도 /ㅣ/ : /ㅟ/, /ㅔ/ : /ㅚ/의 관계와 같다. 즉 /ㅡ/ : /ㅜ/는 조음의 위치가 같으나 조음 방식이 다른데, /ㅡ/는 입술을 평평하게 해서 내는 소리이고 /ㅜ/는 입술을 둥글게 해서 내는 소리이다. /ㅓ/ : /ㅗ/의 관계도 마찬가지이다. 입술을 평평하게 해서 내는 소리를 평순모음이라고 하고, 입술을 둥글게 해서 내는 소리를 원순모음이라고 한다.

그리고 혀의 높이에 따라 고모음, 중모음, 저모음으로 나뉜다. 고모음은 입을 가장 적게 벌려 발음을 하는 소리이고, 반대로 저모음은 입을 가장 크게 벌려 발음을 하는 소리이다. 그래서 고모음을 폐모음(閉母音), 저모음을 개모음(開母音)이라고도 한다.

조음 방식에서 보면 /ㅟ, ㅚ, ㅜ, ㅗ/는 입술을 둥글게 해야만 나는 소리이고, 나머지 모음들은 입술을 둥글게 하는 조음 동작이 일어나지 않는다. 그래서 /ㅟ, ㅚ, ㅜ, ㅗ/를 원순모음이라고 하고, /ㅣ, ㅔ, ㅐ, ㅏ, ㅓ, ㅡ/를 평순모음이라고 한다.

현대 국어에서 /ㅟ, ㅚ/는 단모음으로 실현되기도 하지만, 이중모음

[wi], [we]로 실현되는 경우가 많다. 그래서 현대 국어의 단모음 체계를 말할 때 /ㅟ, ㅚ/를 뺀 /ㅣ, ㅔ, ㅐ, ㅏ, ㅓ, ㅗ, ㅜ, ㅡ/의 8모음 체계를 상정하기도 한다.

참고로 표준 발음법에서도 /ㅟ/, /ㅚ/는 단모음 [ü], [ö]로 발음하는 것을 원칙으로 하되, 이중모음 [wi], [we]로 발음하는 것도 허용한다. 즉 단모음 발음과 이중모음 발음 둘 다 표준 발음의 범주에 들어간다.

이중모음

이중모음은 '활음-모음' 또는 '모음-활음'의 연쇄를 말한다. 국어의 활음에는 /y/와 /w/가 있다. /y/는 모음 체계 내에서 /ㅣ/ 모음과 같은 전설 위치에서 /ㅣ/ 모음보다 높은 곳에서 발음되며, /w/는 /ㅜ/ 모음과 같은 후설 위치에서 /ㅜ/ 모음보다 높은 곳에서 발음된다.

이중모음은 이중모음을 구성하는 활음의 종류에 따라 /y/계 이중모음, /w/계 이중모음으로 구분한다. 또한 '활음-모음' 연쇄로 이루어진 이중모음을 상향 이중모음(또는 상승 이중모음)이라 하고, '모음-활음' 연쇄로 이루어진 이중모음을 하향 이중모음(또는 하강 이중모음)이라고 한다. 이때 상향과 하향의 대상은 공명도이다. 즉 활음에 비해 모음은 공명도가 높으므로 '활음-모음'의 연쇄는 공명도가 상승하는 연쇄이고, '모음-활음' 연쇄는 공명도가 하강하는 연쇄이다.

공명은 입 안의 공간이 크면 클수록 높아진다. 따라서 입을 가장 크게 벌려서 발음하는 저모음이 공명도가 가장 높다. 그리고 자음은 아무리 공명도가 커도 공명도가 가장 낮은 모음보다 낮다.

(9) Jespersen의 공명도 8단계

    1. 무성 자음(폐쇄음, 마찰음) : p(ㅂ), t(ㄷ), k(ㄱ), ʧ(ㅈ), ʧʰ(ㅊ), s(ㅅ)

    2. 유성 폐쇄음 : b, d, g

    3. 유성 마찰음 : z, v

    4. 비음, 유음 : m(ㅁ), n(ㄴ), ŋ(ㅇ), l(ㄹ)

    5. 전동음(trills), 설탄음(flaps) : r, ɾ

    6. 고모음

    7. 중모음

    8. 저모음

Jespersen의 공명도 8단계에는 없지만, 활음(/y, w/)의 공명도는 공명도가 가장 큰 자음보다는 높고, 공명도가 가장 낮은 모음보다 낮다. 즉 활음은 공명도가 고모음보다 낮고 진동음보다 높다.

국어의 이중모음 체계를 보면, 먼저 /y/계 이중모음은 (10)과 같다.

(10) /y/계 이중모음

		ㅢ iy	ㅠ yu
ㅖ ye		ㅕ yə	ㅛ yo
ㅒ yɛ		ㅑ ya	

/y/계 이중모음 중 상향 이중모음은 /ㅖ, ㅒ, ㅑ, ㅕ, ㅛ, ㅠ/로 6개가 있다. /y/계 이중모음 중에서 특이한 것이 /ㅢ/(/iy/)인데, /ㅢ/는 활음 /y/가 모음 /i/에 후행하는 현대 국어에서 유일한 하향 이중모음이다. /ㅢ/를 하향 이중모음 /iy/가 아닌 /ɰi/의 상향 이중모음으로 보는 견해도 있다. 이럴 경우 국어의 활음 음소 목록에 /ɰ/가 추가된다. /ㅢ/를 /ɰi/로 해석할 경우 활음 /ɰ/는 /ɰi/에만 나타나고 다른 모음과 결합

하는 경우가 없는데, 이러한 소리를 국어의 음소 목록에 포함시키게 되는 부담이 있다.

다음으로 /w/계 이중모음은 (11)과 같다.

(11) w계 이중모음

ㅟ wi		
ㅞ we	ㅝ wə	
ㅙ wɛ	ㅘ wa	

/w/계 이중모음은 /ㅟ, ㅞ, ㅙ, ㅝ, ㅘ/ 5개이다. 표기상 'ㅟ'는 단모음으로 실현될 때의 음가는 [ü]이고, 이중모음으로 실현될 때의 음가는 [wi]이다. 즉 표기는 'ㅟ'이지만 그 발음은 2가지로 실현되어 표기와 발음이 1:1로 대응되지 않고 1:2로 대응된다. 이는 'ㅚ'의 경우도 마찬가지이다. 즉 표기상 'ㅚ'는 단모음일 때는 [ö]로, 이중모음일 때는 [we]로 실현되어 표기와 발음이 1:2로 대응된다. 반대로 이중모음 [we]는 'ㅞ'로도 표기되지만, 'ㅚ'로도 표기가 되어 표기와 발음이 2:1이다.

이것은 음소가 고정불변의 것이 아니라 시대에 따라 변화하기 때문에 나타난 표기와 발음의 불일치이다. 이러한 불일치는 음소를 나타내는 표기가 그러한 음소의 변화를 쫓아가지 못하기 때문에 나타나게 된다. 이는 음성 언어와 문자 언어의 특성을 생각하면 쉽게 이해할 수 있다. 음성 언어는 개신적인데 반해 문자 언어는 보수적인 특성이 있다. 음성 언어가 변화해도 문자 언어의 보수성이 음성 언어의 개신을 쫓아가지 못하기 때문에 이와 같은 어긋남이 발생하게 되는 것이다.

2.3. 음절과 초분절 음소

2.3.1. 음절

음소의 연쇄는 일정한 원리에 의해 발화 단위로 조직된다. 이처럼 음소의 연쇄가 발화 단위로 조직된 것을 음절이라고 하고, 음절 단위로 조직되는 과정을 음절화라고 한다. 국어의 최대 음절구조는 (12)와 같다.

(12)
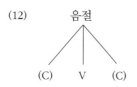

> [참고] (C)는 C가 나타나거나 나타나지 않음을 나타낸다. 따라서 (C)V(C)는
> CVC, CV, VC, V를 아우른다.

여기서 V는 음절핵, 앞의 C는 음절초, 뒤의 C는 음절말이다. 음절초나 음절말은 그 자체로는 음절을 이룰 수 없고, 반드시 음절핵과 함께해야만 음절을 이룰 수 있다. 하지만 음절핵은 음절초나 음절말이 없이 자신만으로도 음절을 이룰 수 있다. 음절초, 음절핵, 음절말은 초성, 중성, 종성의 다른 이름이다.

(12)에 따라 국어에서 가능한 음절형은 (13)과 같다.

(13) ㉠ V
　　 ㉡ CV
　　 ㉢ CVC
　　 ㉣ VC

C는 음절초나 음절말에 오는 요소, V는 음절핵에 오는 요소를 가리킨다. 국어에서 C에 올 수 있는 음소는 자음이다. 그리고 V에 올 수 있는 음소는 단모음일 수도 있고, 활음과 모음으로 이루어진 이중모음일 수도 있다. 국어에서 모음은 그 자체로 하나의 음절을 이룰 수 있지만, 자음은 모음 없이 음절을 이룰 수 없다. 활음도 모음 없이 홀로 나타날 수 없으며, 자음이 V에 올 수 없기 때문에 결국 국어에서 음절의 수는 V의 수와 일치한다.

'값', '닭', '몫'처럼 표기상 겹받침을 가진 것들이 있는데, 이들은 표기상 그런 것이고 실제 음절화될 때는 [갑], [닥], [목]처럼 자음 하나가 반드시 탈락한다. 이는 음절초와 음절말에 하나의 자음만을 허용하는 국어의 음절 구조 제약 때문이다.

(14) ㉠ ㄱ-ㅏ-ㅂ-ㅅ-ㄷ-ㅗ   →   갑$도[갑또]

ㄴ ㄴ ㄱ-ㅏ-ㅂ-ㅅ-ㅣ   →   갑$시[갑씨]

참고 $는 음절 경계를 나타낸다.

(14㉠)과 같은 음소의 연쇄가 주어지면 /ㅅ/이 탈락된 '갑$도'로 음절화되며, (14ㄴ)과 같은 음소의 연쇄가 주어지면 '갑$시'로 음절화된다. 이처럼 (14㉠)에서는 /ㅅ/이 탈락하는 데 반해 (14ㄴ)에서는 /ㅅ/이 탈락하지 않는다. 이는 음절초와 음절말에 하나의 자음만 허용하는 국어의 음절 구조 제약 때문이다. 그래서 (14㉠)에서는 /ㅂ/이 선행 음절의 종성에, /ㄷ/이 후행 음절 초성에 자리하기 때문에 어디로도 갈 수 없는 /ㅅ/이 결국 탈락하게 되지만, (14ㄴ)에서는 후행 음절의 초성이 비어 있기 때문에 /ㅅ/이 탈락하지 않고 후행 음절의 초성으로 음절화된다.

음소의 연쇄가 발화 단위로 조직되어 즉, 음절 단위로 발음된다는 것은 언어 보편적으로 동일하다. 하지만 음소의 연쇄가 발화 단위로 조직되는 방식은 나라마다 다르다. 어떤 언어에서는 허용 가능한 음절이 다른 언어에서는 허용 불가능할 수도 있고, 그 반대일 수도 있다. 이와 관련된 것을 음절 구조 제약이라고 한다. 즉 언어마다 음절 구조 제약이 서로 다를 수 있는 것이다. 그렇기 때문에 외래어가 차용될 때 외래어의 음소 연쇄가 모국어의 음절 구조 제약을 어길 때는 모국어의 음절 구조 제약에 맞게 재조정되어 수용된다.

(15) ㉠ strike → 스$트$라$이$크
ㄴ 김$치 → 기$무$치

영어에서 strike는 1음절어이다. 영어는 음절초와 음절말에 자음군을 허용하기 때문에 음절초에 'str' 세 개의 자음이 올 수 있다. 하지만 국어는 음절초와 음절말에 하나의 자음만을 허용하는 음질 구조 제약 때문에 음절초에 자음군 'str'이 올 수 없다. 그래서 모음 /ㅡ/를 삽입하여 '스트라이크'의 5음절로 음절 조정을 하게 된다. 마찬가지로 국어의 '김치'는 2음절어이지만, '김치'가 일본어에 차용될 때는 3음절어의 '기무치'가 된다. 일본어는 음절말을 가진 음절을 허용하지 않는 음절 구조 제약이 있기 때문이다. 그래서 모음 /ㅜ/를 삽입하여 '초성-중성-종성'으로 이루어진 '김치'의 첫음절 '김'을 '초성-중성$초성-중성'의 '기$무'로 음절 조정을 하여 결국 '기무치'가 되는 것이다.

2.3.2. 초분절 음소

음절은 자음과 모음으로 분절된다. 그래서 자음과 모음을 분절음이라고 한다. 반면 자음과 모음처럼 분절되지 않는 소리를 초분절음이라고 한다. 초분절음에는 음장, 성조, 강약(stress), 악센트(accent) 등이 있다.

음성 중에서 변별적 기능을 하는 소리를 음소라고 하듯이, 초분절음

중에서 변별적 기능을 하는 것을 초분절 음소(suprasegmental phoneme)라고 한다. 이를 달리 운소(韻素)라고도 한다. 국어에서 초분절 음소에 해당하는 것으로는 음장과 성조가 있다.

    (16) ㉠ 말(馬), 말:(語)

        ㉡ 이사(移徙), 이:사(理事)

        ㉢ 이동(移動), 이:동(二洞)

(16)에서 '말(馬)'과 '말:(語)'은 동음어이다. 즉 동일한 음소의 연쇄로 이루어져 있다. 하지만 그 뜻은 다르다. 이때 뜻을 다르게 하는 요소는 분절음인 자음과 모음이 아니라 바로 소리의 길이 즉, 음장이다. 음장은 현재 젊은 세대에서는 변별적 기능을 하지 못하고 있어, 초분절 음소로서의 지위가 상실되는 변화를 겪고 있다.

    (17) ㉠ 손L(手), 손H(客)

        ㉡ 배L(腹), 배H(梨)

        ㉢ -보다(보조사)LL, 보다(示)HL

(17)은 경상도 방언의 성조인데, '손(手)'과 '손(客)'은 동음어이고 음장도 같다. 그럼에도 그 뜻을 다르게 하는 것은 '손(手)'은 저조(L)이고 '손(客)'은 고조(H)이기 때문이다. 즉 성조가 그 뜻을 다르게 하는 것이다. 성조는 방언에 따라 초분절 음소로서 변별적 기능을 하기도 하고, 하지 않기도 한다. 즉 경상도 방언, 강원도 방언, 함경도 방언 등에서는 성조가 변별적 기능을 하지만, 경기도 방언이나, 전라도 방언, 충청도 방언 등에서는 변별적 기능을 하지 않는다.

(16), (17)에서 의미를 갈라내는 기능을 하는 것은 분절음인 음소가 아

니다. 음소의 연쇄는 동일하나, (16)에서는 음장이, (17)에서는 성조가 의미를 갈라내고 있다. 음소의 정의가 의미를 갈라내는 최소의 변별적 단위인데, (16)에서는 음장이, (17)에서는 성조가 이러한 기능을 한다. 따라서 음장과 성조는 음소의 정의에 부합한다. 다만 분절 음소인 자음, 모음과 구별하여 음장과 성조를 초분절 음소, 또는 운소라고 한다.

2.4. 변별적 자질

소리에 대한 전통적인 접근법에서는 음성 즉, 분절음이 소리의 최소 단위라고 보았다. 그런데 소리들을 비교해 보면 분절음보다 작은, 소리의 물리적인 특성이 소리의 차이를 결정하는 것으로 보아야 할 충분한 이유가 빌견된다.

(18)	/p/	/p^h/	/p'/	/b/
	양순	양순	양순	양순
	무성	무성	무성	유성
	-	유기성	-	-
	-	-	경음성	-

(18)에서 보면 /p/, /p^h/, /p'/는 양순 위치에서 나는 자음이면서 무성음이라는 공통된 특성을 가지고 있음을 확인할 수 있다. 단지 /p^h/는 /p/에 비해 [유기성]이라는 특성을 더 가지고 있고, /p'/는 /p/에 비해 [경음성]이라는 특성을 더 가지고 있다. 그리고 [p]와 [b]는 양순 자음이면서 [유기성]과 [경음성]을 가지고 있지 않다는 점에서 공통적이면서 단지 [무성]인가, [유성]인가 하는 특성에 의해 구별된다는 것을 알 수 있다.

[양순], [무성], [유기성]처럼 분절음을 구성하는 물리적인 특성을 자질(features)이라고 한다. 자질 개념은 소리 대립의 최소 단위를 분절음이 아닌 분절음을 분해한 자질로 해석하게 해 준다. 이러한 자질 이론에 따르면 소리 즉, 분절음은 자질들의 묶음으로 이해된다.

자질 이론은 언어마다 음소의 종류와 수는 다르지만 물리적인 특성 즉, 자질은 모든 언어가 동일하다는 전제에서 출발한다. 그리고 자질 이론의 궁극적 목표는 유한의 자질로 세계 모든 언어의 음소 대립을 기술하는 것이라고 할 수 있다.

자질 가운데는 변별적인 기능을 하는 자질이 있는가 하면, 변별적인 기능을 하지 못하는 자질이 있다. 변별적인 기능을 하는 자질을 변별 자질(distinctive features)이라고 하고, 변별적인 기능을 하지 못하는 자질을 비변별 자질(non-distinctive features)이라고 한다.

어떠한 자질이 변별적 기능을 하느냐, 하지 못하느냐 하는 것은 각 언어마다 다르다. 각 언어마다 음소의 목록이 다르기 때문에 어떠한 자질이 A 언어에서는 변별적 기능을 가지지만, B 언어에서는 변별적 기능을 갖지 못할 수도 있다. 예컨대 (18)에서 [유성]의 자질은 '유성 : 무성'이 대립을 하는 영어에서는 변별적인 기능을 하는 자질이지만, 국어처럼 '평음 : 유기음 : 경음'이 대립하는 언어에서는 변별적인 기능을 하지 못하는 자질이다.

소리는 '구강음이냐 비강음이냐', '무성음이냐 유성음이냐', '평음이냐 유기음이냐'처럼 상호 보완적인 조음 특성이 있다. 이러한 상호 보완적인 특성은 어느 하나를 중심으로 있음과 없음이라는 이분법으로 나타낼 수 있다. 즉 비강음은 [비음성]([nasal]) 자질을 가지고 있는 소리이고, 구강음은 [비음성] 자질을 가지고 있지 않은 소리이다. 이때 가지고 있으면 '+'로, 가지고 있지 않으면 '-'로 나타낸다. 즉 [비음성]의 특성을 가지고 있으면 [+비음성], [비음성] 특성을 가지고 있지 않으면 [-비음성]이 된다. 이렇게

'+'와 '-'의 이분법으로 기술하면 소리의 대립 관계를 분명하게 드러낼 수 있다.

자질은 다시 주요 부류 자질, 조음 위치 자질, 조음 방식 자질로 나뉜다. 여기서 사용되는 자질은 아래와 같다.

[자음성]([consonantal])   [모음성]([vocalic])

[공명성]([sonorant])   [음절성]([syllabic])

[지속성]([continuant])

[지연개방성]([delayed released])

[성문협착성]([constricted glottis])

[성문확장성]([spread glottis])

[비음성]([nasal])   [설측성]([lateral])

[설징성]([coronal])   [전방성]([anterior])

[고설성]([high])   [저설성]([low])

[후설성]([back])   [원순성]([round])

주요 부류 자질

주요 부류 자질은 음소를 일차적으로 대분류하는 자질을 이른다. 주요 부류 자질에는 [자음성], [모음성], [공명성] 자질이 있다. 주요 부류 자질에 의해 자음과 모음, 활음, 유음, 비음이 대별된다.

(19)

	순수자음	순수모음	활음(/y, w/)	유음	비음
[자음성]	+	-	-	+	+
[모음성]	-	+	-	+	-
[공명성]	-	+	+	+	+

조음 방식 자질

조음 방식 자질 중에서 자음의 분류에 관여하는 자질은 [지속성], [지연개방성], [성문확장성], [성문협착성], [비음성], [설측성]이다. 이들 자질에 의한 자음 분류는 다음과 같다. 앞서 논의한 자음 체계를 떠올리면 이해하기가 좀 더 쉬울 것이다.

먼저 파열음, 파찰음, 마찰음을 구분하는 자질은 [지속성], [지연개방성]이다.

(20)

	파열음	파찰음	마찰음
[지속성]	-	-	+
[지연개방성]	-	+	+

평음과 유기음, 경음을 구별하는 자질은 [성문확장성]과 [성문협착성]이다.

(21)

	ㅂ, ㄷ, ㅅ, ㅈ, ㄱ	ㅍ, ㅌ, ㅊ, ㅋ, ㅎ	ㅃ, ㄸ, ㅆ, ㅉ, ㄲ
[성문확장성]	-	+	-
[성문협착성]	-	-	+

비음과 나머지 자음들을 구별하는 자질은 [비음성]이며, 유음과 나머지 자음들을 구별하는 자질은 [설측성]이다. 즉 비음 /ㅁ, ㄴ, ㅇ/은 [+비음성]이고, 나머지 자음들은 모두 [-비음성]이다. 그리고 유음 /ㄹ/은 [+설측성]이고, 나머지 자음들은 모두 [-설측성]이다.

모음의 분류에 관여하는 조음 방식 자질에는 [원순성]이 있다. 원순모음 /ㅚ(ö), ㅟ(ü), ㅗ, ㅜ/는 [+원순성]이고, 나머지 모음 /ㅣ, ㅔ, ㅐ, ㅏ,

ㅓ, ㅡ/는 [-원순성]이다.

조음 위치 자질

조음 위치 자질은 조음점과 관련된 자질이다. 먼저 자음의 분류에 관여하는 조음 위치 자질에는 [전방성]과 [설정성]이 있다. 앞서 자음 체계를 다룰 때 조음 위치를 앞에서부터 '양순-치조-경구개-연구개-후두'로 구분한 바 있는데, 이러한 자음의 5개의 조음점들은 [전방성]과 [설정성]이라는 두 자질에 의해 구분된다.

(22)

	양순음	치조음	경구개음	연구개음	후음
[전방성]	+	+	-	-	-
[설정성]	-	+	+	-	-

(22)에서 연구개음과 후음은 모두 [-전방성, -설정성]으로 두 자질의 값이 같다. 그래서 연구개음 /ㄱ, ㅋ, ㄲ, ㅇ/과 후음 /ㅎ/는 조음 위치 자질로는 구분되지 않고 조음 방식 자질인 [±지속성]에 의해 구별된다.

다음으로 모음의 분류에 관여하는 조음 위치 자질에는 [고설성], [저설성]과 [후설성]이 있다. [고설성], [저설성]은 높낮이와 관련된 자질이고, [후설성]은 전후 위치와 관련된 자질이다.

(23)

	[-후설성]		[+후설성]	
[+고설성, -저설성]	ㅣ	ㅟ(ü)	ㅡ	ㅜ
[-고설성, -저설성]	ㅔ	ㅚ(ö)	ㅓ	ㅗ
[-고설성, +저설성]	ㅐ		ㅏ	

자질은 기본적으로 '±'의 이분 대립으로 나타낸다고 하였는데, 엄밀히 말하자면 [고설성]과 [저설성] 자질의 사용은 이분 대립이 아니다. (23)에서 보듯이 [-고설성]이라고 해서 [+저설성]은 아니기 때문이다. [고설성]의 '±'와 [저설성] '±'를 사용함으로써 이분 대립이 아닌 정도 대립, 여기서는 고·중·저의 삼분 대립을 나타낸다. 그래서 중모음은 [-고설성, -저설성]이 된다.

전후 위치는 [±후설성] 자질에 의해 구분된다. 그리고 /ㅣ, ㅔ, ㅐ/와 /ㅟ(ü), ㅚ(ö)/는 [-후설성] 자질에서는 공통적이고 단지 조음 방식 자질인 [±원순성]에 의해 구별된다. 즉 /ㅣ, ㅔ, ㅐ/는 [-원순성]이고, /ㅟ(ü), ㅚ(ö)/는 [+원순성]이다. /ㅡ, ㅓ, ㅏ/와 /ㅜ, ㅗ/ 역시 [+후설성] 자질에서는 공통적이고 [±원순성]에 의해 구별된다. /ㅡ, ㅓ, ㅏ/는 [-원순성]이고, /ㅜ, ㅗ/는 [+원순성]이다.

지금까지 살펴본 자질을 이용하여 국어의 자음과 모음을 도식화하면 (24), (25)와 같다.

(24)

	ㅂ	ㄷ	ㄱ	ㅍ	ㅌ	ㅋ	ㅃ	ㄸ	ㄲ	ㅅ	ㅆ	ㅈ	ㅊ	ㅉ	ㅁ	ㄴ	ㅇ	ㄹ	ㅎ
[자음성]	+	+	+	+	+	+	+	+	+	+	+	+	+	+	+	+	+	+	+
[모음성]	-	-	-	-	-	-	-	-	-	-	-	-	-	-	-	-	+	-	-
[공명성]	-	-	-	-	-	-	-	-	-	-	-	-	-	-	+	+	+	+	-
[전방성]	+	+	-	+	+	-	+	+	-	+	+	-	-	-	+	+	-	+	-
[설정성]	-	+	-	-	+	-	-	+	-	+	+	+	+	+	-	+	-	+	-
[지연개방성]	-	-	-	-	-	-	-	-	-	-	-	+	+	+	-	-	-	-	+
[지속성]	-	-	-	-	-	-	-	-	-	+	+	-	-	-	-	-	-	-	+
[성문확장성]	-	-	-	+	+	+	-	-	-	-	-	-	+	-	-	-	-	-	+
[성문협착성]	-	-	-	-	-	-	+	+	+	-	+	-	-	+	-	-	-	-	-
[비음성]	-	-	-	-	-	-	-	-	-	-	-	-	-	-	+	+	+	-	-
[설측성]	-	-	-	-	-	-	-	-	-	-	-	-	-	-	-	-	-	+	-

(25)

	ㅣ	ㅔ	ㅐ	ㅚ(ö)	ㅟ(ü)	ㅏ	ㅓ	ㅗ	ㅜ	ㅡ
[자음성]	-	-	-	-	-	-	-	-	-	-
[모음성]	+	+	+	+	+	+	+	+	+	+
[후설성]	-	-	-	-	-	+	+	+	+	+
[고설성]	+	-	-	-	+	-	-	-	+	+
[저설성]	-	-	+	-	-	+	-	-	-	-
[원순성]	-	-	-	+	+	-	-	+	+	-

2.5. 음운 현상

음소와 음소가 결합할 때 일어나는 변화를 음운 현상이라고 한다. 변화는 통시적인 변화와 공시적인 변화를 아우르는 개념으로 사용되기도 하지만, 공시적으로 일어나는 변화인 교체에 대응되는 개념으로 통시적으로 일어난 변화만을 가리키는 말로 사용되기도 한다. 일반적으로 변화는 통시적으로 일어난 것을 가리킬 때 사용하고, 공시적으로 일어나는 변화는 따로 교체(또는 변동)로 구분한다.

```
                    ┌── 변화(change)
변화(change) ───┤
                    └── 교체(alternation) 또는 변동(variation)
```

일반적으로 변화를 기술할 때는 'a > b'처럼 '>' 기호를, 교체를 기술할 때는 'a → b'처럼 '→' 기호를 사용하여 나타낸다. 그리고 'a > b'의 변화를 연구하는 것을 통시적 연구라고 하고, 'a → b' 교체를 연구하는 것을 공시적 연구라고 한다.

2.5.1. 기저형과 표면형
음소와 음소가 결합했을 때 아무런 교체 없이 실현되기도 하지만, 많은 경우 교체가 일어난다. 이때 교체가 일어나기 전의 형태를 기저형, 교체가 일어난 형태를 표면형이라고 한다. 교체가 없는 경우는 표면에 나타나는 형태가 곧 기저형이다.

하나의 형태소가 기저 차원에서 가지는 형태를 기저형(underlying form)이라고 하고, 표면 차원에서 가지는 형태를 표면형(surface form)이라고 한다. 발화되기 이전의 머릿속에 저장된 형태가 기저형이라면, 그것이 입을 통해 실현된 형이 표면형이다.

교체란 기저형이 표면형으로 도출되는 과정에서 일어나는 음운 현상이다. 실제 우리가 관찰할 수 있는 언어 자료는 표면형뿐이다. 기저형은 그 자체로는 관찰할 수 없다. 단지 우리는 표면형을 통해서 귀납적으로 기저형을 밝힐 수 있다.

(26)   /빛/

     [빋] [빈만] [비치]

(26)에서 /빛/은 단독으로 실현되거나 뒤에 자음이 올 때 [빋], [빈또]처럼 [빋]으로 실현되고, 비음으로 시작하는 보조사 '-만'이 오면 [빈]으로, 모음으로 시작하는 조사가 오면 [비치]처럼 [빛]으로 실현된다. 즉 우리가 표면에서 관찰할 수 있는 것은 [빋], [빈], [빛]의 세 가지 형태이다. 이들 표면형 가운데 하나가 기저형이다. (26)에서 기저형 /빛/은 선험적으로 존재하는 것이 아니라, 표면형 [빋], [빈], [빛] 가운데서 귀납적으로 밝혀진 것이다.

그래서 표면형이 하나이면, 다시 말해 교체가 없으면, 그 표면형이 곧 기저형이다. 예컨대 '하늘', '땅', '구름' 등은 언제나 [하늘], [땅], [구름]으로만 실현되므로, 이들의 기저형은 표면형과 같은 /하늘/, /땅/, /구름/이다.

하지만 많은 경우는 (26)처럼 여러 개의 표면형으로 실현된다. 이때 표면형 가운데 하나가 기저형이 되며, 나머지 형태들은 기저형으로부터 음운 규칙의 적용을 받아 도출되는 것으로 설명한다.

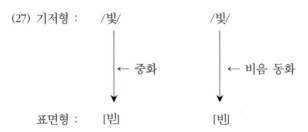

(27) 기저형 :　　/빛/　　　　/빛/

　　　　　　　← 중화　　　← 비음 동화

　　표면형 :　　[빋]　　　　　[빈]

참고　기저형은 기호 '/ /' 안에 나타내고, 표면형은 기호 '[ ]' 안에 나타낸다.

[빋]은 기저형 /빛/에서 중화 규칙의 적용을 받아 도출된 표면형이고, [빈]은 기저형 /빛/에시 비음 동화 규칙의 적용을 받아 도출된 표면형이다.

복수 기저형

기저형은 일반적으로 하나라고 가정한다. 그런데 하나의 기저형으로는 복수의 표면형들을 설명할 수 없는 경우가 있다. 표면형이 둘 이상이고, 하나의 기저형으로부터 나머지 표면형을 공시적인 규칙으로 도출해 낼 수 없을 때, 표면형 각각을 모두 기저형으로 설정하기도 한다. 이를 복수 기저형이라고 한다.

(28) ㉠ [덥따, 덥꼬, 덥찌, 더우니, 더우면, 더워서]

　　　㉡ [파라타, 파라코, 파라치, 파라니, 파라면, 파래서]

(28㉠)에서 용언 어간의 표면형으로 [덥-]과 [더우-]를 확인할 수 있다. 하지만 둘 중 어느 하나를 기저형으로 설정하더라도 나머지 표면형을 공

시적인 규칙으로 설명할 수 없다. '덥-'을 기저형으로 설정할 경우 '더우-'는 모음 앞에서 /ㅂ/이 /ㅜ/로 교체한다고 해야 하며, 반대로 '더우-'를 기저형으로 설정할 경우 자음 앞에서 /ㅜ/가 /ㅂ/으로 교체한다고 해야 한다. 그런데 공시적으로 /ㅂ/이 /ㅜ/로 교체하는 규칙이나 /ㅜ/가 /ㅂ/으로 교체하는 규칙을 설정할 수 없다. 왜냐하면 '입다'의 경우에는 [입따, 입꼬, 입찌, 이브니, 이브면]처럼 같은 /ㅂ/이지만 /ㅂ/이 /ㅜ/로 교체하지 않기 때문이다. 이러한 경우 /덥- ∝ 더우-/라는 복수 기저형을 설정하기도 한다. (28ㄴ)의 경우도 평행하다. (28ㄴ)에서 용언 어간의 표면형으로 [파랗-], [파라-], [파래-]를 확인할 수 있다. 그런데 [파랗-]과 [파라-], [파래-]의 관계를 공시적인 음운 규칙으로 설명할 수 없기 때문에 /파랗- ∝ 파라- ∝ 파래-/의 복수 기저형을 설정하기도 한다.

이러한 설명 방식에 따르면, '덥다'의 [덥-]은 복수 기저형 중의 하나인 /덥-/이라는 어간을 선택해서 사용한 것이고, '더우니'의 [더우-]는 복수 기저형 중의 하나인 /더우-/라는 어간을 선택해서 사용한 것이다. 따라서 표면형 [덥-]과 [더우-]는 공시적으로 아무런 관계가 없는 것이 된다. 이처럼 /덥- ∝ 더우-/의 복수 기저형을 설정하는 것은 표면형 [덥-]과 [더우-]가 더 이상 공시적인 교체의 관계가 아니라고 보는 것이다.

복수 기저형을 설정하는 것은 불규칙 활용을 설명하는 하나의 방법이다. 불규칙 활용이라는 말은 활용형 즉, 표면형들의 관계를 하나의 단일 기저형으로부터 공시적인 음운 규칙의 적용을 통해 설명할 수 없다는 것을 이미 내포하고 있다. 복수 기저형을 설정하는 것은 이러한 관점을 그대로 반영한 설명이다. 복수 기저형을 설정하게 되면, 표면형들은 단지 기저형에 존재하는 복수의 기저형 중의 하나일 뿐이다. 다시 말해 표면형들은 음운 규칙의 적용을 받아서 도출된 것이 아니다.

2.5.2. 교체의 환경

교체는 주로 음소와 음소의 통합 관계에서 발생한다. 즉 음소와 음소의 연쇄에서 교체가 일어나는데, 이를 음절구조를 통해 나타내면 (29)와 같다.

(29) ㉠ (C)VC₁$C₂V의 C₁$C₂ 관계에서

　　㉡ (C)V₁$V₂의 V₁$V₂ 관계에서

　　㉢ (C)V₁$CV₂의 V₁$V₂ 관계에서

자음의 교체는 자음과 자음이 인접되었을 때에만 일어난다. 그래서 음절의 관점에서 보면 (29㉠)처럼 선행 음절 종성과 후행 음절 초성 자음 간에 교체가 일어나게 된다. 모음의 교체는 (29㉡)처럼 모음과 모음이 인접되었을 때에 주로 일어나지만, (29㉢)처럼 모음 사이에 자음이 개재되었을 때에도 일어난다.

(29㉠~㉢) 각각에 해당하는 예들은 (30㉠~㉢)과 같다. 각각의 예들에 대한 자세한 설명은 아래의 해당 부분에서 자세히 설명하기로 하고, 여기서는 대표적인 유형만 제시한다.

(30) ㉠ 국민[궁민], 신라[실라], 국가[국까], 낱개[낟깨~낙깨]

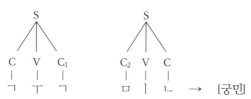

ⓛ 기어[겨~기여], 나누어[나눠~나누워]

→   [겨~기여]

ⓒ 어미[에미], 손잡이[손재비]

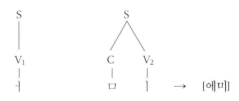

→   [에미]

　많지는 않지만, 한 음절 내의 초성과 중성 사이에서 교체가 일어나기
도 한다. 즉 CV에서 C에 의해 V가 교체를 일으키는 경우인데, '아프다[아
푸다], 아버지[아부지], 잎으로[이푸로]'가 그 예이다. 즉 양순 자음(/ㅂ, ㅍ,
ㅃ, ㅁ/) 아래에서 /ㅡ/나 /ㅓ/ 모음이 /ㅜ/로 교체한다.

(31)

→   [아푸-]

2.5.3. 교체의 기술

　교체를 기술하는 방식은 무엇이 무엇으로 어떤 조건 환경에서 바뀌었
는가로 나타낸다. 이를 기호로 나타내면 아래와 같다.

　ⓖ X → Y / _Z   (X가 Z 앞에서 Y로 바뀐다.)

ⓛ　X → Y / Z__　　　(X가 Z 뒤에서 Y로 바뀐다.)

　　ⓒ　X → Y / A__B　　(X가 A와 B 사이에서 Y로 바뀐다.)

　이때 X가 입력이고, Y가 출력, Z 앞, Z 뒤, A와 B 사이 등이 환경이다. 'ⓐ~ⓒ'를 음소 배열로 나타내면 아래와 같다.

　　ⓐ' XZ → YZ

　　ⓛ' ZX → ZY

　　ⓒ' AXB → AYB

　따라서 자료를 분석할 때도 교체를 기술하는 틀에 입각하여 분석하게 된다.

　첫째, 무엇이 바뀌었는가?

　둘째, 무엇으로 바뀌었는가?

　셋째, 어떤 조건 환경에서 바뀌었는가?

　넷째, 왜 그러한 교체가 일어났는가?

　넷째의 경우는 설명이 가능한 경우도 있고, 설명이 여전히 불가능한 경우도 있다. 어쨌든 교체의 기술이 넷째 단계까지 가는 것이 이상적이지만, 그렇지 못할 경우에도 적어도 셋째 단계까지는 기술되어야 한다.

2.6. 교체의 종류

　교체에는 크게 중화, 동화, 탈락, 첨가, 축약이 있다. 중화는 대립을 이루던 둘 또는 그 이상의 소리가 특정 조건 환경에서 대립을 상실하는 현상을 말한다. 국어에서 /잎/과 /입/은 모두 [입]으로 실현되어 음절말에서 /ㅍ/과 /ㅂ/이 더 이상 대립을 이루지 못하고 [ㅂ]으로만 실현된다. 이는 음절말에서 자음이 불파되는 국어의 특성으로 인해 야기되는 현상인데, 이를 중화라고 한다. 동화는 서로 다른 두 소리가 같거나 비슷하게 바뀌는 현상을 말한다. 그리고 첨가는 원래는 없던 어떤 소리가 더해지는 현상인 반면, 탈락은 있던 소리가 없어지는 현상이다. 즉 음소의 개수라는 관점에서 보면, 첨가는 '+1'이 되는 현상인 반면, 탈락은 '-1'이 되는 현상이다. 축약은 결과적으로 음소의 개수가 '-1'이 된다는 점에서는 탈락과 비슷하지만, 음소가 완전히 탈락되는 것이 아니라 남은 음소에 그 흔적을 남긴다는 점에서 탈락과 다르다.

이밖에 경음화, 두음 법칙, 이화와 같은 교체도 있다. 경음화는 평음 /ㅂ, ㄷ, ㅅ, ㅈ, ㄱ/이 어떠한 이유로 /ㅃ, ㄸ, ㅆ, ㅉ, ㄲ/으로 교체하는 현상을 말한다. 그리고 두음 법칙은 어두에서 /ㄹ/이나 /ㄴ/의 분포가 제약되는 현상을 이른다. 마지막으로 이화는 서로 같거나 비슷한 소리가 다르게 바뀌는 현상으로, 동화에 반대되는 개념이다.

2.6.1. 중화와 유표 · 무표

중화

중화는 대립하던 두 소리가 대립을 상실하는 것을 이른다. 중화에는 조건 중화와 무조건 중화가 있다. 조건 중화는 특정 조건 환경에서 대립이 상실되는 것을 말하고, 무조건 중화는 조건이 없이 즉, 모든 환경에서 대립이 상실되는 경우를 이른다.

중화에 해당하는 음운 현상으로는 음절말 자음의 불파화가 있다. 국어의 초성에는 /ㅇ/을 제외한 18개의 자음이 모두 올 수 있다. 하지만 음절말에 올 수 있는 자음의 종류는 제약된다.

(32) ㉠   ㉡

　　　　 S   S   S
　　 ╱│╲   ╱│╲   ╱╲
　　C V C₁ #   C V C₁   C₂ V

(32㉠)처럼 뒤에 휴지(#)가 오거나, (32㉡)처럼 뒤에 자음이 올 경우에 음절의 종성인 C₁에 올 수 있는 자음은 [ㅂ, ㄷ, ㄱ, ㅁ, ㄴ, ㅇ, ㄹ]의 7개로 제약된다. 이는 국어가 음절말 자음을 외파시키지 않고 불파시키는 특성을 갖고 있기 때문이다. 즉 음절말 자음이 외파되지 않고 불파됨으로써 특정 자음들이 제 음가대로 온전히 실현되지 못하게 되는 것이다. 하지만 뒤에 모음이 와서 외파 환경이 되면, 후행 음절의 초성으로 연음되어 제 음가대로 실현된다.

　　(33) ㉠ 입[입] : 잎[입]
　　　　 ㉡ 낫[낟] : 낟[낟] : 낮[낟] : 낯[낟] : 있다[읻따] : 낱개 [낟깨]
　　　　 ㉢ 국[국] : 밖[박] : 동녘[동녁]

　이처럼 음절말이라는 조건 환경에서 자음의 대립이 상실되는 현상이 중화이며, 중화의 원인은 음절말 자음의 불파화이다. 불파는 조음의 과정을 완전히 실현시키지 않고, 중간에 조음을 닫는 것으로 그 내용은 (34)와 같다.

　　(34) ㉠ ㅂ : ㅍ : ㅃ → [ㅂ] / ___ {C, #}
　　　　 ㉡ ㅅ : ㄷ : ㅈ : ㅊ : ㅆ : ㅌ → [ㄷ] / ___ {C, #}

ⓒ ㄱ : ㄲ : ㅋ → [ㄱ] / ___ {C, #}

'___{C, #}'은 자음 앞(___C)과 휴지 앞(___#)이라는 두 환경을 하나로 합친 것이다.

국어의 자음 중 유성 자음인 비음(/ㅁ, ㄴ, ㅇ/)과 유음(/ㄹ/)은 음절말에서도 불파되지 않기 때문에 뒤에 자음이 오거나 휴지가 오더라도 제 음가대로 실현된다. 그 결과 음절말에서 발음될 수 있는 자음은 /ㅂ, ㄷ, ㄱ, ㅁ, ㄴ, ㅇ, ㄹ/ 7개가 된다. 이러한 결과적 양상에서 이름을 붙여 흔히 7종성 법칙이라고도 한다.

유표(markedness)와 무표(unmarkedness)

유표의 개념은 트루베츠코이(N. S. Trubetzkoy)에 의해 제안된 개념이다. 트루베츠코이의 유표 개념은 원래 중화의 위치에서만 의미를 갖는 개념이었다. 즉 대립을 이루는 구성원들 가운데 중화가 일어나는 자리에 나타나는 것이 무표적인 구성원이고, 그렇지 못한 것이 유표적인 구성원이다. 이에 따르면 /ㄱ/은 /ㅋ, ㄲ/에 비해 무표적인 소리이고, 또한 /ㄷ/은 /ㅌ, ㄸ, ㅅ, ㅆ, ㅈ, ㅊ, ㅉ/에 비해 무표적인 소리이다.

트루베츠코이의 유·무표 개념은 생성 문법(generative grammar)에 와서 중화의 위치에 국한하지 않고 언어 보편적인 차원으로 끌어올려져, 유표 이론(Markedness Theory)으로 발전하였다. 그래서 단순히 분절음들 사이의 복잡도뿐만 아니라 체계들 사이에서의 복잡도에도 유·무표의 개념이 적용 가능하게 되었다.

일반적으로 무표는 자연스러운 것이고, 유표는 자연스럽지 못한, 즉 눈에 띄는 것을 의미한다. 무표와 유표는 절대적인 개념이 아니라 상대적인 개념이다. 그래서 절대적인 유표와 절대적인 무표를 상정할 수 없다. 유표의 개념을 정리하면 다음과 같다.

첫째, 유표는 어떤 것이 더해졌다는 의미가 있다. 그래서 더해지기 전의 것이 더해진 것보다 무표적이다. 예컨대 /ㅋ/은 /ㄱ/에서 추가적인 조음 동작이 요구되는 소리이다. 따라서 /ㅋ/이 /ㄱ/보다 유표적인 소리이고, /ㄱ/이 /ㅋ/에 비해 무표적인 소리이다.

둘째, 언어 보편적으로 빈번하게 나타나는 것이 그렇지 못한 것보다 무표적이다. 이는 통계적인 개념과 관련이 있다. 예컨대 모음 [a]는 대부분의 언어에서 나타나지만, 모음 [ɨ]가 나타나는 언어는 극히 제한적이다. 따라서 모음 [a]는 모음 [ɨ]보다 무표적이다.

셋째, 보다 배우기 쉬운 소리가 보다 배우기 어려운 소리보다 무표적이다. 따라서 유아의 언어 습득에서 일찍 배우는 소리가 보다 늦게 배우는 소리보다 무표적이다. 유아의 언어 습득에서 자음 중에서는 양순음이 다른 조음 위치의 자음보다 먼저 습득되고, 모음 중에서는 [a] 모음이 가장 먼저 습득된다. 따라서 양순음이 연구개음보다 무표적이고, [a] 모음이 다른 모음보다 무표적이다.

유표음은 무표음의 존재를 내포하고 있지만, 그 역은 성립하지 않는다. 예컨대 /ㅋ/은 /ㄱ/에 비해 유표적인 소리이다. 그래서 어떤 언어에 /ㅋ/이 존재한다는 것은 /ㄱ/의 존재를 내포한다. 하지만 어떤 언어에 /ㄱ/이 존재한다고 해서 /ㅋ/의 존재를 내포하지는 못한다.

2.6.2. 동화

동화는 어떤 음소(피동화주)가 다른 음소(동화주)의 영향을 받아 그와 비슷하거나 같은 음으로 바뀌는 현상을 이른다. 동화는 발음의 경제성 즉, 발음을 좀 더 편하게 하고자 하는 욕구에서 비롯된 현상이다. 동화는 보통 조음 방식을 같게 하거나 또는 조음 위치를 같게 하는 양상으로 나타난다. 인접한 두 소리의 조음 방식의 차이를 좁히거나 조음 위치의 거리를 좁히게 되면 조음이 편해지게 된다.

동화의 명칭은 'X화'와 같은 형식으로 불리는데, 이는 원래 X가 아닌 어떤 소리가 어떤 조건 환경에서 X로 바뀌었음을 의미한다. 따라서 X화 된다는 것은 원래의 소리는 X가 아니었음을 전제한다. 예컨대 비음 동화 는 원래 비음이 아닌 소리가 비음이 된다는 뜻이다.

동화는 다음과 같이 분류된다.

자음 동화와 모음 동화

동화되는 소리가 자음이면 자음 동화, 모음이면 모음 동화라고 한다. 이때 동화의 환경은 관여적이지 않다. 비음 동화, 유음 동화, 구개음화 등 개별 동화 현상에 대해서는 곧이어 살핀다.

┌ 자음 동화 : 비음 동화, 유음 동화, 구개음화, 변자음화(양순음화,
│   연구개음화)
└ 모음 동화 : 움라우트(/ㅣ/모음 역행 동화), 원순모음화

순행 동화와 역행 동화

선행하는 소리에 의해 후행하는 소리가 동화되면 순행 동화라고 하고, 반대의 경우 즉, 후행하는 소리에 의해 선행하는 소리가 동화되면 역행 동화라고 한다. 국어의 동화 현상 중에는 순행 동화에 비해 역행 동화가 압도적으로 많다.

┌ XY → YY : 역행 동화 : 신라[실라], 국민[궁민], 같이[가치]
└ XY → XX : 순행 동화 : 달나라[달라라]

조음 위치 동화와 조음 방식 동화

동화에는 크게 조음 위치 동화와 조음 방식 동화가 있다. 조음 위치

동화가 두 음소 간의 조음의 거리를 좁힘으로써 조음의 편의를 추구하는 현상이라면, 조음 방식 동화는 조음의 방식을 일치시킴으로써 또한 조음의 편의를 추구하는 현상이다.

구개음화, 변자음화, 움라우트 등은 조음 위치 동화이고, 비음 동화, 유음 동화, 원순모음화는 조음 방식 동화에 해당한다.

완전 동화와 불완전 동화(부분 동화)

완전 동화는 조음 위치와 조음 방식을 모두 같게 하는 것으로 조음 위치와 조음 방식이 같아지면 동일한 소리가 된다. 불완전 동화는 조음 위치만 같아지게 하거나 또는 조음 방식만 같아지게 하는 경우이다.

XY → XX, YY : 완전 동화 : 달나라[달라라], 눈물[눔물]

XY → XX', Y'Y : 불완전 동화 : 국민[궁민], 아기[애기]

인접 동화와 원격 동화

인접 동화는 동화주와 피동화주가 인접되어 있고, 그 사이에 다른 소리가 개재되지 않은 환경에서 일어나는 동화를 말한다. 이에 비해 원격 동화는 동화주와 피동화주 사이에 다른 소리가 개재되었음에도 일어나는 동화를 이른다. 대부분의 동화는 인접 동화이다. 자음 동화는 모두 인접 동화이고, 모음 동화 가운데 움라우트(/ㅣ/ 모음 역행동화)는 원격 동화에 해당한다.

1) 비음 동화(비음화)

비음 동화는 비음 앞에서 비음이 아닌 소리가 비음으로 교체되는 현상이다. 비음 동화는 음소의 위치는 그대로 두고, 음소의 조음 방식을 비음과 동일하게 바꾸는 전형적인 조음 방식 동화에 해당한다.

(35) ㉠ 입냄새[임냄새], 앞문[암문], 덮는대[덤는대], 돕는닉[돔닉]

　　 ㉡ 꽃망울[꼰망울], 낱말[난말], 닫는대[단는대], 맞는대[만는대]

　　 ㉢ 국물[궁물], 작년[장년], 먹는대[멍는대], 닦는대[당는대]

(36)

(36)에서처럼 C_1에 비음이 아닌 소리가 오고, C_2에 비음이 오면 C_1이 C_2의 비음에 동화되는 현상을 비음 동화라고 한다. 위의 조건 환경에서 C_1에 올 수 있는 자음은 /ㅂ, ㄷ, ㄱ, ㅁ, ㄴ, ㅇ, ㄹ/ 7개이고, C_2에 올 수 있는 비음은 /ㅁ, ㄴ/이다. 연구개 비음 /ㅇ/은 음절의 초성에 올 수 없기 때문에 C_2에 올 수 있는 비음은 /ㅁ, ㄴ/뿐이다. 이때 C_1이 비음 /ㅁ, ㄴ, ㅇ/이면 이미 비음이기 때문에 비음 동화가 성립되지 않으며, C_1이 /ㄹ/일 때에도 비음 동화가 일어나지 않는다. 정리하면 비음 동화는 C_1에 /ㅂ, ㄷ, ㄱ/이 오고 C_2에 /ㅁ, ㄴ/이 올 때, /ㅂ, ㄷ, ㄱ/이 비음 /ㅁ, ㄴ, ㅇ/으로 동화되는 현상이다. 즉 /ㅂ/, /ㄷ/, /ㄱ/이 비음 앞에서 각각 자신과 동일한 조음 위치의 비음 /ㅁ/, /ㄴ/, /ㅇ/으로 교체한다.

(35㉠)의 '앞문, 덮는다', (35㉡)의 '꽃망울, 낱말, 맞는다', (35㉢)의 '닦는다'의 경우에는 비음 동화가 적용되기 전에 중화를 먼저 겪는다.

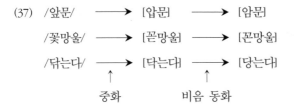

(37) /앞문/ ⟶ [압문] ⟶ [암문]

  /꽃망울/ ⟶ [꼳망울] ⟶ [꼰망울]

  /닦는다/ ⟶ [닥는대] ⟶ [당는대]

  중화   비음 동화

위에서 살펴본 것과 같지는 않지만, 결과적으로 비음으로 바뀐다는 점에서 비음 동화와 비슷한 현상이 있다.

(38) ㉠ 담력[담녁], 침략[침냑], 강릉[강능], 종로[종노]

  ㉡ 국력[궁녁], 백리[뱅니], 입력[임녁], 합리적[함니적], 몇 리[면니]

  ㉢ 노래, 고려, 오리, 다리

(38㉠, ㉡)에서 보듯이 $CVC_1\$C_2V(C)$ 환경에서, 즉 신행 음질의 종성이 채워져 있고, 후행 음절의 초성이 /ㄹ/일 때 /ㄹ/이 /ㄴ/으로 교체한다. (38㉢)처럼 $CV\$CV(C)$ 환경에서는 즉, 선행 음절의 종성이 없을 때는 이러한 교체가 일어나지 않는다. 이때 C_1 즉, 선행 음절 종성에 올 수 있는 자음 /ㅂ, ㄷ, ㄱ, ㅁ, ㄴ, ㅇ, ㄹ/ 가운데 /ㄴ, ㄹ/을 제외한 자음이 오면 C_2 /ㄹ/은 /ㄴ/으로 교체한다. C_1에 /ㄹ/이 올 때는 C_2의 /ㄹ/과 같기 때문에 교체가 없고, C_1에 /ㄴ/이 올 때는 뒤에서 살펴보겠지만 C_1 /ㄴ/이 /ㄹ/로 교체한다. 이를 규칙의 구조 기술로 나타내면 (39)와 같다.

(39) ㄹ → ㄴ / C____ (단, C가 /ㄴ, ㄹ/일 때는 제외)

2) 유음 동화(설측음화)

국어에서는 $CVC_1\$C_2V(C)$ 환경에서 C_1-C_2에 'ㄴ-ㄹ' 또는 'ㄹ-ㄴ'이 표면형으로 실현되는 것이 제약된다. 그래서 이러한 연쇄가 주어지면 /ㄴ/이

/ㄹ/로 교체하여 결국 'ㄹ-ㄹ'로 실현된다. 이를 유음 동화(유음화) 또는 설측음화라고 한다.

    (40) ㉠ 난로[날로], 신라[실라], 대관령[대괄령], 논란[놀란]

        ㉡ 칼날[칼랄], 물난리[물랄리], 줄넘기[줄럼끼], 불놀이[불로리]

  (40㉠), (40㉡)을 규칙으로 나타낸 것이 각각 (41㉠), (41㉡)이다. 그리고 (41㉠)과 (41㉡)을 하나로 합친 것이 (41㉢)이다.

    (41) ㉠ ㄴ → ㄹ / ＿＿＿ㄹ

        ㉡ ㄴ → ㄹ / ㄹ＿＿＿

        ㉢ ㄴ → ㄹ % ㄹ

        참고 기호 '%'는 앞이나 뒤라는 의미를 나타낸다.

  그런데 'ㄴ-ㄹ'의 연쇄일 때 유음 동화되지 않고, 오히려 /ㄹ/이 /ㄴ/으로 교체하는 경우도 있다.

    (42) 음운론[으문논], 의견란[의견난], 생산량[생산냥], 공신력[공신녁]

  이때는 유음 동화에 앞서 선행 음절의 종성이 채워져 있을 때 /ㄹ/이 /ㄴ/으로 교체하는, 앞에서 살펴본 (39)의 현상이 먼저 적용된 것이다. 이러한 현상은 2음절 단어에서는 거의 나타나지 않으며, 3음절 이상의 단어에서 /ㄴ/이 둘째 음절의 종성이고 /ㄹ/이 셋째 음절의 초성일 때에만 나타난다.

3) 구개음화

구개음화는 구개음이 아닌 음이 구개음으로 교체하는 현상을 이른다. 여기서 구개음이란 경구개 자음을 일컫는다. 그래서 더 정확히 표현할 때는 경구개음화라고 하기도 한다. 구개음화의 조건 환경은 / ㅣ / 모음과 활음 /y/인데, 이들의 조음 위치는 자음의 조음 위치상으로 보면 경구개 위치이다. 두 음소 간의 조음 거리가 멀면 멀수록 조음은 그만큼 더 힘들다. 따라서 구개음화는 /i, y/가 선행하는 치조음 /ㄷ, ㅌ, ㄸ/을 자신의 조음 위치에 있는 자음인 경구개자음 /ㅈ, ㅊ, ㅉ/으로 바꿈으로써 조음의 편의를 도모하고자 하는 현상이다.

(43) ㉠ 굳이[구지], 같이[가치], 해돋이[해도지], 미닫이[미다지]

ㄴ 밭이[바치], 솥이[소치], 밑이[미치]

ㄷ 붙이다[부치다], 닫히다[다치다], 묻히다[무치다]

(43)에서 보듯이 /ㄷ, ㅌ/이 / ㅣ / 모음 앞에서 /ㅈ, ㅊ/으로 바뀐다. 구개음화의 입력은 치조음 /ㄷ, ㅌ, ㄸ/이다. 다만 /ㄸ/이 /ㅉ/으로 바뀌는 예는 실재하지 않는 것일 뿐, 만일 예가 있다면 당연히 구개음화의 적용을 받는다.

(43㉠)은 단어 내부의 환경이고, (43ㄴ)은 '체언 + 조사'의 곡용 환경으로 차이가 있다. (43㉠)의 경우 그 표면형이 항상 [구지, 가치, 해도지, 미다지]이기 때문에, 기저형을 구개음화된 /구지, 가치, 해도지, 미다지/로 설정해야 한다고 주장하기도 한다. 이럴 경우 (43㉠)은 이미 구개음화된 형으로 재구조화한 것이 되므로 공시적인 구개음화의 예가 되지 못한다. 하지만 (43㉠)이 각각 '굳- + -이', '같- + -이', '해돋- + -이', '미닫- + -이'의 결합형이라는 형태론적 구성에 대한 언어 지식을 언중들이 갖고 있다고 보면, 여전히 공시적인 구개음화의 예가 된다. (43ㄷ)은 용언 어간에 피

·사동 접미사가 결합한 파생어이다. 이 경우도 피·사동 파생이 공시적인 조어 과정이 아니라고 해석하는 입장에서는 그 기저형을 이미 구개음화된 /부치다, 다치다, 무치다/로 설정하고, 공시적인 구개음화의 적용 대상이 아니라고 하기도 한다. 이는 단어 내부에서 일어나는 음운 현상을 공시적으로 볼 것이냐 아니면, 통시적인 것으로 볼 것이냐에 따른 해석상의 차이이다.

구개음화의 조건 환경은 / ㅣ / 모음뿐만 아니라 활음 /y/도 포함된다. 다만 공시적으로 /y/ 앞에서의 구개음화의 예를 찾기가 어려울 뿐이다. 그런데 '붙이- + -어 → 붙여[부처]'의 도출 과정을 '붙이- + -어 → [부텨] → [부처]'로 보게 되면, 즉 중간 도출형 [부텨]를 상정하게 되면, '부텨 [putʰyə] → 부처[puʧʰə]'에서 /y/ 앞에서의 구개음화 예를 상정할 수 있다. 표면형 '부처[puʧʰə]'는 /ㅌ/이 /y/ 앞에서 /ㅊ/으로 구개음화된 후 /y/가 탈락한 것이다. 그런데 이 경우도 표면형 [부처]가 '붙이- + -어 → 부티어 → 부치어 → 부처'의 도출 과정을 거쳤다고 보게 되면, / ㅣ / 앞에서의 구개음화 예가 된다.

구개음화를 규칙의 구조 기술로 나타내면 (44)와 같다.

(44)
$$
\left\{ \begin{matrix} ㄷ \\ ㅌ \\ ㄸ \end{matrix} \right\} \;\rightarrow\; \left\{ \begin{matrix} ㅈ \\ ㅊ \\ ㅉ \end{matrix} \right\} \; / \underline{} \left\{ \begin{matrix} i \\ y \end{matrix} \right\}
$$

통시적으로 /y/ 앞에서 구개음화된 예들은 이미 어간이 구개음화된 상태로 모두 재구조화되었기 때문에 현대 국어에서 그 예를 찾아보기 어렵다(예: 뎡수리 > 정수리, 둏다 > 좋다, 텬디 > 천지). 물론 / ㅣ / 모음 앞에서도 많은 단어들이 이미 구개음화된 상태로 재구조화되었다(예: 디다 > 지다, 디르다 > 지르다, 티다 > 치다).

한편 구개음화의 조건 환경임에도 구개음화가 적용되지 않는 일련의 어휘들이 있다.

(45) ㉠ 잔디, 마디, 부디, 티끌, 느티나무, 디디다, 버티다
　　 ㉡ 디자인, 디스크, 디지털, 오디오, 라디오, 티셔츠

(45㉠)의 경우는 원래는 '잔듸, 마듸, 부듸, 듸듸다'처럼 어간의 모음이 이중모음이었다. 그래서 구개음화 규칙의 적용 대상이 되지 않던 단어들이었다. 그런데 이중모음 /ㆎ, ㅢ/가 단모음 /ㅣ/로 변화하면서 구개음화의 조건 환경이 만들어진 것들이다. 하지만 이중모음이 단모음화되던 19세기 말에는 이미 형태소 내부에서의 구개음화가 소멸되었기 때문에 구개음화가 적용되지 않은 것으로 설명한다. 마찬가지로 (45㉡) 역시 형태소 내부에서의 구개음화가 소멸된 이후인 20세기 이후의 차용어들이기 때문에 구개음화가 적용되지 않았다. 이렇게 볼 경우 현대 국어의 구개음화는 형태소 경계에서만 적용되는 것으로 규칙의 적용 환경이 축소된 것이다. 실제 (43)의 예들은 모두 형태소 경계에서 일어난 구개음화이다.

4) 움라우트(/ㅣ/모음 역행 동화)

움라우트는 기본적으로 후설 모음이 전설 모음으로 교체되는 현상을 이른다. 그 조건 환경은 /i, y/ 앞이다. 이는 /i, y/가 전설 모음이기 때문에 앞에 있는 후설 모음을 자신과 같은 전설의 위치로 바꿈으로써 조음의 편의를 도모하기 위한 현상이다. 이때 조음 방식과 높이는 동화되지 않는다. 그래서 후설의 평순모음 /ㅓ, ㅏ/는 각각 같은 높이의 전설의 평순모음 /ㅔ, ㅐ/로, 그리고 후설의 원순모음 /ㅗ, ㅜ/는 각각 같은 높이의 전설의 원순모음 /ㅚ, ㅟ/로 바뀐다.

(46) ㉠ 어미[에미], 먹이다[메기다]

㉡ 아비[애비], 지팡이[지팽이], 아끼다[애끼다]

㉢ 고기[괴기], 속이다[쇠기다]

㉣ 구경[귀경], 후비다[휘비다]

이를 규칙의 구조 기술로 나타내면 다음과 같다.

(47) [후설 모음] → [전설 모음 /＿＿C{i, y}

움라우트는 동화주인 /i, y/와 피동화음인 후설 모음(ㅏ, ㅓ, ㅗ, ㅜ/) 사이에 반드시 자음이 개재하는 환경에서 일어나는데, 이때 자음은 양순음과 연구개음에 한한다. 그래서 (48㉠)처럼 치조음이나 경구개음이 개재할 때는 움라우트가 일어나지 않는다. 또한 (48㉡)처럼 개재 자음이 없을 때도 역시 움라우트가 일어나지 않는다.

(48) ㉠ 바지, 가지, 마디, 부디, 고니, 소리, 고리

㉡ 오이, 아이, 구이, 누이, 보이다, 누이다

움라우트는 후설 모음이 후행하는 /i, y/의 전설성에 동화되어 전설 모음이 되는 위치 동화이다. 그리고 위치 동화이기 때문에 높이나 조음 방식은 달라지지 않는다.

(49) 호미, 나비, 거미, 구비

(49)는 움라우트의 조건 환경이 충족되었음에도 움라우트가 일어나지 않는 예들이다. (49)에서 움라우트가 적용되지 않는 이유에 대한 설명은

이들이 움라우트가 적용될 당시에 이중모음이었다는 사실에서 찾는다. 즉 원래 이들은 움라우트가 적용될 당시에 '호믜, 나븨, 거믜, 구븨'로 움라우트의 적용 환경이 아니었다. 19세기 이후 이중모음이 단모음화되어 '호미, 나비, 거미, 구비'가 되었지만, 이때는 이미 형태소 내부에서 적용되던 움라우트 규칙이 소멸되었기 때문에 움라우트의 적용을 받지 않게 되었다는 것이다.

움라우트는 어휘에 따라서 적용되기도 하고 적용되지 않기도 하는 특성을 보인다. 예컨대 '높이다, 보기, 저기, 목욕' 등은 움라우트의 조건 환경임에도 움라우트가 일어나지 않는다. 즉 움라우트는 필수적인 규칙이라기보다는 수의적인 규칙의 속성을 보인다. 특히 움라우트는 세대에 따라 적용과 비적용의 차이를 보이는 음운 현상 중의 하나이다. 젊은 세대일수록 움라우트가 잘 적용되지 않는다.

5) 모음조화

모음조화는 특정 모음끼리의 결합을 선호하는 현상을 이르는데, 엄밀히 말하면 동화 현상이라고 하기 어려운 면이 있다. 국어의 모음조화는 일반적으로 음성 모음과 양성 모음의 조화로 설명한다. 즉 음성 모음은 음성 모음끼리, 양성 모음은 양성 모음끼리 결합하는 현상을 이른다.

현대 국어에서 모음조화는 (50)처럼 의성어나 의태어, 그리고 (51)처럼 일부 어미('-아/어(서)', '-았/었-' 등)에서만 그 흔적이 남아 있고, 대부분은 붕괴되었다.

(50) ㉠ 팔짝팔짝, 아장아장, 개골개골, 꾀꼴꾀꼴
     ㉡ 펄쩍펄쩍, 어정어정, 데굴데굴, 쉬엄쉬엄

(51) ㉠ 잡았다/잡아서, 보았다/보아서

ㄴ 먹었다/먹어서, 주었다/주어서, 베었다/베어서, 쉬었다/쉬어서

ㄷ 개었다/개어서, 꾀었다/꾀어서

(50)의 의성·의태어에서는 /ㅏ, ㅐ, ㅗ, ㅚ/가 양성 모음, /ㅓ, ㅔ, ㅜ, ㅟ/가 음성 모음으로 서로 조화를 이루는데 비해, (51)에서는 /ㅏ, ㅗ/ 모음만이 '-아X' 계열의 어미와 결합하여 차이를 보인다. 다시 말해 현대 국어의 활용에서는 /ㅏ, ㅗ/ 만이 양성 모음인 '-아X', '-았-' 어미와 결합하고, /ㅐ, ㅚ/는 음성 모음인 '-어X', '-었-' 어미와 결합한다.

의성·의태어의 경우에도 이미 모음조화가 붕괴된 예들이 상당수 있다.

(52) 깡충깡충, 실룩샐룩, 가물가물, 나풀나풀, 오물오물

6) 위치 동화

위치 동화는 조음 방식과는 무관하게 조음 위치를 동화시키는 현상이다. 위치 동화는 역행 동화만 있고, 순행 동화는 없다.

(53) ㉠ 깃발 → [긷빨~깁빨], 듣고 → [듣꼬~득꼬], 밥그릇 → [밥끄른~박끄른]

ㄴ 돈만 → [돈만~돔맨], 난국 → [난국~낭국], 감기 → [감기~강기]

(53)에서 보듯이 위치 동화는 다른 동화와 달리 필수적인 동화가 아니라 수의적인 동화이다. 그래서 [긷빨]이라는 발음도 나타나면서 또한 [깁빨]이라는 발음도 나타난다. 즉 동일한 조건 환경에서 위치 동화가 일어날 수도 있고, 일어나지 않을 수도 있다.

(53)에서의 위치 동화의 방향은 (53')와 같다.

(53') ㉠ 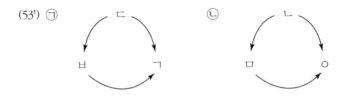 ㉡

즉 /ㄷ/이 양순 자음(ㅂ, ㅍ, ㅃ) 앞에서 /ㅂ/으로 동화되거나, 또는 /ㄷ/이나 /ㅂ/이 연구개 자음(/ㄱ, ㅋ, ㄲ/) 앞에서 /ㄱ/으로 동화된다. 비음의 경우에도 평행하다. /ㄴ/이 양순 자음 앞에서 /ㅁ/으로 동화되거나, 또는 /ㄴ/이나 /ㅁ/이 연구개 자음(/ㄱ, ㅋ, ㄲ/) 앞에서 /ㅇ/으로 동화된다. 자음 체계 상에서 /ㅂ/과 /ㄱ/은 가장자리에 있는 소리이다. 그래서 (53)의 현상을 변자음화라고 부른다. 달리 동화된 소리의 이름을 따서 /ㄷ/ → /ㅂ/과 /ㄴ/ → /ㅁ/을 양순음화, 그리고 /ㄷ, ㅂ/ → /ㄱ/과 /ㄴ, ㅁ/ → /ㅇ/을 연구개음화라고 부르기도 한다.

2.6.3. 탈락

탈락은 원래 있던 소리가 어떠한 이유로 떨어져 나가는 현상이다. 즉 음소의 수가 원래보다 '-1'이 되는 현상이다. 탈락의 규칙 기술은 'x → ø / z'와 같이 나타낸다. 국어에서 탈락은 /ㅡ/ 탈락, 동일모음탈락(/ㅏ, ㅓ/ 탈락), /ㄹ/ 탈락이 있다. 탈락한 음소는 어떠한 흔적도 남기지 않는다.

어간말 자음군 단순화 역시 후행 음절의 초성이 자음으로 채워져 있을 때 자음군 중에 하나가 탈락한다는 점에서는 탈락에 해당한다. 그런데 어간말 자음군 단순화는 초성과 종성에 하나의 자음만 허용하는 국어의 음절 구조 제약 때문에 두 자음 중 하나가 탈락하는 것으로, 여타의 탈락과는 그 원인이 다르다.

1) /ㅡ/ 탈락

어미나 조사 가운데는 /ㅡ/로 시작되는 것들이 많다. 이들 /ㅡ/로 시작

되는 어미나 조사는 모음으로 끝나는 어간과 만나면 어미나 조사의 두음
/ㅡ/가 탈락한다.

(54) ㄱ 가 + -으면 → 가면

　　　가 + -을 → 갈

　　　가 + -은 → 간

　　ㄴ 나무 + -으로 → 나무로

　　　배 + -으로 → 배로

(55) ㄱ 먹- + -으면 → 먹으면

　　　먹- + -을 → 먹을

　　　먹- + -은 → 먹은

　　ㄴ 손 + -으로 → 손으로

　　　집 + -으로 → 집으로

(54)와 (55)에서 보듯이 국어의 '-으X'계 어미(-으니, -으면, -을, -은 …)나
/ㅡ/로 시작하는 조사 '-으로'는 (55)처럼 어간이 자음으로 끝나면 그대로
실현되지만, (54)처럼 어간이 모음으로 끝나면 /ㅡ/가 탈락한다. 이를 규
칙의 구조 기술로 나타내면 (56)과 같다.

(56) /ㅡ/ → ø / V]stem＿＿

　　참고 'V]stem＿＿'은 모음(V)으로 끝나는 용언이나 체언 어간 뒤를 나타낸다.

다만 '돌로(돌 + -으로), 길로(길 + -으로)'처럼 어간의 말자음이 /ㄹ/일
때에는 어간이 자음으로 끝나지만, 모음 뒤에서와 마찬가지로 /ㅡ/가 탈
락한다. 즉 이 경우에 /ㄹ/은 모음과 같은 행동을 보인다. '나니(날- + -으

니), 도니(돌- + -으니)'의 경우에는 /ㅡ/ 탈락에 이어 /ㄹ/도 탈락한다. /ㄹ/ 탈락은 잠시 후에 따로 살핀다. 이를 도식화하면 (57)과 같다.

(57) 날- + -으니 ⟶ 날니 ⟶ 나니
　　　　　　　　↑　　　　　↑
　　　/ㄹ/ 뒤 /ㅡ/ 탈락　/ㄴ/ 앞 /ㄹ/ 탈락

어간의 말모음이 /ㅡ/인 경우에는 어간의 /ㅡ/와 어미의 /ㅡ/ 가운데서 어느 것이 탈락한 것일까?

(58) ㉠ 끄- + -으면 → 끄면, 쓰- + -으니까 → 쓰니까
　　　㉡ 끄어도[꺼도], 아프아서[아파서], 쓰어라[써라], 아프았다[아팠다]

(58㉠)의 경우 표면적으로는 어간의 /ㅡ/ 모음이 탈락했다고 할 수도 있고, 어미의 /ㅡ/ 모음이 탈락했다고 할 수도 있다. 그런데 (58㉡)을 보면, 어간의 /ㅡ/ 모음이 탈락했음을 확인할 수 있다. 따라서 (58㉡)과 평행하게 (58㉠)에서도 어간의 /ㅡ/가 탈락한 것으로 본다.

2) 동일 모음 탈락(/ㅏ, ㅓ/ 탈락)

'-아/어X'계 어미('-아/어(서)', '-아/어도' 등)나 선어말 어미 '-았/었-'의 경우 어간말 모음이 /ㅏ/나 /ㅓ/로 끝나면 어미의 /ㅏ, ㅓ/가 탈락한다. 이는 어간말 모음과 어미 두음이 같은 모음이기 때문에 하나를 탈락시키는 현상으로, /ㅡ/ 탈락과는 그 이유가 다르다. 동일한 모음일 때만 탈락하기 때문에 이를 '동일 모음 탈락'이라고 한다.

(59) ㉠ 가- + -아도 → 가도, 서-+-어라 → 서라
　　　㉡ 가- + -았- + -다 → 갔다, 서- + -었- + -다 → 섰다

3) /ㄹ/ 탈락

/ㄹ/ 탈락은 /ㄹ/이 특정 음소 앞에서 탈락하는 현상인데, /ㄹ/ 탈락은 탈락의 조건 환경을 파악하는 것이 중요하다. 우선 활용에서의 /ㄹ/ 탈락과 단어 내부에서의 /ㄹ/ 탈락은 그 조건 환경에서 차이가 있다.

(60) ㉠ 알- + -으니 → 아니, 울- + -으니 → 우니, 날- + -으니 → 나니

　　 ㉡ 알- + -으시- + -고 → 아시고, 울- + -으시- + -고 → 우시고

　　 ㉢ 알다, 알지

(61) ㉠ 아들+님 > 아드님, 날+날+이 > 나날이, 물+논 > 무논, 솔+나무
　　　　 > 소나무

　　 ㉡ 불+삽 > 부삽, 물+서리 > 무서리

　　 ㉢ 달+달+이 > 다달이

　　 ㉣ 불+젓가락 > 부젓가락

(60)은 활용에서의 /ㄹ/ 탈락이고, (61)은 단어 내부에서의 /ㄹ/ 탈락이다. 활용에서는 /ㄴ, ㅅ/ 앞에서만 /ㄹ/이 탈락하고, (60㉢)에서 보듯이 /ㄷ, ㅈ/ 앞에서는 /ㄹ/ 탈락이 일어나지 않는다.

이에 비해 단어 내부에서는 (61)에서 보듯이 /ㄴ, ㅅ, ㄷ, ㅈ/ 앞에서 /ㄹ/이 탈락하였다. 단어 내부의 /ㄹ/ 탈락은 이미 /ㄹ/이 탈락한 형태로 어간 재구조화가 일어난 것으로 보기도 한다. 이렇게 볼 경우 공시적인 /ㄹ/ 탈락은 활용의 경우로 국한되고, /ㄹ/ 탈락의 조건 환경도 /ㄴ, ㅅ/ 앞으로 제한된다.

(60)의 경우 /ㄹ/ 탈락이 일어나기 위해서는 (57)에서처럼 먼저 어미의 두음 /ㅡ/가 탈락하는 현상이 일어나야만 한다. 다시 말해 어미의 두음 /ㅡ/가 탈락해야만 /ㄹ/ 탈락의 조건 환경이 만들어진다. 따라서 '/ㅡ/

탈락 → /ㄹ/ 탈락'의 순으로 규칙이 적용된다.

단어 내부에서의 /ㄹ/ 탈락과 활용에서의 /ㄹ/ 탈락은 차이가 있다. 전자는 통시적인 변화의 결과이고, 후자는 공시적인 음운 과정이다. 즉 '솔+나무 > 소나무'의 경우 공시적으로 '솔'과 '나무'가 결합하여 '솔나무'가 된 후 /ㄹ/이 탈락되어 '소나무'가 도출된 것이 아니라, '솔+나무'의 합성어가 만들어질 때 /ㄹ/ 탈락이 적용되어 '소나무'가 된 후에 이 '소나무'가 현대 국어까지 이어져 내려온 것이다. 따라서 현대 국어의 '소나무'에는 /ㄹ/ 탈락이 적용되었던 흔적이 있는 것이지, 공시적으로 /ㄹ/ 탈락이 적용된 것은 아니다.

반면 '나니, 우시니'에서처럼 활용에서의 /ㄹ/ 탈락은 공시적으로 /ㄹ/ 탈락 규칙이 적용된 것이다. 왜냐하면 어간에 어미가 결합하는 활용이 통시적인 과정일 수는 없기 때문이다. 다시 말해 어간에 어미가 결합하는 활용은 순수히 공시적인 과정이다. 따라시 공시적인 /ㄹ/ 탈락 규칙의 조건 환경은 /ㄴ, ㅅ/으로 제한된다.

4) 어간말 자음군 단순화

국어의 음절 구조상의 특징은 표면형에서 음절의 초성에 올 수 있는 자음도 최대 하나이고, 음절의 종성에 올 수 있는 자음도 최대 하나라는 것이다. 따라서 겹받침을 가진 어간들은 뒤에 자음으로 시작하는 어미가 오면 겹받침 가운데 하나가 반드시 탈락한다. 다만 모음으로 시작하는 어미가 오면 겹받침의 마지막 자음이 후행하는 모음으로 연음되어 탈락이 일어나지 않는다. 이때 겹받침 중에서 어떤 자음이 탈락하느냐는 지역마다 그리고 세대마다 약간의 차이가 있다.

(62) 값되[갑또], 없대[업때], 읽괴[일꼬], 훑대[훌때], 넋되[넉또]

다만 겹받침 가운데서 'ㄶ, ㅀ'은 자음으로 시작하는 어미 중에서도 그 초성이 /ㅂ, ㄷ, ㅈ, ㄱ/일 때는 /ㅎ/이 탈락하지 않고 이들 자음과 축약되어 /ㅍ, ㅌ, ㅊ, ㅋ/이 된다. 이는 /ㅎ/ 말음 어간이 보이는 음운 현상과 동일하다. 어간말 /ㅎ/은 뒤에 모음이 오면 /ㅎ/이 탈락하고, /ㅂ, ㄷ, ㅈ, ㄱ/이 오면 이들과 축약되어 /ㅍ, ㅌ, ㅊ, ㅋ/이 된다.

(63) ㉠ 놓- + -으니 → [노으니]

　　　 놓- + -아서 → [노아서]

　　㉡ 놓고[노코], 놓지[노치], 놓더라[노터라]

2.6.4. 첨가

첨가는 원래는 없던 소리가 덧붙는 현상이다. 첨가의 경우 첨가되는 소리를 확인하는 것은 쉬우므로, 첨가의 환경을 파악하는 것이 중요하다.

첨가의 대표적인 경우가 /ㄴ/ 첨가이다. /ㄴ/ 첨가는 단일어에서는 일어나지 않고, 합성어나 파생어의 형태소 경계에서만 일어난다. 음운론적인 조건 환경은 선행 음절의 종성이 자음으로 끝나고, 후행 음절의 초성이 /i, y/로 시작할 때이다.

(64)

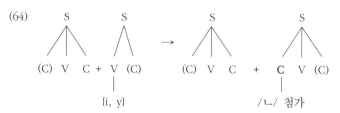

참고 '+'는 형태소 경계를 나타낸다. 형태소에 대해서는 3장에서 자세히 논의한다.

(65) ㉠ 밭-이랑[반니랑], 꽃-이름[꼰니름], 낮-일[난닐], 나뭇-잎[나문닙]

㉡ 맨-입[맨닙], 막-일[망닐], 홑-이불[혼니불]

㉢ 내복약(內服藥)[내봉냑], 식용유(食用油)[시굥뉴], 종착역(終着驛)[종
창녁]

(65㉠)은 고유어 합성어, (65㉡)은 파생어, (65㉢)은 한자어 합성어의
예이다. /ㄴ/ 첨가는 (64)의 음운론적 조건이 충족되기만 하면 일어나는
순수히 음운론적인 현상이다. 그래서 사이시옷 첨가와는 차이가 있다. 사
이시옷 첨가는 합성어의 선후행 어근 간의 의미 관계에 따라 일어나는
현상으로 순수히 음운론적인 현상이 아니다. 사이시옷의 구체적인 모습
은 3장에서 살핀다.

선행 음절 종성의 자음이 /ㅂ, ㄷ, ㄱ/일 때는 /ㄴ/ 첨가 후, 첨가된 /ㄴ/
에 의해 비음 동화가 일어난다. 즉 /ㄴ/ 첨가가 비음 동화의 환경을 만들
어 준다.

(66) 밭+이랑 ──────▶ 밭니랑 ──────▶ 반니랑

↑   ↑

/ㄴ/ 첨가   중화, 비음 동화

2.6.5. 축약

축약은 음소의 수가 '-1'이 된다는 점에서는 탈락과 같다. 하지만 탈락
은 탈락한 음소가 흔적을 남기지 않고 완전히 없어지는 것인 반면, 축약
은 그 흔적을 남긴다는 점에서 탈락과는 그 성격이 다르다. 다시 말해 흔
적 없이 사라지는 경우는 탈락이고, 자신의 흔적을 남기고 사라지는 경우
는 축약이다.

자음 축약(유기음화)

유기음은 /ㅍ, ㅌ, ㅊ, ㅋ, ㅎ/을 가리키는데, 유기음화란 결국 유기음이 아닌 소리가 유기음으로 바뀌는 현상을 이른다. 이때 유기음이 아닌 소리라는 것은 /ㅎ/과 축약되어 유기음이 될 수 있는 /ㅂ, ㄷ, ㅈ, ㄱ/을 이른다.

(67) ㉠ 입학[이팍], 축해[추캐], 잡히다[자피다], 넓히다[널피다]

　　 ㉡ 좋다[조타], 낳다[나타], 많다[만타], 잃다[일타]

(67㉠)은 /ㅎ/이 후행하는 경우이고, (67㉡)은 /ㅎ/이 선행하는 경우이다. /ㅎ/이 선행하든 후행하든 /ㅎ/이 /ㅂ, ㄷ, ㅈ, ㄱ/과 만나면 /ㅍ, ㅌ, ㅊ, ㅋ/이 된다.

(68) ㉠ /ㅂ, ㄷ, ㅈ, ㄱ/ + /ㅎ/ → /ㅍ, ㅌ, ㅊ, ㅋ/

　　 ㉡ /ㅎ/ + /ㅂ, ㄷ, ㅈ, ㄱ/ → /ㅍ, ㅌ, ㅊ, ㅋ/

단, /ㅅ/은 /ㅎ/과 만나면 /ㅆ/이 된다. 이는 /ㅅ/의 유기음이 음소로 존재하지 않기 때문이다.

(69) 닿소[다쏘], 놓소[노쏘], 싫소[실쏘]

모음 축약

모음 축약에는 두 종류가 있다. 하나는 달리 활음화라고 불리는 것이고, 다른 하나는 두 모음이 만나 제3의 모음으로 축약되는 경우이다. 음소 단위에서 볼 때 진정한 의미의 축약은 후자의 경우이다. 왜냐하면 전자의 경우에는 음소의 탈락은 없고, 다만 음절이 '-1'로 줄어드는 것이기 때문이다.

(70) ㉠ 기어[kiə] → 겨[kyə], 아니오[anio] → 아뇨[anyo]

㉡ 보아[poa] → 봐[pwa], 주어[ʧcuə] → 줘[ʧcwə]

(70㉠)은 /ㅣ/ 모음과 /ㅏ, ㅓ, ㅗ, ㅜ, ㅔ, ㅐ/가 만나 /ㅑ, ㅕ, ㅛ, ㅠ, ㅖ, ㅒ/로 바뀌는 경우이고, (70㉡)은 /ㅗ, ㅜ/ 모음과 /ㅣ, ㅔ, ㅐ, ㅏ, ㅓ/ 모음이 만나 /ㅟ, ㅞ, ㅙ, ㅘ, ㅝ/로 바뀌는 경우이다. 실제 각 모음별로 예가 모두 존재하는 것은 아니다. 그것은 해당 조건 환경의 예가 없기 때문이지 구조적으로 불가능한 것은 아니다.

활음화의 경우 음소에 초점을 맞춰서 보면, 활음화되기 전인 '기어[kiə]', '보아[poa]'도 3개의 음소이고, 활음화된 '겨[kyə]', '봐[pwa]'도 3개의 음소이다. 즉 음소의 개수에는 변동이 없다. 다만 모음 /i/, /o, u/가 각각 활음 /y/, /w/로 바뀐 것밖에 없다. 이러한 까닭에 축약이라고 하지 않고 활음화라고도 하는 것이다. 하지만 음절에 초점을 맞춰서 보면 2음절이 1음절로 바뀌었다. 이러한 이유로 활음화를 축약이라고도 한다. 활음화는 음소의 개수에 초점을 맞춘 명칭이고, 축약은 음절의 개수에 초점을 맞춘 명칭이다.

활음화와 달리 두 모음이 결합하여 제3의 모음으로 바뀌는 경우가 있다.

(71) ㉠ 아이 → 애, 사이 → 새

㉡ 되어 → 돼, 죄어 → 좨, 보이다 → 뵈다, 쏘이다 → 쐬다

(71)은 두 모음이 만나 제3의 모음이 된다는 점에서 진정한 의미의 모음 축약이라고 할 수 있다.

2.6.6. 경음화

경음화는 경음이 아닌 /ㅂ, ㄷ, ㅅ, ㅈ, ㄱ/이 경음으로 교체하는 현상이다. 경음화를 동화로 보는 견해도 있긴 하지만 동화라고 할 때는 동화주가 반드시 있어야 한다. 하지만 경음화의 경우 동화주를 설정할 수 없기 때문에 이를 동화라고 할 수는 없다. 경음화에는 각기 원인이 다른 네 가지 유형의 경음화가 있다.

첫째, 음절말 자음의 불파화에 따른 경음화이다.

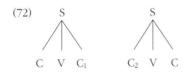

(72) $S \quad\quad\quad S$

$C \quad V \quad C_1 \quad\quad C_2 \quad V \quad C$

(72)의 음절 연쇄가 주어지면, 음절말 불파화로 인해 C_1에 올 수 있는 자음은 /ㅂ, ㄷ, ㄱ, ㅁ, ㄴ, ㅇ, ㄹ/ 7개이다. 이 가운데서 C_1이 /ㅂ, ㄷ, ㄱ/ 중의 하나이고, C_2가 경음화가 될 수 있는 자음 /ㅂ, ㄷ, ㅅ, ㅈ, ㄱ/ 중의 하나일 때 반드시 후행하는 C_2가 경음화된다.

(73) ㉠ 목소리 → [목쏘리], 밭갈이 → [받까리]

   ㉡ 잡다 → [잡따], 익다 → [익따]

   ㉢ 집도 → [집또], 낮도 → [낟또]

음절말 자음이 불파화되면, 허파에서 나온 공기가 밖으로 나가지 못하고 모여 있다가 다음 음절의 자음을 발음할 때 한꺼번에 방출되면서 경음화가 일어나게 되는 것이다. 이때의 경음화는 예외가 없고 필수적으로 일어난다.

둘째, 관형사형 어미 '-을' 뒤에서의 경음화이다.

(74) ㉠ 먹을 것   →   [머글껃]

      갈 데   →   [갈떼]

      줄 수   →   [줄쑤]

  ㉡ 할 사람   →   [할싸람]

      잘 방   →   [잘빵]

      앉을 자리   →   [안즐짜리]

  ㉢ 돌아갈 고향   →   [돌아갈] [고향]

      사라질 다리   →   [사라질] [다리]

참고 '[ ]'는 기식 단위를 나타낸다.

     관형사형 어미 '-을' 뒤에 (74㉠)처럼 의존 명사가 오면 예외 없이 후행 음절의 두음이 경음화된다. (74㉡)처럼 관형사형 어미 '-을' 뒤에 자립 명사가 올 때도 경음화가 일어난다. 그런데 이러한 환경에서는 (74㉢)에서 보듯이 항상 경음화가 일어나는 것은 아니다. (74㉡)처럼 '수식어 + 피수식어' 구성이 하나의 기식 단위를 이룰 때는 경음화가 일어나는데 반해, (74㉢)처럼 '수식어 + 피수식어' 구성이 두 개의 기식 단위를 이룰 때는 경음화가 일어나지 않는다. '관형어 + 의존 명사' 구성은 하나의 기식 단위를 이루기 때문에 항상 경음화가 일어난다.

     셋째, 용언 어간말 비음 뒤에서 일어나는 경음화이다.

(75) ㉠ 안다/안고/안지   →   [안따/안꼬/안찌]

      신다/신고/신지   →   [신따/신꼬/신찌]

      감다/감고/감지   →   [감따/감꼬/감찌]

  ㉡ 삶다/삶고/삶지   →   [삼따/삼꼬/삼찌]

      젊다/젊고/젊지   →   [점따/점꼬/점찌]

(75)의 경음화는 용언 어간의 말자음이 비음인 /ㅁ, ㄴ/으로 끝나고, 뒤에 오는 어미의 두음이 /ㅂ, ㄷ, ㅅ, ㅈ, ㄱ/일 때 일어난다. 그러면 (76)에서는 왜 경음화가 일어나지 않을까?

(76) ㉠ 안기다, 신기다, 감기다
     ㉡ 나는 그를 잘 안대[안대]

(76㉠)의 어간은 '안기-, 신기-, 감기-'로 어간의 말음절이 '기'로 끝나기 때문에 경음화의 조건 환경이 되지 않는다. (76㉡)에서 경음화가 일어나지 않는 것은 '안다'의 /ㄴ/이 용언 어간의 말자음이 아니기 때문이다. 즉 '안다'는 '알- + -ㄴ- + -다'로서 '안다'의 /ㄴ/은 현재 시제 선어말 어미 '-ㄴ-'이다.

넷째, 한자어 /ㄹ/ 뒤에서의 경음화이다.

(77) 발달(發達)[발딸], 발생(發生)[발쌩], 발전(發展)[발쩐], 결전(決戰)[결쩐]

(77)에서 보듯이 한자어에서 선행 음절의 말음이 /ㄹ/로 끝나고, 후행 음절의 두음이 치조 자음이나 경구개 자음 /ㄷ, ㅅ, ㅈ/일 때 경음화가 일어난다. 후행 음절의 두음이 양순 자음이나 연구개 자음 /ㅂ, ㄱ/일 때는 (78)에서 보듯이 경음화가 일어나지 않는다.

(78) 불발(不發), 발견(發見), 물건(物件), 일과(日課), 결과(結果)

2.6.7. 두음 법칙

두음 법칙은 일종의 음절 구조 제약에 해당한다. 국어의 경우 어두에 /ㄹ/이나 /ㄴ/이 오는 것이 제약되는 현상이 있다. 이 제약은 단어의 두음에만 적용되고, 단어의 둘째 음절부터는 적용되지 않기 때문에 두음 법칙이라고 한다. 두음 법칙에는 /ㄹ/ 두음 법칙과 /ㄴ/ 두음 법칙이 있다.

먼저 /ㄹ/은 어떠한 경우든 어두에 올 수 없다. 어두에 오는 /ㄹ/은 /ㄴ/으로 바뀐다.

(79) 로인(老人) → 노인, 락원(樂園) → 낙원, 로동(勞動) → 노동,
래일(來日) → 내일

그리고 어두의 /ㄴ/ 역시 /i, y/ 앞에서는 오지 못한다. 이때 /ㄴ/은 ø로 바뀐다.

(80) 니불(泥佛) → 이불, 녀자(女子) → 여자, 뉴대(紐帶) → 유대,
념려(念慮) → 염려

따라서 어두의 /ㄹ/이 /i, y/ 앞의 조건 환경일 때는 (81)에서 보듯이 결과적으로 ø로 바뀌게 된다.

(81) 력사(歷史) → 역사, 리자(利子) → 이자, 리익(利益) → 이익,
력도(力道) → 역도, 륙지(陸地) → 육지, 료리(料理) → 요리

즉 어두의 /i, y/ 앞의 /ㄹ/은 /ㄹ/ 두음 법칙에 의해 먼저 /ㄴ/으로 바뀌고, 다시 /ㄴ/ 두음 법칙에 의해 ø로 바뀐다. 예컨대 '력사'의 경우 먼저 /ㄹ/ 두음 법칙에 의해 '녁사'가 되고, '녁사'는 다시 /ㄴ/ 두음 법칙에 의해 '역사'로 바뀌게 되는 것이다(력사→녁사→역사).

제 3 장

형태론

3.1. 형태론의 대상과 범위

3.1.1. 문법 단위와 문법론

음소는 하나의 언어 단위로서 의미를 갈라내는 기능을 발휘한다. 예를 들어 '하늘'과 '마늘'은 서로 의미가 다른데 의미차를 유발하는 단위가 'ㅎ'과 'ㅁ'이므로 이 둘은 각각 음소의 자격을 지니게 된다. 그런데 이러한 과정을 역으로 생각해 보면 음소 'ㅎ'과 'ㅁ' 각각은 의미를 지니지 않지만 이 음소들이 다른 음소 'ㅏ, ㄴ, ㅡ, ㄹ' 등과 어울려 '하늘'과 '마늘'을 형성하면 어느새 의미라는 것이 나타난다는 것을 알 수 있다. 의미 없는 것이 어우러져서 의미를 지닌 단위가 된다는 것이 언뜻 이상할 수도 있지만 언어라는 것이 말소리와 의미의 연합임을 생각하면 본래는 의미와 무관한 말소리가 의미와 연합하게 되는 것이 전혀 억지스럽다고는 할 수 없다. 의미를 전달하기 위한 수단으로 말소리가 선택된 이상 의미와 말소리의 연합은 필연적이다.

휘파람 소리가 별다른 의미와 연합되지 않은 채 존재하듯이, 언어도 의미와 무관한 소리의 연결에만 그친다면 언어의 문법은 소리를 다루는 음운론으로 족할 것이다. 하지만 위에서도 지적했듯이 언어는 말소리와 의미의 연합이다. 따라서 언어에는 '말소리 차원의 언어 단위'와 더불어 '의미를 지닌 언어 단위'인 '문법 단위'(grammatical unit)가 존재하게 되고, 이에 말소리의 문법인 음운론에 더해 '문법 단위'의 문법을 담당하는 영역이 존재할 가능성이 대두된다.

문법 단위 : 의미를 지닌 언어 단위.

만약 말소리의 문법, 즉 음운론으로 문법 단위가 보이는 여러 현상을 분석하고 설명할 수 있다면 문법 단위의 문법을 담당하는 별도의 영역은 필요치 않을 것이다. 하지만 아래에서 보듯이 음운론으로 문법 단위의 문법을 다룰 수는 없다.

(1) ㉠ 손목 (손, 목)

㉡ *재빨리목 (재빨리, 목)

참고 별표(*)는 비문법적임을 나타낸다.

'손목'은 문법 단위 '손'과 '목'이 결합하여 형성되며 이러한 결합에는 아무런 이상이 나타나지 않는다. 그런데 문법 단위 '재빨리'와 '목'이 결합한 '*재빨리목'은 전혀 성립하지 않는다. 그렇다면 '*재빨리목'이 불가능하다는 것은 어떻게 이해해야 하는가? 여기서 초점은 음운론으로 그러한 결합이 불가능함을 포착할 수 있는가의 여부인데, 음운론으로 '*재빨리목'의 결합을 막을 방법은 없다. 예를 들이 '재빨리먹었다'와 '재빨리목차를훑었다'에서 보듯이 '재빨리' 다음에 음소 'ㅁ'이나 음절 '목'은 떳떳이 연결될 수 있기 때문이다.

이렇게 소리의 문법인 음운론으로 문법 단위가 보이는 현상을 다룰 수 없으므로 문법 단위를 다룰 수 있는 문법의 영역인 '문법론'이 별도로 필요하다.

문법론 : 문법 단위의 문법을 다루는 영역.

그렇다면 문법론의 구체적인 모습은 어떠한가? 이제부터 두 장에 걸쳐 이 질문에 대한 개괄적인 답을 모색하고자 하는데 우선 문법론의 두 분야를 확인하는 데서부터 논의를 시작해 보자.

3.1.2. 형태론과 통사론

문법 단위는 크게 둘로 나뉜다. 하나는 더 이상 분석되지 않는 최소의 문법 단위이고, 다른 하나는 더 작은 문법 단위로 분석될 수 있는 복합적인 문법 단위이다.

    (2) ㉠ 손, 발, 하늘, 마늘
        ㉡ 손목, 하늘나라, 마늘빵

'손, 발, 하늘, 마늘'은 더 이상 분석이 불가능한 최소의 문법 단위이다. 물론 의미를 논외로 하면 더 작게 분석할 수도 있으므로 여기서 분석이 불가능하다는 것은 의미를 지닌 단위(문법 단위)로는 분석할 수 없다는 뜻이다. 예를 들어 '발'을 'ㅂ, ㅏ, ㄹ'로 분석할 수는 있지만 이렇게 분석된 'ㅂ, ㅏ, ㄹ' 각각은 아무런 의미를 지니지 않으므로 문법 단위의 입장에서 '발'은 더 작은 문법 단위로 분석할 수 없는 최소의 문법 단위가 된다. 이렇게 더 이상 분석되지 않는 최소의 문법 단위를 가리켜 형태소(morpheme)라 한다.

형태소 : 의미를 지닌 최소의 언어 단위. 즉, 최소의 문법 단위.

그런데 '발'은 그렇다고 해도 '하늘'은 더 이상 분석할 수 있지 않을까? 다시 말해 '하늘'은 '상하좌우'(上下左右)나 '하천'(河川) 등에서 확인되는 문법 단위 '하'와 '늘 한가위만 같아라'에서 볼 수 있는 문법 단위 '늘'로 분석할 수 있지 않을까?

위와 같은 분석을 타당한 것으로 수용해야 하는가, 아니면 타당하지 않은 것으로 간주하여 폐기해야 하는가? 이 의문에 답하기 위해 유의할 것은 '상하좌우'나 '하천'에서 확인되는 '하'의 의미와 '늘 한가위만 같아라'

에서 확인되는 '늘'의 의미가 결합하여 '하늘'이 된다고 보기는 어렵다는 점이다. 문법 단위는 의미를 지니므로 단순히 '상하좌우, 하천'의 '하'와 '하늘'의 '하'가 말소리가 같다고 해서 같은 문법 단위인 것은 아니다. 말소리에 더해 의미도 같아야 같은 것으로 간주할 수 있다. 서로 다른 두 사람(의미)이 똑같은 가면(말소리)을 썼다고 해서 그 두 사람을 같은 사람이라고 하지 않는 것과 마찬가지이다. 이에 '하늘'을 '하'와 '늘'로 분석하는 시각은 타당한 것으로 간주되지 않는다.

'손'이나 '발', '하늘', '마늘'과 달리 (2ⓛ) '손목, 하늘나라, 마늘빵'은 더 작은 문법 단위로 분석된다. '손목'은 '손'과 '목'으로 분석되고, '하늘나라'는 '하늘'과 '나라'로 분석되며, '마늘빵'은 '마늘'과 '빵'으로 분석되는 것이다. 물론 이러한 분석이 성립하는 것은 앞서 '하늘'을 '하'와 '늘'로 분석했을 때 발생한 문제가 야기되지 않기 때문이다. '손목'은 '손'과 '목'의 의미와 관련되고, '하늘나라'는 '하늘'과 '나라'의 의미와 관련되며, 마찬가지로 '마늘빵'은 '마늘'과 '빵'의 의미와 관련을 맺는 것이다.

시각을 달리하면 '손'과 '목'이 결합해서 '손목'이 형성되고, 마찬가지로 '하늘'과 '나라', '마늘'과 '빵'이 결합해서 각각 '하늘나라'와 '마늘빵'이 형성된다. 이렇게 '손목, 하늘나라, 마늘빵'과 같은 복합적인 문법 단위를 최소의 문법 단위, 즉 형태소로 분석하고, 역으로 형태소를 결합하여 '손목, 하늘나라, 마늘빵'과 같은 복합적인 문법 단위를 형성하는 문법 분야를 '형태론'(morphology)이라고 한다.

그런데 복합적인 문법 단위에 '손목, 하늘나라, 마늘빵' 같은 것만 있는 것은 아니다. 아래에 제시한 것도 분명 복합적인 문법 단위임이 분명하기 때문이다.

(3) ㉠ 넓은 벌 동쪽 끝
　　 ㉡ 그곳이 차마 꿈엔들 잊히랴.

그러면 '손목, 하늘나라, 마늘빵'과 '넓은 벌 동쪽 끝', '그곳이 차마 꿈엔들 잊히랴'는 같은 부류일까, 다른 부류일까? 물론 복합적인 문법 단위라는 점에서는 같은 부류이다. 하지만 같은 부류인지, 다른 부류인지를 새삼스럽게 다시 묻는 것은 형태소를 결합하여 '손목, 하늘나라, 마늘빵'을 형성하는 문법과 '넓은 벌 동쪽 끝', '그곳이 차마 꿈엔들 잊히랴'를 형성하는 문법이 같은지, 아니면 다른지를 확인하기 위한 것이다. 만약 이 두 문법이 같다면 (2ㄴ)에 더해 (3)도 형태론의 영역에 들어오게 된다. 그렇다면 두 문법은 서로 같은가, 다른가?

문제의 두 문법이 서로 같다면, 이 두 문법으로 형성한 결과물도 같은 성질을 띠어야 한다. 같은 재료(형태소)여도 조리법(문법)을 어떻게 하느냐에 따라서 여러 가지 요리가 가능한 것을 통해 알 수 있듯이 재료의 동질성이 결과물의 동질성을 보장하지는 않는다. 그러므로 조리법 즉 문법의 동질성 여부를 확인하기 위해서는 결과물에 해당하는 (2ㄴ)과 (3)의 동질성 여부를 살펴야 한다. 따라서 위에서 제기한 질문은 두 문법으로 형성한 결과물 (2ㄴ) '손목, 하늘나라, 마늘빵'과 (3) '넓은 벌 동쪽 끝', '그곳이 차마 꿈엔들 잊히랴'가 서로 동질적인지 아니면 이질적인지를 확인하면 답을 구할 수 있다.

위와 같은 관점에서 (2ㄴ) '손목, 하늘나라, 마늘빵'과 (3) '넓은 벌 동쪽 끝', '그곳이 차마 꿈엔들 잊히랴'의 성질을 검토하면 이 둘이 서로 이질적이라는 것을 알 수 있다.

우선, 가장 쉽게 드러나는 이질성은 띄어쓰기로 반영된 차이이다. (3) '넓은 벌 동쪽 끝', '그곳이 차마 꿈엔들 잊히랴'는 띄어 쓰고 (2ㄴ) '손목, 하늘나라, 마늘빵'은 띄어 쓰지 않는다는 것은 '띄어쓰기'의 측면에서 이 둘이 서로 다르다는 것을 의미한다. 물론 이러한 논의가 성립하려면 '띄어쓰기'가 문법적으로 어떤 의의를 지니는지를 살펴야 한다. 하지만 '띄어쓰기'의 문법적 의의를 본격적으로 살피기 전인 현 단계에서 확실한 것은 (2ⓛ) '손목, 하늘나라, 마늘빵'과 (3) '넓은 벌 동쪽 끝', '그곳이 차마 꿈엔들 잊히랴'가 서로 다른 것으로 인식되고 이러한 인식의 차이가 띄어 쓰기로 반영된다는 점이다.

다음으로, '그곳이 <u>차마</u> 꿈엔들 잊히랴'는 '<u>차마</u> 그곳이 꿈엔들 잊히랴', '그곳이 꿈엔들 <u>차마</u> 잊히랴'에서 보듯이 복합적인 문법 단위를 구성하는 성분(constituent)의 순서가 바뀔 수 있으며 구성 성분의 순서가 바뀌어도 별다른 의미차가 발생하지 않는다.

> **구성 성분** : 복합적인 문법 단위의 분석과 형성에서 하나의 단위로 기능하는 문법 단위. 간략히 줄여서 '성분'이라고도 함.
>
> **참고** 예를 들어 '손목'은 '손'과 '목'으로 분석되는데, 다시 말해 '손'과 '목'이 결합해 '손목'이 형성되는데 이때 하나의 단위로 기능하는 '손'과 '목' 각각이 성분의 자격을 갖는다. 또한 '손목' 자체도 하나의 단위이므로 성분이 된다. 따라서 '손목'에서는 '손', '목', '손목' 이 세 개의 성분이 확인된다.

그런데 구성 성분의 순서가 바뀔 수 있는 특성은 (2ⓛ) '손목, 하늘나라, 마늘빵' 부류에는 통하지 않는다. 성분의 순서를 바꾼 '목손, 나라하늘, 빵마늘'은 성립하지 않거나 성립하더라도 바뀌기 전과는 전혀 다른 의미를 띠게 되는 것이다. 예를 들어 '하늘나라'는 '하늘에 있는 나라'지만 '나라하늘'은, 만약 성립한다면, '나라의 하늘' 정도가 된다.

이렇게 (2ⓛ) '손목, 하늘나라, 마늘빵'과 (3) '넓은 벌 동쪽 끝', '그곳이 차마 꿈엔들 잊히랴'는 서로 이질적이므로 (2ⓛ)을 다루는 문법 영역인 형태론으로 (3)을 다룰 수는 없다. 이제 (3)을 위한 새로운 문법의 영역이 필요한 셈인데 통사론(syntax)이 바로 (3)을 다루는 문법 분야이다. 그리고 복합적인 문법 단위이면서 형태론의 영역에 속하는 (2ⓛ)은 단어(word)라고 하고, 통사론의 영역에 속하는 (3㉠)과 (3ⓛ)은 각각 구

(phrase)와 문장(sentence)이라고 한다.

지금부터는 형태론과 통사론을 구체적으로 살피고자 하는데, 이 장에서는 형태론의 이모저모를 논의하고, 통사론은 다음 4장에서 다루기로 한다.

3.2. 형태소와 이형태

3.2.1. 형태소와 의미

형태소는 의미를 지닌 가장 작은 언어 단위, 다시 말해 최소의 문법 단위이다. 이 정의와 관련하여 주의할 것이 있는데, 바로 '최소'는 말소리와 의미의 대응 차원에서 최소라는 것을 의미한다는 점이다. 이에 아래와 같은 주장은 설득력을 얻지 못한다.

> (4) '어머니'와 '아버지'의 의미를 고려하면 서로 공유하고 있는 의미도
> 있고 그렇지 않은 의미도 있다. 예를 들어 '아버지'의 의미를 '자식이
> 있으며 남성임' 정도로 파악하면 '어머니'의 의미는 '자식이 있으며
> 여성임' 정도가 된다. 이렇게 '아버지'와 '어머니'는 '자식이 있음, 남
> 성, 여성' 식으로 더 작은 단위로 분석할 수 있으므로 최소의 문법
> 단위 즉 형태소가 아니다.

위의 주장이 설득력을 얻지 못하는 이유는 위에서 언급한 말소리와 의미의 '대응'을 무시하였기 때문이다. 즉, '자식이 있음'이나 '남성', '여성'에 대응하는 일정한 소리의 단위가 '아버지'와 '어머니'에는 존재하지 않으므로 위의 주장은 성립하지 않는다.

물론 '아버지'나 '어머니'가 포함하고 있는 어떤 말소리에, 예를 들어 '어

머니'와 '아버지'가 공유하고 있는 말소리 'ㅓ'와 'ㅣ'에 '자식이 있음'과 같은 의미를 대응시키려고 시도할 수도 있다. 하지만 그러한 대응은 '아버지', '어머니'에서나 유지될 뿐 다른 데서는 전혀 성립하지 않으므로 동의를 얻기 어렵다. '거미'에 'ㅓ'와 'ㅣ'가 있다고 해서 '거미'가 '자식이 있음'의 의미를 지니지 않는 것이다.

무릇 형태소라는 단위를 설정하는 것은 형태소가 떳떳한 기능을 지니기 때문이며, 떳떳한 기능을 지닌다는 것은 형태소가 형태소보다 큰 문법 단위를 형성하고 분석할 때 힘을 발휘한다는 것을 의미한다. 따라서 다른 데서는 전혀 성립하지 않는, 즉 다른 데서는 형성에서도 능력을 발휘하지 못하고 분석에서도 능력을 발휘하지 못하는 것을 형태소로 인정할 수는 없다.

그런데 의미적인 면만 고려하면 '어머니'를 최소의 단위로 보기 어렵고 '아버지'도 최소의 단위로 보기 어렵다. 말소리와 의미의 대응을 떠나 의미만 고려하면 '어머니'와 '아버지'는 '자식이 있음, 남성, 여성'과 같은 의미 단위로 분석될 수 있기 때문이다. '어머니'의 의미는 '자식이 있음, 여성'과 같은 의미 단위를 포함하고, '아버지'의 의미는 '자식이 있음, 남성'과 같은 의미 단위를 포함하는 것이다. 이에 '말소리'와의 대응을 논외로 하고 순전히 의미적인 면에서의 단위를 설정할 필요가 있는데 이에 대해서는 나중에 살핀다(5장의 5.2.2. 참고).

3.2.2. 형태소 식별의 실제

형태소는 어떻게 식별해 낼 수 있을까? 다시 말해 아래 제시한 예에서 형태소를 분석해 내는 방법은 무엇인가?

(5) 어린이

모름지기 형태소라면 분석과 형성에서 제 기능을 발휘해야 한다. 따라서 위의 예에서 형태소로 식별된 것은 다른 예에서도 분석과 형성의 기능을 발휘해야 한다. 이 점을 염두에 두고 (5)와 아래 제시한 예를 비교해 보자.

(6) 젊은이, 늙은이

그러면 어렵지 않게 (5) '어린이'는 '어린'과 '이'로 분석된다. 그리고 '어린'과 '이' 중에서 '이'는 더 이상 분석될 가능성이 없으므로 하나의 형태소 자격을 얻게 된다. '이'는 말소리 [i]와 의미 '사람'이 대응된, 다시 말해 일정한 말소리 [i]와 일정한 의미 '사람'이 연합된 형태소이자, '어린이'는 물론이고 '젊은이, 늙은이' 등에서도 제 기능을 발휘하는 형태소인 것이다.

(5) '어린이'에서 '이'를 제외한 '어린'은 어떠한가? '어린'도 형태소인가? (5) '어린이'와 (6) '젊은이, 늙은이'에서 형태소 '이'를 뺀 나머지 '어린'과 '젊은, 늙은'을 서로 비교하면 '어린'이 '어리-'와 '-은'으로 분석된다는 것을 쉽게 알 수 있다. 이렇게 분석해 낸 '어리-'와 '-은'은 이제 더 이상 분석되지 않으므로 각각 형태소의 자격을 얻게 되고, '네 동생은 어리-구나, 높-은 산'과 같은 예를 통해서 '어리-'와 '-은'이 형태소임이 다시 확인된다.

위와 같이 형태소는 '비교'의 방법을 통해 식별해 낼 수 있는데 나아가 '대치'가 형태소 식별 방법으로 쓰일 수도 있다. 예를 들어 아래 예에서

(7) 하늘은 푸르고, 물은 맑았다.

'-은'은 '-도'로 대치될 수 있고, '-고'는 '-으며'로 대치될 수 있으며 '-다'는 '-구나'로 대치될 수 있는데,

(8) ㉠ 하늘도 푸르고, 물도 맑았다.

　　㉡ 하늘은 푸르며, 물은 맑았다.

　　㉢ 하늘은 푸르고, 물은 맑았구나!

대치될 수 있다는 것은 대치되는 단위와 대치하는 단위가 일정한 기능을 담당함을 의미하므로 '대치'가 형태소 식별 방법으로 쓰인다.

　　지금까지 살핀 예는 형태소로 분석된 단위가 '분석' 차원에서는 물론이고 '형성' 차원에서도 하나의 단위로 기능하는 경우에 해당한다. 그런데 때로 형태소 분석을 해 나가다 보면 '분석' 차원에서는 하나의 단위로 인정되지만 '형성' 차원에서는 그렇게 보기 어려운 예를 만나기도 한다.

(9) ㉠ 무덤, 주검

　　㉡ 하늘은 푸르고, 물은 맑습니다.

　　　하늘은 푸르고, 물은 맑습니까?

　　　하늘은 푸르고, 물은 맑습디다.

　　　하늘은 푸르고, 물은 맑습디까?

　　분석 차원에서 보면, (9㉠) '무덤, 주검'은 '묻-엄, 죽-엄'으로 형태소 분석된다. 하지만 형성 차원으로 눈을 돌리면 '묻-'과 '죽-'은 형태소로 인정할 수 있지만 '-엄'은 그러기가 무척 곤란하다. '무덤, 주검' 외에 '-엄'이 쓰이는 곳이 거의 없기 때문이다. 분석 단위로는 기능을 발휘하지만, 형성 단위로는 제대로 된 기능을 발휘하지 못하는 존재를 만난 셈인데 이러한 존재를 형태소로 인정해야 할까, 말아야 할까?

　　분석 측면에서의 자격과 형성 측면에서의 자격이 서로 불일치하는 예는 (9㉡)에서도 볼 수 있다. '맑습니다, 맑습니까, 맑습디다, 맑습디까'를 비교하여 분석하면 일단 '맑-, -습-, -니-, -디-, -다, -까'와 같은 형태소 후보가 나타난다. 또 예스러운 표현이지만 '좋으이다'(좋-으이-다)와 '맑사오이다'(맑-사오-으이-다)를 고려하면 '-으이-'가 추출되는데 '-으이-'를 적극적으로 고려하면 '-니-'와 '-다-'도 더 분석할 수 있을 듯하다. 그런데 '맑-'이나 '-다'는 '맑-음, 맑-았-다'에서 보듯이 다른 경우에도 나타나지만 그 밖의 '-습-, -니-, -다-, -까' 등은 거의 다른 경우에 나타나지 않는다. '-엄'처럼 분석 단위로는 인정할 수 있지만, 형성 단위로는 인정하기 어려운 존재인 셈인데 이러한 존재를 형태소로 인정해야 할까, 말아야 할까?

분석과 형성 두 측면에서 고루 기능을 발휘하는 형태소는 그 형성 능력을 강조하여 흔히 생산성(productivity)이 높은 형태소라고 하며 이렇게 생산성이 높은 형태소는 그야말로 형태소다운 형태소라 할 수 있다. 반면에 분석의 대상은 되지만 형성 작용에는 활발히 참여하지 못하는 생산성이 낮은 형태소는 형태소답지 못한 모자란 형태소라 할 수 있다. 사람답지 못한 사람이 경우에 따라 사람 대접을 받을 때도 있고 그렇지 못할 때도 있듯이 형태소답지 않은 모자란 형태소는 맥락에 따라서 형태소 여부를 판정하는 것이 합리적이다. 즉 문법 단위를 분석하는 맥락이라면 형태소로 간주하고, 문법 단위를 형성하는 맥락이라면 형태소로 간주하지 않으면 된다. 중요한 것은, 애매한 경우를 처리하는 방식이 아니라, 분석과 형성 이 두 차원에서 형태소 여부를 판정해야 한다는 점이다.

3.2.3. 교체

사람이 때와 장소에 따라 모습을 적절히 바꾸듯이 형태소도 환경에 따라 서로 다른 모습, 즉 서로 다른 말소리로 실현된다.

(10) ㉠ 밥이 질다.
ㄴ 밥만 먹지 말고 반찬도 먹어라.
ㄷ 국밥

위에서 확인할 수 있듯이 형태소 '밥'은 '모음 앞'이라는 환경에서는 [밥]으로 실현되고, '/ㅁ/ 앞'이라는 환경에서는 [밤]으로 실현되며, '/ㄱ/ 뒤'라는 환경에서는 [빱]으로 실현 된다. 이렇게 하나의 형태소가 환경에 따라 다른 형태로 실현되는 것을 교체(alternation)라 하고, [밥]과 [밤], [빱]처럼 교체되어 실현된 것 하나하나를 가리켜 이형태(allomorph)라고 한다.

실제로 언어 자료를 분석할 때는 형태소가 아니라 사실 이형태를 먼저 접하게 된다. 자료를 통해 다양한 모습을 먼저 확인하고, 다음으로 다양한 모습 중에 어떤 것들이 하나로 묶이는가를 정해야 형태소를 설정할 수 있기 때문이다. 이런 점에서 형태소는 다분히 추상적인 성격을 띤다. 실제 귀로 듣고 경험할 수 있는 것은 이형태이고, 형태소는 구체적인 이형태들을 하나로 묶은 단위이기 때문이다.

그런데 이형태는 형태소를 전제로 한 개념이므로 형태소를 설정하기 위해 자료를 분석하는 단계에 이형태라는 개념을 적용하는 깃은 다소 어색하다. 이에 형태(morph)라는 개념을 쓸 필요가 있는데, 자료 분석을 통해 의미를 지닌 최소의 단위로 선별된 것을 형태라 한다. 자료를 분석해 가며 형태들의 목록을 쌓고, 이어서 형태들 사이의 관계를 관찰하면 몇 개의 형태들이 하나로 묶인다는 사실을 발견하게 되는데 그러면 이제 그 몇 개의 형태들은 몇 개의 이형태가 되고 동시에 하나의 형태소로 묶이게 된다.

형태소 발견 절차 : 형태 분석 ➜ 이형태 확인 ➜ 형태소 설정

평소 집에서의 옷차림새와 공적인 행사에서의 옷차림새는 서로 다르며, 집에서의 옷차림새로 공적인 곳에 가거나 공적인 옷차림새로 집에 있지는 않는다. 이형태도 마찬가지여서 각각의 이형태는 나타날 수 있는 환경이 정해져 있으며, 각각의 이형태가 나타나는 환경은 서로 겹치지

않는다. 예를 들어 (10)에서 '모음 앞'에 나타나는 이형태 [밥은 '/ㅁ/ 앞'에 나타나지 않으며, '/ㅁ/ 앞'에 나타나는 이형태 [밤은 '모음 앞'에 나타나지 않는다. 마찬가지로 [밥은 [밥이 나타나는 환경이나 [밤이 나타나는 환경에는 나타나지 않는다. 이렇게 이형태들이 나타나는 환경이 서로 겹치지 않으므로 이형태들은 배타적 분포(exclusive distribution)를 보인다고 한다.

한편 어떤 형태소의 이형태들이 나타나는 환경을 모으면 해당 형태소가 나타날 수 있는 모든 환경이 구비된다. 이형태들이 배타적인 동시에 형태소가 나타날 수 있는 환경을 사이좋게 분담하고 있는 셈인데 이에 이형태들은 서로 상보적 분포(complementary distribution)를 보인다고도 한다.

'배타적'과 '상보적'은 같은 의미가 아니지만 이형태의 분포적 특성을 살피는 과정에서 배타적이면서 상보적인 분포가 나타나므로 이형태 분포에 있어서는 '배타적 분포'와 '상보적 분포'가 대동소이한 의미로 쓰인다.

형태소 '밥'은 이형태로 [밥, [밤, [밥 이 세 개만 지니는가? 하나의 형태소가 몇 개의 이형태를 가질 수 있는지가 미리 정해져 있지는 않다. 하지만 그렇다고 해서 하나의 형태소가 아주 많은 이형태를 지니는 경우가 흔한 것은 아니다. 논리적으로야 무궁무진하고 다양한 옷차림새를 상정해 볼 수 있지만 실제로는 몇 가지 옷차림새로 만족하듯이 형태소도 원칙적으로는 이형태의 개수에 제한이 없지만 실제로는 많지 않은 수의 이형태로 실현된다.

그렇다면 형태소의 이형태는 어떻게 찾을 수 있는가? 별다른 방법이 있는 것은 아니고, 어떤 형태소가 나타날 수 있는 모든 환경을 망라하면서 그 형태소가 어떤 말소리로 실현되는지 검토하는 과정을 통해 이형태를 하나씩 확인해 나가는데, 이 과정에서 어떤 이형태가 나타날지 예측되는 경우가 흔하다. 예를 들어 (10)에서 형태소 '밥'의 이형태 [밥과 2장에서 논의한 음운 규칙을 고려하면 다른 이형태 [밤]과 [빱]을 충분히 예측할 수 있다. 음운 규칙에 따르면 /ㅂ/ 뒤에 /ㅁ/이 오면 /ㅂ/이 /ㅁ/으로 동화되며, /ㄱ/ 뒤에서 /ㅂ/은 된소리가 되기 때문이다. 더불어 방금과 같은 음운 규칙을 고려하면 (10)에는 제시하지 않았지만 아래에서 보듯이 형태소 '밥'이 [빰]을 이형태로 가진다는 것도 얼마든지 예측할 수 있다.

(11) 국밥만 먹지 말고 불고기도 먹어라.

이제 (10)과 (11)에서 확인한 형태소 '밥'의 이형태를 한자리에 모으면 [밥], [밤], [빱], [빰] 등인데, 이 네 이형태들을 대표할 수 있는 이형태를 넷 중에서 고르면 무엇이 될까? 음운 규칙에 따른 이형태 실현의 가능성을 고려하면 [밥]이 대표가 되는 것이 타당하다. [밥]은 음운 규칙에 의해 /ㅁ/ 앞에서는 [밤], /ㄱ/ 뒤에서는 [빱], /ㄱ/ 뒤이면시 /ㅁ/ 앞에시는 [빰]이 되기 때문이다. 이렇게 이형태 가운데 대표가 되는 이형태를 기본 이형태(basic allomorph), 줄여서 기본형이라고 하고 흔히 {밥}과 같이 나타낸다.

한편 음운 규칙에 의해 예측할 수 있는 것만 이형태가 되는 것은 아니다. 경우에 따라서는 음운 규칙만으로는 납득하기 어려운 이형태가 출현하기도 한다.

(12) ㉠ 꽃이 피었다.
    ㉡ 나비가 날아든다.

위에서 '-이'와 '-가'는 그 기능이 같다. '-이'든 '-가'든 상태나 동작의 주체를 표시하는 기능을 지니는 것이다. 그리고 '-이'와 '-가'는 배타적 분포를 보인다. (12㉠)의 '-이' 자리에 '-가'가 나타날 수 없으며 (12㉡)의 '-가'

자리에 '-이'가 나타날 수도 없다. 기능이 같고 상보적 분포를 보이므로 '-이'와 '-가'는 한 형태소에 속하는 두 이형태 [-이]와 [-가]로 판단된다. 그런데 [-이]와 [-가] 중에서 어느 하나를 기준으로 삼아 다른 하나를 음운 규칙으로 예측하기는 곤란하다. 자음 뒤에 분포하는 [-이]가 모음 뒤에서 [-가]가 되는 것을 보장하는 음운 규칙이 없고, 또 모음 뒤에 분포하는 [-가]가 자음 뒤에서 [-이]가 되는 것을 보장하는 음운 규칙도 없기 때문이다. 음운론적으로는 '오이'와 '증가'에서 보듯이 모음 뒤에 '이'가 올 수도 있고, 자음 뒤에 '가'가 올 수도 있다.

이형태 사이의 관계를 음운 규칙으로 맺을 수 없으니 기본형을 잡기도 곤란하다. 기본형은 음운 규칙의 도움을 받아 어떤 이형태가 나타날지 예측할 수 있어야 하는데 [-이]와 [-가]는 이런 식의 논리가 적용되지 않기 때문이다. 그래도 굳이 기본형을 정해야 한다면 편의상의 기준을 마련하여 어느 하나를 기본형으로 정하는데 흔히 역사적으로 앞서는 것을 기본형으로 삼는다. 그러면 [-이]가 기본형이 된다. [-이]는 훈민정음 창제 당시에도 나타나지만 [-가]는 그 이후에야 나타나기 때문이다.

역사적으로 앞서는 것이 어떤 것인지 정하기 어려운 경우에는 통계적으로 우세한 것을 기본형으로 삼으며, 이 기준도 통하지 않으면 임의의 기준을 세워 기본형을 정하기도 한다.

(13) ㉠ 바람이 불었다.

㉡ 바람을 막았다.

㉢ 시인은 바람을 노래하였다.

(13)에 나타난 [-었-]과 [-았-], [-였-]은 셋 다 말하는 순간 이전에 어떤 상황, 즉 바람이 분 상황과 바람을 막은 상황 그리고 시인이 바람을 노래한 상황이 있었음을 의미하며 상보적 분포를 보인다. 따라서 한 형태소에

속하는 세 이형태라 할 수 있다. 그렇다면 어떤 것을 기본형으로 삼아야 할까?

(12)에서와 마찬가지로 음운 규칙에 기대어 어느 하나를 기본형으로 삼을 수는 없다. 음운 규칙에 의해 [-었-]이 [-았-]이나 [-였-]이 될 수 없고, [-았-]이 [-었-]이나 [-였-]이 될 수 없으며 [-였-]이 [-었-]이나 [-았-]이 될 수도 없기 때문이다.

그렇다고 세 이형태 중에 역사적으로 어느 하나가 앞선다고 보기도 어렵다. 확인할 수 있는 국어의 역사 안에서는 어느 하나가 다른 것보다 먼저 나타났다고 보아야 하는 증거가 나타나지 않기 때문이다. 남은 방법 중에 통계적인 방법은 적용하기가 그리 만만치 않다. 어느 하나가 다른 것보다 훨씬 빈번히 출현한다고 보기 어렵기 때문이다.

그러면 임의로 정하는 수밖에 없는데, 그렇다고 마구잡이로 정할 수는 없으므로 남들도 수긍할 수 있도록 다음과 같은 기준을 적용해 보자. 먼저 출현의 다양성을 고려하면 [-였-]은 기본형 후보에서 제외된다. [-었-]은 '불' 뿐만 아니라 '읽-, 넓-' 뒤에도 나타날 수 있고, [-았-]은 '막'뿐만 아니라 '좁-, 날-' 뒤에도 나타날 수 있지만, [-였-]은 '하' 뒤에만 나타나기 때문이다. 다음으로 세력을 고려하면 [-었-]이 기본형이 된다. '막았다, 막었다, 고마왔다, 고마웠다' 등에서 보듯이 적지 않은 경우에 [-았-]이 나타날 자리에 [-었-]이 나타나기도 하는바, 이는 [-었-]이 [-았-]이 나타날 자리에까지 세력을 넓힌 것으로 해석된다.

지금까지 형태소, 교체, 이형태 그리고 기본형에 대해서 논의해 왔는데 사실 기본형은 2장에서 논의한 기저형과 직결된다. 음운 규칙을 기반으로 설정된 기본형은 (단수) 기저형과 통하고, 그렇지 않은 기본형은 복수 기저형과 통하기 때문이다. 다만 기저형은 말소리의 측면만을 고려한 것인데 비해 기본형은 말소리에 더해 의미적인 측면도 고려한 개념이라는 차이가 있다. 기본형은 이형태를 전제로 하고 이형태는 다시 의미를 지닌 최소의 단위인 형태소에 바탕을 두므로 기본형과 의미는 뗄 수 없는 것이다.

이 절을 맺기에 앞서 끝으로 한 가지 사항만 추가로 확인해 보자. 아래 예에서 '-은, -는, -ㄴ' 사이의 관계와 '-을, -를, -ㄹ' 사이의 관계는 어떠한가?

(14) ㉠ 밥은 먹고 다니니?

꽃밭에는 꽃들이 모여 살아요.

꽃밭엔 풀들도 같이 살아요.

㉡ 책을 읽어야 학생이다.

의리를 지켜야 친구다.

의릴 지켜야 친구다.

일단 '-은, -는, -ㄴ'은 서로 의미가 같으므로 하나의 형태소로 묶일 가능성이 크다. 이에 이 셋을 하나의 형태소에 속하는 형태들로 파악한다고 해 보자. 그러면 셋은 모두 이형태들인가? '-은'과 '-는'의 분포는 겹치지 않으며, '-은'과 '-ㄴ'의 분포도 겹치지 않는다. 따라서 [-은]과 [-는], [-은]과 [-ㄴ]은 서로 이형태 관계로 묶이게 된다. 그런데 [-는]과 [-ㄴ]의 관계는 매우 다른 양상을 띤다. 이 둘은 분포가 배타적인 것이 아니라 일치하기 때문이다. 그러면 하나의 형태소에 속하면서도 이형태가 아닌 것이 있게 되는데 이러한 것들을 자유 변이형(free variant)이라고 한다. 그러면 [-는]과 [-ㄴ]은 서로 자유 변이 관계를 맺게 되는 것이고, 이 둘은 [-은]과 이형태 관계를 가지게 된다.

'-을, -를, -ㄹ' 사이의 관계도 '-은, -는, -ㄴ' 사이의 관계와 평행하다. 즉 [-를]과 [-ㄹ]은 자유 변이 관계를 맺으며, 이 둘은 [-을]과 이형태 관계를 맺게 된다.

3.2.4. 형태소 분류

국어를 대상으로 형태를 발견하고 이형태 관계와 자유 변이 관계를 파악해서 국어의 형태소 목록을 작성했다고 하자. 그러면 그 목록은 매우 방대할 것이다. 형태론은 바로 이 방대한 형태소 목록을 바탕으로 운용된다.

형태소들은 제각기 개성을 지닐 뿐만 아니라 서로 통하는 속성도 지니며 공통 속성을 바탕으로 몇 가지 유형으로 분류된다. 그렇다면 형태소는 실제로 어떻게 분류되는가?

분류는 일정한 기준을 필요로 하므로 위의 질문에 답하기 위해서는 먼저 형태소 분류의 기준을 설정해야 하는데, 분류 기준으로 삼을 형태소의 속성이 미리 정해져 있는 것은 아니다. 예를 들어 형태소 '나(我), -보(먹보, 떡보), -겠-(좋겠다, 맛있겠다)'은 형태소가 포함한 음소의 개수를 기준으로 하면 '나'와 '-보'가 하나의 부류로 묶이고, 붙임표(-) 유무를 기준으로 하면 '-보'와 '-겠'이 하나의 부류로 묶이는데 어떤 분류를 택해야 하는가? 더불어 음소의 개수나 붙임표 유무에 더해 음절수를 분류 기준으로 택할 수도 있고, 아예 시각을 달리해서 어감이 좋은 형태소와 그렇지 않은 형태소로 분류할 수도 있는데 역시 어떤 분류를 택해야 하는가?

이렇게 실제로 분류는 매우 다양할 수 있다. 그러나 다양한 분류 중에는 유용한 것과 그렇지 않은 것이 있다는 점에 유의할 필요가 있다. 즉 문법에 유용한 분류와 그렇지 않은 분류가 있는바, 문법에서는 당연히 문법에 유용한 분류가 널리 쓰인다.

또한 문법의 범위나 대상으로 삼은 문법 현상이 무엇이냐에 따라 분류는 달라질 수 있다. 일반적이고 포괄적인 현상을 설명하기 위한 분류와 미세하고 예외적인 현상을 이해하기 위한 분류가 같으리란 보장은 없는 것이다. 이에 여기서는 문법에 유용하면서도 가장 기본적이기도 한 분류에 대해 살핀다.

먼저 형태소는 홀로 나타날 수 있는가, 즉 자립성을 지니는가의 여부에 따라 자립 형태소(free morpheme)와 의존 형태소(bound morpheme)로 나뉜다. 자립 형태소는 말 그대로 홀로 나타날 수 있는 형태소로서 '하늘, 땅, 바다' 등이 속하며, 의존 형태소는 홀로 나타나지 않고 항상 다른 것에 기대어 나타나는 형태소로서 위에서 살핀 '-보, -겠-'에 더해 '달리기, 손잡이, 부침개, 책을 읽었다' 등에 보이는 '달리-, -기, 잡-, -이, 부치-, -음, -개, -을, 읽-, -었-, -다' 등이 이에 속한다.

자립 형태소와 의존 형태소로 나누는 것은 자립성 여부를 분류 기준으로 삼은 것인데, 형태소에는 자립과 의존 어느 한 쪽으로 판단하기 곤란한 것도 존재한다.

(15) ㉠ 우리가 밝힌 것
    ㉡ * 것
    ㉢ 새 책
    ㉣ * 새

위에서 확인할 수 있듯이 '것'과 '새'는 홀로 나타날 수 없다. 따라서 의존 형태소라고 해야 할 듯하다. 그런데 의존 형태소라고만 하기에는 석연치 않은 점이 있다. '것'과 '새'가 나타난 자리는 아래에서 확인할 수 있듯이 전형적인 자립 형태소가 나타날 수 있는 곳이기 때문이다.

(16) ㉠ 우리가 밝힌 사실
    ㉡ 사실
    ㉢ 국어학 책
    ㉣ 국어학

자립성과 의존성을 동시에 지닌 형태소가 있는 셈인데, 이에 자립성/

의존성은 이것 아니면 저것 식이 아니라 정도성을 지닌 개념이라는 것을 알 수 있다. 즉, '하늘, 땅, 바다' 등은 전형적인 자립 형태소이고, '달리-, -기, 잡-, -이, 부치-, -음, -개, -을, 읽-, -었-, -다' 등은 전형적인 의존 형태소이며, '것, 새' 등은 전형적이지 않은 자립 형태소이자 전형적이지 않은 의존 형태소인 것이다. 그래도 '것, 새' 등을 어느 한 쪽에 소속시킬 때는 띄어쓰기에 반영되어 있듯이 자립 형태소로 파악하는 것이 일반적이다.

다음으로 의미를 기준으로 형태소는 어휘 형태소(lexical morpheme)와 문법 형태소(grammatical morpheme)로 나뉜다. 어휘 형태소는 '하늘, 땅, 바다'와 '읽-', 그리고 '새 책'의 '새'와 '책'처럼 구체적인 의미를 지닌 형태소를 가리키고, 문법 형태소는 '-이(하늘이 푸르다), -을(책을 읽자), -었-(읽었다), -을까(읽을까?)'처럼 추상적인 의미를 지닌 형태소를 가리킨다. 추상적인 의미라는 것은 다른 것이 있은 다음에야 실현되는 의미 정도로 이해하면 되는데, '-이, -을' 등은 '책'이 있어야 정적인 상태나 동적인 사건의 주체와 객체라는 의미를 드러낼 수 있고, '-었-, -을까' 등도 '읽-'이 있어야 각각 과거와 의문의 의미를 드러낼 수 있다.

자립성/의존성과 마찬가지로 의미의 구체성/추상성도 정도적인 것이라서 어느 한 쪽으로 판단하기에 애매한 형태소가 존재한다. 예를 들어 '부침개'의 '-개'는 넓게 파악하면 '사물', 좁게 파악하면 '음식물' 정도의 의미를 지니는데, '사물'이나 '음식물'이라는 의미는 구체적이라고 하기도 애매하고 추상적이라고 하기도 애매한 것이다.

3.3. 단어의 정의

3.3.1. 자립 형식으로서의 단어

형태론은 문법 단위 중에서 형태소와 단어를 책임지며, 형태소는 의미를 지닌 최소의 단위, 즉 최소의 문법 단위로 정의된다. 그렇다면 단어는 어떻게 정의되는가? 앞에서 단어라고 했던 것들을 떠올리면서 단어가 무엇인지 차근차근 밝혀 보자.

앞서 '손목, 하늘나라, 마늘빵' 등을 단어라고 하였다. 그렇다면 이들이 단어인 이유는 무엇인가? 다시 말해 '손목, 하늘나라, 마늘빵'이 지닌 어떤 성격이 이들을 단어로 간주하게 하는가?

언어의 두 날개가 의미와 소리이므로 단어도 의미의 측면과 소리의 측면을 고려해서 정의해야 할 것이다. 이에 의미로 단어를 정의할 수 있는지 살피고 이어서 소리로 단어를 정의하는 방안을 모색하기로 한다.

먼저, '의미'를 기준으로 삼아서 단어를 정의한다고 해 보자. 단어의 정의에 유효한 의미적인 특성은 무엇인가? 다시 말해 '손목, 하늘나라, 마늘빵' 등이 단어인데 이들의 어떤 의미 특성이 단어의 자격과 직결되는가? 혹시 구체적이든 추상적이든 사물 또는 물체가 단어의 의미적 속성일까? '손목, 하늘나라, 마늘빵'만 고려하면 사물이나 물체를 단어의 속성으로 볼 수도 있다. 하지만 '사랑'이니 '우정'이니 '질투, 미움, 기쁨' 등도 단어임을 고려하면 단어를 '사물이나 물체를 의미하는 것'으로 정의할 수는 없다. '사랑'을 사물이나 물체로 볼 수는 없기 때문이다. 더군다나 수많은 단어를 고려하면 모든 단어를 아우를 수 있는 의미적 특성이 있다고 보기는 어렵다. 따라서 의미적인 면에서 단어를 정의하기는 무척 곤란하다.

다음으로, '소리'의 측면에서 단어를 정의할 수 있을까? 소리의 특성으로 단어를 정의한다면 구체적으로 어떻게 정의할 수 있는가? 혹시 2음절~4음절이 단어의 속성일까? '손목'은 2음절이고, '마늘빵'은 3음절이며 '하늘나라'는 4음절이니 언뜻 2음절 이상, 4음절 이하가 단어의 자격인 듯하다. 게다가 가만 생각해 보면 쉽게 떠오르는 단어는 2음절~4음절이기도 하다. 하지만 조금 더 생각해 보면 2음절~4음절이 단어의 속성이 아님을 잘 알 수 있다. 아래 (17㉠)에서 보듯이 2음절~4음절이 아니어도 단어

인 것이 있고, 2음절이어도 (17ⓛ)에서 밑줄 그은 부분을 단어라고 하지
는 않기 때문이다. 따라서 음절이 몇 개냐를 따져서 단어 여부를 정할 수
는 없다.

(17) ㉠ 땅, 별, 끈끈이주걱
    ㉡ 풋내기, 새까만 밤

의미와 소리 중에서 의미가 단어의 기준이 될 수는 없으므로 소리의
측면에서 단어의 속성을 찾아야 하는데, 소리적인 면 중에서도 음절의 개
수가 단어의 기준일 수는 없다. 따라서 소리의 속성 중에서도 음절의 개
수가 아닌 또 다른 소리의 속성에서 단어의 기준을 찾아야 할 텐데, '손
목, 하늘나라, 마늘빵' 등이 지닌 소리 차원의 공통 특징은 자립 형식(free
form)이라는 점이다.

> **자립 형식** : 홀로 나타날 수 있는, 즉 자립성을 지닌 형식
>
> 참고 형식(form)은 '의미를 지닌 소리의 연속체'를 가리킨다. 문법 단위와 대동소이한
> 개념인데 자립 문법 단위라는 용어는 사용하지 않는다. 참고로 자립 형태소와 의
> 존 형태소의 구분에 맞추어 자립 형식과 의존 형식을 구분하고, 문법 형태소와 어
> 휘 형태소의 구분에 맞추어 문법 형식과 어휘 형식을 구분한다.

'손목, 하늘나라, 마늘빵' 등이 자립성을 지닌 자립 형식임은 아래와 같
은 문답을 통해 쉽게 확인할 수 있다.

(18) ㉠ 問 영이가 철수의 어디를 잡았니?
      答 손목.
    ㉡ 問 누구나 가는 곳은?

      답 하늘나라.

ⓒ 문 뭐 먹을래?

      답 마늘빵.

그리고 '손목, 하늘나라, 마늘빵' 등에 더해 '사랑, 우정, 질투, 미움, 기쁨'과 (17㉠)의 예들도 자립성을 지닌 자립 형식임은 (18)과 같은 문답을 통해 어렵지 않게 확인할 수 있다. 이에 단어를 아래와 같이 정의해 보자.

    단어 : 자립 형식 (초안)

그러면 '손목, 하늘나라, 마늘빵'뿐만 아니라 이들 단어에 포함된 형태소 '손, 목, 하늘, 나라, 마늘, 빵' 등도 단어로 보게 된다. '손, 목, 하늘, 나라, 마늘, 빵' 등도 홀로 나타날 수 있기 때문이다. 앞서 형태소를 분류하면서 자립 형태소를 살폈는데 자립 형태소는 곧 단어가 된다.

단어를 자립 형식으로 정의하면 아래 예에서 밑줄 친 부분도 단어에 속하게 된다.

(19) <u>철수가</u> <u>마늘빵을</u> 먹었다.

'철수'나 '마늘빵'과 달리 '-가'와 '-을'은 홀로 나타날 수 없고 항상 다른 것에 기대어야만 하는 의존 형식(bound form)이다. 따라서 '-가'와 '-을' 자체가 단어일 수는 없다. 하지만 '철수'와 '마늘빵'과 결합한 '철수가'와 '마늘빵을'은 자립 형식임이 분명하다. 그리고 어미와 결합한 '먹었다'가 단어인 것처럼 조사가 결합한 '철수가'와 '마늘빵을' 역시 단어로 보기도 한다.

'철수가'와 '마늘빵을'이 자립 형식과 의존 형식이 결합하여 또 다른 자립 형식을 형성한 경우인데 비해 '먹었다'는 의존 형식끼리 결합해서 자립 형식을 형성한 경우에 해당한다. '먹었다'를 형태소 분석하면 '먹-, -었-, -다'가 되는데 이 세 형태소는 모두 의존 형태소로서 의존 형식에 불과하다. 그런데 이 세 의존 형식이 결합한 '먹었다'는 아래 예를 통해 확인할 수 있듯이 분명 자립성을 띤다.

(20) 문 철수가 마늘빵을 어쨌니?
     답 먹었다.

3.3.2. 단어와 분리성

그런데 단어를 '자립 형식'이라고만 하면 '손목, 하늘나라, 마늘빵'뿐만 아니라 아래에 제시한 것들도 단어에 포함된다. (21㉠)과 (21㉡)도 자립 형식임이 분명한 깃이다.

(21) ㉠ 넓은 벌 동쪽 끝
     ㉡ 그곳이 차마 꿈엔들 잊히랴.

문제는 앞서 살폈듯이 (21㉠)과 (21㉡)은 단어가 아니라 구와 문장이라는 데서 발생한다. 이 문제를 해결하기 위해서는 '자립 형식'에 단서를 두어서 '손, 목, 하늘, 나라, 마늘, 빵'과 '손목, 하늘나라, 마늘빵' 등은 단어로 간주하고 (21㉠)과 (21㉡)은 단어에서 제외해야 한다. 그러면 어떤 단서를 두어야 할까?

위의 의문에 대해 자립 형식의 크기를 제한하면 단어에서 (21㉠)과 (21㉡)을 제외할 수 있을 듯하다. 이에 형태소의 정의에서 '최소'라는 단서가 유용했듯이, 단어의 정의에도 '최소'라는 단서를 도입해 보자. 그러면 (21)의 두 예는 단어에서 제외된다. (21㉠)과 (21㉡)은 자립 형식이긴 하지만

'최소' 자립 형식은 아니기 때문이다.

> **단어** : 최소의 자립 형식

그런데 단어를 '최소의 자립 형식'이라고 하면 (21㉠), (21㉡)뿐만 아니라 '손목, 하늘나라, 마늘빵'도 단어에서 제외되는 부작용이 발생하게 된다. 최소 자립 형식은 '손, 목, 하늘, 나라, 마늘, 빵' 등이지 '손목, 하늘나라, 마늘빵'이 아니기 때문이다. 따라서 자립 형식에 단서를 둬서 단어를 정의하되 (21㉠)과 (21㉡)은 배제하고 '손목, 하늘나라, 마늘빵'은 단어로 간주할 수 있는 다른 조건을 모색할 필요가 있다. 그렇다면 다른 조건은 무엇일까?

문제의 답은 '손목, 하늘나라, 마늘빵'과 (21㉠), (21㉡)의 차이를 포착하면 저절로 드러난다. 둘 사이의 차이를 '자립 형식'이라는 정의에 조건으로 추가하면 '손목, 하늘나라, 마늘빵'은 단어에 속하게 되고 (21㉠), (21㉡)은 단어에서 제외되는 것이다. 이러한 맥락에서 아래 예를 통해 (21㉠), (21㉡)과 '손목, 하늘나라, 마늘빵'의 차이를 구체화해 보자. 편의상 (21㉠)과 '마늘빵'을 대상으로 논의를 진행한다.

(22) 넓은 벌 동쪽 끝

    ㉠ 넓은 벌 머나먼 동쪽 끝

    ㉡ 넓은 벌, 동쪽 끝

(23) 마늘빵

    ㉠ 맛있는 마늘빵

      * 마늘 맛있는 빵

    ㉡ * 마늘, 빵

(22)에서 확인할 수 있듯이 (21㉠) 내부에는 '머나먼'과 같은 단어가 개입할 수 있고, 쉼표(,)로 표시했듯이 휴지(pause)가 나타날 수도 있다. 이와 달리 (23)에서 보듯이 '마늘빵' 내부에는 단어가 나타날 수도 없고 휴지가 개입할 수도 없다. 단어 및 휴지의 개입 여부가 '손목, 하늘나라, 마늘빵'과 (21㉠), (21㉡) 사이의 차이로 드러난 셈인데, 단어와 휴지가 개입할 수 있는 특성을 '분리성'이라고 하면 단어의 정의를 아래와 같이 개정할 수 있다.

단어 : 분리성을 지니지 않은 자립 형식 (개정안)

분리성까지 고려하면 '큰'과 '어머니'가 결합했을 때 '큰어머니'(伯母)처럼 붙여 쓰기도 하고, '큰 어머니'(키가 큰 어머니)처럼 띄어쓰기도 하는 것을 이해할 수 있게 된다. 띄어쓰기는 곧 분리성을 뜻하므로 '큰어머니'(伯母)는 단어이고 '큰 어머니'(키가 큰 어머니)는 구가 되는데 이 둘이 단어와 구의 차이, 즉 분리성에서 차이가 있음은 아래 예를 통해서 잘 알 수 있다.

(24) 큰어머니(伯母)
　㉠ * 큰 영이의 어머니
　㉡ * 큰, 어머니
(25) 큰 어머니(키가 큰 어머니)
　㉠ (철수 어머니보다) 큰 영이의 어머니
　㉡ 큰, 어머니

그렇다고 해서 '큰 어머니'와 '큰어머니'가 서로 전혀 무관한 것이라고 하기는 어렵다. 특히 형태소로 분석하면 둘 다 '크-, -ㄴ, 어머니'로 같은데 그만큼 '큰 어머니'와 '큰어머니'는 통하는 면도 있다고 보아야 한다. 따라서 세 형태소 '크-'와 '-ㄴ' 그리고 '어머니'가 단순히 결합하면 '큰 어머니'가 되고, 단순한 결합에서 벗어나 의미적 특이성까지 얻게 되면 '큰어머니'처럼 단어가 되는 것으로 보는 것이 적절할 것이다. '큰 어머니'는 단순한 결합에서 그치지만 '큰어머니'는 단순 결합에서 나아가 의미적 특이성까지 지닌다고 파악하는 이유는 형태소 '크-, -ㄴ, 어머니'만으로 '큰 어머니'의 의미는 충분히 예측할 수 있지만 '큰어머니'의 의미는 그렇지 않기 때문이다.

3.4. 단어의 분류와 품사

3.4.1. 단어 부류와 문법

앞서 (1)에서 확인했듯이 '손'과 '목'이 결합한 '손목'은 문법적이지만 '재빨리'와 '목'이 결합한 '*재빨리목'은 문법적이지 않다. 이는 언어 단위가 결합해서 더 큰 언어 단위를 형성할 때에는 아무렇게나 결합해서는 안 되고 서로 결합할 수 있는 것이 정해져 있다는 것을 의미한다. 그리고 서로 결합이 가능한 것이 정해져 있는 것이 '손목'과 같은 단어에만 국한되지는 않는다. 예를 들어 아래에서 보듯이 단어와 단어가 결합할 때에도 서로 결합이 가능한 것이 있고 그렇지 않은 것이 정해져 있다.

(26) ㄱ 꽤 열심히

ㄴ * 모든 열심히

(27) ㄱ * 꽤 책

ㄴ 모든 책

그렇다면 서로 결합할 수 있는 것과 그렇지 않은 것은 어떻게 포착해야 할까? 혹시 아래와 같은 결합 조건을 설정하면 되지 않을까?

(28) 결합 조건 (초안)
　　㉠ '목'과 '손'은 결합할 수 있지만 '재빨리'와 '목'은 결합할 수 없다.
　　㉡ '꽤'와 '열심히'는 결합할 수 있지만 '모든'과 '열심히'는 결합할 수 없다.
　　㉢ '모든'과 '책'은 결합할 수 있지만 '꽤'와 '책'은 결합할 수 없다.

그러나 조금만 생각해 보면 위와 같은 결합 조건으로 문법적인 결합과 그렇지 않은 결합을 구분하는 방법이 그다지 신통치 않다는 것을 금방 알 수 있다.

우선 (28)과 같은 방식은 자칫 문법의 크기를 무한대로 확장하는 결과를 초래할 수 있다. 서로 결합할 수 있는 것과 그렇지 않은 것의 사례는 무한히 존재하는데, 이렇게 무한히 존재하는 것을 (28)처럼 조건을 나열하는 방식으로 다루면 문법에 무한수의 조건이 포함되므로 결국 문법의 크기도 무한대가 되는 것이다. 하지만 문법은 유한해야 하므로 (28)처럼 무한한 문법을 가정하는 것은 합리적이라 할 수 없다.

다음으로 아래 제시한 자료는 결합이, 결합에 참여하는 개별 단어가 아니라 단어의 부류에 의해 규제된다는 것을 잘 보여준다. 즉, '손, 발, 팔, 병' 부류는 '목'과 결합할 수 있지만 '재빨리, 열심히, 매우, 부지런히' 부류는 그렇지 못하다. 그런데 (28)은 '손, 발, 팔, 병' 등이 하나의 부류로 묶이고, '재빨리, 열심히, 매우, 부지런히' 등도 하나의 부류로 묶인다는 것을 제대로 나타내지 못하는 문제점을 지닌다.

(29) ㉠ 손목, 발목, 팔목, 병목 …

ⓛ * 재빨리목, *열심히목, *매우목, *부지런히목 …

이 두 문제는 결합 조건을 개별 단어 수준에서 설정하지 않고 단어 부류 수준에서 설정하면 해결된다. 즉 수많은 단어들을 ㉮ 부류, ㉯ 부류, ㉰ 부류 식으로 묶고 아래와 같은 결합 조건을 설정하면 무한대의 문법이 제기하는 문제와, 단어 부류를 포착하지 못하는 데서 야기되는 문제를 해결할 수 있다.

(30) 결합 조건 (개정안)

　　㉠ ㉮ 부류와 ㉯ 부류는 서로 결합할 수 있다.

　　ⓛ ㉮ 부류와 ㉰ 부류는 서로 결합할 수 없다.

　　ⓒ ㉯ 부류와 ㉰ 부류는 서로 결합할 수 있다.

　　참고 조건은 (30㉠)이나 (30ⓒ)처럼 긍정적일 수도 있고 (30ⓛ)처럼 부정적일 수도 있다. 모든 문법적인 결합을 포괄할 뿐만 아니라 문법적인 결합만을 보장한다면 긍정 조건과 부정 조건 둘 중 어느 하나만 두어도 된다.

제한된 자료에 바탕을 둔 논의이지만, 이러한 논의를 통해 잘 알 수 있듯이 문법은 개별 단어가 아니라 단어의 부류를 기반으로 작동한다. 즉 각 부류가 지닌 특성에 따라 결합을 포함하여 여러 가지 문법 현상이 규제된다. 이렇게 문법의 기틀이 되는 단어의 부류를 품사(parts of speech) 또는 단어류(word class)라고 한다.

　　품사 : 문법적 특성에 따라 단어를 분류한 것

그렇다면 품사는 구체적으로 어떠한가? 몇 가지 품사가 존재하며 각 품사의 문법적 특성은 무엇인가? 이 질문에 대한 답은 절을 달리하여 살피기로 하는데, 그에 앞서 품사와 관련하여 몇 가지 유의할 사항을 짚기로 한다.

첫째, 품사는 단어를 분류한 것이고, 분류는 성기게 할 수도 있고 조밀하게 할 수도 있는바 품사 분류가 한 가지 방식으로만 존재하지는 않는다. 성기게 분류해서 하나의 부류로 설정한 것도 조밀하게 분류하면 다시 하위 부류로 나눌 수 있는 것이다. 예를 들어 학생들을 학년을 기준으로 분류하면 '1학년'이 하나의 부류가 되지만 1학년 부류는 다시 성별이나 (희망) 전공으로 다시 하위 분류할 수 있으며, '1학년 국어국문학 전공 여학생'은 다른 기준을 사용하여 다시 더 하위 분류할 수 있다. 단어도 마찬가지여서 성긴 차원에서 하나의 품사로 묶이는 것이 조밀한 차원에서는 다시 더 작은 몇 부류로 나뉜다.

둘째, 첫째 사항과 관련된 것이기도 한데, 분류의 기준을 무엇으로 삼는가에 따라서도 품사 분류는 다른 양상을 띠게 된다. 학생들을 분류하되 학년을 분류 기준으로 삼으면 '1학년, 2학년, 3학년, 4학년' 식으로 나뉘지만 학년만 분류 기준의 자격을 갖춘 것은 아니다. 마찬가지로 단어도 다양한 기준을 사용해서 분류할 수 있다. 다만 분류는 유용해야 하며 품사 분류의 목적은 문법을 밝히는 것이므로 문법을 밝히는 데 도움이 되는 것을 품사 분류의 기준으로 삼는다. 예를 들어 (29)를 통해 논의한 결합 가능성이 품사를 가르는 기준이 되는데 구체적인 것은 다음 절에서 살핀다.

끝으로 여러 언어에 두루 나타나는 품사도 있지만 특정 언어, 혹은 몇 개의 언어에만 나타나는 품사도 있을 수 있다. 사람이 개성을 지니듯이 언어도 개성을 지니며 품사 차원에서 언어의 개성이 나타날 수도 있는 것이다. 이에 어떤 언어에 존재하는 품사라고 해서 그 품사가 다른 언어에도 존재한다는 선입견을 가져서는 안 된다.

3.4.2. 한국어의 품사

품사를 구체적으로 살피기 위해서는 먼저 품사 분류의 기준을 설정할 필요가 있는데, 형태(form)와 기능(function) 이 두 가지가 가장 기본적인 품사 분류의 기준이 된다.[1] 이 두 가지를 기준으로 삼는 이유는 문법을 밝히는 데 형태와 기능이 유용하기 때문이다. 각 기준의 내용은 아래와 같다.

먼저 형태적 기준에 따르면, 단어는 굴절(inflection)하는 단어와 굴절하지 않는 단어로 양분되며, 굴절하는 단어는 다시 곡용(conjugation)하는 단어와 활용(declension)하는 단어로 나뉜다. 굴절은 단어가 다른 단어와 어울려서 구나 문장을 형성할 때 취하는 모습으로 이해하면 되는데 아래에서 보듯이 한국어는 조사(助詞) '-이, -을, -의'와 어미(語尾) '-다, -은, -고' 등이 결합하여 단어의 모습을 결정한다. 굴절 중에서도 조사가 결합하는 것을 곡용이라 하고, 어미가 결합하는 것을 활용이라 한다.

(31) ㉠ 손목이 가늘다.

ㄴ 손목을 잡았다.

ㄷ 손목의 두께

(32) ㉠ 물이 맑다.

ㄴ 맑은 물

ㄷ 맑고 깊은 물

---

1 이 두 기준에 더해 의미(meaning)를 추가적인 기준으로 삼기도 한다. 의미를 주요 기준으로 삼지 않는 것은 의미만으로는 품사를 제대로 갈라 낼 수 없기 때문이다. 예를 들어 (29)를 살피면서 '손, 발, 팔, 병'이 하나의 부류로 묶인다고 했는데 이 네 단어를 의미적으로 묶기는 곤란하다. 물론 '사물'이라는 의미 범주로 '손, 발, 팔, 병'을 묶을 수도 있다. 하지만 이어지는 논의를 통해 알 수 있듯이 '손, 발, 팔, 병' 부류에는 '사랑, 우정, 질투, 미움, 기쁨' 등도 포함되므로 '사물'과 같은 의미 범주가 품사 분류의 기준으로 동원되기는 어렵다. 그렇다고 해서 의미가 단어의 분류와 전혀 무관한 것은 아니므로 형태적 기준과 기능적 기준에 더해 추가적인 차원에서 의미적 기준을 고려하게 된다.

다음으로 기능은 단어가 구나 문장의 형성에 참여할 때 다른 단어와 맺는 관계를 의미하는데, 이를 기준으로 삼으면 '온갖'과 '아주'는 서로 다른 품사에 속하게 된다. '온갖'은 '방법'과는 관계를 맺을 수 있지만 '맑다'와는 관계를 맺을 수 없는 반면, '아주'는 정반대의 양상을 보이기 때문이다.

(33) ㉠ <u>온갖</u> 방법

　　 ㉡ *물이 <u>온갖</u> 맑다.

(34) ㉠ *<u>아주</u> 방법

　　 ㉡ 물이 <u>아주</u> 맑다.

기능은 '아주'와 '온갖'처럼 굴절하지 않는 단어는 물론이고 굴절하는 단어를 분류하는 데에도 유효하다. 예를 들어 '방법'도 굴절(곡용)하는 단어이고 '크다'도 굴절(활용)하는 단어인데 이 둘은 '온갖 방법, *온갖 크다'에서 보듯이 '온갖'과의 관계 형성 여부에서 차이를 드러낸다.

이상에서 논의한 형태와 기능을 기준으로 삼아 국어의 단어를 다섯 가지 품사로 분류하면 아래와 같다.

(35) ㉠ 명사 : 굴절(곡용)함.

　　　 예 국어, 책, 사람, 하나, 둘, 셋, 나, 너, 자기 등

　　 ㉡ 동사 : 굴절(활용)함.

　　　 예 맑다, 뛰다, 읽다, 보내다 등

　　 ㉢ 관형사 : 굴절 안 함. 명사와 관계를 맺음.

　　　 예 새, 온갖, 무슨, 웬, 한, 두, 세 등

　　 ㉣ 부사 : 굴절 안 함. 동사와 관계를 맺음.

　　　 예 열심히, 빨리, 아주 등

　　 ㉤ 감탄사 : 굴절 안 함. 다른 단어와 관계가 소원함.

[예] 어이쿠, 웅, 네, 아니, 쯧쯧 등

앞서 지적하였듯이 품사는 더 조밀한 차원에서 분류할 수도 있는데, 위의 다섯 가지 품사 중에서 '명사'를 '명사, 대명사, 수사'로 나누고, '동사'를 '동사, 형용사'로 나누는 품사 분류가 널리 쓰인다. 동사와 형용사는 때로 동작동사와 상태동사로 불리기도 한다. 그러면 명사의 하위 부류에 다시 명사가 나타나고 동사의 하위 부류에 다시 동사가 나타나게 되는데, 이렇게 '명사'와 '동사'는 넓은 개념으로 쓰이기도 하고 좁은 개념으로 쓰이기도 한다.[2] 즉, '명사'는 곡용하는 단어 부류 전체를 가리키기도 하고, 곡용하는 단어의 일부를 가리키기도 한다. '동사'도 마찬가지여서 활용하는 단어 부류 전체를 동사라 하기도 하고 활용하는 단어의 일부를 동사라 하기도 한다. 논의가 전개되는 문맥을 살피면 넓게 쓴 개념인지 좁게 쓴 개념인지 어렵지 않게 구분할 수 있다. 이제 명사와 동사를 다시 하위 분류하면 (35㉠)과 (35㉡)은 각각 (36㉠), (36㉡)이 된다.

(36) 명사와 동사의 하위 분류

　㉠ 명사의 하위 분류

　　㉠-1. 명사 : 한국어, 책, 사람 등

　　㉠-2. 대명사 : 나, 너, 그, 저, 당신, 우리, 너희, 자기 등

　　㉠-3. 수사 : 하나, 둘, 셋 등

　㉡ 동사의 하위 분류

　　㉡-1. 동사 : 뛰다, 읽다, 보내다 등

---

2 때로 '체언'이나 '용언'과 같은 술어를 쓰기도 하는데 각각 넓은 개념의 명사, 넓은 개념의 동사와 통한다. 즉, 체언은 명사, 대명사, 수사를 아우르는 개념이며, 용언은 동사와 형용사를 아우르는 개념이다. 이러한 맥락에서 관형사와 부사를 아울러 가리킬 때는 '수식언'이라 한다. '언'의 차원에서 감탄사는 '독립언'이 되며, 다음 절에서 논의하는 조사는 '관계언'이 된다. 어미를 '언' 차원에서 가리키는 일반적인 용어는 없다.

ⓛ-2. 형용사 : 맑다, 높다, 달콤하다 등

위와 같이 명사를 다시 셋으로 나누고, 동사를 둘로 나누는 것은 명사에 속하는 단어 사이에도 차이가 존재하고, 동사에 속하는 단어 사이에도 차이가 존재하기 때문이다. 그렇다면 차이는 구체적으로 무엇인가?

먼저 명사에 속하는 것들은 수식어와의 결합 여부와 결합 정도에서 차이를 드러낸다.

(37) ㉠ 성실한 사람, 어떤 사람
　　 ㉡ 성실한 우리, * 어떤 우리
　　 ㉢ * 성실한 셋, * 어떤 셋

위에서 확인할 수 있듯이 '명사'는 수식어와 활발히 결합할 수 있는 것이 있고, 제한적으로 결합할 수 있는 것이 있으며, 좀처럼 결합이 어려운 것도 있다. 이런 차이를 반영해서 수식어와 활발히 결합하는 '사람' 부류는 명사, 제한적으로 수식어와 결합하는 '우리' 부류는 대명사, 좀체 수식어와 결합하지 않는 '셋' 부류는 수사라 한다.

다음으로 동사와 형용사의 차이는 구체적인 활용 양상에서 잘 드러나는데,

(38) ㉠ 읽어라, 읽자
　　 ㉡ *맑아라, *맑자

명령의 '-어라'와 청유의 '-자'와 어울리는 것은 동사로 분류되고 그렇지 않은 것은 형용사로 분류된다.[3] 이렇게 동사와 형용사가 활용에서 서로 다른 성격을 드러내는 것이 명령과 청유에만 국한되지는 않아서 '읽는다,

읽는데'와 '맑다, 맑은데' 등에서 다시 확인할 수 있다.

지금까지 살핀 예와 달리 때로 하나의 단어가 둘 이상의 품사에 소속
되기도 한다. 예를 들어 '있다'는 '존재'의 의미를 나타낼 때도 있고, '소유'
의 의미를 나타낼 때도 있는데 아래에서 보듯이 존재의 '있다'는 동사의
특성을 보이고, 소유의 '있다'는 형용사의 특성을 보인다.

(39) 철수는 집에 있다.

　　　㉠ 집에 있어라.

　　　㉡ 집에 있자.

(40) 영이는 국어학에 소질이 있다.

　　　㉠ * 소질이 있어라.

　　　㉡ * 소질이 있자.

그렇다고 해서 이 둘이 다르기만 한 것은 아니어서 위의 예를 통해 알
수 있듯이 존재든 소유든 '있다'로 활용하며, 또 아래에서 보듯이 '있는데'
로 활용한다.

(41) ㉠ 집에 <u>있는데</u>, 영이가 놀러 왔다.

　　　㉡ 소질은 <u>있는데</u>, 노력은 없다.

이렇게 '있다'는 다른 형용사, 동사와는 다른 활용을 보이는데 이에 형
용사, 동사와 독립적인 제3의 품사를 설정하려고 할 수도 있다. 물론 제3
의 품사를 설정하지 않으면 동사와 형용사로 양분하고 '있다'는 동사와

---

3 이는 동사와 형용사의 의미적 특성과도 관련된다. 동사는 움직임을 나타내고 형용사
는 상태를 나타내는데 명령이나 청유는 움직임을 요구하므로 동사와만 어울릴 수 있는 것
이다. 한편, '부지런해라, 부지런하자, 솔직해라, 솔직하자'처럼 형용사이면서도 명령이나
청유가 가능한 경우가 있다.

형용사에 걸치는 특성을 지니는 것으로 보게 된다. 어느 안이 타당한가는 '있다'와 같은 성격을 지닌 단어들이 풍부한가에 의해 결정된다. 품사는 단어의 부류인바, 어떤 부류가 성립하기 위해서는 그 부류에 속하는 성원이 다수 존재해야 하는 것이다.

'있다' 부류의 단어가 풍부하게 존재하면 제3의 품사를 설정하는 것이 좋을 것이고, 단지 몇 단어만 '있다'와 같은 성격을 지닌다면 굳이 제3의 품사까지 설정할 필요는 없을 것이다. 그렇다면 '있다'와 동류로 묶이는 단어들은 얼마나 되는가? 하나의 독립적인 부류로 인정할 수 있을 만큼 풍부하지는 않은 듯하다. 이에 '있다'를 위한 제3의 품사 범주를 설정하는 것은 시도하지 않는다.

3.4.3. 조사와 어미

지금까지의 논의를 간추리면 한국어의 품사는 크게는 다섯 가지, 작게는 여덟 가지로 나뉜다.

(42) 한국어의 품사 분류

    ㉠ 명사, 동사, 관형사, 부사, 감탄사

    ㉡ 명사, 대명사, 수사, 동사, 형용사, 관형사, 부사, 감탄사

그런데 때에 따라서는 위에 제시한 품사 목록에 '조사'(助詞)를 포함시키기도 한다. 조사는 품사 분류 기준 가운데 형태적 기준을 살피면서 나왔던 것인데 '-이, -을, -의' 등이 이에 해당한다. 하지만 '-이, -을, -의'의 붙임표(-)가 직접 드러내듯이 조사는 자립 형식이 아니므로 단어가 아니다. 따라서 단어를 대상으로 하는 품사 분류의 테두리에 들 수 없다. 그러면 품사 목록에 조사를 추가하는 견해는 무엇 때문인가?

의존 형식 '-이, -을, -의' 등에 단어의 지위를 주고 조사라는 품사를 설

정하는 것은 '-이, -을, -의' 등이 양면적인 성격을 지니기 때문이다. 즉, '-이, -을, -의' 등은 한편으로는 의존 형식이라는 점에서 분명 단어가 아니지만 다른 한편으로는, 특히 그 역할을 고려하면 단어에 버금가는 존재인 것이다.

과연 '-이, -을, -의' 등의 역할이 단어에 버금가는지를 확인하기 위해 아래 예에서 '-의'가 담당하는 역할을 고려해 보자.

(43) 당신과 나의 꿈

(43)에서 '꿈'은 '나'와 관계를 맺으며 이 관계는 '-의'에 의해 유지된다. 중요한 것은 '나'에 더해 '당신'도 '꿈'과 관계를 맺으며 이 관계가 '나'와 '꿈'의 관계와 평행하다는 사실이다. 그런데 '-의'가 의존 형식으로서 '나의' 속에 매몰되어 있는 존재라면 '당신'과 '꿈'의 관계가 어떻게 맺어질 수 있는지, 특히 '나'와 '꿈'의 관계가 '당신'과 '꿈'의 관계와 평행한 이유는 무엇인지 이해하기가 어렵다. 하지만 '-의'가 의존 형식이기는 하지만 '나'가 아니라 '당신과 나'와 결합한다고 보면 문제는 말끔히 해소된다. '나'가 아니라 '당신과 나'와 '꿈'이 '-의'를 매개로 관계를 맺으므로 '나'는 물론이고 '당신'도 '꿈'과 관계를 맺게 되며 '나'와 '꿈'의 관계와 '당신'과 '꿈'의 관계가 평행하게 맺어지는 것이다.

위와 같은 논의를 바탕으로 '당신과 나'에 '-의'가 결합한다고 해 보자. 그러면 '-의'는 단어와 단어가 결합한 구에 결합하는 존재가 된다. 즉, '나의 꿈'만 보면 '-의'가 단어 '나'에 결합하지만 '당신과 나의 꿈'과 같은 예로 눈을 돌리면 '-의'는 단어뿐만 아니라 구와도 결합하는 존재가 되는 것이다.

'-의'가 구와 결합할 수 있다는 것은 바로 '-의'가 단어의 속성을 지녔음을 의미한다. 구와 결합하는 것은 의존 형식이 아니라 단어의 전형적인 속성이기 때문이다.

구와의 결합이 단어의 전형적인 속성임은 단어와 단어가 결합해서 구가 되고 이 구에 다시 단어가 결합하여 더 큰 구가 되는 것을 통해 잘 알 수 있다. 예를 들어 단어 '철수네'와 단어 '강아지'가 결합하면 구 '철수네 강아지'가 되고 이 구에 다시 단어 '이름'이 결합하면 '철수네 강아지 이름'에서 보듯이 더 큰 구가 형성된다.

단어와 달리 전형적인 의존 형식은 구와 결합하지 않는다. 예를 들어 '철수네, 영이네', '개살구, 개철쭉'에서 확인할 수 있는 의존 형식 '-네', '개'는 구와 결합하지 않는다. 그래서 '철수와 영이네'는 '철수네와 영이네'를 의미하지 못하고, '개살구와 철쭉'은 '개살구와 개철쭉'을 의미하지 못한다. 전형적인 의존 형식 '-네', '개' 등을 따로 가리켜 접사라고 하는데 접사에 대해서는 바로 이어지는 절에서 살핀다.

이제 '-이, -을, -의' 등이 한편으로는 의존 형식이면서 동시에 다른 한편으로는 단어의 성질을 지닌다는 것을 확인하였다. 이 두 가지 성질 중에서 단어의 성질을 강조하면 '-이, -을, -의' 등은 단어의 자격을 얻게 되고 이어서 조사라는 품사 명칭을 부여받게 된다.[4] 그러면 한국어에는 크게는 여섯 가지, 작게는 아홉 가지 품사가 존재하게 된다.

(44) 한국어의 품사

    ㉠ 명사, 동사, 관형사, 부사, 감탄사, 조사

    ㉡ 명사, 대명사, 수사, 동사, 형용사, 관형사, 부사, 감탄사, 조사

---

4 조사를 단어로 인정하면 '밥을'은 단어와 단어의 결합이 된다. 그러면 '밥을'은 구인가? 구 '영이네 집'에서 '영이네'와 '집' 사이에는 휴지가 놓일 수 있다. 이와 달리 '밥'과 '-을' 사이에는 휴지가 놓일 수 없다. '밥을'이 전형적이고 일반적인 구 '영이네 집'과 다르다는 것을 확인한 셈인데 이러한 점을 고려하여 단어와 구에 더해 '어절'이라는 단위를 두기도 한다. 이러한 견해를 따르면 '떡과 밥을'에서 '떡'과 '밥'은 단어가 되고, '떡과'와 '밥을'은 어절이 되며, '떡과 밥을'은 구가 된다. '어절'이라는 단위를 굳이 둘 필요가 없으며, '쌀밥'에서 보듯이 단어(쌀)와 단어(밥)가 결합해서 다시 단어(쌀밥)가 되기도 하기 때문이다.

'-이, -을, -의' 등의 조사는 '-다, -은, -고' 등의 어미와 함께 굴절을 담당한다. 방금까지 조사가 의존 형식의 지위뿐만 아니라 단어의 지위를 얻게 되는 과정을 추적해 왔는데 동일한 과정을 밟으면 어미에도 단어의 자격을 부여할 만하다는 것을 알 수 있다. '곱고 맑은 소리'와 같은 예에서 어미 '-은'은 조사가 그랬듯이 단어보다 큰 '곱고 맑-'과 결합하는 것이다. 이렇게 보아야 어미 '-은'을 매개로 '곱고 맑-'과 '소리'가 연결되어서 '곱고 맑은 소리'에서 성립하는 수식 양상이 제대로 포착된다. 이에 어미까지도 단어로 인정하고 품사 부류에 '어미'를 추가하면 한국어의 품사에는 적게는 일곱 가지, 많게는 열 가지가 있게 된다.

    (45) 한국어의 품사

       ㉠ 명사, 동사, 관형사, 부사, 감탄사, 조사, 어미

       ㉡ 명사, 대명사, 수사, 동사, 형용사, 관형사, 부사, 감탄사, 조사, 어미

       참고 다른 품사 명칭과 달리 '어미'는 '사'로 끝나지 않는다. 이는 '어미'라는 용어

         가, 어미의 단어 지위를 인정하지 않고 이에 따라 어미를 품사 분류의 대상

         으로 삼지 않는 입장에 따른 것이기 때문이다.

그런데 어미를 단어로 인정하면 풀어야 할 문제가 발생한다. 예를 들어 '읽은 책'에서 '-은'을 단어로 보게 되면 '-은'과 결합하는 '읽-'의 지위는 무엇으로 보아야 하는지 정해야 하는 것이다. 의존 형식이므로 단어가 아니고 따라서 품사 분류의 대상이 아니라고 하면 한국어의 품사에서 동사와 형용사는 사라지게 된다. 그런데 '아주 열심히 읽은 책'과 같은 예를 고려하면 '읽-'은 단어의 자격을 얻게 된다. '읽-'이 구 '아주 열심히'와 결합하고 있기 때문이다.

지금까지 의존 형식인 조사와 어미를 품사 목록에 추가하는 논리를 살펴 왔는데 그 결과 품사에는 자립 형식이 아닌 것이 적지 않게 자리 잡게

되었다. 예를 들어 '명사, 동사, 관형사, 부사, 감탄사, 조사, 어미'의 일곱 품사를 인정하면 일곱 가운데 '동사, 조사, 어미' 이 세 개가 자립성이라는 기준을 어기면서 단어와 품사의 지위를 누리고 있다. 그러면 자립성이라는 기준을 군이 고수할 필요가 있을까? 전체의 반 정도가 위반하는 성질을 구태여 고집할 필요가 있을까? 또 '당신과 나의 꿈'과 '곱고 맑은 소리'에서 보았듯이 자립성과 무관하게 문법적 역할에서 단어의 지위를 확인할 수 있는데 문법적 역할을 단어와 품사의 기준으로 삼을 수는 없는가?

위와 같은 의문을 해소하기 위해서는 단어를 자립성 여부와 문법적 역할 이 두 차원에서 판단해야 하는데, 그러면 아래와 같은 세 가지 부류가 나타나게 된다. '명사, 동사, 관형사, 부사, 감탄사, 조사, 어미' 각각이 어느 부류에 속하는지도 함께 제시한다.

(46) ㉠ 자립 형식이면서 구와 결합 가능 ➡ 명사, 관형사, 부사
    ㉡ 자립 형식이면서 구와 결합 불가능 ➡ 감탄사[5]
    ㉢ 의존 형식이면서 구와 결합 가능 ➡ 동사, 조사, 어미

> **참고** 위에 제시하지 않은 나머지 가능성, 즉 '의존형식이면서 구와 결합 불가능'에 해당하는 부류는 전형적인 의존 형식으로서 단어의 성격에 전혀 어울리지 않고 따라서 품사 분류의 대상도 되지 않는다.

종래에는 위의 세 부류 중 자립성을 기준으로 (46㉠)과 (46㉡)에 속하는 것을 원칙적으로 단어로 간주하면서, (46㉢)에 속하는 동사와 조사에

---

5 (35㉢)에서 지적했듯이 감탄사는 다른 단어와 별다른 관계를 맺지 않는다. 이에 다른 것과 결합이 불가능한 것으로 간주한다. 물론 '앗, 비가 오네'에서 보듯이 감탄사도 다른 단어와 어울려 나타나기는 한다. 하지만 감탄사가 다른 단어와 어울리는 양상은 매우 단순해서 같이 어울려 나타난다는 것 외에 별다른 점을 찾기 어렵다. 이와 달리 '비가'와 '오네'는 어울려 나타날 뿐만 아니라 서로 밀접한 관계를 맺는다. 이 관계에 대한 구체적인 고찰은 다음 4장에서 이루어진다.

도 단어의 지위를 부여해 왔다. 나아가 때로는 동사와 조사에 더해 어미에도 단어의 자격을 부여하기도 하였다. 이에 '자립성'과 '구와 결합할 수 있는 문법적 역할' 이 두 가지 속성 가운데 어느 하나라도 지닌 것을 단어로 간주하면 위에서 제기한 의문은 해소된다.

3.5. 단어 형성

3.5.1. 단일어와 복합어

형태론은 크게 두 가지 역할을 담당한다. 하나는 형태소와 단어의 정체를 확인하는 것이고, 다른 하나는 확인한 형태소를 바탕으로 단어를 분석하고 형성하는 것이다. 이 두 가지 중에서 지금까지는 주로 형태소와 단어의 정체에 논의를 집중해 왔다. 이 절에서는 형태소와 단어에 대한 논의를 바탕으로 단어가 어떻게 형성되는지를 살핀다. 단어를 형태소로 분석하는 작업은 단어 형성에 대한 논의를 통해 자연스럽게 익히게 될 것이다.

단어는 어떻게 형성될까? 이 의문에 대한 답을 얻기 위해서는 먼저 지금까지 단어로 확인된 것들을 한자리에 모아서 분석하고 분류할 필요가 있다. 한자리에 모아 놓은 단어들은 단어의 표본(sample)이라 할 수 있는데, 표본에 포함된 단어를 형태소로 분석하고, 역으로 분석한 형태소에서 단어가 형성되는 과정을 추적하면서 표본의 단어들을 분류해 보면, 단어 형성에 대한 이해의 실마리를 찾을 수 있기 때문이다.

단어 수집과 단어 분석, 단어 분류 과정을 거치면서 단어 형성에 대한 이해를 도모하자는 것인데, 이에 우선 지금까지 단어의 예로 제시한 것들을 대략 간추려 한 데 모아 보면 아래와 같다. 단어 앞에는 해당 단어가 나타난 예의 출처를 함께 밝힌다.

(47) (2ⓛ) 손목, 하늘나라, 마늘빵, (5) 어린이, (6) 젊은이, 늙은이, (9ㄱ) 무덤, 주검, (11) 국밥, 불고기, (13ⓒ) 시인, (14) 꽃밭, 꽃들, 풀들, 책, 의리, 학생, 친구, (16) 사실, 국어학, (17) 땅, 별, 끈끈이주걱, 풋내기, (19) 먹었다, (24) 큰어머니

위에 제시한 단어들을 한꺼번에 다루면 논의가 번잡해질 우려가 있으므로 우선 다루기 쉬운 것들부터 선정해 형태소로 분석하면 아래와 같다. 형태소는 쉼표(,)로 구분하고 단어는 각괄호([ ])로 구분한다.

(48) [손, 목], [하늘, 나라], [마늘, 빵], [어리-, -은, 이], [젊-, -은, 이], [늙-, -은, 이], [묻-, -엄], [죽-, -엄], [국, 밥], [불, 고기], [꽃, 밭], [꽃, -들], [풀, -들], [책], [땅], [별], [크-, -은, 어머니]

이제 (48)을 바탕으로 단어를 분류해 보자. 그런데 분류는 기준이 필요하다. 그러면 무엇을 기준으로 삼아 단어를 분류해야 할까? 당연히 단어를 형성하는 데 동원된 형태소를 기준으로 할 수밖에 없다. 즉 형태소가 몇 개나 참여했는지, 또 참여한 형태소가 자립 형태소인지 의존 형태소인지가 기준이 되며 어휘 형태소인지 문법 형태소인지도 기준이 된다.

이에 먼저 단어를 형성하는 데 동원된 형태소의 개수를 기준으로 단어를 분류하면, 단어는 형태소가 하나인 단어 즉 형태소이면서 단어인 것과 형태소가 둘 이상으로 이루어진 단어로 양분된다. 이 두 종류의 단어가운데 앞의 것을 단순어 혹은 단일어(simple word)라 하고, 뒤의 것을 복합어(complex word)라고 한다. (48)을 단일어와 복합어로 분류하면 아래와 같다.

(49) ㄱ 단일어 : [책], [땅], [별]

ⓛ 복합어 : [손, 목], [하늘, 나라], [마늘, 빵], [어리-, -은, 이], [젊-,
-은, 이], [늙-, -은, 이], [묻-, -엄], [죽, -엄], [국, 밥], [불, 고기], [꽃,
밭], [꽃, -들], [풀, -들], [크-, -은, 어머니]

다음으로는 단어 형성에 참여한 형태소의 특성을 기준으로 삼아 단어
를 분류해야 하는데 (49ⓞ)은 더 이상 분류되지 않는다. 단일어는 자립
형태소이면서 어휘 형태소의 특성만을 지니기 때문이다.[6] 그러면 (49ⓛ)
복합어는 어떻게 분류될 수 있을까? 우선 눈에 띄는 것은 '손목, 하늘나
라, 마늘빵, 국밥, 불고기, 꽃밭' 등은 자립 형태소이자 어휘 형태소인 형
태소들로 이루어진 반면에 '무덤, 주검, 꽃들, 풀들' 등은 그렇지 않다는
점이다. '무덤, 주검, 꽃들, 풀들'에는 의존적이면서 문법적인 형태소 '-엄,
-들'이 포함되어 있다. 이에 (49ⓛ)을 '손목' 부류와 '무덤' 부류로 양분하
는데, '손목' 부류를 합성어(compound word)라고 하고 '무덤' 부류를 파생
어(derived word)라고 한다.

그런데 (49ⓛ)에는 '어린이, 젊은이, 늙은이, 큰어머니'도 포함되어 있
다. 이들은 합성어인가, 파생어인가? '-은'과 같은 형태소 즉 의존적이면
서 문법적인 형태소를 포함하고 있으므로 파생어로 판단할 수 있을 듯하
다. 그런데 이들 단어의 형성을 생각하면 다소 미묘한 문제가 발생한다.
'어린이'를 예로 들어 문제가 무엇인지 구체적으로 살펴보자.

'어린이'는 '어리-, -은, 이' 세 형태소로 이루어진다. 그런데 중요한 것
은 이 세 형태소가 한꺼번에 복합어 '어린이'를 형성하지는 않는다는 점
이다. '어리-'와 '-은'이 우선 결합해서 '어린'이 형성되고 다음으로 '어린'과

---

[6] 단일어이면서 의존 형태소이거나 문법 형태소일 수는 없는가? 일견 단일어 즉 단어의
특성과 의존성은 어울리지 않기 때문에 단일어이면서 의존 형태소일 수는 없는 듯하다.
하지만 의존성은 정도성을 띠는 것이므로 다소 의존적인 단일어의 가능성이 대두된다. 마
찬가지로 의미도 정도적인 것이기 때문에 문법적 의미를 지닌 단일어도 고려할 필요가 있
다. 이러한 맥락에서 조사와 어미를 단어로 간주하는 입장을 재음미해 볼 수 있다.

'이'가 결합해 '어린이'가 형성되는 것이다. 이 과정을 도식화해서 제시하면 아래와 같다.

(50)

참고 위와 같은 도식을 흔히 수형도 또는 나무그림(tree diagram)이라고 한다. 다만 나무그림이긴 하되 뿌리가 위에 있고 가지가 아래를 향하는 뒤집어진 나무 모양이라는 점에 유의할 필요가 있다.

그러면 '어리-'와 '-은'이 먼저 결합하는 것으로 보는 이유는 무엇인가? 그 이유는 '이이, 저이, 그이'에서 보듯이 '어린'이 '이, 그, 저' 등으로 대치될 수 있기 때문이다. 즉 위에서처럼 '어리-'와 '-은'을 하나로 묶어서 취급해야 '어린' 자리에 '이, 그, 저' 등이 대치되는 현상을 이해할 수 있다.

이제 (50)의 나무그림을 보면 '어린이'를 파생어로 판단하는 것이 섣부를 수 있다는 것을 이해할 수 있게 된다. '어린이'에 의존 형태소이자 문법 형태소인 '-은'이 포함되어 있는 것은 사실이지만, '-은'은 '어린이'를 형성하는 데 직접 참여하지 않고 간접적으로 참여하고 있으며, '어린이'를 형성하는 데 직접 참여하고 있는 '어린'과 '이'는 그 어느 것도 의존 형태소도 아니고 문법 형태소도 아니므로, 직접 형성하는 것이 무엇인가를 중시하면 '어린이'는 파생어가 아니라 합성어에 속하기 때문이다.

그렇다면 어떻게 판단해야 할까? '어린이'는 파생어인가, 합성어인가? 양쪽의 성격을 지니고 있으므로 파생어도 아니고 합성어도 아닌 제3의 부류를 설정할 수도 있다. 하지만 실제로는 해당 단어를 형성하는 데 직접 참여한 것, 다시 말해 단어의 직접 구성 성분(immediate constituent)이 무엇인가를 기준으로 합성어와 파생어를 구분한다. 그러면 '어린이' 부류,

즉 '어린이, 젊은이, 늙은이'는 합성어에 속하게 된다.

그렇다면 왜 제3의 부류, 예를 들어 파생어와 합성어의 성격을 겸비한 '파합어'를 설정하지 않을까? 그것은 이 제3의 부류 없이도 문법을 충분히 꾸릴 수 있기 때문이다. 다시 말해 '파합어'는 필수적인 개념이 아니기 때문에 사용하지 않는다. 문법은 직접 구성 성분을 기준으로 한 파생어와 복합어의 구분으로 충분한 것이다.

단어를 단일어와 복합어로 나누고 나아가 복합어를 파생어와 합성어로 나누는 것까지를 반영하면 (49)는 (51)이 된다.

(51) ㉠ 단일어 : [책], [땅], [별]

　　 ㉡ 복합어

　　　 ㉡-1. 합성어 : [손, 목], [하늘, 나래], [마늘, 빵], [어린, 이], [젊은, 이], [늙은, 이], [국, 밥], [불, 고기], [꽃, 밭], [큰, 어머니]

　　　 ㉡-2. 파생어 : [묻-, -엄], [죽-, -엄], [꽃, -들], [풀, -들]

합성어와 파생어의 구분에서 중요한 것은 단어 형성에 직접 참여하는 것이 무엇인가이므로 (51)에는 단어의 직접 구성 성분을 제시하였다. 앞서의 논의를 통해 알 수 있듯이 단어의 직접 구성 성분은 '손목, 하늘나라, 무덤, 풀들'에서처럼 하나의 형태소일 수도 있고, '어린이, 큰어머니'의 '어린', '큰'처럼 두 개의 형태소일 수도 있다. 원칙적으로 직접 구성 성분을 구성하는 형태소의 개수에 제한은 없다. 예를 들어 '어린이'와 마찬가지로 '어린이날'도 단어인데, 단어 '어린이날'의 직접 구성 성분 '어린이'와 '날' 중에서 '어린이'는 세 개의 형태소로 이루어져 있다.

합성어와 파생어의 구분이 중요하긴 하지만 그렇다고 해서 합성어와 파생어가 물과 기름처럼 서로 섞이지 않는 것은 아니다. 실제로는 합성어 내부에 파생어가 나타날 수도 있고, 역으로 파생어 내부에 합성어가 나타날 수도 있다. 예를 들어 (47)에 제시한 '끈끈이주걱'은 아래와 같이 분석되는 합성어인데, '끈끈이주걱' 안에 나타난 '끈끈이'는 파생어이다.

(52)
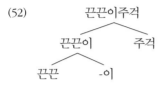

'끈끈이주걱'이 합성어 내부에 파생어가 나타난 경우라면, '시부모'와 '발길질'은 파생어 내부에 합성어가 나타난 경우에 해당한다. 이 두 단어를 나무그림으로 분석하면 아래와 같다.

(53) 시부모   (54) 발길질
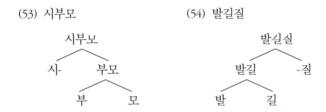

물론 파생어 내부에 다시 파생어가 나타나고, 합성어 내부에 다시 합성어가 나타나는 것도 가능하다. '잠보, 싸움질' 등은 앞의 예에 해당하고 '손목시계, 소불고기' 등은 뒤의 예에 해당한다.

3.5.2. 어기와 접사

(51)에서 합성어와 파생어의 차이에 주목하면 합성어와 달리 파생어에는 의존적이면서 문법적인 형태소가 단어 형성에 직접 참여하고 있음을 쉽게 알 수 있다. 이에 파생어 형성에 직접 참여하며 의존적이면서 문법적인 형태소를 접사(affix)라 하고, 접사와 결합하는 나머지 부분, 즉 '묻-, 죽-, 꽃, 풀'처럼 어휘적이면서 경우에 따라 자립적이기도 하고 의존적이

기도 한 부분을 어기(base)라고 한다.

어기와 접사의 구분을 가지고 (51ㄴ-1) 합성어로 눈을 돌리면 합성어의 직접 구성 성분 중에는 접사가 포함되어 있지 않다는 것을 알게 된다. 즉 파생어는 어기와 접사가 결합하여 형성되는 데 비해, 합성어는 어기와 어기가 결합해서 형성되는 것이다.

(51ㄴ-2)에는 어기 뒤에 오는 접사만 있지만 여러 단어를 분석해 보면 어기 앞에 오는 접사도 발견되는데, 어기 뒤에 오는 접사와 어기 앞에 오는 접사를 구분할 때는 각각 접미사(suffix)와 접두사(prefix)라고 한다. 접두사가 나타난 예를 제시하면 아래와 같다.

(55) 강추위(강-, 추위), 풋사랑(풋-, 사랑), 햇곡식(햇-, 곡식) 등

> **참고** 접사에는 어기의 속을 파고드는 접요사(infix)와 어기를 둘러싸는 접환사 (circumfix)도 있다. 국어에서 접요사와 접환사는 발견되지 않는다.

일반적으로 특정 접사는 접두사이든지 접미사이든지 어느 한 쪽에 속하게 된다. 즉 어떤 접사가 접두사로도 쓰이고 접미사로도 쓰이는 일은 좀처럼 없다. 또한 접사는 항상 어기를 동반해야 한다. 그런데 일반성에는 대개 예외가 따르는바, 이러한 언급에도 전혀 예외가 없는 것은 아니다. 예를 들어 (55)에서 확인했듯이 '풋'은 접두사이고, '서울내기, 시골내기, 신출내기, 여간내기'에서 보이는 '-내기'는 접미사인데, (47)에 제시한 '풋내기'는 어기 없이 접두사와 접미사가 결합하여 단어가 되기도 한다는 사실을 잘 보여준다. 이렇게 어기 없이 접사끼리 모여 단어가 되는 것은 '만이'와 같은 예에서도 볼 수 있다. 하지만 '풋내기, 만이'처럼 접사만으로 단어가 되는 현상이 활발하지는 않다는 점에 유의할 필요가 있다. 그래서 단어의 일반적인 성질 차원에서 접사가 어기를 동반해야 한다는 언급은 여전히 성립한다.

이제 어기와 접사, 접두사와 접미사의 구분을 바탕으로 (47)에는 제시했지만 아직 다루지 않은 아래 단어들이 합성어인지 파생어인지 판단해 보자.

(56) 시인, 의리, 학생, 친구, 사실, 국어학

위에 제시한 단어들은 비슷한 성격을 띠는바, '시인'(詩人)을 대표로 삼아 논의를 진행하고자 하는데,[7] 일단 '시집(詩集), 타인(他人)'을 고려하면 '시인'(詩人)은 '시'(詩)와 '인'(人)으로 형태소 분석되고, 이 두 형태소 가운데 '시'(詩)는 자립 형태소이자 어휘 형태소에 속한다. 그러면 형태소 '인'(人)은 어떠한가? 의미상 '사람'을 뜻하므로 어휘 형태소임에는 분명하며, 자립성 여부에서는 홀로 쓰이지 않으므로 의존 형태소에 속하게 된다. 어휘적이면서 의존적인 형태소는 (51ⓛ-2)의 '묻-엄, 죽-엄'에서 이미 보았고, 거기서 '묻-'과 '죽-'은 어기로 다루어졌다. 따라서 '묻-'과 '죽-'에 대한 처리와 마찬가지로 '시인'(詩人)의 '인'(人)도 어기로 처리하게 된다. 그러면 '시인'(詩人)은 어기와 어기가 결합해 형성된 합성어가 된다.

이렇게 '시인'(詩人)의 '인'(人)을 어기로 간주하면 '인'(人)을 접사로 보는 데 따르는 부작용을 막을 수도 있다. 그렇다면 '인'(人)을 접사로 보면 어떤 부작용이 발생하는가? 일단 '시인'(詩人)의 '인'(人)을 접사로 보게 되면 접미사로 간주해야 한다. 그런데 '인간'(人間)이나 '인류'(人類) 등을 고려할 때 '인'(人)이 접사라면 접두사에도 속하게 된다. 결국 '인'(人)을 접

---

7 '시인'(詩人) 등 (56)에 제시한 단어들처럼 한자와 통하는 단어를 한자어(漢字語)라고 한다. 유의할 것은 한자를 알아야만 한자어를 다룰 수 있는 것은 아니라는 점이다. '시인'(詩人)이 '시'를 쓰는 '사람'을 의미하며 '시'와 '사람'의 의미가 '시인'의 '시'와 '인'에 각각 대응한다는 것만 알면 충분하다. 다시 말해 '시'의 한자가 '詩'이고 '인'의 한자가 '人'이라는 것을 알아야 형태소 분석을 할 수 있는 것은 아니다. 한자에 대한 지식과 한자어에 대한 지식은 서로 구분된다는 점에 유념할 필요가 있다.

사로 간주하면, 접두사이자 접미사가 되는데 이는 접사의 일반적인 성격과 어울리지 않는다. 접사라면 접두사나 접미사 어느 한 쪽에 소속되어야지 양 쪽에 걸칠 수는 없는 것이다. 물론 '시인'(詩人)의 '인'(人)을 어기로 간주하면 이런 부작용은 발생하지 않는다.

지금까지 (56)의 '시인'(詩人)이 합성어인 이유를 살폈는데 (56)에 제시한 나머지 단어들 '의리(義理), 학생(學生), 친구(親舊), 사실(事實), 국어학(國語學)' 등도 모두 합성어임을 어렵지 않게 알 수 있다. 예를 들어 '의리'(義理)는 '의사(義士), 주의(主義), 논리(論理), 이치(理致)' 등을 고려하면 '의'(義)와 '리'(理)로 분석되며 '의'(義)와 '리'(理) 이 둘은 모두 접사가 아니라 어기에 속한다. 또 '국민(國民), 조국(祖國), 언어(言語), 어족(語族), 학문(學問), 문학(文學)' 등을 고려하면 '국어학'(國語學)의 '국(國), 어(語), 학(學)'은 모두 어기이며 따라서 '국어학'(國語學)이 합성어임을 알 수 있다.

3.5.3. 합성어

합성어는 어기와 어기가 결합해 형성되고, 파생어는 어기와 접사가 결합해 형성된다. 그렇다면 한국어에서 합성어와 파생어는 구체적으로 어떤 모습을 띠며, 또 얼마나 풍부하고 다양하게 존재할까? 이러한 의문에 대한 답을 찾으려면 앞서와 마찬가지로 우선 한국어에 존재하는 합성어와 파생어를 모아 놓고 관찰할 필요가 있는데 이에 먼저 합성어부터 살피고, 파생어는 절을 달리하여 살피기로 한다.

합성어는 합성명사, 합성동사 식으로 품사별로 나누어 살피는 것이 편리하다. 먼저 합성명사의 예를 제시하면 아래와 같다.

(57) 고무신, 나팔꽃, 냇가, 눈병, 비빔밥, 첫사랑, 굳은살, 건널목, 늦더위,
     접칼, 부모, 국어 등

(57)에 제시한 합성명사들은 합성에 참여하는 어기의 성격에 따라 몇 가지 유형으로 나눌 수 있다. 먼저, '고무신, 나팔꽃'은 명사와 명사가 결합한 유형에 속한다. '냇가, 눈병'도 이 유형에 속하는데 다만 소위 사이시옷이 개재되었다는 특징을 지닌다. 사이시옷은 합성어를 이루는 두 어기가 모두 고유어이거나 어느 한쪽이 고유어일 경우에 두 어기 사이에 'ㅅ'이 첨가되는 현상을 말한다. '냇가'는 두 어기가 고유어인 경우이고, '눈병'은 둘 중 하나가 고유어인 경우이다. 사이시옷이 첨가되면 후행 어기의 초성이 된소리가 되는데, '냇가'는 선행 어기가 모음으로 끝나 사이시옷이 표기상에 반영되었으나 '눈병'은 선행 어기가 자음으로 끝나 사이시옷이 표기상에 반영되지 않았다. 한편 '비빔밥'은 명사가 아닌 동사 '비비-'가 '-음'과 결합해 '비빔'으로 명사화한 다음에 다시 '비빔'과 '밥'이 합성되었다는 특징을 지닌다. 명사화에 대해서는 나중에 따로 살핀다(이 장의 3.6.2. 참고).

다음으로, '첫사랑'은 관형사와 명사가 합성명사의 어기로 나타난 유형이다. 명사가 아닌 것이 명사화를 통해 합성에 참여하듯이, 관형사가 아닌 것이 관형사화한 다음에 다시 합성에 참여하기도 하는바, '굳은살, 건널목'이 바로 이 경우에 해당한다. 관형사화는 명사화를 살피면서 함께 다룬다(이 장의 3.6.2. 참고).

명사와 명사가 결합해 합성명사가 되고, 관형사가 명사와 결합해 합성명사가 되는 것은 통사적으로 명사구를 형성하는 것과 통한다. 명사와 명사가 결합한 것이 때로 단어 즉 합성명사가 되기도 하고 명사구가 되기도 하며, 마찬가지로 관형사와 명사가 결합한 것도 단어인 합성명사가 되기도 하고 구인 명사구가 되기도 한다.

그렇다고 해서 합성명사 형성과 명사구 형성이 같기만 한 것은 아니다. 예를 들어 사이시옷은 합성명사에만 나타나고 구에는 나타나지 않는다. 또한 '늦더위'와 '접칼'은 '늦-'과 '접-'이 관형사가 아님에도 불구하고 관형사화의 절차 없이 바로 명사와 결합해 합성명사를 형성한 경우로 관형사화를 거치지 않았다는 점에서 변칙적이라 할 수 있다. 통사적으로는 '늦은 더위', '접는 칼'에서 보듯이 어미 '-은'이나 '-는'을 통한 관형사화가 동원되어야 하기 때문이다.

합성명사 형성이 통사적 명사구와 평행하기도 하고 그렇지 않기도 한 셈인데 이어지는 논의에서 확인할 수 있듯이 이런 점이 합성명사에만 국한되는 것은 아니다. 일반적으로 합성명사를 포함하여 단어 형성은 통사적 구의 형성과 동질적인 것도 있고 이질적인 것도 있다. 이러한 점을 고려하여 통사적 구의 형성 방식과 평행한 방식으로 형성된 합성어는 통사적 합성어(syntactic compound)라 하고, 그렇지 않은 합성어는 비통사적 합성어(asyntactic compound)라 한다.

끝으로 '부모'(父母)와 '국어'(國語)는 소위 한자어로서 이 두 합성명사에 포함된 '부, 모, 국, 어'는 어기이기는 하지만 단어도 아니고, 따라서 품사의 자격도 지니지 않는다. 이렇게 '부, 모, 국, 어'처럼 단어와 품사의 자격을 지니지 않는 어기를 따로 가리켜 어근(root)이라고도 한다. 어근은 자립성을 지니지 않으며, 조사나 어미와도 결합하지 못하는데, 이러한 성격은 단어와 품사의 대상이 아니라는 지적과 통한다.

(57)에 제시한 합성명사에서 '부모, 국어'를 제외하면 합성명사는 명사 성분을 포함한다는 것을 알 수 있다. 그리고 부분(명사 성분)의 성격이 전체(합성명사)에 반영되는 것은 자연스러운 일인 듯하다. 문제는 방금 논의에서 제외한 '부모, 국어' 등의 한자어 합성명사에서 제기되는데, '부모, 국어' 등은 왜 합성명사일까? 다시 말해 '부'도 '모'도 자체적으로는 명사가 아닌데 이 둘이 합한 '부모'는 어떻게 그리고 왜 명사일까? 부분이 전체와 통하는 것을 고려하면 '부'나 '모'가 명사는 아니지만 명사의 성질을 띤다고 보는 것이 타당할 듯한데 여기서는 풀어야 할 문제로 제시하는 정도에서 멈추기로 한다.

합성명사에 이어 합성동사의 예를 제시하면 아래와 같다. 합성동사와 합성형용사의 구분은 동사와 형용사의 구분과 마찬가지이므로 따로 구분하지 않으며 편의상 어미 '-다'가 결합한 어형을 제시한다.

(58) 탐내다, 낯설다, 잘나다, 바로잡다, 알아보다, 돌아가다, 주고받다, 검붉다, 오가다 등

합성동사도 합성에 참여하는 어기의 성격에 따라 몇 가지 유형으로 나뉜다. '탐내다, 낯설다'처럼 명사와 동사가 합성된 유형이 있고, '잘나다, 바로잡다'처럼 부사와 동사가 합성된 유형이 있다. '알아보다, 돌아가다'도 '잘나다, 바로잡다'와 같은 유형인데, 다만 '알-, 돌-'이 '-아'와 결합하여 부사화하는 과정이 추가된다. 부사화는 부사가 아닌 것이 부사의 성격을 띠게 되는 것으로 명사화, 관형사화를 살피면서 함께 다룬다(이 절의 3.6.2. 참고). 한편 '-아' 대신에 '-고'를 매개로 합성동사가 형성될 수도 있는데 '주고받다'가 이에 해당한다.

'탐내다, 낯설다, 잘나다, 바로잡다, 알아보다, 돌아가다, 주고받다' 등은 합성동사 형성이 통사적 구의 형성과 평행한 통사적 합성어인 반면, '검붉다'와 '오가다'는 비통사적 합성어에 해당한다. '-아'나 '-고'의 도움 없이 '검-'과 '붉-'이, '오-'와 '가'가 바로 합성된 것이 '검붉다'와 '오가다'인데 이러한 결합 방식은 통사적 구에서는 발견되지 않기 때문이다.

품사를 고려하면, 합성명사와 합성동사에 더해 합성부사, 합성관형사의 존재도 미루어 짐작해 볼 수 있다. 합성부사의 예로는 '밤낮, 좀더' 등을 들 수 있고, 합성관형사의 예로는 '이따위, 그따위, 저따위, 고따위' 등을 들 수 있다. 합성감탄사는 어떨까? 찾자면 '빌어먹을'같은 것이 합성감탄사에 해당할 듯하고, 인사말이나 부름말 등도 감탄사의 범위에 포함시키면 합성감탄사의 목록은 꽤 늘어난다.

그렇다면 합성조사와 합성어미도 있을까? 앞서 논의했듯이 조사와 어미도 단어의 자격을 지닌다고 볼 수 있으므로 합성조사, 합성어미의 존재에 대해서도 살필 필요가 있는데 언뜻 아래 예에서 확인할 수 있는 '-에게로, -로부터, -단다, -습니까' 등을 후보로 볼 수 있을 듯하다.

(59) ㉠ 너에게로 가는 길

㉡ 드디어 그로부터 연락이 왔다.

㉢ 나도 처음에는 국어학이 어려웠단다.

㉣ 지금은 국어학이 쉽습니까?

위에 제시한 사례들은 예측하기 어려운 특이성을 지녀서 단순히 형태소가 겹친 경우로 분석할 수 없으므로 합성조사, 합성어미로 보게 된다. 예를 들어 (59㉠)의 '-에게로'를 합성조사가 아니라 단순히 '-에게'와 '-으로'가 함께 나타난 것으로 보면 '*너로 가는 길'은 성립하지 않는 반면 '너에게로 가는 길'은 성립하는 것을 이해하기 어렵다. '-으로'와 달리 '-에게'는 '너'에 결합할 수 있으므로, '-으로'가 '-에게'에 결합하고 이렇게 형성된 '-에게로'가 '너'에 결합했다고 보는 것이 합리적이다. (59㉡)의 '-으로부터'도 합성조사가 아니라 단순히 '-으로'와 '-부터'가 함께 나타난 것으로 보면 '*드디어 그로 연락이 왔다.'가 성립하지 않으며, '드디어 그부터 연락이 왔다.'가 (59㉡)과 다른 의미를 나타낸다는 것을 포착하기 어렵다. 이와 달리 '-으로'와 '-부터'가 각각 존재하되 이 둘이 결합해서 합성조사 '-으로부터'가 형성되면, 합성조사로서의 독자성을 지니게 되어서, 이를 바탕으로 (59㉡)이 형성될 수 있다고 보면 해결이 실마리를 얻게 된다.

위와 같이 부분에서 예측되지 않는 특이성 때문에 합성어의 자격을 얻는 경우에 더해 생산성도 합성어의 자격 결정에 관여한다. 예를 들어 (59㉣)의 '-습니까?'는 적어도 '-습-, -니-, -까'로 분석되는데(이 장의 3.2.2. 참고), '-습'과 '-니'와 '-까'는 생산성이 무척 낮다. 그런데 이 셋이 결합한 '-습니까?'의 생산성은 높다. 생산성이 낮은 것들이 결합해서 생산성이 높은 단위를 형성하는 특이성을 보이는 셈인데 이에 합성조사와 평행하게 합성어미의 가능성이 제기된다.

생산성은 구성 성분의 생산성에 더해 결합 과정의 생산성도 문제가 된다. (59ⓒ)이 그 사례로서 '-단다'는 '-다-ㄴ-다'로 분석되고, 분석을 통해 추출된 '-다'와 '-ㄴ-'은 각각 의문이나 명령 등과 대비되는 평서와 현재 시제를 나타내는데(이 장의 3.6.2. 참고), 이들의 생산성은 높은 편이다. 그런데 평서의 '-다' 뒤에 현재 시제의 '-ㄴ-'이 결합하고 그 뒤에 다시 평서의 '-다'가 결합하는 과정은 매우 예외적이다. '같이 놀잔다(놀-자-ㄴ-다), 먼저 먹으란다(먹-으라-ㄴ-다).' 등을 보면 그러한 결합이 생산적인 듯하지만 이 예들은 '같이 놀자고 한다, 먼저 먹으라고 한다.' 등이 줄어든 말로서 (59ⓒ)과 다르다는 사실에 유의해야 한다. (59ⓒ)이 준말이라면 '나도 처음에는 국어학이 어려웠다고 한다.'가 줄어든 것일 텐데, '나도 처음에는 국어학이 어려웠다고 한다.'는 (59ⓒ)과 통하지 않기 때문이다. 준말에서 '하다'는 '말하다' 정도를 의미하는데 '나도 처음에는 국어학이 어려웠다고 말한다.'는 매우 어색한 표현일뿐더러 어색함을 차치해도 (59ⓒ)은 말한다는 의미와 무관하기 때문이다. (59ⓒ)은 '나도 처음에는 국어학이 어려웠다.'에 비해 다소 누그러지고 다정한 어감을 띨 뿐이다.

그런데 (59)에 제시한 '-에게로, -으로부터, -단다, -습니까' 등이 합성어라면 각각에 포함된 조사와 어미가 합성의 어기가 될 텐데, 조사와 어미를 어기로 보기가 그리 만만치 않다. 어기라면 문법적 성질과 어휘적 성질 중에서 어휘적 성질을 띠어야 하는데 조사와 어미는 문법적 성질을 띠기 때문이다.

아래 제시한 '-에 대한, -에 따른, -에 대해서, -기 때문에' 등은 문법적 성질을 띤 성분으로만 이루어진 것은 아니라는 점에서 (59)보다는 좀 더 합성어의 성격에 부합한다. 하지만 어기로만 이루어지지는 않았다는 점에서 합성조사, 합성어미로 단정하기 어렵다.

(60) ㉠ 미래에 대한 희망

㉡ 필요에 따른 분배

㉢ 합성어에 대해서 조사하라.

㉣ 어렵기 때문에 공부다.

따라서 합성조사와 합성어미는 없다고 보든가, 아니면 있다고 보되 합성조사, 합성어미의 '합성'이 합성명사, 합성동사 등의 '합성'과 다소간 다른 성격을 띤다고 보아야 한다. 합성조사와 합성어미의 존재를 인정하려면, 어기로 보기 어려운 것들 사이의 합성을 인정해야 하는데, 이러한 합성을 합성명사, 합성동사 등에서 확인한 합성, 즉 어기 사이의 합성과 같은 것으로만 볼 수 없는 것이다.

지금까지는 서로 다른 어기가 결합하여 합성어를 형성한 경우를 살폈는데 하나의 어기가 반복되면서 합성어가 형성되기도 한다. 이런 합성어를 따로 가리킬 때는 반복 합성어(reduplicative compound)라고 한다.

(61) ㉠ 곳곳, 군데군데, 굽이굽이, 집집 등

㉡ 검디검다, 높디높다, 머나멀다 등

㉢ 때굴때굴, 딸랑딸랑, 우물쭈물, 허둥지둥 등

위의 자료로 확인할 수 있듯이 반복합성어는 합성명사, 합성동사, 합성부사 등 여러 품사에 걸치며 합성어를 형성한다. 그리고 같은 어기가 단순히 반복만 되기도 하지만 경우에 따라서는 (61㉡)의 '검디검다, 높디높다, 머나멀다'처럼 특정한 요소가 개입하기도 하고, (61㉢)의 '우물쭈물,

허둥지둥'처럼 비슷한 어기가 반복되기도 한다.

(61ⓒ)의 '우물쭈물'과 '허둥지둥'의 경우, '우물쭈물'의 '우물'과 '쭈물'은 '우물거리다, 쭈물대다'와 같은 예에서 확인할 수 있듯이 둘 다 독립적인 어기이지만, '허둥지둥'의 '허둥'과 '지둥'은 그렇지 않다. '허둥'은 독립적인 어기로서 '허둥대다, 허둥거리다' 등에도 나타나지만 '지둥'은 그렇지 않은 것이다. 따라서 '허둥허둥'처럼 단순히 반복하는 것에 더해 변주까지 가미되어서 '허둥지둥'이 형성되는 것으로 보는 것이 합리적이다. 이렇게 반복되며 변주까지 동반하는 현상은 '허둥지둥' 외에 '올망졸망'이나 '땍때굴'과 같은 예에서도 볼 수 있다. 단순히 반복만 되면 '졸망졸망'과 (60ⓒ)의 '때굴때굴'이 된다.

앞서 합성어와 통사적 구가 서로 통할 때도 있다는 것을 확인하였는데 합성어와 통사적 구 사이의 평행성은 반복합성어에서도 나타난다. 반복은 반복합성어 형성에 관여할 뿐만 아니라 '읽기는 (열심히) 읽었다, 읽으면 읽을수록, 읽었습니다 읽었어(요)' 등에서 보듯이 통사적 구를 형성하는 데에도 관여하는 것이다.

3.5.4. 파생어

파생어는 어기와 접사가 결합하여 형성되며, 접사는 어기의 앞에 오는 접두사와 어기의 뒤에 오는 접미사로 양분된다. 접사를 기준으로 삼으면 파생어를 접두 파생어와 접미 파생어로 나눌 수 있는데, 먼저 접두 파생어를 살피고 이어서 접미 파생어를 살피기로 한다. 접두 파생어의 예를 제시하면 아래와 같다.

(62) ㉠ 맏아들, 외할머니, 수탉, 올감자, 햇곡식, 군소리, 맨손, 알몸, 한낮, 홑이불, 양파 등

ㄴ 되새기다, 뒤섞다, 들끓다, 새파랗다, 시퍼렇다, 휘날리다 등

위에서 확인할 수 있듯이 접두사 '맏-, 외-, 수-, 올-, 햇-, 군-, 맨-, 알-, 한-, 홑-, 양-' 등은 어기로 명사를 취하고, 접두사 '되-, 뒤-, 들-, 새-, 시-, 휘-' 등은 어기로 동사를 취한다. 접두사마다 취할 수 있는 어기의 품사 범주가 특정한 것 하나로 정해져 있는 것인데, 아래 예에서 확인할 수 있듯이 '덧-, 얼-, 헛-' 등과 같은 몇몇 접두사는 명사나 동사 어느 하나가 아니라 명사와 동사 둘을 어기로 삼기도 한다.

(63) ㉠ 덧신, 덧니, 덧저고리, 얼간, 얼바람, 헛기침, 헛걸음 등
　　 ㉡ 덧나다, 덧바르다, 얼버무리다, 얼비치다, 헛되다, 헛살다 등

접두 파생어는 어기가 명사면 파생명사가 되고, 어기가 동사면 파생동사가 된다. 파생어의 품사는 어기가 결정하는 것이며 접두사는 품사에는 아무런 영향을 미치지 않은 채 주로 의미를 보태는 역할을 담당한다고 볼 수 있다.

그런데 접미사는 사정이 조금 다르다. 접두사와 마찬가지로 어기와 동일한 품사의 파생어를 형성하는 접미사가 있는가 하면 어기와 다른 품사의 파생어를 형성하는 접미사도 있기 때문이다.

(64) ㉠ 몸매, 쓰임새, 멋쟁이, 가위질, 높다랗다 등
　　 ㉡ 끊기다, 팔리다, 쌓이다, 밟히다 등
　　 ㉢ 옮기다, 돌리다, 먹이다, 넓히다, 일구다, 돋우다, 맞추다 등
　　 ㉣ 지우개, 찌개, 달리기, 짜깁기, 웃음, 튀김, 넓이, 놀이, 공부하다,
　　　 꽃답다, 값지다, 향기롭다, 같이 등

(64㉠)에서는 접미사 '-매, -새, -쟁이, -질, -다랗-'을 분석할 수 있는데 이들 접미사는 어기로 명사가 오면 파생명사를 형성하고, 어기로 형용사가 오면 파생형용사를 형성한다. 파생어의 범주와 어기의 범주가 같은 것

은 (64ㄴ)의 피동사와 (64ㄷ)의 사동사도 마찬가지이다. 다만 동사와 형용사를 구분하면 사동사 파생은 (64ㄷ)의 '넓히다'나 '좁히다, 붉히다'와 같은 예에서 볼 수 있듯이 형용사가 어기로 올 경우 형용사가 아니라 동사의 일종인 사동사를 형성한다.

어기와는 전혀 다른 범주의 파생어를 형성하는 접미사는 (64ㄹ)에서 볼 수 있는데, '-개, -기, -음, -이'는 파생명사를 형성하고, '-하-, -답-, -지-, -롭'은 파생동사, 파생형용사를 형성하며, '-이'는 파생부사를 형성한다.

(64ㄹ)에 속하는 접미사들은 파생어의 품사를 결정하는 능력을 지녔다고 할 수 있는데, 접미사의 품사 결정 능력은 아래와 같은 예에서 다시 한 번 확인할 수 있다.

(65) 착하다, 조용하다, 접하다, 끄덕거리다, 중얼대다 등

위에 제시한 단어들에서는 접미사 '-하-, -거리-, -대' 등이 추출되는데, 이들 접미사와 결합하는 어기는 '착, 조용, 접, 끄덕, 중얼'로서 특정 품사 범주에 소속시키기 어려운 어근들이다. 그런데 접미사들과 결합하면 형용사나 동사의 품사에 속하게 된다. 어기는 품사의 자격을 결여하는데, 파생어는 품사의 자격을 지니므로 접미사의 품사 결정 능력을 인정하는 것이 합리적이다.

물론 '끄덕끄덕, 중얼중얼'이 부사인 점을 고려하면 '끄덕거리다, 중얼대다'의 '끄덕'과 '중얼'은 부사의 성질을 지닌다고 할 수도 있다. 하지만 '끄덕'과 '중얼'을 부사로 인정해도 파생 접미사 '-거리-'와 '-대-'가 파생어의 범주를 결정한다는 점에는 변화가 없다.

하지만 그렇다고 해서 어기가 파생어의 품사를 정하는 데 아무런 기여를 하지 않는 것은 아니다. 예를 들어 (65)의 '착하다, 조용하다, 접하다'에서 보듯이 접미사 '-하-'의 어기로 '착, 조용'이 오면 형용사가 형성되고,

'접'이 오면 동사가 형성된다. (64ㄹ)의 '공부하다'에서 보듯이 어기로 '공부'가 와도 동사가 형성된다. '착, 조용' 부류와 '접, 공부' 부류의 차이가 파생어의 품사 범주 차이로 이어진 것이라 할 수 있다.

한편 (64ㄹ)에서 확인한 접미사의 품사 결정 능력을 접미 파생어 전반으로 확대하여 (64ㄱ~ㄷ)의 접미사들도 품사 결정 능력이 있는 것으로 볼 수도 있다. 이렇게 보면 접두사와 달리 접미사는 품사 결정 능력을 지닌 것이 되고, (64ㄹ)과 마찬가지로 (64ㄱ~ㄷ)에서도 접미사가 파생어의 품사를 정하게 된다. 다만 이렇게 처리하려면, (64ㄱ~ㄷ)의 경우, 어기의 품사와 접미사의 품사 결정 능력이 보장하는 품사가 같다고 보아야 한다.

아래에서 확인할 수 있는 '-짜리, -꼴, -쯤' 등도 접미사이다. 다만 어기로 단어가 아니라 구가 올 수도 있다는 점에서 지금까지 살펴 온 접미사들과 구별된다.

(66) ㉠ 열 마리에 천 원짜리 멸치

ㄴ 일 년에 한 명꼴

ㄷ 메밀꽃이 필 때쯤 만나세.

'-짜리, -꼴, -쯤' 등은 접사이면서 통사적 구와 결합한다는 점에서 조사, 어미와 통한다. 조사와 어미가 굴절을 담당하면서 통사적 구와 결합하기도 하듯이 '-짜리, -꼴, -쯤' 등은 파생 즉 단어 형성을 담당하면서 통사적 구와 결합하기도 하는 것이다.

3.5.5. 단어의 구조

형태소가 모여 단어가 형성되듯이 문법 단위들은 서로 결합하여 더 큰 문법 단위를 형성한다. 그리고 문법 단위들이 결합할 때는 무분별하게 결합하지 않고 일정한 관계를 형성하여 짜임새를 이루면서 결합한다. 문법

단위 사이에 성립하는 일정한 관계를 문법 관계(grammatical relation)라고
하는데 문법 단위가 문법 관계를 맺으며 형성한 짜임새를 흔히 구조
(structure)라고 한다.

> **구조** : 둘 이상의 문법 단위가 문법 관계를 형성하여 짜임새를 이루면서
> 하나로 모인 것.

이 절에서는 단어의 구조와 관련된 세 가지 문제를 살피며 단어 형성
에 대한 논의를 마무리하기로 한다.

먼저, 단어 구조와 관련해 우선적으로 논의해야 할 것은 형태소가 모
여 단어가 형성되는 구체적인 방식이다. 단어의 구조는 실제로 어떻게 나
타나게 되는가? '창문, 찰떡, 맹꽁이'처럼 형태소 두 개가 결합하여 복합
이가 형성되는 경우에는 별다른 어려움이 야기되지 않는다. 두 형태소가
결합하는 방법 외에 다른 것을 기대하기 어렵기 때문이다.

(67)

그런데 형태소가 셋 이상 동원되면 사정이 달라진다. 아래와 같은 세
가지 구조가 가능하기 때문이다.

(68) ㉠ ㉡ ㉢

(68㉠)은 세 개의 형태소 ㉮~㉰가 한꺼번에 결합해서 단어를 형성하는 방식을 보여주는 것이고, (68㉡)과 (68㉢)은 형태소 ㉮~㉰ 셋 중에 두 개가 우선 결합하고 나머지 하나가 나중에 결합하는 방식을 보여준다. (68㉠)과 같은 구조를 평판 구조(flat structure)라 하고 (68㉡), (68㉢)과 같은 구조를 위계 구조 혹은 계층 구조(hierarchical structure)라고 한다. 때로 구조를 좁게 파악하여 평판 구조를 구조에서 제외하기도 하지만 여기서는 평판 구조도 구조에 속하는 것으로 파악한다. 구조를 앞에서처럼 규정하되, 모이는 방식은 위계적일 수도 있고 그렇지 않을 수도 있다고 보는 것이다.

계층 구조를 나타낸 (68㉡)과 (68㉢)은 앞서 (50), (52)~(54)에서 이미 확인하였다. 그러면 나머지 (68㉠)은 어떠한가? 아래 예는 (68㉠)의 평판 구조도 나타난다는 것을 잘 보여준다.

(69)

진 선 미

평판 구조의 핵심은 하나로 묶이는 성분들 사이의 관계가 서로서로 동등하다는 점에 있으므로 '진선미' 외에 '춘하추동'도 (69) 유형에 속한다. '진선미'와 '춘하추동'은 성분의 개수에서만 차이를 지닐 뿐 구조적인 면에서는 같은 것이다.

다음으로, 단어에 따라서는 구조적 중의성이 나타날 수도 있다. 예를 들어 단어 '보물찾기'의 구조는 (70㉠)일 수도 있고 (70㉡)일 수도 있다.

(70) ㉠　　　　　　㉡

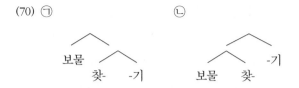

　끝으로, 단어의 구조를 가만히 살피면, 가장 뒤에 오는 성분이 단어 전체의 품사 범주를 결정한다는 것을 알 수 있다. 앞서 접미 파생어를 살피면서 접미사가 접미 파생어의 품사를 결정한다고 하였는데 이렇게 접미사처럼 뒤에 오는 성분이 단어의 품사를 결정하는 경향은 접미 파생어 이외의 복합어에서도 성립한다. 즉 합성어이든 파생어이든 상관없이, 또 접두 파생이든 접미 파생이든 상관없이, 가장 뒤에 오는 것이 복합어 전체의 품사를 결정한다. 합성어 '첫사랑'이 명사인 것은 '사랑'이 명사이기 때문이며, 접두 파생어 '덧신'과 '덧나다'가 각각 명사와 동사인 이유는 '신'은 명사이고 '나다'는 동사이기 때문이다. 마찬가지로 접미 파생어 '지우개'는 접미사 '-개'가 명사의 성질을 지녔기 때문에 명사의 성질을 띠게 된다.

3.6. 굴절

3.6.1. 곡용과 조사

　앞 절에서는 (47)에 제시한 자료를 대상으로 복합어가 지닌 여러 가지 문법적인 면에 대해서 살펴 왔다. 하지만 아래 단어들은 (47)에 제시만 해 놓고 아직까지 구체적으로 다루지 않았다.

　(71) 철수가, 마늘빵을, 먹었다

위에 제시한 세 단어는 소위 굴절어(inflected word)인데, 품사를 논의하며 간략히 언급했듯이 굴절은 곡용과 활용으로 나뉘며 국어에서 곡용은 '-가, -을' 등의 조사가 담당하고 활용은 '-었-, -다' 등의 어미가 담당한다.[8] 먼저 조사에 대해서 살피고, 어미는 절을 달리하여 살핀다.

조사 중에서 (71)에 제시한 '-가'와 '-을'은 격(case)의 기능을 발휘한다. 격이란 단어가 모여 구나 문장을 형성하면서 맺게 되는 단어 사이의 문법 관계를 가리킨다. 한국어에서는 '-가'와 '-을'에 더해 아래의 조사들이 격의 기능을 담당하며, 이들 조사는 격의 기능을 담당하므로 격조사라 불린다.

(72) ㉠ 주격 조사

새가 날개를 편다.

학생들이 국어학을 공부한다.

당신께서 부르시면 언제든 가지요.

그 녀석이 벌써 어른이 되었구나.

㉡ 목적격 조사

책을 읽어야 학생이다.

노래를 부르자.

㉢ 관형격 조사

칼의 노래

㉣ 부사격 조사

---

8 조사와 어미는 의존 형식으로서 접사에 속하며 그 기능이 굴절이므로 때로 굴절 접사라고도 한다. 또 조사와 어미를 어미로 뭉뚱그리기도 하는데 둘을 구분할 때는 곡용어미, 활용어미 식으로 달리 부른다. 흔히 어미는 어간에 결합한다고 하는데, 어간(stem)은 어미와 결합하는 단위를 가리킨다. 그래서 '덮었다, 높다'에서 어간은 '덮-'과 '높-'이 된다. 한편 파생 접사와 결합하는 단위를 어기(base)라 한다고 했는데 때로 같은 것이 어기라 불리기도 하고 어간이라 불리기도 한다. 예를 들어 '덮-'은 '덮개'처럼 파생 접사와 결합하면 어기인 것이고, '덮었다'처럼 어미와 결합하면 어간이 된다. 한 사람이 환경이나 직능에 따라 여러 가지로 불리는 것과 마찬가지이다.

콩으로 메주를 쑤었다.

도서관에 들렀다.

학교에서 만나자.

나와 함께 가자.

㉲ 호격 조사

얘들아, 놀자.

> 참고 때로 '철수가 학생이다'의 '이'를 서술격 조사로 보기도 한다. 하지만 '-다'와
> 같은 어미와 결합하는 점을 고려하면 '이'를 조사로 보기는 어렵다. 어미와
> 의 결합 가능성을 중시하면 조사가 아니라 형용사의 일종으로 파악하는 것
> 이 합리적이다. 참고로 둘 이상의 형태소가 하나의 조사일 수도 있다. 예를
> 들어 조사 '-에서'는 흔히 '-에'와 '-서'로 형태소 분석하는데, 그 독자적인
> 기능을 존중하여 하나의 조사 단위로 인정한다. 앞서 합성조사의 가능성을
> 살폈는데(이 장의 3.5.3. 참고), '-에서'도 합성조사에 속할 수 있다.

위에서 보듯이 국어의 격조사는 주격 조사, 목적격 조사, 관형격 조사, 부사격 조사, 호격 조사 이렇게 다섯 부류로 나뉘는데 이와 관련하여 두 가지 사항을 짚을 필요가 있다.

먼저, 주격 외에 보격을 따로 두면 (72㉠)에 제시한 '그 녀석이 벌써 어른이 되었구나'의 '어른이'에 나타난 조사 '-이'가 보격 조사가 된다. 보격 조사는 '이것은 파이프가 아니다, 나는 당신이 좋소, 당신도 내가 그립소?' 등에서도 볼 수 있으며, 이 예들을 통해 잘 알 수 있듯이 주격 조사와 그 형태가 같다. 다만 존칭 주격 조사 '-께서'는 보격 조사로 쓰이지 않아서 '나는 국어학 선생님이 좋다'에서 '국어학 선생님'을 대접한답시고 '*나는 국어학 선생님께서 좋다'라고 하면 전혀 성립하지 않는다.

다음으로, 호격 조사는 격의 정의에 썩 어울리지 않는다는 점에도 유념할 필요가 있다. 조사를 동반하는 점에서는 격 개념과 어울리지만 구체

적으로 어떤 관계를 나타내는지는 불분명하기 때문이다. 관계라는 것은 성분과 성분 사이에 성립하는데 호격 조사가 결합한 성분이 어떤 성분과 무슨 관계를 맺는지 불분명하다.

보격 조사와 호격 조사의 문제를 고려하면 (72)는 다소 조정될 수도 있다. 하지만 그 조정은 (72)의 대강은 유지한 채 세부적인 면에 그칠 가능성이 크다. 이에 여기서는 (72)를 토대로 논의를 진행한다.

전통적으로 문장을 형성하는 성분들을 그 문법 기능(grammatical function)에 따라 주어, 목적어, 관형어, 부사어 등으로 분류하는 것도 (72)의 격조사 분류와 통한다. 그리고 문장성분들의 문법 기능은 문법 관계와 통하며 이 둘은 격과 직결된다.[9] 문법 기능 혹은 문법 관계를 구체적으로 드러내는 것이 바로 격이기 때문이다.

그렇다면 각각의 격조사들은 구체적으로 어떤 문법 관계를 나타내는가? (72㉠)에 제시한 예 중에서 '학생들이 국어학을 공부한다'를 보면, 주격 조사 '-이'는 '학생들'이 '공부한다'의 주체임을 표시하고(행위와 주체의 관계), 목적격 조사 '-을'은 '국어학'이 '공부한다'의 대상임을 표시한다(행위와 대상의 관계). 이렇게 관계를 표시하는 기능은 관형격 조사와 부사격 조사도 마찬가지이다.

격조사는 구와 문장에 등장하는 단어 사이의 관계를 표시하는 역할을 담당하지만 간혹 주격 조사와 목적격 조사는 전형적인 관계 표시 기능을 벗어난 용법을 보이기도 한다.

---

9 문장성분이 문장의 구조 내에서 담당하는 기능을 가리켜 문법 기능이라고 한다. 그런데 문장의 구조가 성립하려면 문장성분은 홀로 고립되어 존재해서는 안 되고 다른 문장성분과 관계를 맺어야 한다. 따라서 어떤 문장성분이 문법 기능을 지닌다는 것은 곧 그 문장성분이 다른 문장성분과 문법 관계를 맺는다는 것을 의미하게 된다. 예를 들어 '목련이 피었다'에서 문장성분 '목련이'는 주어의 문법 기능을 지니는 동시에 '피었다'와의 관계에서 주어의 문법 관계를 맺는다(4장의 4.2. 참고).

(73) ㉠ 물이 맑지가 않다.

　　㉡ 물이 맑지를 않다.

　(73)에 쓰인 '-가'와 '-를'을 격의 관점에서 해석하기는 곤란하다. 따라서 격 이외의 다른 기능을 나타내기 위해 '-가, -를'이 전용된 것으로 보는 것이 합리적이다.[10]

　조사에는 격조사 외에도 접속조사와 특수조사 부류가 있다. 접속에 쓰이는 조사가 접속조사이고, 관계 표시나 접속과 같은 기능과 무관하게 의미만을 보태는 조사가 특수조사이다. 먼저 접속조사의 예를 보이면 아래와 같다.

(74) ㉠ 하늘과 바람과 별과 시

　　　 아빠하고 나하고 민든 꽃밭

　　㉡ 점심으로는 떡이나 국수가 좋겠다.

　(74)에서 '-과'나 '-하고'는 여러 개를 단순히 접속하는 데 그치지만, '-이나'는 접속에 더해 선택의 의미를 추가적으로 나타낸다. 단순 접속 기능의 '-과, -하고'는 '나는 하늘과 산다, 너는 누구하고 사니?'에서 보듯이 부사격 조사와 형태가 같다. 이에 부사격 조사 '-와'를 접속조사 '-와'의 한 용법으로 해석하거나 역으로 접속조사 '-와'를 부사격 조사 '-와'의 한 용법으로 해석하는 가능성이 제기된다.

　다음으로 특수조사에는 '-은, -도, -만' 등의 조사가 포함되는데 이들 조

---

10 이러한 문법적 전용은 산발적으로 나타난다. 예를 들어 방금 살핀 경우 외에 '너 내일 죽었어'에서 보듯이 과거의 '-었'이 단정의 효과를 드러내는 데 전용되기도 한다. 문법적 전용 사례는 (84)에서 다시 살피게 된다. 한편 문법적 전용이 한국어에만 나타나는 것은 아니다. 예를 들어 영어에서 가정법이나 공손한 표현에서 과거가 아님에도 동사의 과거형을 쓰는 것도 문법적 전용에 해당한다.

사는 위에서도 언급했듯이 격의 기능도 지니지 않으며 접속 기능도 지니지 않는다. 예를 들어 아래 (75)에서 보듯이 특수조사 '-만'은 주격이나 목적격 어느 하나의 특정한 격 기능을 발휘하지 않는다. 특히 (76)에서 보듯이 주격 조사, 목적격 조사가 따로 나타날 수도 있는데 이는 그만큼 '-만'과 같은 특수조사가 격과는 무관하다는 것을 의미한다.

(75) ㉠ 철수만 영이를 만났다.

㉡ 철수가 영이만 만났다.

(76) ㉠ 철수만이 영이를 만났다.

㉡ 철수가 영이만을 만났다.

특수조사의 본격적인 기능은 의미적인 면에서 찾을 수 있는데, '-만'은 '단독'의 의미를 나타내고, '-은'은 '중립적 배제'의 의미를 나타내며 '-도'는 '포함'의 의미를 나타낸다.

(77) ㉠ 학생들이 국어학만 공부한다.

㉡ 학생들이 국어학은 공부한다.

㉢ 학생들이 국어학도 공부한다.

즉 (77㉠)은 국어학 이외의 다른 것은 공부 대상이 아님을 나타내고, (77㉡)은 국어학이 공부 대상임을 나타내는 동시에 국어학 이외의 다른 것은 공부 대상이 아니거나 혹은 공부 대상 여부를 판단할 수 없음을 의미한다. (77㉢)은 공부 대상에 국어학이 포함되며 국어학 밖의 다른 것도 공부 대상임을 나타낸다.

'-은, -도, -만'에 더해 '-이야말로, -마저, -조차, -이나, -이라도, -부터, -까지' 등이 특수조사에 속한다.

격조사와 접속조사, 특수조사가 겹쳐 나타날 때는 일정한 순서를 지켜야 하는데 특수조사 '-만'을 대상으로 조사가 겹쳐 나타나는 사례를 제시하면 아래와 같다.

(78) ㉠ <u>그만이</u> 문제를 해결할 수 있다.

　　우리는 <u>당신만을</u> 믿는다.

　　그 곳은 <u>당신만의</u> 천국이었소.

㉡ 그는 큰 <u>길로만</u> 다닌다.

　　이 사실을 <u>그에게만</u> 알리자.

　　오직 그곳<u>에서만</u> 진실을 주장할 수 있었다.

　　친한 <u>사람과만</u> 일하다가는 낭패를 본다.

㉢ <u>공부만은</u> 결코 멈추지 말라.

　　<u>너만이라도</u> 꼭 꿈을 이루어라.

　　우리<u>까지만</u> 가기로 했다.

(78㉠)과 (78㉡)에서 확인할 수 있듯이 일반적으로 조사가 겹쳐 나타날 때는 '부사격 조사 > 특수조사 > 주격·목적격·관형격 조사'의 순서를 지킨다.

다만 '-만'은 특이하게 '그는 자신의 노력<u>만으로</u> 성공을 일구었다'에서 보듯이 '특수조사 > 부사격 조사'의 순서를 허용하기도 한다. 또한 주격조사 중에서 '-께서'는 '오직 그분<u>께서만</u> 나를 믿어 주셨다'에서 보듯이 특수조사에 앞서는데 '-께서'가 앞서는 현상은 다른 특수조사와 겹쳐 나타날 때도 성립한다.

(78㉢)은 특수조사가 두 개 이상이 함께 나타날 수도 있음을 보여주는데, 이렇게 같은 부류의 조사가 겹쳐 나타나는 것이 일반적이지는 않아서 특수조사 외에 같은 조사의 부류가 거듭 출현하는 것은 보기 어렵다. 다

만 (59㉠), (59㉡)에서 보았듯이 간혹 부사격 조사가 겹쳐 나타나며, '그분께서만이 이 일을 감당할 수 있다'에서 보듯이 주격 조사가 겹쳐 나타나기도 한다.

특수조사와 접속조사가 겹쳐 나타나면 아래 (79㉠)에서 보듯이 접속조사가 앞선다. 조사가 겹쳐 나타날 때 접속조사가 앞서는 현상은 (79㉡)에서 보듯이 주격·목적격·관형격 조사와 접속조사가 겹쳐 나타나는 경우에도 성립한다.

(79) ㉠ 너랑 나랑만 그곳에 가자.
　　 ㉡ 그하고 나하고가 가기로 했다.
　　　 사람들이 나하고 그하고를 한통속으로 몰았다.
　　　 너하고 나하고의 맹세는 깨질 리가 없다.

조사의 대강을 살폈는데, 혼란을 막기 위해 조사와 형태소의 관계를 짚고 넘어가는 것이 좋을 듯하다. 조사와 형태소의 관계는 크기를 기준으로 둘로 나뉜다. 먼저, 하나의 형태소가 곧 조사일 수 있다. 예를 들어 '노래를 부르자'의 목적격 조사 '-를'은 조사이자 하나의 형태소이다. '-를'은 최소의 문법 단위 여부에서는 형태소의 자격을 가지는 것이고, 문법적 특성에서는 조사의 자격을 가지는 것이다. 다음으로, '-에게로'와 '-으로부터'의 사례를 살피면서 확인했듯이(이 장의 3.5.3. 참고), 둘 이상의 형태소가 모여 하나의 조사가 될 수도 있다. 참고로 '-에게로, -으로부터'는, '-에게, -으로, -부터' 각각이 조사이기도 하므로, 조사와 조사가 모여 또 하나의 조사가 형성된 사례로 볼 수도 있다. 도식화하여 정리하면 아래와 같다.

	구성 성분	형태소 여부	조사 여부
-를	-를	○	○
-에게로	-에게	○	○
	-으로	○	○
	-에게로	×	○
-으로부터	-으로	○	○
	-부터	○	○
	-으로부터	×	○

참고 '-에게'는, '-에'를 고려하면, '-에'와 '-게'로 분석될 수 있다. 이러한 분석을 택하면 형태소 여부가 '×'가 되며 '-에게'는 합성조사에 속하게 된다. '-으로'는 '-으-'와 '-로'로 분석되지 않는다. '-으-'는 형태소가 아니기 때문이다. 이러한 '-으-'는 '책을 읽으시었다'에서 보듯이 목적격 조사 '-을'에도 나타나고 선어말어미 '-으시-'에도 나타나는데, 음운론적 요인에 의해 나타나며 흔히 매개모음이라고 한다. '-에게로'와 '-으로부터'는 합성조사에 해당한다(이 장의 3.5.3. 참고).

3.6.2. 활용과 어미

조사가 여러 번 겹쳐 나타나듯이 활용을 담당하는 어미도 여러 개가 겹쳐 나타날 수 있으며, 조사가 그랬듯이 어미가 겹쳐 나타날 때에도 일정한 순서를 준수해야 한다.

(80) ㉠ 그 책은 예전에 이미 읽으시었겠다.
㉡ * 그 책은 예전에 이미 읽었으시겠다.
㉢ * 그 책은 예전에 이미 읽겠으시었다.
㉣ * 그 책은 예전에 이미 읽더시었겠다.

위 예에서는 '-으시-, -었-, -겠-, 다' 등의 여러 어미를 찾을 수 있는데, 이 어미들을 포함하여 일반적으로 어미는 분포에 따라 분류한 후 다시 기능에 따라 분류한다.

먼저 분포에 따라 분류하면 어미는 단어의 끝에 오는 어말어미(final ending)와 어간과 어말어미 사이에 오는 선어말어미(prefinal ending)로 나뉜다. 다음으로 선어말어미와 어말어미는 기능에 따라 다시 분류되는데 분류 결과를 먼저 제시하면 아래와 같다.

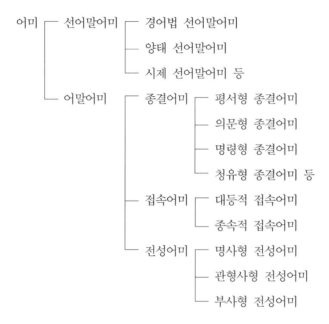

참고 '비가 오고 있다, 내 손을 잡아 보게'의 '있다, 보다'는 각각 '오다, 잡다'와 어울리면서 진행과 시도를 나타내며, 이 경우의 '있다'와 '보다'는 홀로 쓰일 수 없다. 그래서 위 예에서 '오다'와 '잡다'를 뺀 '비가 있다, 내 손을 보게'에서는 진행, 시도의 의미를 찾을 수 없다. 이렇게 다른 용언과 어울리면서 진행, 시도 등의 독특한 기능을 발휘하는 용언을 보조용언이라고 하며, 보조용언과 어울려 나타나는 용언을 본용언이라고 한다. 본용언과 보조용언이 어울리면 둘 사이에 '-고', '-아' 등의 소위 보조적 연결어미가 개재하는데, 보조적 연결어미를 위의 어미 분류 체계 내에 포함시키는 방법은 세 가지이다. 하나는 어말어미를 종결어미, 접속어미, 전성어미, 그리고 보조적 연결어미로 나누는 방법이고, 다른 하나는 접속어미에 보조적 연결어미를 포함시키는 방법이며, 나머지 하나는 전성어미에 포함시키는 방법이다. 두 번째나 세 번째 방법을 택하면 보조적 연결어미가 여타의 접속어미나 전성어미와 맺는 관계를 밝혀야 한다.

아래에서는 위의 분류에 따라 경어법 선어말어미부터 차례로 각 어미 부류의 특징을 간략히 살피기로 한다.

경어법 선어말어미는 '-으시-'를 가리키는데 아래 (81)에서 확인할 수 있듯이 주로 경어의 대상이 될 만한 성분이 주어로 등장할 때 나타난다.

(81) <u>그분이</u> 이 책을 쓰<u>시</u>었다.

그렇다고 해서 '-으시-'가 주어와만 어울리는 것은 아니다. 예를 들어 (82㉠)에서처럼 부사격 조사 '-께'를 동반한 부사어가 '-으시-' 경어법의 대상일 수도 있다. 하지만 주어가 아니면서도 '-으시-'와 어울릴 수 있는 성분은 잠재적으로 주어의 자격을 지닌 것에 국한된다. 즉 (82㉠)이 가능한 것은 (82㉠)과 (82㉡)이 통하기 때문이다.

(82) ㉠ <u>선생님께는</u> 파란 색이 잘 어울리<u>시</u>었다.
    ㉡ <u>선생님이</u> 파란 색이 잘 어울리<u>시</u>더라.

양태는 문장이 드러내는 내용이나 그 내용의 실현성에 대한 화자의 판단 양상을 가리키며, 추측, 의지, 능력 등을 나타내는 데 쓰이는 '-겠-'이 양태 선어말어미에 해당한다.

(83) ㉠ 하늘을 보니 곧 비가 오겠다.

　　㉡ 다음에는 반드시 기일 내에 마치겠습니다.

　　㉢ 그 정도 문제는 초보자도 풀겠다.

때로 '-겠-'은 추측, 의지, 능력 이외의 기능을 발휘하기도 한다. 예를 들어 (84문)에 나타난 '-겠-'은 추측 정도에 해당하지만 (84답)에 나타난 '-겠-'은 그렇게 보기 어렵다. '확실히'와 같은 부사어가 나타난 것으로 보아 추측으로 보기는 어려운 것이다.

(84) 문 이제 알겠니?

　　답 네, 이제 확실히 알겠습니다.

그렇다면 (84답)의 '-겠-'은 무엇인가? 아마도 공손한 표현을 위해 추측의 '-겠-'이 전용된 사례로 보는 것이 타당할 듯하다. 즉 단정보다는 추측이 공손한 표현에 해당하므로 공손한 표현을 위해 추측의 '-겠-'을 공손 표현으로 전용한 것이 (84답)이라 할 수 있다.

시제는 문장이 드러내는 상황의 시간적 위치를 나타내는 것으로 아래에서 보듯이 선어말어미 '-었-'은 과거 시제를 나타내고, '-는'은 현재와 미래 즉 비과거 시제를 나타낸다.[11]

(85) ㉠ 어제는 하루 종일 들판을 거닐었다.

　　㉡ 지금 밖에는 비가 오는군요.

---

11 시제에서 과거 시제, 현재 시제, 미래 시제 등은 말하는 시간 즉 발화시를 기준으로 한다. 발화시보다 앞서면 과거 시제이고 발화시와 겹치면 현재 시제이며 발화시보다 뒤에 오면 미래 시제이다. 때로 발화시가 아니라 다른 것이 기준이 될 때도 있는데 이에 해당하는 사례는 곧이어 살피는 (86)에서 논의한다. 참고로 발화시가 기준인 시제를 절대시제라 하고, 발화시 이외의 것을 기준으로 하는 시제를 상대시제라 한다.

ⓒ 내일은 그들이 여기서 밥을 먹는다.

    그런데 국어의 시제는 '과거-비과거' 이분 체계로 볼 수도 있지만 '과거-현재-미래'의 삼분 체계로 볼 가능성도 존재한다. (83)에서 확인한 '-겠-'을 미래 시제 선어말어미로 파악할 수도 있기 때문이다.

    그렇다면 국어의 시제는 어떻게 보는 것이 좋을까? 다시 말해 국어 현상을 이해하기 위해서 적합한 시제 체계는 '과거-비과거'의 이분 체계인가, 아니면 '과거-현재-미래'의 삼분 체계인가?

    '-겠-'을 미래 시제로 파악하면 '-겠-'과 과거의 '-었-'이 함께 나타난 (86ⓐ)과 같은 예를 이해하기 어렵다는 점을 고려하면 '과거-현재-미래' 삼분 체계보다는 '과거-비과거' 이분 체계가 타당할 듯하다. '과거-비과거' 이분 체계를 따르면 (86ⓐ)은 과거의 '-었-'과 추측의 양태 '-겠-'이 함께 등장한 사례가 된다.

    (86) ⓐ 어제는 학생들 모두가 문제를 풀었겠다.
        ⓑ 내일 이맘때면 문제를 다 풀었겠다.

    하지만 문제가 그리 단순하지는 않아서 (86ⓑ)은 '-겠-'의 미래성을 강력히 지지한다. '내일'을 통해 알 수 있듯이 (86ⓑ)은 미래 시제를 필요로 하는 것이다. 그러면 '-었-'은 과거이긴 과거이되 '-겠-'이 나타내는 미래 시제를 기준으로 한 과거가 된다.

    (86ⓐ)은 '과거-비과거' 이분 체계를 지지하고 (86ⓑ)은 '과거-현재-미래' 삼분 체계를 지지하는 셈인데, 그렇다면 이분 체계와 삼분 체계 가운데 어떤 것을 택해야 하는가? '과거-비과거' 이분 체계를 고수하는 한 이 문제는 해결되기 어렵다. 따라서 '과거-현재-미래'의 삼분 체계를 선택해야 하며, 나아가 (86ⓐ)을 해석하기 위해서는 '-겠-'이 양태와 미래 시제 둘

가운데 어느 하나에만 해당한다고 보는 시각에서 벗어나 양태와 미래 시제 두 기능을 겸비한다고 보아야 한다. 그러면 (86㉠)은 양태의 '-겠-'이 등장한 사례가 되고, (86㉡)은 미래 시제의 '-겠-'이 등장한 사례가 된다.

선어말어미 '-더-'도 과거를 나타내므로 시제 선어말어미에 속한다. 하지만 '-더-'는 상황이 아니라 알게 된 시점, 목격한 시점, 깨달은 시점 등이 과거임을 나타낸다는 점에서 '-었-'과 다르다. 상황의 시점에 대해서는 따로 정하지 않으므로 미래의 상황도 '-더-'와 어울려 나타날 수 있다.

(87) ㉠ 자다가 일어나 보니, 밖에 눈이 오더라.
ㄴ 신문을 보니, 내일 회담이 열리더라.

어말어미 가운데 종결어미는 문장 유형(sentence type)에 따라 평서형, 의문형, 명령형, 청유형 등으로 나뉜다. 하지만 종결어미의 기능이 문장 유형을 나타내는 것에만 국한되는 것은 아니다. 문장 유형을 나타내는 기능에 더해 상대경어법 기능도 발휘하기 때문이다.[12] 예를 들어 종결어미 '-습니까'는 의문형을 나타내면서 동시에 상대경어법 등급상 '합쇼체'를 나타낸다. 상대경어법에는 '합쇼체, 하오체, 하게체, 해라체'로 이루어진 격식체와 '해체, 해요체'로 이루어진 비격식체가 있는데, 이들에 해당하는 의문형과 평서형의 예를 제시하면 아래와 같다.

---

12 상대경어법의 대상은 대화의 상대, 즉 청자이다. 상대경어법과 구별하여 (81)에서 살핀 '-으시-'에 의한 경어법은 주체경어법이라고 한다. 국어의 경어법에는 주체경어법과 상대경어법 외에 객체경어법이 하나 더 있었다. 다른 두 경어법과 마찬가지로 객체경어법도 어미에 의해 실현되었었는데, 현재는 '여쭙다, 뵙다, 모시다' 등의 어휘로 실현된다.(6장의 6.3.3. 참고) 일반적으로 어미와 같은 문법 형식으로 실현되는 것만을 시제, 양태, 경어법 등의 문법 범주로 인정한다. 이에 따르면 현대 국어는 주체경어법과 상대경어법은 지니지만 객체경어법은 가지지 않는다.

(88) 문 무슨 책을 <u>읽습니까</u>?　　답 이 책을 <u>읽습니다</u>.

　　 문 무슨 책을 <u>읽소</u>?　　　　답 이 책을 <u>읽소</u>.

　　 문 무슨 책을 <u>읽는가</u>?　　　답 이 책을 <u>읽네</u>.

　　 문 무슨 책을 <u>읽니</u>?　　　　답 이 책을 <u>읽는다</u>.

(89) 문 무슨 책을 <u>읽어</u>?　　　　답 이 책을 <u>읽어</u>.

　　 문 무슨 책을 <u>읽어요</u>?　　　답 이 책을 <u>읽어요</u>.

　　문장 유형과 상대경어법을 나타내는 것이 종결어미의 기능인데 때로 이 두 기능 이외의 기능이 종결어미에 실현되기도 한다. 예를 들어 아래 제시한 예는 둘 다 문장 유형상 평서형이며 상대경어법상 해체에 해당하지만 서로 의미가 달라서, '-아'와 달리 '-네'에서는 새로 깨달은 것이라는 어감이 강하게 드러난다. 이러한 어감은 화자의 판단, 즉 양태와 관련된 것이므로 '-네'는 문장 유형과 상대경어법에 더해 양태의 기능도 가진 것으로 파악된다.

(90) ㉠ 밖에 눈이 <u>와</u>.

　　 ㉡ 밖에 눈이 <u>오네</u>.

　　접속어미는 접속의 기능을 발휘하는 어미로 대등적 접속어미와 종속적 접속어미로 양분되며, 절을 접속할 뿐만 아니라 구나 단어를 접속하기도 한다.

(91) ㉠ 비가 오<u>거나</u> 눈이 왔다.

　　　 사람들은 음악을 듣<u>거나</u> 책을 읽었다.

　　　 우리는 노래를 부르<u>거나</u> 들었다.

　　 ㉡ 바람이 불<u>어</u> 풀이 눕는다.

그는 시를 지어 사람들을 달렸다.

어릴 때는 군것질로 배추 뿌리를 깎아 먹곤 했다.

대등적이냐 종속적이냐는 의미적으로 대등한지, 아니면 주종의 관계에 놓이는지에 따른 구분이다. (91㉠)에 보인 '-거나'는 대등적 접속어미에 속하고 (91㉡)에 보인 '-어'는 종속적 접속어미에 속한다. 의미적 대등과 종속은 수식 여부와도 통하는바, 대등적 접속어미에 의해 접속된 단위 사이에는 수식 관계가 성립하지 않는 반면, 종속적 접속어미에 의해 접속된 단위 사이에는 수식 관계가 성립한다.

대등과 종속의 차이는 의미적인 차원에 머물 뿐만 아니라 문법적인 차원에 반영되기도 한다. 예를 들어 아래에서 보듯이 대등적 접속어미로 접속된 경우와 달리 종속적 접속어미로 접속된 경우는 별다른 어려움 없이 내포(embedding)로 전환될 수 있다. '내포' 및 '접속의 내포로의 전환'에 대해서는 바로 이어서 전성어미를 살피며 다시 논의한다.

(92) ㉠ 비가 오거나 눈이 왔다.

　　㉡ * 눈이, 비가 오거나, 왔다.

(93) ㉠ 바람이 불어 풀이 눕는다.

　　㉡ 풀이, 바람이 불어, 눕는다.

끝으로 전성어미는 문법적 성질을 바꿔주는 역할을 하는 어말어미인데 명사형 전성어미, 관형사형 전성어미, 부사형 전성어미 세 부류가 있다.

(94) ㉠ 우리는 그날이 오기를 기다린다.

　　㉡ 그가 우리가 읽는 책을 썼다.

　　㉢ 우리는 그가 편히 쉬도록 여러 가지를 준비했다.

(94㉠)에서 확인할 수 있듯이 명사의 성질을 띠지 않는 '그날이 오-'에 명사형 전성어미 '-기'가 결합하면 명사의 성질을 띤 '그날이 오기'가 형성된다. 이렇게 형성된 '그날이 오기'는 일반적인 명사처럼 목적격 조사와 결합하여 '우리는 기다린다'에 내포되어 목적어의 기능을 담당하게 된다. 그리고 '우리는 그날이 왔음을 깨달았다.'에서 보듯이 명사형 전성어미에는 '-기' 외에 '-음'이 더 있다.

성질을 바꾸어 다른 것에 내포되는 것은 (94㉡), (94㉢)도 마찬가지이다. 다만 명사가 아니라 관형사나 부사의 성질로 바뀔 뿐이며, 특히 (94㉡)에서는 내포 과정에서 겹치는 성분이 생략되는 특성이 나타날 따름이다. 즉, '우리가 읽는'은 '우리가 책을 읽-'에 관형사형 어미 '-는'이 결합하고, '그가 책을 썼다'와 겹치는 성분 '책을'이 생략되어 형성된다(4장의 4.3.2. 참고).

관형사형 어미에는 (94㉡)에서 확인되는 '-는' 외에 '-은'(읽은 책), '-을'(읽을 책), '-던'(읽던 책) 등이 더 있는데, 형태소 차원을 고려하면 형태소 '-은'과 '-을'이 관형사형 어미의 핵심으로 파악되고, 그밖의 '-는, -던'은 각각 '-느-은, -더-은'으로 이해된다. '-느-은'의 '-느-'는 현재 시제 '-는'과 통하고,[13] '-더-은'의 '-더-'는 과거 시제 '-더-'와 통한다.

한편 세 가지 전성어미 중에서 부사형 전성어미는 종속적 접속어미와 통한다. 하나의 어미가 부사형 전성어미로도 쓰이고 종속적 접속어미로도 쓰이는 것인데, 절과 절 사이의 관계가 내포면 부사형 어미로 간주하고, 접속이면 종속적 접속어미로 간주한다. 이에 (94㉢)은 부사절이 등장한 내포 구조에 해당하고, 아래는 종속 접속문에 해당한다.

---

13 중세 국어의 현재 시제 선어말 어미는 '-ᄂᆞ-'였는데, 변화를 겪은 결과 '읽-는다, 가ㄴ-다, 읽-느냐, 비-나-이-다' 등에서 보듯이 '-는, -ㄴ-, -느, -나' 등 다양한 모습을 띠게 되었다(6장의 6.3.3. 참고). 이 중 '-느-'는 그 기능, 즉 현재 시제 기능도 희미해져서 '읽느냐'와 '읽냐'가 시제에서 별다른 차이를 보이지 않는다. 다만 어감에서 차이를 보여서 '읽냐'와 달리 '읽느냐'는 장중한 어감을 풍긴다.

(95) 그가 편히 쉬도록, 우리는 여러 가지를 준비했다.

끝으로, 조사와 마찬가지로 어미와 형태소의 관계도 둘로 나뉜다. 먼저, 하나의 형태소가 곧 어미일 수 있다. 예를 들어 '그 분이 오시었겠다.'에서 '-으시-, -었-, -겠-, -다' 각각은 어미이자 하나의 형태소이다. 최소의 문법 단위 여부에서는 형태소의 자격을 가지는 것이고, 문법적 특성에서는 어미의 자격을 가지는 것이다. 다음으로, '-단다'와 '-습니까'의 사례에서 확인했듯이(이 장의 3.5.3. 참고), 둘 이상의 형태소가 모여 하나의 어미가 될 수도 있다. 도식화하여 정리하면 아래와 같다. '-으시-, -었-, -겠-, -다' 등은 '-으시-'를 대표로 제시한다.

	구성 성분	형태소 여부	어미 여부
-으시-	-으시-	○	○
-단다	-다	○	○
	-ㄴ-	○	○
	-다	○	○
	-단다	×	○
-습니다	-습-	○	×
	-니-	○	×
	-다	○	○
	-습니다	×	○

참고 '-니-'는 더 분석될 수 있으며(이 장의 3.2.2. 참고), 더 분석하면 어미 여부와 마찬가지로 형태소 여부도 '×'가 된다. '-니-'는 형태소가 모여 어미가 되는 중간 단위라 할 수 있는데 이러한 단위를 따로 가리키는 용어는 없다. '-습니다'는 합성 어미에 해당한다(이 장의 3.5.3. 참고).

통사론

4.1. 통사론의 역할과 대상

4.1.1. 통사론의 역할

통사론은 단어와 단어를 결합하여 단어보다 큰 문법 단위인 구·절·문장을 형성하는 문법론의 한 분야이다. 구·절·문장의 문법적 성질이 단어의 문법적 성질과 같으면 형태론에 더해 통사론이라는 영역이 따로 있을 필요는 없다. 하지만 앞서 형태론을 다루면서 언급했듯이 단어의 문법적 성질과 구·절·문장의 문법적 성질이 서로 같지만은 않다(3장의 3.1.2. 참고). 이에 형태론과 별도로 구·절·문장이 보이는 갖가지 현상을 체계적으로 다루는 문법 분야인 통사론이 성립한다.

통사론의 역할을 위와 같이 규정할 때 주의할 점이 있다. 바로 구·절·문장을 형성하는 데 참여하는 단어가 한 가지 방식으로만 규정되지는 않는다는 점이다. 즉 형태론을 살피며 논의하였듯이 단어를 좁게 규정하면 조사와 어미가 단어에서 제외되지만 단어를 넓게 규정하면 조사와 어미도 단어에 속하게 된다(3장의 3.4.3. 참고). 이에 우선은 좁게 정의한 단어 개념으로 국어 통사론의 이모저모를 살핀다. 그리고 이를 통해 한국어 통사론의 기초를 어느 정도 갖춘 후에 단어의 개념을 넓게 정의하여, 즉 조사와 어미도 단어로 취급하면서 국어 통사론의 속내를 살피기로 한다.

4.1.2. 통사론의 대상

그렇다면 통사론의 탐구 대상인 구·절·문장이란 무엇인가? 구 (phrase)는 위에서도 지적했듯이 단어보다 큰 문법 단위이다. 예를 들어 '하늘'은 단어이지만 '푸른 하늘', '하늘과 땅'은 구이다. 절(clause)과 문장 (sentence)도 단어가 모여 형성되며 단어보다 큰 문법 단위인 점에서는 구와 마찬가지이다. 다만 단어가 모여 형성된 구 가운데 일정한 자격을 갖

춘 것을 따로 절과 문장이라 하는데, 먼저 문장의 예를 제시하면 아래와
같다.

    (1) ㉠ 연탄재 함부로 발로 차지 마라.
        ㉡ 왜 눈물은 짠가?

  문장이 갖추어야 하는 자격이 무엇인지는 문장과 구를 비교해 보면 알
수 있다. 그렇다면 문장의 자격은 구체적으로 무엇인가? 첫째, 위에서도
지적했듯이 문장은 구와 마찬가지로 단어보다 큰 문법 단위여야 한다. 주
의할 것은 겉으로 보기에 단어인 듯한 것이 문법적으로는 그렇지 않을
수도 있다는 사실이다.

    (2) 問 뭐 먹을래?
        答 짜장면.

  (2)와 같은 문답의 쌍에서 (2答)은 언뜻 단어의 자격을 지닌 듯하다.
그런데 (2答)을 단어로 간주하는 것은 단어를 말소리의 측면에서 파악한
경우에 국한된다는 점에 유의할 필요가 있다. 형태론을 다루면서 논의하
였듯이 단어는 말소리 이외의 측면에서도 규정될 수 있으므로 (2答)이 확
실히 단어의 자격에만 머무는지는 말소리 이외의 다른 측면도 고려해서
정해야 한다(3장의 3.4. 참고). 이런 관점에서 (2答)이 말소리의 측면에서
는 단어일 뿐이지만 문법적으로는 단어 '짜장면'이 아니라 문장 '나는 짜
장면 먹을래.' 정도와 통한다는 점에 주목해 보자. 그러면 (2答)은 문장
'나는 짜장면 먹을래.'에서 대화의 맥락상 말하지 않아도 되는, 즉 생략해
도 무방한 것을 생략한 표현에 해당한다.
  이제 (2答)은 두 가지 자격을 갖게 되었다. (2答)은 말소리의 측면에서

는 단어에 속하지만, 문법적으로는 문장에 속한다. 그렇다면 (2댑)은 단어라고 해야 하는가, 아니면 문장이라고 해야 하는가? 당연히 말소리의 관점에서는 단어라고 해야 하고, 문법의 관점에서는 문장이라고 해야 한다. 말소리 차원의 자격과 문법 차원의 자격이 다른 셈인데 이러한 차이는 위에서 언급한 생략을 통해 해소된다. 문법적으로 문장이 형성되고 여기에 생략이 적용되어 말소리 차원의 단어로 실현되는 것이다.

둘째, 문장은 단어보다 큰 문법 단위여야 할 뿐만 아니라 종결어미도 갖추어야 한다. 그래서 종결어미를 갖춘 (1)의 예는 문장에 속하지만, 종결어미를 구비하지 못한 '푸른 하늘', '하늘과 땅'은 문장에 속하지 않는다. 종결어미를 갖추어야 문장이라는 것은 화자의 발화 의도가 실현될 수 있는 단위가 문장이라는 것과도 통한다. 종결어미가 무엇이냐에 따라 발화 의도가 설명, 명령, 질문 등으로 달라지기 때문이다.

한편 모든 언어가 한국어처럼 종결어미를 지니는 것은 아니어서 언어에 따라서는 발화 의도 등 종결어미가 담당하는 기능이 종결어미 이외의 수단을 통해 실현되기도 한다. 따라서 한국어처럼 종결어미를 갖춘 언어에 더해 그렇지 않은 언어까지 고려하면 종결어미를 갖추거나 종결어미는 아니지만 종결어미의 기능을 담당하는 요소를 갖추면 문장의 자격을 지니게 된다.

셋째, 문장을 구성하는 성분은 모자라지도 않아야 하고, 쓸데없이 넘치지도 않아야 한다.

(3) ㄱ 영이는 철수에게 짓궂게 굴었다.
    ㄴ * 영이는 철수에게 굴었다.
       * 영이는 짓궂게 굴었다.
    ㄷ * 영이는 철수에게 순이를 짓궂게 굴었다.

(3㉠)과 달리 (3㉡)이 성립하지 않는 것은 갖추어야 할 성분을 제대로 갖추지 못했기 때문이며, (3㉢)이 성립하지 않는 것은 쓸모없는 '순이를' 이 군더더기로 등장했기 때문이다. (3㉢)과 달리 (4)는 성립하는데,

(4) ㉠ 영이는 철수에게 학교에서 짓궂게 굴었다.
    ㉡ 영이는 철수에게 순이보다 짓궂게 굴었다.

(4)에 등장한 '학교에서'나 '순이보다'는 쓸모없는 것이 아니라 나름의 역할을 발휘하기 때문이다. 따라서 문장이 성립하기 위해서는 꼭 필요한 것은 반드시 구비되어야 하며, 꼭 필요한 것은 아니어도 문장에서 나름의 역할을 발휘하는 것, 다시 말해 쓸데없는 것이 아니라 쓸모 있는 것은 추가될 수도 있다.

지금까지 살핀 문장의 자격 세 가지 중에서 첫 번째와 세 번째 것은 문장뿐만 아니라 구나 절에서도 마찬가지로 성립한다. 따라서 문장이 갖추어야 하는 세 가지 자격 중에서 문장만이 고유하게 지니는 것은 종결어미라 할 수 있다. 그러면 종결어미를 문장의 핵심으로 파악하는 것이 합리적이지 않을까? 종결어미를 문장의 핵심으로 파악하는 견해는 나중에 살핀다(이 장의 4.3.3. 참고).

때로 구와 문장 속에 문장과 흡사한 단위가 나타나기도 한다. 예를 들어 문장 (5㉠)에 포함된 '비가 오고', '비가 와서'와 문장 (5㉡)에 포함된 '비가 온다고', '"비가 온다."라고', 문장 (5㉢)에 포함된 '비가 오기', 문장 (5㉣)에 포함된 '비가 오면' 그리고 구 (5㉤)에 포함된 '비가 오는'은 문장 '비가 온다.'와 매우 흡사하다. 이렇게 (5)에 포함된 '비가 오고', '비가 와서', '비가 온다고', '"비가 온다."라고', '비가 오기', '비가 오면', '비가 오는' 처럼 독자적인 문장은 아니지만 문장에 버금가는 단위를 가리켜 절이라고 한다.

(5) ㉠ [비가 오고], 바람이 불었다.

　　　　[비가 와서], 그날 소풍은 취소되었다.

　　㉡ 사람들은 [비가 온다고] 말했다.

　　　　사람들은 ["비가 온다."라고] 말했다.

　　㉢ 그는 [비가 오기] 전에 떠났다.

　　㉣ 내일 소풍은 [비가 오면] 취소된다.

　　㉤ 함께 듣던 [비가 오는] 소리

　절은 (5㉠)처럼 다른 절과 접속되거나, (5㉡)~(5㉤)처럼 문장이나 구에 포함되어 나타나는데, 앞의 것을 접속절(conjunctive clause)이라고 하고 뒤의 것을 내포절(embedded clause)이라고 한다.[1]

　문장과 절의 핵심적 차이는 어말어미에서 드러나는바, 문장을 끝맺는 어말어미는 종결어미이지만 절은 그렇지 않다. 절을 끝맺는 어말어미는 종결 기능을 지니지 않은 비종결어미이며, 비종결어미에는 접속어미와 전성어미가 있는데 이 둘 중에서 접속어미를 택한 것이 접속절이고, 전성어미를 택한 것이 내포절이다. 내포절은 동반하는 전성어미에 따라 명사절, 부사절, 관형사절로 나뉘는데, (5㉢)의 '비가 오기'는 명사절, (5㉣)의 '비가 오면'은 부사절, (5㉤)의 '비가 오는'은 관형사절에 해당한다.

　이제 남은 것은 (5㉡)인데 (5㉡)의 내포절 [비가 온다고]와 ["비가 온다." 라고]는 이른바 인용절로서 앞의 것은 간접 인용절이라 하고 뒤의 것은

---

1 (5㉠) 전체가 문장이므로 '비가 오고'를 제외한 '바람이 불었다'만을 문장이라고 하기는 어렵고, 마찬가지로 '비가 와서'를 제외한 '그날 소풍은 취소되었다'만을 문장이라 하기도 곤란하다. 이에 '바람이 불었다'만을 가리키거나 '그날 소풍은 취소되었다'만을 가리킬 때도 '접속절'이라고 한다. '접속문'은 (5㉠) 전체를 가리키는 용어이며, 접속절이 모여 접속문을 형성하는 것이다. 그리고 접속문에 포함된 접속절은 선행 접속절, 후행 접속절 식으로 구분한다. 한편 '절'이라는 용어를 사용하지 않을 수도 있는데, 그러면 접속절, 내포절 대신에 접속문, 내포문과 같은 용어를 사용하게 되며, 접속문, 선행 접속절, 후행 접속절의 구분과 평행하게 전체 접속문, 선행 접속문, 후행 접속문의 구분을 둔다.

직접 인용절이라 한다.

(5ㄴ)의 내포절을 명사절, 관형사절, 부사절 어느 하나에 소속시키지 않고 인용절로 독립시키는 이유는 (5ㄴ)에 예시한 내포절이 명사절, 관형사절, 부사절과는 구별되는 특징을 띠기 때문이다. 그렇다면 다른 절과 구별되는 인용절의 특징은 무엇인가? 인용절의 고유한 특징은 (5ㄴ)과 (5ㄷ~ㅁ)을 비교하면 어렵지 않게 알 수 있는데, 단적으로 인용절은 전성어미를 취하지 않는다. 즉, 명사절, 관형사절, 부사절은 각각의 절에 고유한 전성어미를 취해 형성되지만 인용절은 인용절에 고유한 전성어미가 아니라 '-고'나 '-라고'를 취함으로써 형성된다.

물론 '-고, -라고'를 인용형 전성어미로 간주할 수도 있다. 그러면 명사절, 관형사절, 부사절과 마찬가지로 인용절도 전성어미를 통해 형성되는 것이 된다. 하지만 이러한 입장을 택해도 인용절은 명사절, 관형사절, 부사절과 구별해야 한다. 인용절은 명사절, 관형사절, 부사절과 달리 종결어미를 유지한다는 특징도 지니기 때문이다. 종결어미를 유지한 채 '-고, -라고'를 추가하는 인용절의 특징은 (5ㄴ)과 아래 예를 통해 잘 알 수 있다.

(6) ㉠ 그는 내게 [누가 오냐고 물었다.

　　　그는 내게 ["누가 오냐?"라고 물었다.

　　㉡ 그는 내게 [집에 가라고 명령했다.

　　　그는 내게 ["집에 가라."라고 명령했다.

　　㉢ 그는 내게 [함께 가자고 제안했다.

　　　그는 내게 ["함께 가자."라고 제안했다.

이렇게 명사절, 관형사절, 부사절과 인용절은 구별되므로 내포를 전성과 인용으로 나누고 전성과 인용의 문법적 구현 방법이 서로 다르다고 보는 것이 합리적이라 할 수 있다. 이러한 관점을 취하면 전성은 독자적인 어미 부류인 전성어미를 통해 실현되고, 인용은 종결어미를 유지하면서 '-고, -라고'가 결합하는 방법을 통해 실현되는 것이 된다.

그렇다면 인용절에 나타나는 '-고'와 '-라고'의 정체는 무엇인가? 위에서 '-고, -라고'를 어미로 보기는 어렵다는 것을 확인했는데 일반적으로 '-고, -라고'는 조사의 일종으로 간주하며, 특별히 '인용격 조사'로 본다. 과연 '인용격'이 격 개념에 부합하는지는 면밀히 따져 보아야 하지만 여기서는 일단 '-고, -라고'에 인용격 조사의 자격을 부여하고 논의를 진행한다.

한편 인용절이 종결어미를 취하기는 하지만 그렇다고 해서 인용절에 나타나는 종결어미가 문장을 끝맺는 종결어미와 완전히 같기만 한 것은 아니다. 특히 이러한 종결어미상의 차이는 간접 인용절에서 나타난다. 예를 들어 문장 종결에 쓰인 종결어미와 간접 인용절에 나타난 종결어미는 아래에서 보듯이 상대경어법에서 차이를 보이는데,

(7) ㉠ 밖에 비가 옵니까?
　　㉠-1. 그는 내게 [밖에 비가 오냐고] 물었다.
　　㉠-2. 그는 내게 [밖에 비가 오는가] 물었다.
　　㉡ 밖에 비가 오는가?
　　㉡-1. 그는 내게 [밖에 비가 오냐고] 물었다.
　　㉡-2. 그는 내게 [밖에 비가 오는가] 물었다.

위에서 합쇼체 의문문 (7㉠)과 하게체 의문문 (7㉡)이 간접 인용절로 내포되면 상대경어법상의 차이가 중화되어 '밖에 비가 오냐고'나 '밖에 비가 오는가'가 된다.

또한 문장 종결에 쓰인 종결어미 목록과 간접 인용절에 나타난 종결어미 목록이 일치하지 않는 점에도 유념할 필요가 있다. 예를 들어 아래 예에서 확인할 수 있듯이 명령형 종결어미 '-어라/아라, -으라'는 문장 종결

이냐, 간접 인용이냐에 따라 그 출현 여부가 갈리며,

    (8) ㉠ 학생이면 책을 읽어라.

           학생이면 책을 읽으라.

        ㉡ *그는 [학생이면 책을 읽어라고 말했다.

           그는 [학생이면 책을 읽으라고 말했다.

또한 '-으렴, -을라' 등은 문장 종결어미로는 나타나지만 간접 인용절에는
나타나지 않는다.

    (9) ㉠ 주관을 갖고 공부를 하렴.

           까불대다 다칠라.

        ㉡ *그는 [주관을 갖고 공부를 하렴고 말했다.

           *그는 내게 [까불대다 다칠라고 말했다.

4.2. 통사 관계와 통사 범주

4.2.1. 통사 관계

구·절·문장은 단어와 단어가 결합되어 형성된다. 그런데 단어가 무
분별하게 결합해서는 제대로 된 구·절·문장이 형성되지 않는다. 앞서
(3)과 (4)에서 확인했듯이 단어가 모여 적격한 구·절·문장을 형성하기
위해서 준수해야 할 규범이 따로 있는 것이다. 사람이 서로 만나고 사귀
려면 예의를 갖추고 신의를 지켜야 하듯이 단어와 단어도 서로 결합하여
구·절·문장을 형성하며 하나로 어우러지려면 언어의 규범, 즉 문법을
준수해야 한다.

적격한 구를 형성하고 나아가 적격한 절과 문장을 형성하기 위해 준수해야 하는 문법은 크게 통사 관계(syntactic relation) 측면의 것과 통사 범주(syntactic category) 측면의 것 둘로 나뉜다. 이 절에서는 먼저 통사 관계 측면의 문법을 살피고, 통사 범주 측면의 문법은 절을 달리하여 살핀다.

통사 관계 측면의 문법을 고려하기에 앞서 통사 관계의 개념부터 명확히 해 보자. 앞서 3장에서 구조 개념을 살피며 문법 관계에 대해서 논의하였는데(3장의 3.5.5.~3.6.1. 참고), 거기서의 논의에 따르면 문법 관계란 작은 문법 단위가 모여 더 큰 문법 단위를 형성할 때 작은 문법 단위 사이에 성립하는 관계를 가리킨다. 통사 관계는 바로 이 문법 관계의 일종으로서, 특히 형성된 더 큰 문법 단위가 통사론의 대상, 즉 구·절·문장인 경우를 따로 가리키기 위한 개념이다. 그리고 문법 관계와 문법 기능이 통하듯이 통사 관계와 통사 기능도 통한다.

구·절·문장의 형성에서 준수해야 하는 통사 관계 측면의 문법이란 다름이 아니라 구·절·문장을 형성하는 성분들 사이에 적절한 통사 관계가 맺어져야 한다는 것이다. 그렇다면 적절한 통사 관계란 무엇인가? 적절한 통사 관계는 술어-논항 관계(predicate-argument relation), 수식-피수식 관계(modifying relation), 주제-설명 관계(topic-comment relation), 병렬 관계(coordinating relation) 이 네 가지가 대표적이다.

'술어-논항 관계, 수식-피수식 관계, 주제-설명 관계, 병렬 관계' 이 네 가지 통사 관계를 '대표적'이라고 한 것은 또 다른 통사 관계가 성립할 가능성도 있기 때문이다. 예를 들어 문장에는 '아, 친구여! 꿈속에서라도 만나세.'에서 보듯이 감탄사도 나타나고 호격 조사를 동반한 부름말도 나타나는데, 감탄사와 부름말이 문장의 나머지와 맺는 관계는 방금 언급한 네 가지 통사 관계에 속한다고 보기 어렵다. 사실 통사 관계는 자료, 즉 언어 현상과 무관하게 미리 주어지는 것이 아니라 언어 현상을 탐구하는 과정에서 저절로 드러나는 것이므로 더 다양하고 풍부한 자료를 다루다 보면 새로운 통사 관계가 발견될 수도 있다. 이 절에서는 이러한 점을 염두에 두고 위에서 언급한 네 가지 통사 관계를 하나씩 살피기로 한다.

술어-논항 관계

술어-논항 관계는 말 그대로 술어와 논항 사이에 성립하는 관계로서 구·절·문장의 형성에서 술어가 등장하면 해당 술어에 대응하는 논항이 온전히 구비되어야 문법성이 훼손되지 않는다. 예를 들어 아래에서 보듯이 문장에 술어 '주-'가 등장하면 (10ㄱ)처럼 세 개의 논항이 구비되어야지, 그렇지 않으면 (10ㄴ)~(10ㄹ)에서 보듯이 부적격한 문장이 되고 만다. 앞서 살핀 (3ㄴ), (3ㄷ)이 성립하지 않는 것도 바로 적절한 술어-논항 관계가 형성되지 못했기 때문이다.

(10) ㄱ 철수기 영이에게 책을 주었다.
　　 ㄴ * 철수가 책을 주었다.
　　 ㄷ * 철수가 영이에게 주었다.
　　 ㄹ * 영이에게 책을 주었다.

물론 (10ㄴ)~(10ㄹ)과 같은 예가 흔히 나타나기는 한다. 하지만 그러한 예는 생략이 적용된 경우이다. 술어-논항 관계를 포함하여 통사 관계는 생략이 적용되지 않은 것을 기준으로 한다.

한편 문장이나 절과 달리 구는 논항 실현이 다소 수의적일 수 있다. 예를 들어 문장 '영이가 철수를 사랑한다.'에서 '영이가'나 '철수를'은 반드시 있어야 하지만, 구 '영이의 철수 사랑'에서 '영이의'나 '철수'는 나타나지 않을 수 있어서 '영이의 사랑'(영이의 사랑은 지고지순하다)이나 '철수 사랑'(영이는 철수 사랑이 삶의 전부다), '사랑'(과연 사랑이 최고일까?)이 별다른 문제를 야기하지 않는다.

(10㉠)에서 논항 '철수가'와 '영이에게', '책을'은 각각 서로 다른 의미적인 역할을 발휘한다. 술어 '주'는 세 개의 논항을 필요로 할 뿐만 아니라 세 개의 논항이 주는 사람, 받는 사람, 전달되는 물건 식으로 각각 서로 다른 의미적인 역할을 담당할 것을 요구하며 이러한 요구에 '철수가', '영이에게', '책을'이 부응하는 것이다.

술어의 요구에 따라 논항이 담당하는 의미적인 역할을 의미역(semantic role)이라고 하는데 몇 가지 예를 제시하면 아래와 같다.

(11) ㉠ 행위주(agent)

　　　<u>철수가</u> 영이에게 책을 주었다.

　　　<u>누가</u> 거기에 갔나?

　　㉡ 피동주(patient)

　　　철수가 영이에게 <u>책을</u> 주었다.

　　　영이가 <u>집을</u> 지었다.

　　㉢ 착점(goal)

　　　철수가 <u>영이에게</u> 책을 주었다.

　　　흰 구름이 <u>검은색으로</u> 변했다.

　　㉣ 기점(source)

　　　그는 <u>모임에서</u> 빠졌다.

　　　위성이 <u>궤도를</u> 이탈했다.

　　㉤ 처소(location)

　　　나는 그를 <u>그곳에서</u> 처음 만났다.

　　　<u>천장이</u> 물이 샌다.

수식–피수식 관계

술어-논항 관계가 문장의 근간을 형성하는 역할을 발휘한다면, 수식-피수식 관계는 술어-논항 관계로 형성된 근간을 한층 풍성히 꾸며 주는 역할을 담당한다. 술어-논항 관계를 기반으로 형성된 (10㉠)에 수식-피수식 관계가 보태진 예를 제시하면 아래와 같다.

(12) ㉠ <u>어제</u> 철수가 <u>학교에서</u> 영이에게 책을 주었다.
　　 ㉡ 철수가 <u>통사론을 공부하는</u> 영이에게 <u>형태론</u> 책을 주었다.

(12㉠)에서 수식어(modifier) '어제'와 '학교에서'는 철수가 영이에게 책을 준 사건의 시점과 그 사건이 발생한 장소의 의미를 구체적으로 드러냄으로써 술어-논항 관계에 의해 형성된 (10㉠)을 한층 풍부하게 해 준다. 수식-피수식 관계로 사건이 풍성해진 것이 (12㉠)이라면 (12㉡)은 사건을 구성하는 논항이 수식-피수식 관계로 풍부해진 경우이다. 즉 논항 '영이에게'와 '책을'이 수식어 '통사론을 공부하는', '형태론'을 동반함으로써 문장이 전달하는 내용이 한층 풍성해진다.

수식-피수식 관계가 구·절·문장을 풍성하게 해 주는 요소라고 해서 아무렇게나 나타나는 것은 아니다. 음식에 풍미를 더하려면 그에 어울리는 양념을 보태야 하듯이 수식어도 아무것이나 덧붙여서는 안 되고 적당한 것을 선별해서 보태야 한다. 이렇게 수식-피수식 관계에도 준수해야할 일정한 문법이 있음은 (12)나 (13㉠), (13㉡)과 달리 (13㉢)이 성립하지 않는 것을 보면 잘 알 수 있는바, (13㉢)은 '망치로'가 '장미가 붉다'와 적격한 수식-피수식 관계를 맺지 못해서 문법적 파탄에 이르고 만다.

(13) ㉠ 장미가 무척 붉다.
　　 ㉡ 그는 망치로 호두를 깼다.
　　 ㉢ *장미가 망치로 붉다.

지금까지 네 가지 통사 관계 가운데 술어-논항 관계와 수식-피수식 관계를 살폈는데, 술어-논항 관계는 논항이 반드시 나타날 것을 요구하는데 비해 수식-피수식 관계는 수식어가 나타날 것을 요구하는 것이 아니라 나타나는 것을 허용한다. 논항은 반드시 나타나야 하는 성분이고 수식어는 나타나도 그만 안 나타나도 그만인 셈인데, 이에 흔히 논항은 필수적(obligatory) 성분 혹은 필수 성분이라 하고 수식어는 수의적(optional) 성분 혹은 수의 성분이라고 한다.

문장성분

통사 관계를 따질 때에는 '술어, 논항, 수식어, 필수 성분, 수의 성분' 등의 개념 외에도 '주어, 목적어, 보어, 관형어, 부사어, 서술어, 독립어' 등과 같은 전통적인 문장성분 개념이 쓰이기도 하는데 이들 사이의 대응 관계를 보이면 아래와 같다. 참고로 전통적인 문장성분 개념으로 분석한 몇 가지 예를 함께 제시한다.

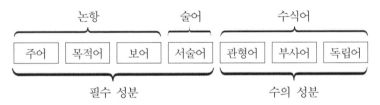

참고 ㉠ 얼룩빼기 황소가 해설피 금빛 게으른 울음을 울더라.

→ 관형어, 주어, 부사어, 관형어, 서술어/관형어, 목적어, 서술어

㉡ 오매, 단풍 들것네.

→ 독립어, 주어, 서술어

㉢ 너무 아픈 사랑은 사랑이 아니야.

→ 부사어, 서술어/관형어, 주어, 보어, 서술어

위에 제시한 예 가운데 ⓒ의 '아픈'은 생략된 주어 '마음이'와 관계를 맺기도 하고(너무 마음이 아픈 사랑), '사랑은'과 관계를 맺기도 한다. 하나의 문장성분 '아픈'이 두 개의 문장성분과 통사 관계를 맺게 되므로 그 자격도 하나가 아니라 서술어와 관형어 이 두 가지 문장성분의 자격을 겸하게 된다. '너무 마음이 아픈 사랑'의 '아픈'은 '마음이'와의 관계에서 서술어가 되는 것이고, '사랑은'과의 관계에서 관형어가 되는 것이다. 이렇게 하나의 문장성분이 두 가지 자격을 갖는 것은 ㉠의 '게으른'에서 다시 볼 수 있다. '게으른'은 생략된 주어 '울음이'와의 관계에서는 서술어가 되고(울음이 게으르다), '울음을'과의 관계에서는 관형어가 된다.

위에서 보듯이 '술어, 논항, 수식어, 필수 성분, 수의 성분' 개념과 '주어, 목적어, 보어, 관형어, 부사어, 서술어, 독립어' 개념은 깔끔하게 대응된다. 그런데 이러한 대응을 곡해하지 않으려면 몇 가지 사항에 주의할 필요가 있다. 여기서는 세 가지 사항을 짚고자 하는데 첫째는 문장성분이 가리키는 단위의 크기가 유동적일 수 있다는 점이고, 둘째는 독립어를 수식어로 취급하는 것이 다분히 잠정적인 조치에 불과하다는 점이며, 끝으로 셋째는 부사어가 때로 수의 성분이 아니라 필수 성분으로서 논항일 수도 있다는 사실이다.

먼저 첫째, 예를 들어 위에서 참고로 제시한 예 중 ㉠에서 목적어는 '울음을'만 가리키지만 때로 '금빛'과 '게으른'까지를 포함한 '금빛 게으른 울음을'을 목적어로 간주하기도 한다. 아래에서 보듯이 '금빛 게으른 울음을'은 하나의 단위, 즉 성분으로 묶이는데,

이러한 성분성(constituenthood)을 포착하기 위해 '목적어 구'와 같은 새로

운 개념을 쓰는 대신에 기존의 목적어 개념을 확장해서 사용하는 것이다. 문장성분 개념이 가리키는 단위가 그야말로 띄어쓰기로 구분된 단어 혹은 어절일 수도 있지만 그보다 큰 경우도 있는 것은 목적어 이외의 문장성분에서도 성립한다. 예를 들어 같은 예에서 주어는 '황소가'를 가리킬 수도 있고 '얼룩빼기 황소가'를 가리킬 수도 있다. 따라서 문장성분이 가리키는 단위가 구체적으로 무엇인지, 즉 작은 단위인지 큰 단위인지를 논의의 맥락을 통해 구분해야 한다.

위와 같은 점은 논항 등의 개념에서도 마찬가지여서 예 ㉠에서 논항은 '황소가'와 '울음을'만을 가리킬 수도 있고, '얼룩빼기 황소가'와 '금빛 게으른 울음을'을 가리킬 수도 있다. 논항의 수식어는 결국 논항에 딸린 군식구라 할 수 있으므로 아예 수식어를 논항에 포함시켜 다루기도 하는 것이다.

다음으로 둘째, 3장에서 호격 조사를 다루면서 지적한 것과 통하는 것인데 과연 독립어가 다른 문장성분과 통사 관계를 맺는지는 불분명하다(3장의 3.6.1. 참고). 반드시 나타나야 하는 것은 아니므로 독립어가 수의 성분임은 확실하나 그렇다고 해서 독립어가 수식어로 기능한다고 확신할 수는 없는 것이다. 예를 들어 참고로 제시한 예문 ㉡에서 독립어 '오매'는 어떤 다른 문장성분을 수식한다고 보기 어렵다.

이러한 상황에서 취할 수 있는 방향은 두 가지이다. 하나는 독립어를 수식어로 간주하기가 쉽지만은 않다는 점을 인정하되 일단 잠정적으로 독립어를 수식어의 일종으로 간주하는 방향이다. 독립어가 수의 성분임이 확실하고 수의 성분의 전형적인 역할이 수식이므로 독립어의 구체적인 문법적 특성을 온전히 밝히기 전까지 잠정적으로 독립어를 수식어에 포함시키는 견해라 할 수 있다. 다른 하나는 독립어를 수식어에서 제외함으로써 독립어의 특성을 살리는 방향이다. 이렇게 되면 관형어와 부사어, 즉 진짜 수식어와 독립어를 하나로 묶는 개념이 설정되어야 하는데 흔히 부가어(adjunct) 개념을 사용한다. 부가어 개념을 반영한 대응을 제시하면 아래와 같다.

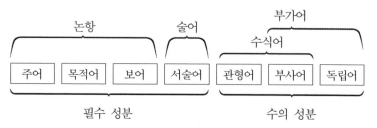

참고 부가어에는 주제도 포함될 가능성이 있다. 이어지는 주제-설명 관계에 대한 논의 및 이 장의 4.4.1. 참고

위에서 보듯이 부가어는 수의 성분과 직결된다. 다만 수의 성분은 명칭 그대로 반드시 나타나는가 그렇지 않은가를 기준으로 한 개념이어서 문법 관계와는 어울리지 않는바, 문법 관계를 나타내는 부가어 개념을 따로 둔 다. 그리고 개념의 위계상 부가어는 수식어를 포함하므로 독립어를 따로 구분할 필요가 없는 경우에는 수식어 대신에 상위 개념인 부가어 개념을 널리 사용한다.

끝으로 셋째, 부사어는 수의 성분을 가리킬 뿐만 아니라 부사격 조사 를 동반한 성분도 가리키는데, 때로 부사격 조사를 동반한 부사어가 필수 성분인 경우가 있으며, 이 경우에는 부사어이지만 논항에 속하게 된다. 예를 들어 (12)에서 '영이에게'는 필수 성분으로서 논항인데 부사격 조사 '-에게'와 어울렸으므로 부사어가 된다. 이에 부사어 중에서 필수 부사어 는 수의 성분, 즉 부가어가 아니라 논항으로 간주한다. 그리고 '그는 조용 히 지낸다.'의 '조용히'처럼 부사격 조사를 동반하지 않은 부사어도 필수 성분으로서 논항의 성격을 띨 수 있다.

주제-설명 관계

숙어-논항 관계와 수식-피수식 관계에 더해 한국어에서는 주제-설명 관계도 중요한 역할을 담당한다. 그런데 숙어-논항 관계와 수식-피수식 관계, 그리고 곧이어 다루는 병렬 관계는 범언어적으로 성립하는데 비해 주제-설명 관계는 사정이 다르다. 한국어처럼 주제-설명 관계를 허용하는 언어도 있고 그렇지 않은 언어도 있기 때문이다. 주제-설명 관계를 허용하지 않는 언어는 다른 방식으로 주제-설명 관계가 담당하는 역할을 구현한다.

숙어-논항 관계와 수식-피수식 관계에 더해 주제-설명 관계가 따로 존재하는 것은 아래 예들을 통해 잘 알 수 있다.

(14) ㉠ <u>토끼는</u> 귀가 길다.

㉡ <u>꽃은</u> 장미가 예쁘다.

㉢ <u>흡연은</u> 지정된 장소를 이용하십시오.

㉣ 사람들이 <u>생선은</u> 고등어만 먹더라.

위의 예들을 숙어-논항 관계와 수식-피수식 관계로 분석하면 '토끼는, 꽃은, 흡연은, 생선은' 등이 분석되지 않은 채 남게 된다. 이 성분들은 논항으로 보기도 어렵고, 수식어로 보기도 어렵기 때문이다. 예를 들어 (14㉠)에서 긴 것은 '귀'이지 '토끼'가 아니므로 '귀'는 논항이지만 '토끼는'은 그렇지 않다. 그렇다고 '토끼는'을 수식어로 볼 수도 없다. 무엇보다도 '토끼는'이 무엇을 수식하는 기능을 담당한다고 볼 수 없으며, 또 수식어라면 '<u>저</u> 학생이 강의실<u>에서</u> 나의 강의를 <u>열심히</u> 듣는다.'의 '저'와 '열심히'처럼 품사 상 관형사나 부사에 속하거나 '강의실에서, 나의'처럼 수식-피수식 관계에 어울리는 표지를 갖추어야 하는데 '토끼는'은 전혀 그렇지 않은 것이다.

만약 통사 관계에 술어-논항 관계, 수식-피수식 관계 이 두 가지만 존재한다면 (14)의 예들은 모두 성립하지 않아야 한다. 그런데 (14)의 예들은 아무런 이상을 보이지 않으며 모두 적격하다. 따라서 술어-논항 관계와 수식-피수식 관계에 더해 주제-설명 관계가 존재하며, 주제-설명 관계에 의해 '토끼는, 꽃은, 흡연은, 생선은' 등이 문장의 나머지와 적절한 관계를 맺는다고 보게 된다.

그렇다면 주제-설명 관계는 구체적으로 어떤 역할을 담당하는가? (14㉠)에서 주제-설명 관계로 맺어진 '토끼는'과 '귀가 길다' 각각의 역할을 고려하면, '토끼는'은 설명의 대상, 즉 주제에 해당하고,[2] '귀가 길다'는 설명의 내용이 된다. 그리고 이러한 역할 분담은 (14㉡)~(14㉣)에서도 마찬가지여서 '꽃은, 흡연은, 생선은' 등은 주제이고 주제를 제외한 나머지 부분은 각각의 주제에 대한 설명에 해당한다.

예문을 통해 알 수 있듯이 주제는 흔히 조사 '-은/는'을 동반한다. 그러나 그렇다고 해서 '-은/는'만 주제와 어울리는 것은 아니다. '토끼<u>가</u> 귀가 길다'와 '사람들이 생선을 고등어만 먹더라'에서 보듯이 주격 조사와 목적격 조사가 주제와 어울리기도 하며, '토끼만 귀가 길다, 토끼도 귀가 길다' 등에서 보듯이 '-은/는' 외에 '-만', '-도' 등의 특수조사도 주제와 어울릴 수 있기 때문이다.

주제가 동반할 수 있는 조사가 다양한 셈인데, 동반하는 조사가 다르면 의미와 쓰임에서도 차이를 보이기 마련이다. 그리고 이러한 차이를 포착할 때는 주제로 뭉뚱그리는 대신에 주제와 초점(focus)의 구분을 두고, 조사 '-은/는'과 어울리면 주제, '-이/가, -을/를, -만, -도' 등과 어울리면 초점으로 간주한다. 주제와 초점의 차이는 담화 맥락에서 잘 드러나는데,

---

2 주제 대신에 주어, 목적어 등의 문장성분 명칭에 맞추어 주제어라고도 할 수 있다. 마찬가지로 아래에서 살피는 초점도 초점어라고 해도 무방하다. 그리고 주제·주제어와 초점·초점어를 구분하면, 이들과 관련된 통사 관계도 주제-설명 관계와 초점-배경 관계 (focus-ground)로 구분하게 된다.

일반적으로 담화 맥락상 구정보(old information)가 주제에 해당하고, 신정보(new information)가 초점에 해당한다.

술어-논항 관계와 수식-피수식 관계는 서로 배타적이지만 주제-설명 관계는 그렇지 않아서, 술어-논항 관계와 주제-설명 관계가 겹칠 수 있고, 마찬가지로 수식-피수식 관계와 주제-설명 관계가 겹칠 수도 있다. 예를 들어 (14)에서는 '토끼는, 꽃은, 흡연은, 생선은' 등이 술어-논항 관계나 수식-피수식 관계와 무관하게 주제-설명 관계에만 참여하지만 '나는 밤에만 공부해.'와 같은 예를 보면 주제-설명 관계가 술어-논항 관계나 수식-피수식 관계와 겹칠 수 있음을 잘 알 수 있다. 이 예에서 '나는'은 주어(술어-논항 관계)이면서 동시에 주제(주제-설명 관계)이며, '밤에만'은 수식어(수식-피수식 관계)이면서 동시에 초점(초점-배경 관계)에 해당한다.

지금까지 살핀 세 가지 통사 관계는 그 관계를 형성하는 성분들의 필요에 의해 맺어지는 관계에 해당한다. 술어-논항 관계는 술어와 논항 쌍방이 서로를 필요로 하는 관계로서 술어는 논항을 필요로 하며, 역으로 논항은 술어를 필요로 한다. 쌍방적인 것은 주제-설명 관계도 마찬가지여서 주제는 설명을 필요로 하고 설명은 주제를 필요로 한다. 술어-논항 관계, 주제-설명 관계와 달리 수식-피수식 관계는 수식어가 피수식어를 일방적으로 필요로 하는 관계이다. 피수식어 없는 수식어는 존재하지 않는 바, 수식어라는 존재 자체가 이미 수식할 수 있는 대상을 전제로 하는 것이다. 물론 의미적으로는 피수식어가 수식어를 필요로 할 수도 있다. 다만 '객관적 증거, 증거, *객관적'에서 보듯이 수식어가 피수식어 없이 홀로 나타날 수는 없으므로 수식어가 일방적으로 피수식어를 필요로 하는 것으로 본다.

병렬 관계

그런데 끝으로 살필 병렬 관계는 사정이 사뭇 다르다. 어떤 것이 문법적 필요에 의해 다른 것과 병렬되는 것으로 보기는 어렵기 때문이다. 예를 들어 아래 (15㉠)에서 '하늘'이 어떤 문법적 필요에 의해 '바람, 별, 시'와 병렬된다고 볼 수 없으며, '떡'이 어떤 문법적 필요에 의해 '빵'과 병렬된다고 보기 어렵다. 물론 '어머니와 아버지', '하늘과 땅', '너와 나'처럼 병렬 관계임에도 불구하고 병렬 관계에 의해 결합하는 성분 사이에 긴밀한 관계가 성립하는 경우가 있기는 하다. 이런 것을 자연스런 병렬(natural coordination)이라고 하는데 문법보다는 문화적·관습적 요인이 깊게 관여하므로 문법의 테두리에 들지 않는다. 이처럼 병렬이 필요에 의해 다른 성분과 결합하는 문법적 특성과 거리가 있는 것은 절과 절이 병렬된 (15㉡)에서도 마찬가지로 성립한다.

(15) ㉠ 하늘과 바람과 별과 시

떡이나 빵

㉡ 눈이 내리고, 비가 왔다.

눈이 내리거나, 비가 왔다.

따라서 병렬 관계의 특성은 병렬 관계를 형성하는 성분만 가지고는 온전히 파악하기 어렵고, 병렬 관계 밖을 고려해야 파악할 수 있다. 이에 아래 예를 통해 병렬 관계가 어떤 성격을 띠는지 살펴보자.

(16) ㉠ 영이가 철수를 만났다.

㉡ 영이가 민수를 만났다.

㉢ 영이가 순이를 만났다.

(17) ㉠ 영이가 철수와 민수와 순이를 만났다.

㉡ 영이가 철수나 민수나 순이를 만났다.

(16㉠)~(16㉢)에서 '철수를, 민수를, 순이를'은 '영이가 누군가를 만나는' 사건에 동등한 자격으로 참여한다. 그런데 이렇게 동일한 사건에 동등한 자격으로 참여하는 성분들은 (16㉠)~(16㉢)에서 보듯이 제각기 독자적인 문장을 수반할 수도 있지만, (17)처럼 병렬 관계를 통해 하나의 문장에 함께 나타날 수도 있다. 또한 (16㉠)~(16㉢) 사이의 관계가 어떠한가에 따라 (17㉠)이 될 수도 있고 (17㉡)이 될 수도 있다. (16㉠)~(16㉢)이 모두 성립하는 경우면 (17㉠)이 되고, (16㉠)~(16㉢) 가운데 어떤 것이 선택적으로 성립하는 경우면 (17㉡)이 된다. 이러한 사항을 고려하면, 병렬 관계는 동등한 자격을 지닌 둘 이상의 성분을 하나의 문장에 포함시키는 역할을 그 특성으로 한다고 할 수 있다.

병렬 관계는 (15)에서도 동등한 자격을 지닌 둘 이상의 성분을 하나의 문장에 포함시키는 역할을 담당한다. (15㉠)은 (17)과 동질적인데 다만 (17)과 달리 술어-논항 관계가 명시적으로 나타나지 않았을 따름이다. 절이 병렬된 (15㉡)에서 병렬된 절들의 자격이 동등한 것도 마찬가지로 이해할 수 있다. 즉 (15㉡)은 (18㉠)이 (18㉡)이 된 것과 통하되 (15㉠)이 그랬듯이 술어-논항 관계가 명시되지 않은 경우에 해당한다.

(18) ㉠ 누군가가 [눈이 내렸다고] 말했다.

누군가가 [비가 왔다고] 말했다.

㉡ 누군가가 [눈이 내리고 비가 왔다고] 말했다.

누군가가 [눈이 내리거나 비가 왔다고] 말했다.

4.2.2. 통사 범주

지금까지 통사 관계적인 문법에 대해서 살폈는데 이제부터는 통사 범주적인 문법에 대해서 살피기로 한다. 먼저 아래 예에서 문법성 여부가 무엇에 의해 갈리는지 생각해 보자.

(19) ㉠ 재미있는 책

㉡ * 재미있게 책

(20) ㉠ * 재미있는 읽었다.

㉡ 재미있게 읽었다.

쉽게 알 수 있듯이 (19)와 (20)에 나타난 문법성의 차이는 '재미있-'과 결합한 어미의 차이와 직결된다. 즉 명사 '책'은 관형사형 전성어미를 동반한 '재미있는'과는 결합할 수 있지만, 부사형 전성어미를 동반한 '재미있게'와는 결합할 수 없어서 (19㉠)과 달리 (19㉡)은 비문법적인 것으로 간주된다. 동사 '읽-'은 (19)와는 반대로 부사형 전성어미를 동반한 '재미있게'와는 결합할 수 있고 관형사형 전성어미를 동반한 '재미있는'과는 결합할 수 없으므로 (20㉠)은 성립하지 않고 (20㉡)은 성립하는 것으로 보게 된다.

이제 관형사형 전성어미와 결합한 '재미있는'은 통사 범주상 관형사형 범주에 해당하고, 부사형 전성어미와 결합한 '재미있게'는 통사 범주상 부사형 범주에 해당한다고 해 보자. 그러면 (19)와 (20)은 다음과 같이 설명할 수 있다. 관형사형 범주는 명사와 결합하여 구를 형성할 수 있지만 부사형 범주는 그럴 수 없으며, 부사형 범주는 명사가 아니라 동사와 결합하여 구를 형성한다. 이렇게 통사 범주가 무엇이냐에 따라 결합 여부가 결정되는 현상은 구·절·문장의 형성에서 일반적이다. 이에 통사 관계와 더불어 통사 범주를 구·절·문장을 형성하는 데 있어 근간으로 삼게 된다.

위에서 관형사형 범주와 부사형 범주를 통사 범주라고 했는데, 통사 범주는 구·절·문장을 형성하는 데 참여하는 성분들을 문법적 특성에 따라 분류한 각각을 말한다. 따라서 관형사형과 부사형이 통사 범주인 것과 마찬가지로 관형사, 부사 등 각각의 품사도 통사 범주에 속한다. 관형사, 부사 등은 품사 부류인 동시에 통사 범주이기도 한 것이다.

관형사, 부사 등만 고려하면 품사 개념과는 별도로 통사 범주 개념을 사용할 필요가 없다고 할 수 있다. 하지만 품사 개념으로는 포착하기 곤란한 관형사형, 부사형 등이 있기 때문에 품사 개념과는 별도로 통사 범주라는 개념을 사용한다.

한편 (19㉠)에서 관형사형 범주 '재미있는'과 명사 범주 '책'으로 형성된 '재미있는 책'은 통사적으로 명사구가 되고, (20㉡)에서 부사형 범주 '재미있게'와 동사 범주 '읽었다'로 형성된 '재미있게 읽었다'는 통사적으로 동사구가 된다. 통사적으로 '재미있는 책'과 '재미있게 읽었다'가 각각 명사구의 특성과 동사구의 특성을 띠게 되므로 이에 명사구 범주 NP(noun phrase)와 동사구 범주 VP(verb phrase)도 통사 범주에 속하게 된다. 그러면 통사 범주에는 명사 N(noun), 동사 V(verb), 관형사 Adn(adnoun), 부사 Adv(adverb) 같은 단어뿐만 아니라 명사구 NP, 동사구 VP, 관형사구 AdnP, 부사구 AdvP 등 구도 포함된다. N, V, Adn, Adv 등을 X로 대표하면 X와 XP가 통사 범주에 속하는 것이다.[3]

4.2.3. 통사 관계와 통사 범주의 관계

통사 관계와 통사 범주는 독립적으로 존재하는 동시에 서로 밀접한 관련을 맺는다. 예를 들어 (19), (20)에서 통사 범주로 무엇이 적격한가는 적격한 수식-피수식 관계의 형성과 직결된다. 이렇게 통사 관계와 통사 범주가 맞물리는 것은 술어-논항 관계와 병렬 관계도 마찬가지이다. 병렬 관계는 일반적으로 같은 통사 범주에 속하는 것들을 묶을 수 있으며, 술어-논항 관계가 적격하게 맺어지려면 특히 논항이 취하는 조사 범주가 적절해야 한다. 아래에서 (21㉠)만 성립하고 나머지는 성립하지 않는데, 그

---

3 X와 XP 사이의 중간 단위도 있는데(이 장의 4.3.2. 참고), 이 단위 역시 통사 범주에 속한다.

이유는 논항 '그늘이 없는 사람'이 술어 '사랑하'와 술어-논항 관계를 맺기 위해서는 조사 범주 중에서도 목적격 조사 범주를 동반해야 하기 때문이다.

(21) ㉠ 나는 그늘이 없는 사람을 사랑하지 않는다.

　　 ㉡ * 나는 그늘이 없는 사람<u>의</u> 사랑하지 않는다.

　　 ㉢ * 나는 그늘이 없는 사람<u>에게</u> 사랑하지 않는다.

> **참고** '그늘이 없는 사람'에 더해 조사까지 포함된 '그늘이 없는 사람을'도 논항이다. 논항, 부가어 등을 따질 때는 편의상 조사를 포함시키기도 하고 제외하기도 한다.

또한 '사랑하'와 적격한 술어-논항 관계를 맺을 수 있는 논항은 명사 범주이기 마련이다. '사랑하'로 표현되는 사건은 사랑하는 주체에 해당하는 행위주 의미역과 사랑받는 대상에 해당하는 피동주 의미역이 필요한데, 행위주 의미역과 피동주 의미역은 통사 범주상 명사와 통하는 것이다.

4.3. 통사 구조 형성과 문장

4.3.1. 통사 구조

단어가 모여 구·절·문장이 형성될 때 단어들은 어떻게 결합하는가? 가장 손쉬운 방법은 단어들이 자유롭게 일렬로 연결되어서 구·절·문장이 형성되는 방식일 것이다. 예를 들어 세 단어 '나는'과 '너를', '사랑한다'가 특별한 조건이나 제약 없이 자유롭게 일렬로 연결되면 아래와 같은 문장들이 나타나는데,

(22) ㉠ 나는 너를 사랑한다.

   ㉡ 나는 사랑한다 너를.

   ㉢ 너를 나는 사랑한다.

   ㉣ 너를 사랑한다 나는.

   ㉤ 사랑한다 나는 너를.

   ㉥ 사랑한다 너를 나는.

이 문장들은 모두 문법적으로 별다른 이상을 지니지 않는다. 따라서 단어들이 줄줄이 연결되어 구·절·문장이 형성된다고 보는 '줄줄이 가설'은 적어도 (22)에 제시한 현상 내에서는 타당하다고 할 수 있다.

줄줄이 가설 : 단어들이 자유롭게 한 줄로 연결되어 구·절·문장이 형성된다.

참고 이 가설은 구·절·문장의 구조가 평판 구조임을 의미한다(3장의 3.5.5. 참고).

그런데 '줄줄이 가설'은 자료를 확대하면 금방 한계를 드러낸다. 예를 들어 네 단어 '나는, 너의, 친구를, 사랑한다'를 자유롭게 연결하면 스물네 가지 문장이 나타나고 '줄줄이 가설'에 따르면 이 스물네 가지 문장이 모두 성립해야 하지만 실상은 이와 다르기 때문이다. '줄줄어 가설'에 따라 형성된 스물네 가지 문장 중에는 아래에서 보듯이 문법적인 것뿐만 아니라 비문법적인 것도 포함되는 것이다. 따라서 '줄줄이 가설'은 수정되어야 한다.

(23) ㉠ 나는 너의 친구를 사랑한다.

   ㉡ 너의 친구를 나는 사랑한다.

   ㉢ * 나는 친구를 너의 사랑한다.

ⓔ * 너의 나는 친구를 사랑한다.

.
.
.

(22)에 더해 (23)까지 다루기 위해서 '줄줄이 가설'은 어떻게 수정되어야 할까? '줄줄이 가설'을 수정하기 위해 먼저 (23)에 제시한 예를 자세히 관찰해 보자. 그러면 '너의'와 '친구를'이 인접하면서 하나의 단위로 묶여서 행동하면 문법적이지만 그렇지 않으면 비문법적임을 알 수 있다. 아래 (24)에서 확인할 수 있듯이 '너의'와 '친구를'이 결합하여 '너의 친구를'이 형성되고 이렇게 형성된 '너의 친구를'이 하나의 성분으로서 '나는', '사랑한다'와 결합한 문장은 모두 문법적이다.

(24) ㉠ 나는 [너의 친구를] 사랑한다.

㉡ 나는 사랑한다 [너의 친구를].

㉢ [너의 친구를] 나는 사랑한다.

㉣ [너의 친구를] 사랑한다 나는.

㉤ 사랑한다 나는 [너의 친구를].

㉥ 사랑한다 [너의 친구를] 나는.

위와 같은 점을 고려하면 단어들이 자유롭게 일렬로 연결되어서 구·절·문장이 형성된다는 '줄줄이 가설'보다는 '너의'와 '친구를'처럼 서로 밀접히 관련된 단어끼리는 먼저 결합하고 비교적 관계가 소원한 것은 나중에 결합하는 식으로 구·절·문장이 단계적으로 형성된다고 보는 '단계 가설'이 더 합리적이라 할 수 있다.

단계 가설 : 서로 밀접히 관계를 맺는 단어들이 먼저 하나의 성분으로 묶이면서 구·절·문장이 형성된다.

참고 이 가설은 구·절·문장의 구조가 계층 구조임을 의미하며(3장의 3.5.5. 참고),

'밀접히 관계를 맺는'의 '관계'는 앞서 살핀 통사 관계이다(이 장의 4.2.1. 참고).

'단계 가설'에 따라 '너의'와 '친구를'은 다른 것과 결합하기에 앞서 우선 서로 결합해서 '너의 친구를'을 형성한다. 그리고 '단계 가설'에 더해 '너의 친구를'처럼 관형격 조사 '-의'를 매개로 묶이는 성분들은 서로 단단히 결속되어서 쉽게 분리될 수 없다는 조건을 두면 (23), (24)의 현상을 설명할 수 있게 된다.[4]

'너의'와 '친구를' 사이의 관계가 밀접하다는 것은 (23), (24)을 통해 확인하였다. 그러면 '너의 친구를'과 '나는', '사랑한다' 사이의 관계는 어떠한가? 이 셋 사이에도 밀접한 관계와 소원한 관계의 차이가 성립할까? 일단 (24㉠)을 대상으로 이 문제에 접근해 보자. (24㉠)은 기본 어순이 그대로 나타난 예이고, (24㉡)~(24㉥)은 기본 어순에 도치가 적용되어 나타난 예이다. 어순과 도치에 대한 논의는 나중에 따로 다룬다(이 장의 4.5. 참고).

(24㉠)에서 '너의 친구를'과 '나는', '사랑한다' 이 셋 사이의 관계가 동등하면 (25㉠)의 나무그림이 올바를 것이고, 그렇지 않으면 나무그림 (25㉡)이나 (25㉢)이 올바를 것이다.

(25) ㉠

나는 [너의 친구를] 사랑한다

---

4 '너의'가 '친구를'에서 분리되어 문장 뒤로 도치된 '나는 친구를 사랑한다, 너의.'가 성립하지 않는다고 보기는 어렵다. 특히 쉼표(,)로 표시한 휴지(pause)가 개재하면 문법성·수용성에서 별다른 이상이 나타나지 않는다. 이렇게 관형격 조사로 연결되면서도 분리가 가능한 경우가 있으므로 '쉽게'라는 단서를 둔다. 한편 '너의'가 '친구를'에서 분리되어 도치되되 '*너의, 나는 친구를 사랑한다.'에서처럼 문장 뒤 이외의 위치로 도치되면 휴지가 개재되어도, 심지어 '너의' 뒤에도 휴지를 두어도, 성립하지 않는다.

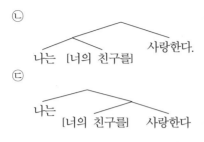

 (25ⓛ)은 '나는'과 '너의 친구를' 사이의 관계가 '나는'과 '사랑한다' 사이의 관계나 '너의 친구를'과 '사랑한다' 사이의 관계보다 긴밀하다고 보는 입장을 반영한 것이고, (25ⓒ)은 '너의 친구를'과 '사랑한다' 사이의 관계가 다른 관계보다 긴밀하다고 보는 입장을 반영한 것이다.

 그렇다면 어떤 것을 선택해야 하는가? (25)에 제시한 세 가지 나무그림 중에서 타당한 것을 선별하기 위해서는 나무그림의 타당성을 평가할 수 있는 현상이 필요하다. 이에 아래 현상에 주목해 보자.

 (26) ㉠ 나는 너의 친구를 사랑한다.
   ㉡ 철수도 그렇다.

 (26ⓛ)은 맥락상 '철수도 너의 친구를 사랑한다'와 통한다. 따라서 (26ⓛ)의 '그렇다'는 '너의 친구를 사랑한다'를 대신한다고 보게 되는데 이러한 판단은 나무그림 (25ⓒ)과 어울린다. (25ⓒ)에서는 '너의 친구를'과 '사랑한다'가 하나의 단위로 묶이는바, 이렇게 하나의 단위로 묶인 성분을 하나의 단어 '그렇다'가 대신하는 것은 자연스럽기 때문이다. 하지만 (25㉠)과 (25ⓛ)은 사정이 사뭇 달라서 이 두 나무그림에서는 '너의 친구를'과 '사랑한다'가 하나의 성분으로 묶이지 않는다. 하나의 성분으로 묶이지 않는 것을 하나의 단어가 대신한다고 보는 것은 전혀 자연스럽지 않다.

 (26)처럼 어떤 것이 다른 것을 대신하는 현상을 대치(substitution)라고

하는데, 대치는 (25㉠)~(25㉢) 셋 중에 (25㉢)을 지지한다. 그만큼 (25㉢)은 타당하다고 할 수 있다. 대치에 더해 아래 현상도 (25㉢)의 타당성을 지지한다.

  (27) 구두닦이, 생선구이, 줄넘기, 맛보기, 병따개 등

위에 제시한 단어들은 '구두를 닦다, 생선을 굽다, 줄을 넘다, 맛을 보다, 병을 따다'에서 알 수 있듯이 목적어와 서술어에 해당하는 것이 복합어 형성에 참여한다는 것을 보여준다. 중요한 것은 주어는 배제된 채 목적어와 서술어 성분이 복합어 형성이라는 과정에 참여한다는 점인데, 이는 그만큼 목적어와 서술어 성분은 긴밀한 관계를 형성하지만 주어는 그렇지 않다는 것을 의미한다. 따라서 (27)은 목적어와 서술어의 관계를 긴밀하게 표현한 (25㉢)을 지지한다.

대치와 단어 형성에 더해 관용어(idiom)도 (25㉢)을 지지한다. '가슴을 펴다, 미역국을 먹다, 바람을 쐬다'와 같은 예에서 알 수 있듯이 관용어도 주어를 제외한 채 목적어와 서술어만으로 이루어진 예가 많기 때문이다.

이제 (25㉢)이 타당하다는 판단을 일반화해 보자. 그러면 구·절·문장은 '단계 가설'에 따라 밀접한 관계를 맺는 단어들끼리 우선 결합해서 계층 구조(hierarchical structure)를 이루면서 형성된다고 할 수 있다.[5] 모든 구·절·문장이 이런 식으로 형성되는지는 섣불리 속단할 수 없지만, 별다른 이상이 없는 한 '단계 가설'의 방식으로 구·절·문장이 형성되는 것으로 보는 것이 타당하다. 물론 '단계 가설'이 문제를 일으키면, 다시

---

  [5] 대치, 단어 형성, 관용어 외에도 계층 구조를 지지하는 현상은 풍부하다. 예를 들어 '똑똑한 누나의 동생'이나 '나는 영이랑 철수를 만났다'가 보이는 중의성(ambiguity)도 계층 구조를 지지한다. 이에 계층 구조를 바탕으로 갖가지 언어 현상을 해명하는 입장을 취하게 된다. 한편 (25㉢)뿐만 아니라 (25㉡)도 계층 구조이기는 하다. 다만 (25㉡)이 나타내는 계층 구조가 언어 현상을 제대로 포착하지 못하므로 타당한 것으로 판단되지 않을 따름이다.

말해 별다른 이상을 야기하면, 또 다른 방안을 추구해야 한다. '단계 가설'
을 기준으로 삼아 언어 현상을 탐구해 나가되 '단계 가설'에 어긋나는 현
상이 있는지 유념해야 하며, '단계 가설'에 어긋나는 현상이 발견되면 그
현상을 해명할 수 있도록 '단계 가설'을 수정하거나 다른 가설을 추가해
야 하는 것이다.

4.3.2. 통사 구조 형성 규칙

구·절·문장은 단어가 모여 형성되며, 이때 단어들은 서로 관계가 밀
접한 것끼리 우선 결합해 가면서 구·절·문장을 구축해 나간다. 그러면
문법에는 단어와 단어를 결합해 구·절·문장을 형성하는 규칙이 있어야
한다. 그리고 구를 형성하든 절이나 문장을 형성하든 핵심은 통사 구조를
형성하는 것이므로 문제의 규칙은 통사 구조 형성 규칙이라고 부를 수
있다. 이 절에서는 통사 구조 형성 규칙의 실상을 살피기로 한다.

구 구조 규칙

구·절·문장에서 절과 문장은 구의 일종이다. 따라서 통사 구조 형성
규칙은 구의 구조를 형성하는 규칙, 즉 구 구조 형성 규칙, 줄여서 구 구
조 규칙(phrase structure rule)이라고 부를 수 있다. 구 구조 규칙의 구체
적인 모습은 어떠한가?

구 구조 규칙을 구체화하기 위해 우선 나무그림 (25ⓒ)이 (23ⓙ) '나는
너의 친구를 사랑한다.'뿐만 아니라 다른 여러 문장의 구조이기도 하다는
점에 주목하자.

(28)

나는   너의   친구를   사랑한다. (= 23ⓙ)

너는	그의	친구를	사랑한다.
그는	나의	친구를	사랑한다.
누가	누구의	친구를	사랑했는가?
철수가	영이의	오빠를	만났군.
영이가	어려운	책을	읽었다.
철수가	영이의	팔을	잡았소.
연시가	라따의	귀를	물다니.

.
.
.
.

위에서 보듯이 하나의 구조가 하나의 문장이 아니라 여러 문장에 대응하는 것은 구 구조 규칙이 하나의 문장에 묶여 있지 않음을 의미한다. 구조를 형성하는 구 구조 규칙은 구체적인 개별 단어와 이 단어들이 형성하는 구·절·문장과는 별개로 다소 추상적인 차원에 존재하는 것이다. 블록 쌓는 규칙이 실제로 블록을 쌓아서 만든 무수한 모양의 탑, 집, 성 등과는 별개로 존재하고, 장기의 규칙이 실제로 장기를 두는 것과 별개로 존재하는 것과 마찬가지이다.

추상적인 구 구조 규칙은 어떻게 구체화할 수 있을까? 이 문제에 답하기 위해, (28)의 나무그림에 이름표를 붙일 수 있으면 구 구조 규칙을 구체화할 수 있다는 점에 주목해 보자. 아래 (29)에서 보듯이 구조에 'A, B, C, D' 식으로 이름표가 부여되면, (30)의 규칙을 설정해 (29)의 구조를 형성할 수 있기 때문이다. (30)에서 화살표(→)는 구성 또는 형성을 나타내며, 'A → B C'는 'A는 B와 C로 구성된다', 'B와 C가 A를 형성한다'를 의미한다.

(29)

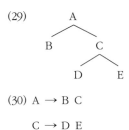

(30) A → B C

     C → D E

이러한 맥락에서 위에서 제기한 문제 '추상적인 구 구조 규칙은 어떻게 구체화할 수 있을까?'는 '(28)의 나무그림에는 어떻게 이름표를 붙이며, 이를 바탕으로 어떠한 규칙을 설정해야 하는가?'로 바뀐다.

위의 질문에 대해, 먼저, 나무그림에 나타나는 이름표에 대한 질문에는 앞서 논의한 통사범주를 답으로 제시할 수 있다. 즉, 문장, 명사, 동사, 부사 등의 통사범주를 각각 S(sentence), N(noun), V(verb), Adv(adverb)로 나타내고, 명사구, 동사구, 부사구 등은 P(phrase)를 붙여 NP(noun phrase), VP(verb phrase), AdvP(adverb phrase)로 나타내면 나무그림에 이름표를 부여할 수 있다. 다음으로, 나무그림에 이름표가 주어지면, 아래와 같은 구 구조 규칙을 설정하여 통사 구조를 형성할 수 있다.

(31) ㉠ S → NP VP

    ㉡ VP → (NP) V

    ㉢ NP → (NP) N 등

참고 구 구조 규칙은 다음의 세 가지를 포착한다. 첫째, 성분성(constituency) 또는 계층 구조(hierarchical structure). 둘째, 구성성분 사이의 순서. 이는 어순(word order) 또는 선형성(linearity)이라고도 한다. 끝으로 셋째, 통사범주. 한편 (31㉡) 'VP → (NP) V'는 두 개의 규칙 'VP → NP V'와 'VP → V'를 합쳐서 표기한 것인데, 'VP → V'가 이상해 보일 수 있다. 동사구를 동사와 같은 것으로 간주하는 듯하기 때문이다. 하지만 'VP → V'는 'VP = V'가 아니라 V가 단독으로 VP의 역할을 할 수 있음을 뜻한다. 2인용 좌석에 둘이 앉을 수도 있지만 혼자 앉을 수도 있으며, 어떤 모임을 한 명이 대표할 수 있는 것과 마찬가지이다. 이 점은 (31ⓒ) 'NP → (NP) N'도 마찬가지이다.

위의 구 구조 규칙이 주어지면 다양한 통사 구조를 형성할 수 있는데 그 한 예를 보이면 아래와 같다.

(32) ㉠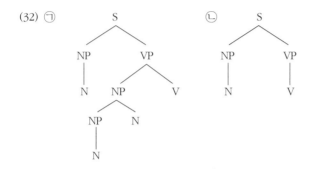

구 구조 규칙은 위에서 보듯이 통사 구조 형성까지만 보장하지 단어가 나타나는 것까지는 책임지지 못한다. 그런데 실제 문장은 단어가 나타나야 한다. 이에 구 구조 규칙에 더해 어휘 삽입 규칙(lexical insertion rule) 을 설정해 통사 구조에 단어가 나타나는 것을 보장한다.

(33) 통사 구조에 표시된 통사범주에 부합하는 단어를 삽입하라.

어휘 삽입 규칙에 따라 N 자리에는 명사만 삽입될 수 있고, V 자리에는 동사만 삽입될 수 있는데, 실제로 (32)에 어휘 삽입 규칙까지 적용하면 아래와 같은 나무그림이 나타나게 된다.

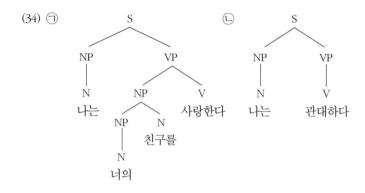

(34) ㉠   S   ㉡   S

참고 동사와 형용사(adjective)의 통사 범주는 둘 다 V로 간주한다. 물론 둘을 구분할 수도 있는데, 그러면 동사구를 위한 'VP → (NP) V'와 형용사구를 위한 'AdjP → (NP) Adj'가 각각 설정된다. 한편 조사와 어미를 단어로 간주하면(3장의 3.4.3. 참고), 위의 통사 구조는 조정되어야 한다(이 장의 4.3.3. 참고).

이렇게 구 구조 규칙과 어휘 삽입 규칙이 있으면 구·절·문장을 형성할 수 있다. 그렇다면 구 구조 규칙은 몇 가지나 필요한가? 이에 대한 답은 구·절·문장의 실제 사례를 관찰하고 분석해 가면서 찾으면 되는데, 예를 들어 접속문 '산이 높고, 물이 맑다.'를 위해서는 'S → S S'가 추가되어야 하고, '[토끼가 용궁에 간 이야기]', '[내가 읽은 책]'처럼 관형사절이 나타난 명사구를 위해서는 'NP → S N'이 추가되어야 한다.

참고로 관형사절은 '[내가 읽은 책]'과 '*[내가 책을 읽은 책]'의 대조에서 알 수 있듯이 피수식 성분과 동일한 성분이 관형사절 내에 실현되는 것을 허용하지 않는데, 이는 구 구조 규칙과 별도로 존재하는 생략 규칙 혹은 삭제 규칙으로 다룬다. 즉, 구 구조 규칙 'NP → S N'에 더해 '관형사절 내의 성분으로서 피수식 성분과 동일한 것은 필수적으로 생략·삭제된다.'는 생략·삭제 규칙을 설정해서 '[내가 읽은 책]'과 '*[내가 책을 읽은 책]'의 대조를 포착한다.

관형사절에 적용되는 생략·삭제 규칙은 필수적이지만, 그렇다고 해서 생략·삭제 규칙이 항상 필수성을 띠는 것은 아니다. 예를 들어 '누구나 통사론을 좋아하거나 싫어한다.'도 성립하고, '누구나 통사론을 좋아하거나 누구나 통사론을 싫어한다.'도 성립하는 것에서 알 수 있듯이 접속문에서의 생략·삭제 규칙은 수의성을 띤다. 물론 이 경우에도 생략·삭제 규칙이 적용된 경우가 좀 더 자연스러운 듯한데, 이는 규칙의 필수성·수의성이 아니라 규칙 적용의 효과와 관련된 것으로, 통사론이 아니라 문체론(stylistics)의 영역에 속한다.

한편 문법적인 구·절·문장은 통사범주뿐만 아니라 앞서 살핀 통사 관계도 적격해야 한다. 예를 들어 (34)의 V 자리에는 동사 중에서도 목적어를 취하는 타동사만 삽입될 수 있다. 문법적인 문장은 구 구조 규칙, 어휘 삽입 규칙, 통사 관계 등이 상호작용하면서 형성되는 것이다.

구 구조 규칙과 어휘 삽입 규칙을 토대로 형성된 (34)가 있으면, 통사 관계를 통사 구조적으로 규정할 수 있게 된다. 예를 들어 '주어'는 'S 바로 밑의 NP', '목적어'는 'VP 바로 밑의 NP', '관형어'는 'NP 바로 밑의 NP' 식으로 규정할 수 있다.[6] 물론 명사구 NP가 아니라 관형사구 AdnP가 관형어가 될 수도 있고, 관형사절이 관형어가 될 수도 있다. 따라서 모든 경우를 망라하려면 NP 바로 밑의 NP, AdnP, S 등을 관형어로 간주해야 한다. 그리고 이러한 점은 주어, 목적어 등의 경우에도 마찬가지이다. 하지만 어쨌거나 중요한 것은 (34)와 같은 나무그림이 주어지면 나무그림을 토대로 통사 관계를 규정할 수 있다는 사실이다.

나무그림을 토대로 통사 관계를 규정할 수 있다는 사실의 의의는 나무그림 없이 통사 관계를 규정하는 것이 곤란하다는 것을 고려하면 쉽게

---

6 그냥 '밑'이 아니라 '바로 밑'이다. '밑'이라고만 하면, 예를 들어 주어와 목적어를 구분할 수 없다. 주어든 목적어든 S 밑의 NP인 것은 마찬가지이기 때문이다. 반면에 S 바로 밑의 NP는 주어에만 해당하지 목적어에는 해당하지 않는다.

알 수 있다. 나무그림 없이 통사 관계, 예를 들어 '주어'를 규정할 수 있을까? 얼른 '주격 조사'가 떠오르지만 '나는 관대하다.'의 주어 '나는'에서 보듯이 주어가 늘 주격 조사를 동반하는 것은 아니다. 의미역은 어떤가? 앞서 소개한 의미역에 기대면 행위주 의미역에 해당하는 문장성분을 주어로 규정할 수 있을 듯하다. '학생들이 이 책을 잘 읽는다.'에서 주어 '학생들'은 행위주 의미역에 해당하기 때문이다. 하지만 '이 책이 학생들에게 잘 읽힌다.'를 생각하면 의미역으로 주어를 규정하는 방법이 그다지 신통치 않음을 알 수 있다. 행위주가 아닌 피동주 '이 책'이 주어로 나타났기 때문이다. 그런데 '나는 관대하다.'의 주어 '나는'이든, '학생들이 이 책을 잘 읽는다.'의 주어 '학생들이'이든, '이 책이 학생들에게 잘 읽힌다.'의 주어 '이 책이'이든, 이들 주어들 모두 S 바로 밑의 NP임은 확실하다. 따라서 나무그림은 통사 관계를 엄밀히 규정하는 초석을 제공한다.

핵 계층 이론

구·절·문장의 통사 구조는 (30), (31)에서 보았듯이 'A → B C' 형식의 구 구조 규칙에 의해 보장된다. 그런데 구 구조 규칙은 미심쩍은 면을 포함하고 있다. 'A → B C' 형식을 지키기만 하면 된다면, 'NP → NP N' ([NP [NP 모두의] [N 희망]]), 'AdvP → AdvP Adv'([AdvP [AdvP 매우] [Adv 빨리]]) 식의 구 구조 규칙뿐만 아니라 'NP → NP Adv', 'AdvP → NP N' 식의 구 구조 규칙도 있을 수 있기 때문이다. 물론 실제 구·절·문장은 'NP → NP N', 'AdvP → AdvP Adv' 식의 구 구조 규칙과는 부합하지만, 'NP → AdvP N', 'AdvP → NP N' 식의 구 구조 규칙과는 전혀 부합하지 않는다.

구 구조 규칙이 문법적인 것뿐만 아니라 비문법적인 것까지 허용하는 문제를 지니는 셈인데, 이렇게 실재하지 않는 것까지 허용함으로써 야기되는 문제를 과생성(overgeneration)의 문제라고 한다.

과생성의 문제는 과생성된 비문법적인 통사 구조를 형성하지 못하도록 구 구조 규칙을 적절히 제약하면 해결할 수 있다. 이를 위해 구 구조 규칙에 대해 아래와 같은 제약을 둔다.

(35) XP → ⋯ X (단, X ∈ {N, V, Adn, Adv, ⋯})

참고 위에 따르면 구 구조 규칙 'S → NP VP'는 불가능하다. 따라서 'S → NP VP'는 예외로 간주하든지, 아니면 위에 맞게 재해석되어야 한다(이 장의 4.3.3. 참고). 한편 언어에 따라서는 'XP → ⋯ X'가 아니라 'XP → X ⋯'일 수도 있다(이어지는 '결합과 투사' 및 이 장의 4.5. 참고).

위에서 X는 변항(variable)으로서 괄호 안에 표시해 두었듯이 N, V, Adn, Adv 등 가운데 하나이며, 'XP → ⋯ X'에서 말줄임표(⋯)는 무언가가 나타날 수 있음을 의미한다. 그리고 X로 N이 선택되면 'NP → ⋯ N' 형식의 구 구조 규칙만 가능하며, X로 V가 선택되면 'VP → ⋯ V' 형식의 구 구조 규칙만 가능하고, X로 Adn이나 Adv가 선택되면 'AdnP → ⋯ Adn', 'AdvP → ⋯ Adv' 형식의 구 구조 규칙만 가능할 뿐, 위에서 문제로 지적된 'NP → NP Adv', 'AdvP → NP N' 형식의 구 구조 규칙은 아예 배제된다. 구가 그 안에 같은 통사범주의 단어를 포함하도록 함으로써, 다른 말로 내심성(endocentricity)을 보장함으로써, 구 구조 규칙이 야기한 과생성의 문제를 해소하는 셈이다.

위와 같은 방식을 따라 구 구조 규칙을 제약하는 입장을 흔히 핵 계층 이론(X-bar theory)이라고 하는데, 이에 따르면 통사 구조의 성격은 핵에 의해 결정된다. 즉, 핵(head) X가 통사 구조의 성격을 XP로 결정한다.

정리와 비판

지금까지의 논의에 따르면, 문법적인 구·절·문장을 형성하는 데에는 아래의 네 가지가 필요하다.

(36) ㉠ 구 구조 규칙

㉡ 어휘 삽입 규칙

㉢ 통사 관계

㉣ 구 구조 규칙에 대한 제약 'XP → ⋯ X'

참고 통사론은 통사 관계와 통사 범주를 토대로 삼는데(이 장의 4.2. 참고), 통사 범주
와 관련한 것은 (36㉠), (36㉡), (36㉣)에 의해 다루어진다. 그래서 통사 관계와
달리 통사 범주는 (36)에 따로 포함되지 않는다.

위의 네 가지를 세 가지나 두 가지로 축소할 수는 없을까? 축소할 수
있다면 보다 간결한 문법이 가능해지고 간결한 문법은 이론적인 면뿐만
아니라 언어 습득(language acquisition)과도 부합한다는 점에서 바람직하
다. 물론 이론이나 언어 습득을 고려하면, 두 가지보다 한 가지로 축소하
는 것이 더 좋고 최신은 (36㉠)~(36㉣)을 아예 없애는 것이다. 다시 말해
이론적인 관점과 언어 습득의 관점에서는, 구·절·문장이 보이는 문법
현상을 설명할 수만 있다면, (36)에 제시한 것들을 최대한 축소하는 것이
바람직하다.

(36)에 제시한 네 가지를 보다 적은 수로 축소하려는 노력을 추상적·
이론적 취향의 문제로 치부하기 쉽다. 하지만 (36)을 축소하려는 노력이
단순히 취향 차원에 머무는 것만은 아니다. 예를 들어 '자네는 나를 이해
하는가?'와 같은 간단한 문장을 고려해 보자. 이 문장에서 '이해하는가'는
통사 구조의 V 자리에 삽입되며, 이를 통해 적절한 통사 관계, 즉 술어-논
항 관계를 맺는다. 여기서 중요한 것은 V 자리에 '이해하는가'가 삽입되
는 것과 적절한 통사 관계가 성립하는 것을 서로 무관하게 취급할 수 없
다는 점이다. 어휘 삽입과 통사 관계는 서로 긴밀히 관련되는 것이다. 하
지만 (36)은 이러한 관련성을 포착하지 못한다. (36)대로라면 통사 관계
와 어휘 삽입 규칙 사이의 관계가 통사 관계와 구 구조 규칙에 대한 제약

'XP → … X' 사이의 관계보다 긴밀할 이유가 없기 때문이다.

구 구조 규칙에 대한 제약 'XP → … X'도 마찬가지다. 구 구조 규칙과 어휘 삽입 규칙을 서로 관련짓지 않고 따로따로 존재하는 것으로 간주하기 때문에 과생성의 문제가 대두되고 이를 조율하고자 구 구조 규칙에 대한 제약 'XP → … X'를 설정해야 하는바, 애초에 단어가 등장하면서 이 단어의 특성에 맞게 통사 구조가 형성되는 것으로 보면 구 구조 규칙에 대한 제약 'XP → … X'는 굳이 따로 설정할 필요가 없다.

그렇다면 어휘 삽입과 통사 관계를 긴밀히 관련짓고, 단어가 등장하면서 동시에 통사 구조가 형성되는 것으로 보려면 어떻게 해야 하는가? 절을 달리하여 이 의문에 대한 답을 모색하기로 한다.

결합과 투사

통사 구조가 꾸며지고서 여기에 단어가 삽입되는 것이 아니라 단어 등장과 통사 구조 형성이 동시에 이루어지는 것으로 보려면, 일단 문법에는 단어와 단어가 직접 결합하면서 통사 구조를 형성하는 작용이 포함되어야 한다. 이에 결합(concatenation)을 통해 단어와 단어가 결합하고 통사 구조가 형성된다고 하자.

> **결합** : 단어와 단어를 결합해 하나의 성분을 형성하는 작용
>
> 참고 통사 구조는 단어와 단어의 결합뿐만 아니라 단어와 구의 결합, 구와 구의 결합 등을 통해서도 형성된다. 편의상 단어와 단어가 결합하는 경우만을 언급하였다.

모든 구·절·문장이 두 개의 단어로만 이루어진다면 결합 작용만 있어도 충분하다. 하지만 구·절·문장은 두 개의 단어로 형성될 수도 있지만 세 개 이상의 단어로 형성될 수도 있다. 그런데 결합 작용만으로는 세 개 이상의 단어가 결합해서 구·절·문장을 형성하는 것을 보장할 수

없다. 왜 그럴까?

예를 들어 '책을, 보냈다' 이 두 단어가 결합해 '책을 보냈다'를 형성하고 여기에 다시 '서둘러'가 결합한다고 하자. '서둘러'는 부사 범주로서 동사 범주와는 결합할 수 있지만 명사 범주와는 결합할 수 없다. 문제는 '서둘러'와 결합해야 하는 '책을 보냈다'는 '서둘러'와의 결합 여부에서 서로 다르게 행동하는 명사 범주와 동사 범주를 포함하고 있다는 데서 발생한다. '책을 보냈다'가 '서둘러'와의 결합 여부에 있어 상치되는 성분을 포함하고 있어서 '서둘러'가 결합할 수 있는지, 그렇지 않은지 판단하기 어렵기 때문이다.

그런데 실제로 '서둘러'와 '책을 보냈다'는 서로 결합해서 '서둘러 책을 보냈다'를 형성할 수 있다. 그리고 이는 '책을'과 '보냈다'가 결합하면 단순히 결합에만 그치는 것이 아니라 결합으로 형성된 '책을 보냈다'가 동사 범주 '보냈다' 유형의 동사 범주, 즉 동사구 VP로 정해진다는 것을 의미한다. 이렇게 단어와 단어가 결합하면 단순히 결합에만 머무는 것이 아니라 결합을 통해 형성된 구의 통사 범주도 정해지는데 이를 투사(projection)라 한다.

> **투사** : 결합 작용으로 형성된 구의 통사 범주가 정해지는 것 (초안)
>
> [참고] 결합과 투사는 구뿐만 아니라 단어 형성도 설명할 수 있다. 예를 들어 '지우-'와 명사성 접미사 '-개'가 결합하고 '-개'가 투사해서 파생명사 '지우개'가 형성된다 (3장의 3.5.5. 참고).

결합과 투사가 적용되어 '서둘러 책을 보냈다'가 형성되는 과정을 단계별로 보이면 아래와 같다. N, V, Adv 등은 앞서와 마찬가지로 명사(noun), 동사(verb), 부사(adverb) 등의 통사 범주를 나타낸다.

(37) ㉠ N '책을'과 V '보냈다' 결합

    N   V
   책을   보냈다

㉡ V '보냈다' 투사

        VP
    N   V
   책을   보냈다

㉢ Adv '서둘러'와 VP '책을 보냈다' 결합

  Adv   VP
  서둘러   N   V
         책을   보냈다

㉣ V '보냈다' 투사

       VP
  Adv   VP
  서둘러   N   V
        책을   보냈다

(37)에는 N, V, Adv 외에 동사구(verb phrase)를 나타내는 VP라는 통사 범주도 표시되어 있다. '책을'과 '보냈다'가 결합한 '책을 보냈다'는 '보냈다' 유형 즉 V의 성격을 띠면서 동시에 단어보다 큰 구이므로 VP로 표시하는 것이다. VP와 관련하여 (37㉣)에서 V '보냈다'가 아니라 VP '책을 보냈다'가 투사한다고 보아도 무방하다. V '보냈다'가 투사하든 VP '책을 보냈다'가 투사하든 어차피 '서둘러 책을 보냈다'는 동사 V의 성질을 띤 구, 즉 VP가 되기 때문이다.

그런데 위에 제시한 통사 구조 표시는 몇 가지 사항을 고려할 때 수정할 필요가 있다. 지금부터는 보다 정확하고 타당한 통사 구조 표시를 위해 고려해야 할 사항을 짚으면서 (37)에 제시한 나무그림을 차근차근 다듬기로 한다.

보다 정확하고 타당한 통사 구조를 밝히기 위해 고려해야 할 사항은 무엇인가? 첫째, (37)에 따르면 '서둘러'와 '책을'은 단어의 지위를 가지는데 아래와 같은 예를 고려하면 이러한 조치는 다소 부적절하다.

(38) ㉠ [매우 서둘러] 책을 보냈다.

㉡ 서둘러 [그가 쓴 책을] 보냈다.

'서둘러'와 '책을'이 단어이긴 하지만 그 문법적 지위는 (38)에서 확인할 수 있듯이 구에 버금간다. 즉 구 '매우 서둘러'와 '그가 쓴 책을'이 나타날 수 있는 자리에 단어가 등장한 것이 (37)의 '서둘러'와 '책을'이다. 이 점은 앞서 구 구조 규칙을 살피며 (31)에서도 지적한 사항인데, 적격한 통사 구조 표시는 단어이면서 구에 버금가는 성격을 제대로 나타내야 한다. 따라서 (37)은 수정될 필요가 있으며, 편의상 (37㉣)만 수정하여 제시하면 아래와 같다.

(39)

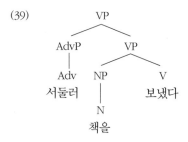

위 나무그림에서 '서둘러'는 다른 것과 결합하지 않은 채 Adv에서 AdvP로 투사하고, 마찬가지로 '책을' 역시 홀로 N에서 NP로 투사하고 있다. Adv와

N이 다른 것과 결합하지 않으면서 AdvP, NP로 투사하는 것이 일견 불합리하게 느껴질 텐데, 위에서 살폈듯이 '서둘러'와 '책을'의 자격이 단어와 구에 걸치므로 이러한 조치는 필요하다. 또한 AdvP, NP를 '부사구임, 명사구임'으로 해석하지 않고, (31)에서와 마찬가지로 '부사구일 수 있음, 명사구일 수 있음' 즉 '부사구의 자격, 명사구의 자격'으로 해석하면 불합리한 듯한 느낌은 사라진다.

나무그림 (39)의 핵심은 '서둘러'와 '책을'의 자격이 구에 버금간다는 것을 나타내는 것이므로 (39)는 흔히 아래와 같이 간략히 표현되기도 한다.

(40)

둘째, 위의 나무그림에서 보듯이 '책을 보냈다'도 VP이고 '서둘러 책을 보냈다'도 VP인데 이 두 VP는 구분할 필요가 있다. 특히 '책을'은 논항이고 '서둘러'는 부가어인데 논항의 결합과 부가어의 결합은 구분해야 한다. 논항과 부가어가 문법적으로 서로 다른 행태를 보이기 때문이다. 예를 들어 아래에서 보듯이 내포절의 논항은 모문으로 도치될 수 있지만 내포절의 부가어는 그렇지 않다. (41)에서 '○'는 도치된 성분 '그 책을'과 '열심히'의 도치 전 위치를 나타낸다.

(41) 영이는 [철수가 그 책을 열심히 읽는다고] 말했다
　　 ㉠ 그 책을 영이는 [철수가 ○ 열심히 읽는다고] 말했다
　　 ㉡ *열심히 영이는 [철수가 그 책을 ○ 읽는다고] 말했다

이에 논항과 술어가 결합하면 술어가 지닌 속성, 즉 논항과 결합해야 한다는 술어의 속성이 충족되지만, 부가어는 술어의 속성 충족과 무관하다는 점을 나무그림에 반영하여 (40)에 나타난 두 VP의 차이를 포착하는 것이 합리적일 것이다.

그렇다면 논항 결합과 부가어 결합의 차이를 어떻게 나무그림에 반영해야 할까? 흔히 사용되는 방식은 어깨점(')을 사용하는 것인데, 논항이 결합하면 어깨점의 개수를 하나 늘리고, 부가어가 결합하면 어깨점의 개수를 그대로 두는 방법이 널리 쓰인다. 예를 들어 두 개의 논항을 필요로 하는 술어 X를 가정해 보자. 이 X에 논항 하나가 결합하면 X'가 되며, 이 X'에 부가어가 결합하면 그대로 다시 X'가 되고, 이어서 논항 하나가 다시 X'와 결합하면 X''이 된다.[7] 이를 나무그림으로 보이면 아래와 같다. 참고로 해당하는 예를 함께 제시한다.

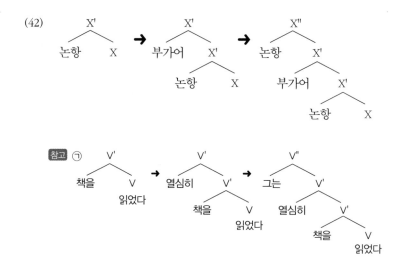

(42)

참고 ㉠

---

7 'X', X''은 엑스 어깨점 하나, 엑스 어깨점 둘 식으로 읽는다. 때로 엑스 바 하나, 엑스 바 둘 식으로 읽기도 하는데 이는 예전에 어깨점 대신에 X 위에 바(bar) 기호를 표시하던 관습에 따른 명칭이다.

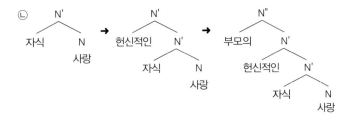

　이제 두 개의 논항을 필요로 하는 속성은 완전히 충족되었으므로 X"에 다시 결합할 수 있는 것은 부가어로 한정된다. 그리고 부가어가 결합한 결과는 몇 개의 부가어가 X"과 결합하든 상관없이 그대로 X"이 된다. 이를 나무그림으로 보이면 아래와 같다. 이번에도 해당하는 예를 함께 제시한다.

(43)
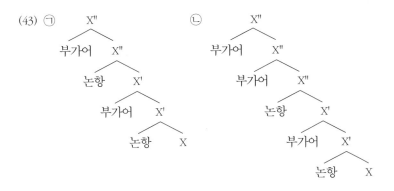

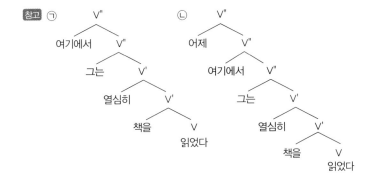

위와 같은 점을 고려하고 V '보내-'는 보내는 물건에 더해 보내지는 곳
과 보내는 주체도 필요로 한다는 점까지 반영해서 (40)을 보완하면 (44)
가 된다.

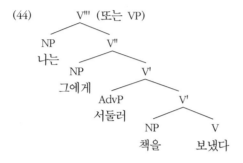

(44)에 나타냈듯이 어깨점 표기 V‴에 더해 VP와 같은 표기도 사용하
는데 이는 논항 요구 조건이 완전히 충족된 단계를 알아보기 쉽게 따로
표시하는 방법이다. 이에 (44)에서는 V‴이 VP에 해당하지만 (45)에서 보
듯이 '나는 너를 사랑한다', '아마도 그가 답을 찾으리라'와 같은 예에서는
V″이 VP에 해당하며, '해가 졌다', '갑자기 바람이 분다' 등에서는 V′가 VP
에 해당한다. 술어에 따라 논항의 개수가 다르며 VP는 논항이 충족된 단
계를 표시하므로 VP가 고정된 개수의 어깨점에 대응하지는 않는다.

(45) ㉠ 나는 너를 사랑한다.   ㉡ 아마도 그가 답을 찾으리라.

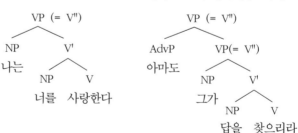

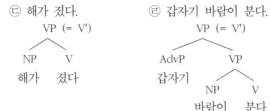

ⓒ 해가 졌다.

ⓔ 갑자기 바람이 분다.

앞서 결합 작용으로 형성된 구의 통사 범주가 정해지는 것을 투사라고 하였다. 그런데 (44), (45)에서도 잘 알 수 있듯이 V, V', V'', V''' 식으로 투사하는 것은 통사 범주를 정하는 것과 통할 뿐만 아니라 술어-논항 관계, 수식-피수식 관계와 같은 통사 관계가 수립되는 것과도 통한다. 이를 반영하여 투사 개념을 개정하면 아래와 같다.

투사 : 결합 작용으로 형성된 구의 통사 범주가 정해지면서 술어-논항 관계, 수식-피수식 관계 등의 통사 관계가 수립되는 것. (개정안)

> 참고　술어-논항 관계와 수식-피수식 관계와 달리 주제-설명 관계는 이 관계에 참여하는 성분들이 지닌 속성에 의해 맺어지는 관계로 보기 어렵다. 따라서 술어-논항 관계와 수식-피수식 관계를 바탕으로 하는 (44), (45) 식의 통사 구조에 주제-설명 관계를 반영하는 방법을 모색할 필요가 있다. 병렬 관계도 유사한 문제를 제기한다. 참고로 'X, X', X'', …, XP'에서 X는 최소 투사(minimal projection)라 하고 XP는 최대 투사(maximal projection)라 하며, X와 XP 중간의 것들은 뭉뚱그려서 중간 투사(intermediate projection)라 한다. 중간 투사 사이의 구분은 어깨점의 개수로 따지면 된다.

투사와 관련해 한 가지 짚을 것은 결합 작용에 참여하는 성분 중 하나가 투사를 결정한다는 사실이다. 즉 X와 Y가 결합하면 X가 투사해서 X'가 되거나 Y가 투사해서 Y'가 된다. 이때 투사를 결정짓는 성분을 핵(head)이라고 하는데, 한국어의 경우 (44)와 (45)에서 확인할 수 있듯이 핵 성분이 어순 상 논항과 부가어의 뒤에 온다. 그런데 모든 언어가 이 순서를 따르는 것은 아니어서 한국어 식의 언어가 있는가 하면 그렇지 않은 언어도 존재한다. 이에 언어를 핵과 논항, 부가어 사이의 순서를 기준으로 삼아 몇 가지 유형으로 가르기도 하는데 한국어는 핵이 뒤에 오는 '후 핵 언어'(head final language) 유형에 속한다.

한편 여러 자료를 살피다 보면 어떤 것이 핵인지 똑 부러지게 정하기 어려운 경우를 만나기도 한다. 예를 들어 병렬 관계를 기반으로 형성된 '형태론과 통사론'이나 '형태론 및 통사론'에서는 '형태론'과 '통사론' 중 어느 하나만을 핵이라 보기 어렵고, '형태론'과 '통사론' 둘 다 핵이라고 보는 것이 직관에 부합한다. 그러면 '-과'나 '및' 등을 매개로 결합하는 성분들이 일반적으로 서로 같은 통사 범주여야 하는 것도 어렵지 않게 이해할 수 있다. 병렬 관계를 맺는 성분들의 통사 범주가 같아야만 결합에 의해 형성된 '형태론과 통사론', '형태론 및 통사론'의 통사 범주가 무리 없이 정해질 수 있기 때문이다. 만약 병렬 관계를 맺는 성분들의 통사 범주가 다르면 결합은 투사로 이어지기 어렵다. 병렬 관계를 맺는 성분들은 모두 핵으로서 통사 범주 결정 능력이 있는데, 서로 다른 통사 범주의 투사를 요구하면 모순이 발생해서 결국 통사 범주가 결정되지 못하는 것이다.

정리

지금까지 이 절을 시작하며 제기한 질문 '단어가 모여 구·절·문장이 형성될 때 단어들은 어떻게 결합하는가?'에 대한 답을 모색해 왔다. 논의한 내용을 간추리면 아래와 같다.

단어는 계층 구조를 이루며 구·절·문장을 형성한다. 계층 구조가 이루어지는 방식으로는 먼저 구 구조 규칙을 살폈고, 이어서 구 구조 규칙의 단점을 보완한 핵 계층 이론을 논의하였으며, 여기서 한 걸음 더 나아가 결합과 투사로 계층 구조를 형성하는 방안을 논의하였다.

구 구조 규칙이나 핵 계층 이론과 마찬가지로 결합과 투사를 이용하는 방안에도 이름이 있는데, 필수 구 구조 이론 혹은 소체 구 구조 이론(bare phrase structure theory)으로 불린다. 이 이론은 그 명칭에서도 알 수 있 듯이 필수불가결한 것, 즉 소체(素體)만을 남기고 그 이외의 것은 문법으로 인정하지 않는 방침에 따라 언어 현상을 분석하고 설명한다.

구 구조 규칙, 핵 계층 이론, 소체 구 구조 이론의 흐름은 통사 구조에 대한 이해가 심화되고 합리화되는 과정에 다름 아니다. 하지만 심화·합리화의 과정이 무조건 좋은 결과를 보장하는 것은 아니라는 점에 유의해야 한다. 심화·합리화를 추구하면서 이론적인 면을 강조하다 보면 종종 실제 자료와 현상에 대한 분석력과 설명력, 즉 경험적인 면에 소홀해지기도 하는데, 경험과 이론의 조화를 늘 염두에 두어야 하는 것이다.

4.3.3. 문장의 통사 범주와 통사 구조

문장은 술어와 논항이 결합하여 그 근간이 형성되고 여기에 수식어, 주제어 등이 참여함으로써 한층 풍성해진다. 그렇다면 문장의 통사 범주는 무엇인가?

전통적으로 문장(sentence)의 통사 범주는 S로 파악되었다. 그런데 이는 문장을 구성하는 성분의 통사 범주와 문장의 통사 범주가 서로 통하지 않는 것으로 보는 것에 다름 아니다. 예를 들어 전통적인 방식에 따라 '그가 노래를 불렀다'를 나무그림으로 나타내면 아래와 같은데, (46)에서 문장의 통사 범주 S는 문장을 구성하는 NP 범주와도 통하지 않고, VP 범주와도 통하지 않는다.

(46)

    S
   / \
  NP VP
  그가 / \
     NP   V
     노래를 불렀다

　문장을 구성하는 성분에 바탕을 두지 않고 문장의 통사 범주를 정하였으므로 (46)은 투사의 속성을 제대로 반영하지 못하는 문제를 지닌다. 투사 개념이 통하지 않으므로 V '불렀다'와 '그가' 사이의 술어-논항 관계가 어떻게 맺어질 수 있는지 알기 어려우며, 또한 NP와 VP가 결합해서 왜 NP도 아니고, VP도 아닌 S라는 범주가 되는지도 알기 어렵다.

　물론 구나 절과 달리 문장의 통사 범주는 문장을 구성하는 성분의 범주와 무관하다고 볼 수도 있다. 하지만 그러기 위해서는 문장의 통사 범주가 문장을 구성하는 성분의 통사 범주와 무관하다는 것이 논증되어야 한다. 그런데 투사의 속성을 지키면서 문장의 통사 범주를 정하면 이런 부담은 애초부터 제기되지 않는다. 따라서 투사의 속성에 맞는 문장의 통사 범주를 모색하는 것이 우선되어야 한다.

　투사의 속성을 고려한 문장의 통사 범주는 무엇인가? 위에서 제기한 두 가지 문제를 고려하면 문장의 통사 범주는 VP인 것이 가장 자연스럽다. 문장의 범주를 VP로 보면 아래에서 보듯이 '노래를' 뿐만 아니라 '그가'도 V '불렀다'의 논항이라는 점이 포착되며, NP와 V'가 결합하고 투사한 VP가 곧 문장이 된다. 따라서 문장을 구성하는 성분과 어울리지 않을 뿐더러 생뚱맞은 범주인 S에 기댈 필요가 없다.

(47)

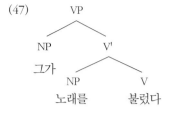

그러나 조사와 어미를 고려하면 나무그림 (47)도 좀 더 개선될 가능성이 존재한다. 앞 장에서 논의하였듯이 조사와 어미는 문법적으로 단어 내부에 머무르는 존재가 아니라 구와 결합하는 존재로서 통사적으로는 어엿한 핵(head)인데, (47)은 이 점을 제대로 반영하고 있지 않기 때문이다. 조사와 어미가 통사적 핵이라는 사실까지를 반영한 나무그림은 아래와 같다.

(48)

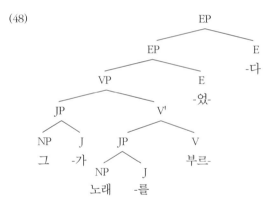

참고 J는 조사(*josa*)를 나타내고 E는 어미(ending)를 나타낸다.

위에서 보듯이 핵 N이 NP로 투사하고 핵 V가 VP로 투사하듯이 조사 J와 어미 E도 핵으로서 각각 조사구 JP, 어미구 EP로 투사한다.

일견 (48)에 제시한 나무그림은 매우 어색하게 느껴진다. (48)에 따르면 문장은 곧 어미가 투사한 EP가 되는데 '문장 = 어미의 투사'는 전혀 직관과 어울리지 않기 때문이다. (48)보다는 (47)이 상식에 부합한다.

하지만 직관이나 상식은 논리가 아니라 느낌일 뿐이라는 점에 유의할 필요가 있다. 문법은 언어 현상과 언어에 대한 직관·상식을 합리적으로 체계화하는 것인바, 직관과 상식이 항상 합리적이라는 보장은 없다. 또한 다양한 언어 현상을 살피면 문장을 어미의 투사로 보는 견해가 매우 그럴듯하다는 것을 알 수 있다. 예를 들어 어미로 '-다'가 오면 평서문이 되고, '-자'가 오면 청유문이 되며, '-기'가 오면 명사절이 되고, '-은'이 오면 관형사절이 되는 것은 어미가 무엇이냐에 따라 문장과 절의 자격이 결정된다는 것을 의미하며, 이는 문장을 어미 E의 투사 EP로 보는 견해, 즉 어미를 문장의 핵으로 보는 견해와 썩 잘 어울린다.

조사구 JP도 마찬가지이다. '콩으로'와 '콩의'를 NP가 아니라 JP로 보는 것이 언뜻 어색하지만 아래에서 보듯이 명사 N '콩'이 아니라 조사 J '-으로'와 '-의'가 '콩으로'와 '콩의'의 분포를 결정하므로 NP와 J가 결합하면 J가 JP로 투사하는 것으로 보는 견해는 첫인상과 달리 지극히 자연스럽다.

(49) ㉠ 콩으로 메주를 쑤자.

   ㉡ 콩의 영양가

   ㉢ *콩의 메주를 쑤자.

   ㉣ *콩으로 영양가

4.4. 조사와 어미의 분포

4.4.1. 조사의 분포

조사와 어미의 문법적 특성까지 반영한 나무그림 (48)에서 NP '그'와

'노래'는 주격 조사와 목적격 조사를 동반하면서 구조 형성에 참여한다. 사람이 다른 사람을 만날 때 맨몸이 아니라 옷을 입고 매무새를 가다듬듯이 NP '그'나 '노래'도 주격 조사나 목적격 조사와 같은 조사를 동반함으로써 다른 단어와 만나서 통사 구조를 형성할 준비를 갖추는 것이다.

또한 때와 장소에 맞추어 그에 적합한 옷을 입듯이 NP도 아무 조사나 동반할 수는 없고 적합한 조사를 동반해야 한다. 예를 들어 (48)에서 NP '그'는 주격 조사를 동반해야 하고 목적격 조사를 동반해서는 안 되며, 역으로 NP '노래'는 목적격 조사를 동반해야 하고 주격 조사를 동반해서는 안 된다.

그렇다면 NP가 동반하는 적합한 조사는 어떻게 정할 수 있는가? 다시 말해 (48)에서 '그'는 주격 조사와 결합하고, '노래'는 목적격 조사와 결합하는 것을 어떻게 정할 수 있는가?

위의 문제를 해결하기 위해 동원할 수 있는 것은 지금까지 논의해 온 통사 관계, 통사 범주, 통사 구조, 의미역, 결합, 투사 등의 개념이다. 우선은 이 개념들에 기대어 답을 찾고, 아무리 해도 답이 찾아지지 않으면 새로운 개념을 설정해야 할 것이다.

본격적으로 답을 모색하기에 앞서 통사 관계, 통사 범주, 통사 구조, 의미역, 결합, 투사 중에서 무엇을 이용할 수 있는지부터 고려해 보자. (48)에서 '그가'나 '노래를'은 둘 다 논항이므로 통사 관계는 활용하기 어렵다. 통사 관계적인 측면에서는 '그가'와 '노래를' 둘 다 술어 V '부르-'와 술어-논항 관계를 맺기 때문이다. 결합과 투사에서도 설명력을 기대하기는 어렵다. 결합과 투사는 통사 구조 형성의 일반적인 원리에 해당하는 것이어서 '그가'와 '노래를'의 차이를 드러내는 데는 효과적이지 않기 때문이다. 이제 남은 것은 통사 범주, 통사 구조, 의미역 이 세 가지이다.

이에 먼저 의미역에 기대어 문제의 답을 구해 보자. 의미역 개념으로 (48)의 주격 조사와 목적격 조사를 설명할 수 있을까? 아마도 의미역 중에서 행위주 의미역을 담당하는 논항은 주격 조사를 동반하고, 피동주 의미역을 담당하는 논항은 목적격 조사를 동반한다고 하면 될 듯하다. 이렇게 하면 (48)에서 행위주에 해당하는 '그'는 주격 조사를 동반할 수밖에 없고, 피동주에 해당하는 '노래'는 목적격 조사를 동반할 수밖에 없기 때문이다.

하지만 의미역 개념에 기댄 설명은 어느 정도 설명력이 있다고 할 수는 있지만 제대로 된 설명으로 간주하기는 곤란하다. 의미역 개념을 기반으로 한 설명은 근본적으로 특정 의미역과 특정 조사를 결부시키는 입장인데, 아래에서 확인할 수 있듯이 특정 의미역과 특정 조사가 결부되지는 않기 때문이다.

(50) ㉠ <u>그가</u> 노래를 불렀다.
    ㉡ 바람에 <u>낙엽이</u> 구른다.
    ㉢ <u>교정이</u> 학생들로 붐빈다.
    ㉣ <u>천장이</u> 물이 샌다.

(50)에서 주격 조사와 어울려 나타난 '그, 낙엽, 교정, 천장'의 의미역은 행위주, 피동주, 처소, 기점으로 제각각이다. 따라서 행위주 의미역과 주격 조사를 결부시키는 식으로 특정 의미역과 특정 조사를 결부시키려는 시도 자체의 기반이 견고하다고 보기 어렵다.

하나의 조사에 여러 의미역이 대응하는 (50)에 더해 하나의 의미역에 여러 조사가 대응하는 예까지 보태지면 의미역 개념으로 논항이 동반하는 조사를 포착하려는 입장은 더 이상 성립하기 어렵게 될 것이다. 그렇다면 하나의 의미역에 둘 이상의 조사가 대응하는 현상은 과연 존재하는가? 이에 해당하는 일례로 착점 의미역이 하나가 아니라 여러 조사를 동반하는 현상을 아래에 제시한다.

(51) ㉠ 결국 그는 유혹에 빠져 <u>어둠의 세력이</u> 되었다.

㉡ 어둠을 단죄하기 위해 나는 <u>그에게</u> 갔다.

㉢ 깊고 맑던 그의 눈빛은 <u>핏빛으로</u> 변해 있었다.

참고 착점 의미역은 구체적인 물리적 공간뿐만 아니라 추상적인 변화 결과도 포함한다.

(50)과 (51)을 통해 의미역 개념으로는 논항과 조사의 어울림을 해명하기 어렵다는 것이 밝혀졌으므로 이제 통사 범주와 통사 구조로 문제에 대한 답을 모색할 차례이다. 과연 통사 범주와 통사 구조로 (48)의 '그가'와 '노래를'을 설명할 수 있을까? 우선 편의상 (48)을 아래에 반복한다.

(52)

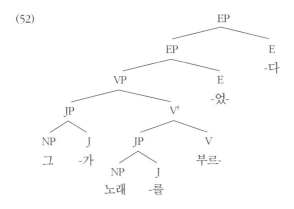

(52)에는 NP, J, JP, V, V', VP, E, EP 등의 통사 범주가 등장한다. 이러한 통사 범주의 관점에서 J '-가'와 J '-를'이 어떤 차이를 지니는지 확인해보자. 먼저 JP 내부적으로는 별다른 차이가 나타나지 않는다. J '-가'든 J '-를'이든 NP와 결합해서 JP로 투사하는 것은 마찬가지인 것이다. 그런데 JP 외부로 눈을 돌리면 J '-가'가 투사한 JP는 VP와 V' 사이에 놓여서 VP에는 포함(inclusion)되고 V'에서는 배제(exclusion)되지만,[8] J '-를'이 투사한 JP는 V'에 포함된다는 차이를 발견하게 된다. 이에 아래와 같은 조건을

설정하면 '그가'와 '노래를'에 나타난 주격 조사와 목적격 조사의 분포를
다룰 수 있게 된다.

조사 분포 조건

    ㉠ 주격 조사는 VP에는 포함되고, V'에서는 배제된 위치에 분포할
       수 있다.

    ㉡ 목적격 조사는 V'에 포함된 위치에 분포할 수 있다.

    참고 ㉠, ㉡은 주어에는 주격 조사가, 목적어에는 목적격 조사가 동반된다는 말과

        같다. 다만 주어, 목적어 등의 통사 관계가 통사 구조에 의해 규정되므로(이

        장의 4.3.2. 참고), ㉠, ㉡처럼 조사 분포 조건을 기술한다. 또한 이렇게 해

        야 주어, 목적어가 아니면서 주격 조사, 목적격 조사와 어울리는 현상, 예를

        들어 뒤에서 살피는 (55)도 설명할 수 있다.

    (52)를 위해서는 위와 같은 조사 분포 조건에 더해 피동주 의미역이 V
와 결합하여 V'가 형성된 후 행위주 의미역이 V'와 결합하여 VP가 형성된
다는 조건을 두어야 한다. 그래야 적격한 (53㉠)과 부적격한 (53㉡)의 차
이를 포착할 수 있다.

---

8 나무그림이 아니라 벤다이어그램으로 (48=52)의 VP를 나타내면 아래 왼쪽과 같다.
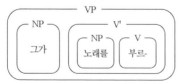 이 벤다이어그램을 보면 잘 알 수 있듯이
'그가'는 VP에는 포함되고 V'에서는 배제
된다. 이와 달리 '노래를'은 VP에 포함될
뿐만 아니라 V'에도 포함된다. '그가'와 '노
래를'의 차이를 따져야 하므로 V'에 포함
되느냐, 그렇지 않느냐의 여부가 중요하다.

(53) ㉠ 그가 노래를 불렀다.

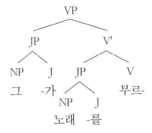

㉡ *노래가 그를 불렀다.

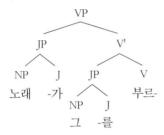

이에 '행위주 〉 피동주'와 같은 의미역 위계(semantic role hierarchy)를 설정하여 위계에서 낮은 것부터 VP 형성에 참여하는 것으로 파악한다.

한편 앞의 '조사 분포 조건'에서 '분포한다'가 아니라 '분포할 수 있다'고 한 것은 주어라고 해서 항상 주격 조사를 동반하는 것은 아니며, 목적어라고 해서 항상 목적격 조사를 동반하지는 않기 때문이다. 아래에서 보듯이 아예 조사가 나타나지 않을 수도 있고, 주격 조사나 목적격 조사 없이 특수조사만 나타날 수도 있다.

(54) ㉠ 나 어제 <u>그</u> 사람 만났어.

㉡ 그가 <u>나도</u> 찾아왔더라.

㉢ <u>너는</u> 그를 만나고 싶니?

㉣ <u>그는</u> 노래도 불렀다.

VP, V' 등의 통사 범주를 기반으로 '조사 분포 조건'을 설정해서 주격 조사와 목적격 조사의 분포를 다루는 것은 통사 구조로 주격 조사와 목적격 조사의 분포를 다루는 것과 통한다. 통사 구조의 관점에서 '그가'와 '노래를'의 차이는, 이들이 통사 구조상 어떤 위치에 놓이느냐에 달린 것이고 통사 구조상의 위치는 VP, V'와 같은 통사 범주의 구분과 통해서, 결국 '조사 분포 조건'으로 귀결되기 때문이다.

'조사 분포 조건'이 있으면 주제어에 동반된 주격 조사, 목적격 조사도 큰 어려움 없이 설명할 수 있다.

(55) ㉠ 코끼리가 코가 길다.

㉡ 누가 노래를 흥타령을 불렀니?

통사 구조를 나무그림으로 나타내면 알 수 있듯이 (55㉠)의 주제어 '코끼리가'에 나타난 '-가'는 '조사 분포 조건 ㉠'에 부합하고, (55㉡)의 주제어 '노래를'에 나타난 '-을'은 '조사 분포 조건 ㉡'에 부합하기 때문이다.

(56) ㉠ 코끼리가 코가 길다.

㉡ 누가 노래를 흥타령을 불렀니?

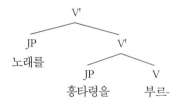

물론 약간의 추가적인 논의는 필요하다. 먼저, 주제어는 나무그림에서 부가어와 마찬가지로 표시된다고 보아야 한다. 나무그림에 등장하는 것은 논항 식으로 표시되거나 부가어 식으로 표시되어야 하는데, 주제어를 논항으로 보기는 어려우므로 부가어 식의 표시를 택하는 것이다.[9] 다음으로, (56)처럼 VP와 V'가 하나가 아니라 둘 이상으로 조각(segment)이 나면, 둘 이상의 조각 모두에 포함되는 경우에 더해 하나의 조각에만 포함되어도 '조사 분포 조건'을 충족하는 것으로 보아야 한다.

지금까지 주격 조사와 목적격 조사에 집중해 왔는데 다른 조사들은 어떻게 다룰 수 있을까? 먼저 관형격 조사는 앞서와 같은 방식으로 그 분포를 포착할 수 있는데, 아래 나무그림을 보면 알 수 있듯이 관형격 조사는 NP에 포함된 위치에 두루 나타날 수 있다. 즉, NP에 포함되고 N'에서 배제된 위치와 N'에 포함된 위치 사이에 별다른 차이가 나타나지 않는다.[10]

(57)

---

9 그렇다고 해서 주제어가 부가어와 동질적이기만 한 것은 아니다. 부가어에는 수식어와 독립어가 포함되는데 앞서 논의했듯이 주제어는 수식어와도 다르고 독립어와도 다르기 때문이다(이 장의 4.2.1. 참고). 이에 주제어를 논항, 부가어와 구분되는 제3의 존재로 간주하고 나무그림에 표시하는 방법을 모색할 수도 있다. 예를 들어 주제어가 결합하면 기존의 범주에 주제-설명 관계를 나타내는 ⊞ 표지가 더해진다고 해 보자. 그러면 (56)에 제시한 나무그림의 맨 위는 VP[⊞](주제어와 VP가 주제-설명 관계를 맺으며 형성된 VP)와 V'[⊞](주제어와 V'가 주제-설명 관계를 맺으며 형성된 V')가 된다. 이 방법을 택하면 이에 맞추어 '조사 분포 조건'도 수정해야 한다.

10 '영이의 철수 사랑'과 달리 *'영이의 철수의 사랑'은 성립하지 않는다. NP에 포함되어도 관형격 조사가 나타나지 않는 경우가 있는 것인데 여기서는 따로 다루지 않는다. 한편 '실수<u>로 인한</u> 사건, 통사 구조<u>에 관한</u> 연구, 부모의 자식<u>에 대한</u> 사랑, 우연<u>에 의한</u> 발견' 등에서 보듯이 NP 내부에는 '-로 인한, -에 관한, -에 대한, -에 의한' 등이 나타나기도 한다. 이들은 조사 '-로, -에'와 어간 '인하, 관하, 대하, 의하' 그리고 어미 '-은'으로 분석되긴 하지만 그 쓰임은 거의 하나의 조사에 버금간다.

다음으로 부사격 조사는 의미역에 의해 분포가 결정된다. 예를 들어 '학교에서'는 결합할 수 있는 통사 범주가 자유로우므로 '-에서'와 같은 부사격 조사의 분포를 주격 조사나 목적격 조사, 관형격 조사처럼 통사 범주에 기대서 포착하기는 어려우며, 의미역에 기대서 포착해야 한다.

(58) ㉠ <u>학교에서</u> 철수가 영이를 만났다.
     ㉡ 철수가 <u>학교에서</u> 영이를 만났다.
     ㉢ 철수가 영이를 <u>학교에서</u> 만났다.

'철수가 영이를 만나-'의 통사 구조를 고려하면([vp 철수가 [v' 영이를 [v 만나-]]]), (58)에서 '학교에서'는 서로 다른 범주와 결합한다. (58㉠)에서는 VP와 결합하고, (58㉡)에서는 V'와 결합하며 (58㉢)에서는 V와 결합한다. 하지만 VP, V', V 그 어떤 범주와 결합하든지 상관없이 치소라는 의미역은 줄곧 유지된다. 이에 부사격 조사의 출현 양상은 의미역으로 규제하는 방향을 취하게 된다.

접속조사는 NP 내부에 나타난다는 점에서는 관형격 조사와 같지만 병렬 관계를 나타낸다는 점에서는 관형격 조사와 다르다. 관형격 조사는 병렬 관계가 아니라 술어-논항 관계(기후의 변화, 우리의 소원 등)나 수식-피수식 관계(불국사의 종소리, 불후의 명작 등) 형성에 관여한다. 따라서 접속조사는 NP에 포함되고 병렬 관계가 형성되는 경우에 나타나는 것으로 정리할 수 있다. 조심할 것은 NP에 포함되고 병렬 관계를 나타내는 경우라고 해서 항상 접속조사가 나타나는 것은 아니라는 점이다. '구름 또는 무지개, 설악산 및 한라산'에서 보듯이 접속조사 대신에 '또는'이나 '및' 등도 NP 내부에 나타나면서 병렬 관계를 형성하는 데 쓰일 수 있기 때문이다. 따라서 접속조사는 NP에 포함되고 병렬 관계를 나타내는 경우에 '나타나는 것'보다는 '나타날 수 있는 것'이라 해야 한다.

이제 조사 부류 중에서 남은 것은 특수조사이다. 특수조사는 다른 조사보다 그 분포가 비교적 자유롭다. 아래에서 보듯이 VP에 포함되는 위치에 두루 나타날 뿐만 아니라 관형격 조사를 동반하면 NP에 포함된 위치에 나타나기도 한다.

(59) ㉠ <u>그는</u> 이 책을 읽었다.

　　　　누가 <u>그</u> 책도 읽었니?

　　　　그가 그 책을 <u>열심히만</u> 읽었다.

　　㉡ 그<u>만</u>의 삶

　　　　그 때<u>부터</u>의 삶

　　　　그 곳<u>까지</u>의 여정

특수조사가 다른 조사들과 달리 여러 위치에 두루 쓰일 수 있는 것은 특수조사가 통사 관계와 무관하기 때문이다. 즉 특수조사는 의미만을 보탤 뿐 통사 관계 수립과는 거리가 멀기 때문에 통사 구조의 여러 위치에 나타날 수 있다.

지금까지 살핀 조사들의 분포 조건을 포괄해서 조사 분포 조건을 정리하면 아래와 같다.

(60) 조사 분포 조건

　　㉠ 주격 조사는 VP에는 포함되고, V'에서는 배제된 위치에 분포할 수 있다.

　　㉡ 목적격 조사는 V'에 포함된 위치에 분포할 수 있다.

　　㉢ 관형격 조사는 NP에 포함된 위치에 분포할 수 있다.

　　㉣ 부사격 조사는 의미역에 의해 분포가 결정된다.

　　㉤ 접속조사는 NP에 포함된 위치에 분포할 수 있으며, 병렬 관계를 나타낸다.

ⓗ 특수조사는 VP에 포함된 위치에 분포할 수 있으며, 관형격 조사
를 동반하면서 NP 내부에 분포할 수도 있다.

조사 분포 조건이 여섯 가지인 것은 조사 분류 체계와 통하는바(3장의
3.6.1. 참고), 다양한 자료를 검토해서 조사 부류가 추가되면 조건도 늘어
날 가능성이 있다. 예를 들어 (60)에는 호격 조사의 분포 조건이 제시되
어 있지 않은데, 호격 조사에 대한 이해가 깊어지면 호격 조사의 분포 조
건이 추가될 수도 있다. 또한 조사 부류들 사이의 공통점이 발견되거나
여러 부류를 통합할 수 있는 특성이 발견되면 (60)의 조건은 축소될 것이
다. 따라서 위에 제시한 조사 분포 조건은 잠정적인 것으로 간주해야 하
며, 보다 완전하고 안정적인 조사 분포 조건은 조사가 드러내는 여러 가
지 현상을 충분히 다루면 저절로 드러나게 될 것이다.

4.4.2. 어미의 분포

아래에 다시 반복한 나무그림 (52)에서 주격 조사 '-가'와 목적격 조사 '-
를'은 앞 절에서 논의했듯이 VP, V'와 같은 통사 범주에 의해 그 분포 양
상을 포착할 수 있다. 그렇다면 어미 '-었-'과 '-다'의 분포는 어떻게 포착
할 수 있는가?

(52)

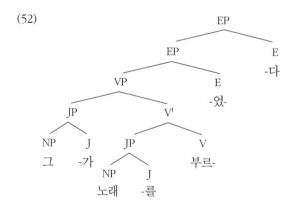

(52)에 나타난 선어말어미 '-었-'과 종결어미 '-다' 가운데 '-었-'은 의미적인 효과를 위해 나타난 것으로 보아야 할 것이다. 즉 선어말어미 '-었-'은 과거 시제를 나타내기 위해 선택되어 결합과 투사를 통해 문장에 나타나게 된다. '-으시-, -겠-, -더-' 등 '-었-' 이외의 선어말어미도 이러한 특성을 보이는바, 일반적으로 선어말어미의 출현은 의미에 의해 결정된다고 할 수 있다. 참고삼아 (52)에 '-으시-'와 '-겠-'까지 참여한 문장의 통사구조를 제시하면 아래와 같다. '그가'는 '-으시-'와 어울리는 '그분께서'로 바꿔 제시한다.

(61)

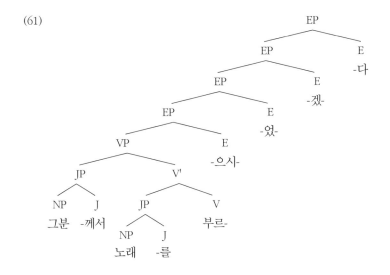

의미적인 효과를 위해 선택되는 것은 종결어미 '-다'도 마찬가지이다. 예를 들어 종결어미로 '-냐'나 '-구나'가 아니라 '-다'를 선택함으로써 '그가 노래를 불렀다.'는 '그가 노래를 불렀냐?'나 '그가 노래를 불렀구나!'와는 다른 의미를 드러내게 된다.

그런데 종결어미는 간과할 수 없는 또 하나의 특성, 즉 종결어미라는 명칭이 나타내듯이 문장의 종결 위치에 나타나는 특성을 지닌다.[11] 그리고 의미에 더해 위치가 출현 양상을 결정하는 것은 아래에서 보듯이 접속어미와 전성어미도 마찬가지이다.

(62) ㉠ 비가 <u>오고</u>, 바람이 불었다.

㉡ 사람들은 비가 <u>오기</u>를 바란다.

㉢ 비가 온 거리

㉣ 아이들은 비가 <u>오자</u> 신이 났다.

(62㉠)에서 접속어미 '-고'가 출현한 것은 병렬의 의미를 나타내기 위한 것일 뿐만 아니라 '비가 오-'가 접속절의 위치에 놓였기 때문이며, (62㉡)에서 명사형 전성어미 '-기'가 출현한 것도 의미에 더해 '비가 오-'가 명사절의 위치에 놓였기 때문이다. 마찬가지로 (62㉢)에 관형사형 전성어미 '-ㄴ'이 나타난 것도 '-ㄴ'의 의미에 더해 '비가 오-'가 관형사절의 위치에 놓였기 때문이며, (62㉣)의 '-자'도 '-자'의 의미에 더해 '비가 오-'가 부사절이 나타날 자리에 위치했기 때문이다.

어미의 분포가 의미와 위치에 의해 결정되는 것은 크게 보아 조사의 분포가 결정되는 것과 통한다. 예를 들어 전성어미가 위치에 민감하듯이 목적격 조사도 위치에 민감하며, 선어말어미가 의미에 따라 분포 결정되듯이 특수조사도 의미에 의해 분포 여부가 결정된다. 이렇게 어미의 출현 양상을 포착하는 방법과 조사의 출현 양상을 포착하는 방법이 흡사하다는 것은 어미와 조사가 그만큼 비슷한 원리에 따라 운용된다는 것을 의미하므로, 어미와 조사의 결합을 각각 활용과 곡용이라 하고 이 둘을

---

11 논의를 단순화하기 위해 문장의 종결 위치에 나타난다고 하였지만 그렇다고 해서 종결어미가 문장의 종결 위치에만 나타나는 것은 아니다. 종결어미는 종결 위치에 더해 인용절에도 나타날 수 있으며, '그 사람은 [이것 해라 저것 해라] 잔소리가 심하더라, 저 사람은 [어디 사느냐 취미가 뭐냐 여긴 왜 왔냐] 쓸데없는 것만 묻더라'에서 보듯이 특이한 관형사절에도 나타난다.

굴절로 묶는 견해가 근거를 지니게 된다(3장의 3.4.2. 참고).

4.5. 통사 구조와 어순

4.5.1. 기본 어순

단어들은 결합하고 투사하여 통사 구조를 형성하며, 통사 구조는 계층 구조의 관점에서 판단하는 것이므로 (63㉠)과 (63㉡) 사이에는 아무런 차이가 존재하지 않는다. (63㉠)의 구조든 (63㉡)의 구조든 둘 다 ㉮와 ㉯가 구조 형성에 먼저 참여하고 이어서 ㉰가 구조 형성에 참여하기 때문에 계층 구조적인 관점에서는 동일하다.

(63) ㉠   ㉡

그런데 흥미로운 것은 계층적인 통사 구조가 말소리로 실현되기 위해서는 선형적인 순서(linear order)로 변환되어야 한다는 사실이다. 말소리는 시간의 흐름에 구속되므로 시간의 흐름에 맞추어 통사 구조를 형성한 성분들도 일렬로 나열되어야 한다. 이로 인해 소위 어순(word order)이 통사론 분야의 논의 대상이 된다.

그렇다면 구조는 어떻게 어순으로 변환되는가? 아래 현상만을 보면 구조가 어순으로 변환되는 데에는 아무런 규제가 없는 듯하다. 반드시 맨 앞에 와야 하는 성분이 따로 있는 것도 아닌 듯하고, 또 맨 뒤에 와야만 하는 성분이 따로 정해져 있지도 않은 듯하기 때문이다.

(64) ㄱ 영이가 철수를 사랑한다.

　　　ㄴ 영이가 사랑한다 철수를.

　　　ㄷ 철수를 영이가 사랑한다.

　　　ㄹ 철수를 사랑한다 영이가.

　　　ㅁ 사랑한다 영이가 철수를.

　　　ㅂ 사랑한다 철수를 영이가.

　그러나 모든 통사 구조가 위와 같이 모든 가능한 어순을 허용하지는 않는다. 경우에 따라서는 문법적인 순서와 그렇지 않은 어순이 구분되기 때문이다. 예를 들어 (64)와 마찬가지로 '영이'가 행위주이고 '철수'가 피동주이어도, 아래에서 보듯이 조사가 동반되지 않거나 조사가 동반되더라도 특수조사만 나타나면 성립하는 어순과 성립하지 않는 어순의 차이가 확연히 드러난다.

(65) ㄱ　영이 철수 사랑해?

　　　ㄴ * 영이 사랑해 철수?

　　　ㄷ * 철수 영이 사랑해?

　　　ㄹ　철수 사랑해 영이?

　　　ㅁ　사랑해 영이 철수?

　　　ㅂ * 사랑해 철수 영이?

(66) ㄱ　영이는 철수도 사랑한다.

　　　ㄴ　영이는 사랑한다 철수도.

　　　ㄷ * 철수도 영이는 사랑한다.

　　　ㄹ　철수도 사랑한다 영이는.

　　　ㅁ　사랑한다 영이는 철수도.

　　　ㅂ * 사랑한다 철수도 영이는.

참고 휴지(pause)와 억양(intonation) 등을 적극적으로 이용하면 (65), (66)에서 성립하지 않는 것으로 판단한 예들도 성립할 가능성이 있다. 결함이 휴지와 억양으로 보완되는 것인데, (65), (66)에 제시한 판단은 휴지나 억양 등의 보완 수단이 적용되지 않은 경우를 기준으로 한 것이다.

구조를 형성한 성분이 아무렇게나 제멋대로 나열되지 않는다는 것은 구조가 어순으로 변환되는 과정에 모종의 질서가 있음을 암시한다. 이러한 질서의 존재는 특히 어순이 엄격히 제약되는 현상을 통해 한층 확고해진다. 예를 들어 Adv '아주'와 Adn '새', N '책'으로 구성된 NP는 아래에서 보듯이 한 가지 어순만 허용한다.

(67) ㉠ 아주 새 책
　　 ㉡ *아주 책 새
　　 ㉢ *새 아주 책
　　 ㉣ *새 책 아주
　　 ㉤ *책 아주 새
　　 ㉥ *책 새 아주

(64)~(67)에서 보듯이 통사 구조는 매우 자유로운 어순으로 변환될 수도 있고, 어느 정도 제약적인 어순으로 변환될 수도 있으며, 아예 한 가지 어순으로만 변환될 수도 있다. 통사 구조가 어순으로 변환되는 방식이 일률적이지 않은 셈인데, 그렇다면 일률적이지 않은 변환 방식을 어떻게 다룰 수 있을까?

위 질문에 답하기 위해 하나의 어순만 허용하는 (67)을 통사 구조와 어순 사이의 기본적인 변환을 보여주는 경우로 간주하고, 통사 구조와 (67㉠)의 어순이 어떻게 대응하는지 살펴보자. 먼저 통사 구조를 나무그림으로 제시하면 아래와 같다.

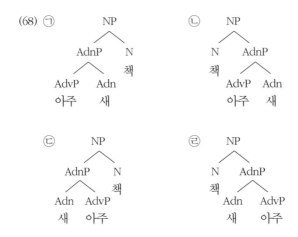

(68) ㉠ NP / AdnP N / 책 / AdvP Adn / 아주 새

㉡ NP / N AdnP / 책 / AdvP Adn / 아주 새

㉢ NP / AdnP N / 책 / Adn AdvP / 새 아주

㉣ NP / N AdnP / 책 / Adn AdvP / 새 아주

위에 제시한 네 개의 나무그림은 통사구조에서 서로 같다. (63)을 통해 논의했듯이 통사구조에서 중요한 것은 계층 구조이기 때문이다. 한편 '책'은 핵 N이면서, '아주 새'가 부가어이므로, 최대 투사 NP이며, 마찬가지로 부가어 '아주'와 결합하는 '새'도 핵 Adn이자 최대 투사 AdnP이다. '아주'는 투사에 홀로 참여하므로 Adv이자 AdvP이다. 이에 핵 표기 X와 최대 투사 표기 XP를 아우르는 표기를 고안할 수도 있지만, 번거로움을 피하기 위하여 그러한 표기는 동원하지 않고, 논의의 목적상 어떤 것이 핵으로 기능하는가를 분명히 보이기 위해 나무그림에는 '책'과 '새'를 각각 N, Adn으로 표기했다. 그 결과 부가어와 결합해서 NP, AdnP가 되는 나무그림이 되었는데, 'N, NP', 'Adn, AdnP' 식으로 표기되었지만 논항이 결합한 경우가 아니라는 점에 유의해야 한다.

(68)의 통사 구조는 '아주'가 맨 앞이고 '새'가 그 다음이며 '책'이 맨 뒤에 오는 '아주 새 책' 어순에 대응해야 한다. 그러면 앞서 투사 개념을 살피면서 간략히 언급했듯이 통사 구조 형성에서 핵의 역할을 하는 성분이

다른 성분의 뒤에 놓인다는 것을 알게 된다(이 장의 4.3.2. 참고). AdvP '아주'와 Adn '새'가 결합해서 AdnP가 형성되면, 이 AdnP의 통사 구조가 AdvP '아주'가 선행하고 Adn '새'가 후행하는 어순으로 변환되는데, 이는 Adn '새'가 AdnP의 핵이기 때문이다. 마찬가지로 AdnP와 N '책'이 결합해서 NP가 형성되면, 이 NP의 통사 구조가 AdnP가 선행하고 N '책'이 후행하는 어순으로 변환되는데, 이 역시 N '책'이 NP의 핵이기 때문이다.

이제 위와 같은 방식이 통사 구조가 어순으로 변환되는 기본적인 방식이라고 하자. 또 통사 구조를 어순으로 변환하는 과정을 선형화(linearization)라고 하자. 그러면 선형화는 아래와 같이 정리할 수 있으며, 이 선형화에 의해 나타나는 어순이 곧 기본 어순(basic word order)이 된다.

> **선형화** : 통사 구조를 형성하는 성분들 사이의 순서를 정하는 작용으로서, 핵은 어순에서 다른 성분의 뒤에 놓인다.
>
> 참고 언어에 따라서는 핵이 다른 성분의 앞에 놓일 수도 있다(이 장의 4.3.2. 참고).

(67)은 기본 어순만 허용되는 경우에 해당한다. 하지만 국어는 기본 어순만을 허용하지는 않는다. (64)~(66)을 통해 잘 알 수 있듯이 국어는 기본 어순에 더해 기본 어순 이외의 어순도 허용한다. 기본 어순 이외의 어순은 기본 어순이 다른 어순으로 바뀐 것으로서 흔히 도치 어순이라 한다. 그러면 도치 어순은 어떻게 나타나게 되는가? 이 문제에 대한 답을 본격적으로 모색하기 위해서는 먼저 (64)~(66) 각각에서 기본 어순에 해당하는 것이 무엇인지를 명확히 할 필요가 있다. 이에 (64)~(66) 각각에서 기본 어순에 해당하는 것이 무엇인지를 밝히고 도치 어순에 대해서는 절을 달리하여 살피기로 한다.

(64)에서 기본 어순에 해당하는 것은 무엇이며, (65)와 (66)에서 기본

어순에 해당하는 것은 무엇인가? 우선 위에서 제시한 선형화를 고려해 보자. 그러면 (64)에서는 (64㉠)과 (64㉢)이 기본 어순의 후보 자격을 얻게 된다. (64㉠)과 (64㉢) 외에 (64㉡), (64㉣)~(64㉺)은 '사랑한다'가 문장의 중간에 위치해서, 보다 정확히 하면 문장의 핵 E '-다'가 문장의 맨 뒤에 위치하지 않아서 기본 어순의 후보에서 제외되기 때문이다. 다음으로 (64㉠)과 (64㉢) 둘 중에서는 어느 것이 기본 어순에 해당하는가? (64)에 제시한 예들만 관찰해서는 이 문제를 풀기 어렵다. 이에 (65), (66)을 마저 살피고 다시 (64)의 기본 어순 문제를 풀기로 하자.

(64)와 달리 (65)에서는 (65㉠) 하나만이 기본 어순의 후보가 된다. (65㉡), (65㉢), (65㉺)은 성립하지 않으므로 제외되고, (65㉣)과 (65㉤)은 (64㉡), (64㉣)~(64㉺)과 마찬가지로 문장의 핵 E '-아'가 문장의 중간에 위치하고 있으므로 기본 어순에서 제외되기 때문이다. 그리고 (65)와 마찬가지 이유로 (66)에서는 (66㉠)만이 기본 어순의 자격에 부합한다.

(65)에서는 (65㉠)이 기본 어순이며, (66)에서는 (66㉠)이 기본 어순임을 고려하면 (64)의 기본 어순 문제도 쉽게 해결할 수 있다. (64)의 기본 어순 후보는 (64㉠)과 (64㉢)이고, 이 둘 중에서 (65)와 (66)의 기본 어순 (65㉠), (66㉠)과 조화를 이루는 것은 (64㉠)인바, (64㉠)을 (64)의 기본 어순으로 파악하는 것이 합리적이다. 그리고 (64㉠), (65㉠), (66㉠)의 어순은 의미역 위계에 부합하는 통사 구조에 선형화가 적용된 결과이기도 하다(이 장의 4.4.1. 참고)

4.5.2. 도치 어순

도치 어순은 크게 두 가지로 나뉜다. 하나는 기본 어순이 보장하는 위치보다 앞으로 도치된 경우이고, 다른 하나는 기본 어순이 보장하는 위치보다 뒤로 도치된 경우이다. 그러면 도치 어순은 기본 어순에 전치 (preposing)나 후치(postposing) 작용이 적용되어 나타나는 것으로 볼 수 있다.

전치 : 성분을 기본 어순이 보장하는 순서보다 앞으로 옮기는 작용.

후치 : 성분을 기본 어순이 보장하는 순서보다 뒤로 옮기는 작용.

전치와 후치 작용에 의해 도치 어순이 나타나는 예를 제시하면 아래와 같다. '○'는 (41)에서와 마찬가지로 도치된 성분의 도치되기 전 위치를 나타낸다.

(69) ㉠ 전치

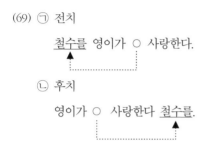

㉡ 후치

영이가 ○   사랑한다 <u>철수를</u>.

그런데 '철수를 영이가 사랑한다'와 '영이가 사랑한다 철수를'을 (69)와 같이 분석해야만 하는가? 혹시 다른 방식은 없는가? 예를 들어 아래와 같은 분석은 어떠한가?

(70) ㉠ ○ 철수를 <u>영이가</u> 사랑한다.

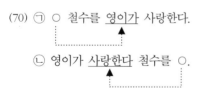

㉡ 영이가 <u>사랑한다</u> 철수를 ○.

(70)이 별다른 문제를 야기하지 않는다면 (69)와 더불어 (70)의 방식도 가능한 것으로 보아야 할 것이다. 그런데 (70)은 적지 않은 문제를 야기한다.

먼저, (70㉠)은 잘못된 예측을 내 놓는 문제를 지닌다. 즉 (70㉠)이 가능하면 (71㉡)도 가능할 것이라는 예측이 성립하는데 이 예측은 사실과 부합하지 않는다. (71㉡)은 성립하지 않기 때문이다.

(71) ㉠ 네가 영이에게 [순이가 떡을 먹었다고] 말해라.
   ㉡ *네가 ○ [순이가 영이에게 떡을 먹었다고] 말해라.

따라서 후치도 (69㉡)처럼 문장의 맨 뒤로 후치되는 것은 가능하지만 (70㉠), (71㉡)처럼 문장의 맨 뒤가 아닌 곳을 파고드는 후치는 불가능하다고 할 수 있다.

문장의 맨 뒤가 아니라 문장의 중간을 파고드는 후치가 성립하지 않는 것은 (72㉡)과 (72㉢)의 대조를 통해 다시 한 번 확인할 수 있다.

(72) ㉠ 영이는 [순이가 거기에 갔다고] 생각하니?
   ㉡ 영이는 [순이가 ○ 갔다고] 생각하니? 거기에?
   ㉢ *영이는 [순이가 ○ 갔다고 거기에 생각하니?

다음으로, (70㉡)은 서술어의 도치가 일반적이지 않다는 점에서 문제를 지닌다. 아래에서 확인할 수 있듯이 서술어는 좀체 전치도 후치도 겪지 않는 것이다.

(73) ㉠ 영이는 [순이가 철수를 만났다고] 생각하니?
   ㉡ *영이는 [만났다고 순이가 철수를 ○] 생각하니?

ⓒ * 영이는 [순이가 철수를 ○] 생각하니? 만났다고?

이제 전치와 후치가 있으면 (64㉠), (65㉠), (66㉠)과 같은 기본 어순뿐만 아니라 (64㉡)~(64㉂), (65㉣)과 (65㉤), 그리고 (66㉡)과 (66㉣), (66㉤) 등의 도치 어순도 이해할 수 있게 된다. 남은 것은 (65), (66)에서 보듯이 일부 어순이 제약되는 현상이 왜 나타나는지, 그리고 (67)처럼 아예 도치 어순이 불가능한 것은 무슨 이유 때문인지를 밝히는 일이다.

아마도 (65)와 (66)에서 일부 어순이 제약되는 것은 기본적으로 격조사 부재에서 그 원인을 찾아야 할 것이다. 격조사의 부재는 무엇이 주어이고 무엇이 목적어인지를 조사를 통해 확인할 수 없음을 의미하므로, 논항 사이의 순서는 의미역 위계와 기본 어순이 보장하는 순서, 즉 행위주 의미역 논항이 앞서고 피동주 의미역 논항이 뒤따르는 어순을 유지할 수밖에 없는 것이다. 이는 격조사가 존재하면 어순이 바뀌어도 원래 자리를 찾을 수 있어서 큰 문제가 발생하지 않는다는 논리와 통하기도 하는데, 예를 들어 (69)에서 '철수를'은 도치되어도 목적격 조사의 존재로 인해 도치되기 전 원래 위치를 충분히 예측할 수 있다.

위와 같은 논리를 확장하면, 예를 들어 (65ⓒ)에 비해 '철수 영이가 사랑해?'의 문법성·수용성이 더 나은 것도 쉽게 이해할 수 있다. 이 예에서는 주격 조사를 동반한 '영이가'가 주어임이 확실하므로 격조사를 동반하지 않은 '철수'는 목적격 조사가 없어도 목적어로 해석될 수 있어서, 또는 목적어로 해석될 수밖에 없어서, 주어, 목적어 확인에 큰 문제가 발생하지 않는 것이다. 물론 주격 조사는 나타나지 않고 목적격 조사만 나타난 '철수를 영이 사랑해?'도 마찬가지이다. 목적어 자리는 목적격 조사를 동반한 '철수를'이 차지하였으므로 '영이'는 주어로 해석될 수 있고 또 그렇게 해석되어야 하는 길이 열려서 주격 조사가 나타나지 않아도 주어, 목적어 확인에 큰 문제가 발생하지 않기 때문이다.

다음으로 (67)처럼 기본 어순으로 고착되어 버리는 것은 특별한 조건을 필요로 한다. 예를 들어 관형사구는 기본 어순이 보장하는 위치만 고수하고 도치를 겪지 않는다는 조건을 두면 (67)의 현상을 해명할 수 있게 된다. 물론 관형사구가 도치를 겪지 않는 이유는 무엇인지가 다시 문제로 대두되기는 하지만 우선은 자료가 보이는 현상을 포착할 수 있는 작용, 조건 등을 설정하고 그 다음에 그러한 작용, 조건이 존재하는 이유를 따지는 것이 합리적이다. 자연 현상을 연구할 때 일단 자연 현상을 면밀히 관찰하여 일반화, 원리, 규칙, 조건 등을 추출하고, 이어서 추출된 일반화, 원리, 규칙, 조건 등이 존재하는 동기를 궁구하는 것과 마찬가지이며, 이렇게 해야 언어 현상에 대한 탐구, 나아가 인간과 사회에 대한 탐구와 자연 현상에 대한 탐구가 소통하고 통합할 수 있는 실질적인 토대가 쌓이게 된다.

제 5 장

의미론과 화용론

5.1. 의미론과 화용론의 대상과 범위

언어는 '형식(표현)'과 '내용'의 연합이며 여기에서 '형식'은 소리, '내용'은 의미에 해당한다. 이때 '소리'란 음소 그 자체를 지시할 수도 있으나 그보다 더 큰 단위, 즉 음절이나 형태소, 단어, 구, 문장 등을 가리키기도 한다. 그렇다면 언어를 이루는 다른 구성 요소인 '내용', 즉 의미는 무엇인가? 의미를 무엇으로 정의하는 것이 옳은지에 대하여는 일찍부터 많은 논의가 있어 왔으나, 그 핵심은 인간이 '소리'라는 형식에 담아서 전달하려고 하는 무엇이라는 것이다.

의미론(semantics)과 화용론(pragmatics)은 언어의 내용적 측면, 즉 의미에 집중하는 언어학 분야이다. 먼저 의미론은 인간이 소리를 빌려 전달하고자 하는 그 무엇에 대한 연구이다. 그런데 소리, 즉 형식이 크고 작은 여러 가지 단위가 있는 만큼 의미도 그것을 담아내는 형식에 따라 다르다. 음소와 같이 의미를 갖지 못하는 무의미한(meaningless) 형식도 있지만, 유의미한(meaningful) 형식인 형태소, 단어, 구, 문장 등은 각기 다른 차원의 의미를 갖고 서로 관계를 형성하며 영향을 주고받는다. 또한 작은 형식들이 모여 더 큰 형식을 이루어 내는 것과 마찬가지로 작은 의미들이 결합하여 큰 의미를 구성해 낸다. 언어학을 인간의 내재된 언어 능력에 대한 연구로 정의한다면, 의미론은 다음 세 가지에 대해 모어 화자가 갖고 있는 내재적 지식을 연구한다고 할 수 있다.

(1) 의미론의 연구 주제
　　㉠ 언어 형식들이 갖는 의미
　　㉡ 의미 관계
　　㉢ 의미 결합의 방법과 과정

의미론과 다른 연구 분야와의 관계를 살펴보면 언어학 안에서 의미론의 연구가 차지하는 영역을 확인할 수 있다. 의미론은 유의미한 언어 형식을 연구 대상으로 삼으므로, 음운론과는 직접적인 관련을 맺지 못하고 형태론 및 통사론과 밀접하게 관련된다. 형태론과 통사론이 연구 대상으로 하는 언어 형식이 서로 다르고 담아내는 의미 역시 다르므로 의미론의 하위 분야가 나뉘게 된다. 이를 정리하면 (2)와 같다.

(2) 의미론과 다른 연구 분야와의 관계

연구 분야	연구 대상	유의미성	의미론의 영역
음운론	음운	-	X
형태론	형태소, 단어	+	어휘 의미론
통사론	구, 절, 문장	+	문장 의미론

한편, 화용론도 의미와 밀접하게 관련되는 연구 분야이다. 의미론과 화용론은 둘 다 언어의 형식보다는 의미를 연구하는 언어학 분야이지만 의미론이 '형식이 가지는 의미'에 집중한다면, 화용론은 '말하는 이, 즉 화자가 의도하는 의미'에 관심을 둔다. 그리하여 의미론은 '어떤 형식이 어떤 의미를 갖고 있는가'에 주목하지만 화용론은 '누가 어떤 의도로 그 형식을 사용하는가'에 집중한다. 그래서 화용론은 '언어 사용자에 대한 연구'라고도 할 수 있다.

의미론은 언어 형식과 실제 세계의 관련성, 즉 언어 형식이 실제 세계를 반영하는 방식을 연구하는 반면, 화용론은 화자가 어떠한 상황에서 무엇을 전달하기 위하여 어떠한 언어 형식을 사용하였는지를 탐구한다. 그러므로 의미론은 언어 형식이 실제 세계에서 지시하는 것이 무엇인지를 먼저 확인하지만, 화용론은 언어 형식과 그것을 둘러싸고 있는 '맥락(context)'[1], 즉 발화하는 화자, 듣는 청자, 발화가 이루어지는 시간과 공간 등이 화자와 청자의 의사소통에 어떻게 관여하는지를 일차적으로 살핀다. 의미론은 언어 내적인 구조와 체계에 관심을 두므로 마치 '실험실의 진공관 속 표본' 같은 의미를 연구하게 된다. 반면 화용론은 언어 외적인 맥락에 관심을 두므로 의미를 연구함에 있어서 누가, 언제, 어떤 발화 상황에서, 어떤 의도와 관련되는지 등을 다각도로 따져보게 된다. 핵심을 정리하자면, 의미론은 '맥락 비의존적 의미(context-independent meaning)'를 연구하는 데 반해 화용론은 '맥락 의존적 의미(context-dependent meaning)'를 연구한다는 점에서 본질적인 차이가 있다.

이와 같이 의미론과 화용론 사이에는 의미를 바라보는 관점에서 근본적인 차이가 존재하며 이는 다음과 같은 차이로 귀결된다.

(3) 의미론과 화용론의 대비

	의미론	화용론
연구 대상	어휘와 문장의 의미	발화의 의미
	맥락 비의존적 의미	**맥락 의존적 의미**
발화 맥락	배제	고려
연구 내용	언어 내적 구조 또는 체계	언어 사용자, 발화 상황, 발화 시공간 등 발화 맥락
	언어 능력	언어 사용
	의미 사이의 논리적 관계	맥락에 의해 결정되는 언어 사용의 조건

결국, 화용론의 목표는 인간이 언어를 매개로 어떻게 의사소통하는지를 연구하는 것이며, 구체적으로는 다음의 세 가지를 규명하고자 한다.

---

1 맥락은 크게 언어적 맥락과 비언어적 맥락으로 나뉜다. 언어적 맥락은 언어에 의하여 형성되는 맥락으로, 문장 내 맥락과 문장 간 맥락으로 나뉜다. 비언어적 맥락은 발화가 이루어지는 장면을 구성하는 요소들로 이루어지며, 발화 시공간 및 화청자가 대표적인 비언어적인 맥락이다. 의미론에서는 언어적 맥락만을 고려하지만 화용론은 언어적 맥락뿐 아니라 비언어적 맥락도 중시한다.

(4) 화용론의 연구 주제

    ㉠ 발화를 통해 사람들이 의미하려고 하는 것.

    ㉡ 화자가 발화 맥락, 즉 누구에게 말하는지, 어디에서 말하는지, 언제 말하는지, 그리고 어떤 환경에서 말하는지에 따라 말을 조직하는 방식.

    ㉢ 말하지 않아도 의사소통되는 것. 즉, 추론을 통해서 전달되는 의미.

이상에서 정리한 의미론과 화용론의 연구 주제, 그리고 연구 범위와 목표를 통해 우리는 두 연구 분야 각각의 본질과 성격을 보다 분명하게 파악할 수 있다. 이러한 이해를 바탕으로 하여, 5.2.와 5.3.에서는 먼저 의미론의 주요 주제를 어휘 의미론과 문장 의미론으로 나누어 차례로 살펴보고 5.4.에서는 화용론이 주목하는 언어 현상들에 대해 알아보도록 한다.

의미론과 화용론은 하나의 관점에서 전체를 기술하거나 설명하기보다는 세부 주제나 현상을 중심으로 논의를 펼치는 경우가 많다. 어휘 의미론과 문장 의미론, 화용론이 각각 다른 접근 방법에 의해 연구되어 왔고, 각 분야 안에서도 주요 현상별로 여러 이론들이 소개되었다. 이러한 사실을 감안하여 이 장에서는 각 분야의 주요 주제에 대하여 가장 중요한 현상이 무엇인지 함께 관찰하여 보고 그에 대한 대표적인 학설을 살펴보도록 한다.

5.2. 어휘 의미론

어휘 의미론은 형태소 또는 단어의 의미와 관련된 제 현상을 연구하는 분야이다. 형태론에서 형태소 또는 단어라고 일컫는 대상은 어휘 의미론에서 흔히 '어휘소(lexeme)'라고 한다. 어휘소는 형태소와 단어를 구나 문장의 일부가 아닌 추상적인 하나의 독립적인 단위로서 간주하는 개념이다. 어휘 의미론이 주로 관심을 갖는 주제는 어휘의 의미를 어떻게 파악하고 분석할 것인가와 어휘 의미들 사이의 관계는 어떠한가에 대한 것이다.

5.2.1. 어휘의 의미와 의미의 유형

어휘의 의미

어휘의 의미, 즉 어휘라는 형식이 담고 있는 내용은 과연 무엇인가? '사과'를 예로 생각해 보자. '사과'라는 소리 '/sakwa/ 혹은 [sagwal'는 무슨 의미를 갖고 있는가? 우선 다음과 같이 생각해 볼 수 있을 것이다.

(5) '사과'의 의미

ㄱ

ㄴ 껍질이 빨갛거나 파랗고 속은 희며 달고 신 맛을 가진, 어른 주먹 만 한 크기의 동그랗고 단단한 과일.

(5)는 '사과'라는 소리의 의미를 실제 세계에 존재하는 대상에서 찾으려고 한 것이다. 좀 더 자세히 말하면, (5ㄱ)은 '사과'의 의미를 실제 세계에 있는 사과들의 집합으로 정의한 것이고 (5ㄴ)는 실제 세계에 있는 사과들이 공통적으로 가진 속성으로 정의한 것이다. 이와 같이 언어 형식의 의미를 실재하는 '지시물(object 또는 referent)'로 보고자 하는 이론을 '지시적 의미론'이라고 한다. 지시적 의미론에 따르면 '자전거'와 같은 일반 명사의 의미는 실제 세계에 있는 모든 자전거들의 집합, 또는 자전거들이 (자전거들만) 공유하고 있는 속성으로 정의되며 '제주도'와 같은 고유 명사의 의미는 실세계에 존재하는 바로 그 제주도를 가리키는 것으로 정의된다.

의미에 대한 연구가 언어 형식과 사물 및 외부 세계와의 관계에 대하여 설명해야 한다는 점에서, 지시적 의미론의 의미 정의가 갖는 의의는 분명하다. 그러나 언어 형식의 의미를 지시물로 보았을 때 모든 것을 다 설명할 수 있는가? (6)의 지시물에 대하여 생각해 보면 그렇지 않다는 사실을 알 수 있게 된다.

(6) ㉠ '평화', '기쁨', '달리다', '먹다', '멋지다', '황당하다'

㉡ '-이/가', '-으므로', '-으시-'

㉢ '요정', '트롤', '메두사'

㉣ '폴로늄', '페니실린', '쿼크'

㉤ '이도'와 '세종대왕', '백범'과 '김구'

(6㉠)과 (6㉡)은 언어 형식이 가리키는 대상이 무엇인지 찾기 어려운 경우이다. 추상명사나 동사 및 형용사, 조사나 어미와 같은 문법 형식들의 경우가 그러하다. (6㉢~㉤)은 형식과 지시물이 일대일 대응을 이루지 않는 경우이다. (6㉢)은 형식은 있으되 그 지시물이 실재하지 않고, (6㉣)은 존재하되 한때 인간이 발견하지 못하여 그 이름을 얻지 못하였던 사물의 예이다. 폴로늄은 19세기 말에 이름이 붙여졌고, 쿼크는 1960년대 이후에야 그 존재가 세상에 알려지기 시작했다. 한편 (6㉤)은 두 개의 형식이 하나의 지시물에 대응되는 경우이다.[2]

---

2 인지의미론에서는 조금 다른 각도에서 지시적 의미론의 문제를 지적한다. 즉, '사과'는 이 세상에 존재하는 모든 사과의 집합으로 정의되지만 우리가 '사과'를 생각할 때에 여러 사과들 가운데 더 먼저, 더 빈번하게 떠올리는 원형적인 사과가 있다는 것이다. 다시 말해 사과라고 다 같은 사과가 아니며 사과 중에는 더 사과 같은 사과도 있고 덜 사과 같은 사과도 있다. 원형이론에 따르면 언어 공동체마다 어떤 범주에 속하는 모든 원소 가운데 그 범주의 속성을 가장 잘 보여주는 전형적인 것, 즉 원형(prototype)이 존재한다. 예컨대, 한국인에게 '새'의 원형은 까치로서 까치는 펭귄이나 타조보다 더 새 같은 새로 인식된다. 이러한 인지의미론의 시각은 언어 형식의 의미가 인간의 인지 작용의 영향을 받는 것이며 지시적 의미론의 의미 정의처럼 그렇게 단순하지 않다는 사실을 시사한다.

지시적 의미론이 언어 형식의 의미를 객관적인 실재물로 보고자 한 것과 대조적으로, '개념적 의미론'은 의미를 언어 사용자의 마음속에 존재하는 주관적인 '개념'으로 보고자 하였다. 이에 따르면, 언어 형식과 실제 세계의 지시물 사이에는 그 언어를 사용하는 사람의 마음이 개입한다. 그리하여 언어 형식은 객관적 실재 그 자체를 지시하는 것이 아니라 그 객관적 실재에 대한 인간의 인식 내용을 지시한다. 이때의 개념은 개인에 따라 그 내용이 다르지 않고 그 언어를 사용하는 공동체가 공유하는 것으로 이해된다.

오그든·리차즈(Ogden & Richards)가 제시한 의미 삼각형(the triangle of meaning)은 이러한 개념적 의미 정의를 잘 보여준다. 의미 삼각형에서 가장 주목해야 할 점은 상징, 즉 언어 형식과 지시물이 직접 연결되는 것이 아니라 반드시 개념을 통하여 간접적으로 연결된다는 점이다.

(7) 오그든·리차즈의 의미 삼각형

인간이 외부 세계를 있는 그대로가 아니라 나름대로의 인식 방식에 따라 파악한다는 사실은 음성과 음소의 경우에서 확인할 수 있고, 또한 무지개의 연속적인 색깔을 5개 또는 7개로 분절하여 인식하는 현상, '이, 그, 저'와 같은 지시어를 주관적으로 사용하는 경우 등에서도 잘 볼 수 있다.

그러나 객관적인 실재를 언어화하는 과정에서 개입하는 개념이라는 것이 과연 무엇인지, 어떻게 명시할 수 있는지 불분명하다. 그뿐만 아니라 객관적인 사물에 대한 해당 언어의 인식 내용이 언어 공동체 전체가 공유하는 하나의 개념으로 모아질 수 있는 것인지, 개개인의 경험과 사고에 따른 주관적인 인식 내용의 차이는 개념에서 어떻게 배제되는 것인지 등이 개념적 의미론이 갖고 있는 부담이다. 또한 언어 형식의 의미와 개념이 과연 동일시될 수 있는지, 문법 형식의 의미는 어떻게 설명될 수 있는지 등도 개념적 의미론이 설명해야 할 과제이다.

어휘 의미에 대한 또 다른 정의는 비트겐시타인(Wittgenstein)의 '용법설'로서, 언어 형식의 의미를 곧 그 형식의 쓰임으로 보는 이론이다. 이 이론은 언어 형식이 하나의 일정한 의미를 가진 것으로 보지 않고 그 형식이 사용되는 구체적인 맥락에서의 용법 하나하나를 모두 의미로 간주한다.

실제로 많은 어휘가 두 가지 이상의 의미를 갖는 다의어이고, 그러한 다의어의 의미를 하나로 모으는 일이 쉽지 않다는 점에서 용법설이 가진 의의를 찾을 수 있다. 그러나 다의어의 여러 의미가 일반적으로 사전에서 첫 번째로 등재되는 의미, 즉 소위 개념적 의미에서 확장된 것임을 감안하면, 다의어의 여러 의미 각각이 동등한 지위에 있지 않다는 점을 알 수 있다. 또한 언어 습득 과정을 고려하면 한 어휘의 여러 용법을 다 익히면서 의미를 파악하는 과정보다는 어휘의 가장 기본적인 의미를 먼저 습득하고 점차 주변적 의미로 확장해 나가는 과정이 더 타당하다.

의미의 유형

우리가 '사과'의 의미를 생각할 때 일반적으로 (5)를 떠올리지만, 우리가 떠올리는 것이 그것만은 아닐 것이다. 어떤 사람은 동화 백설공주에 나오는 독 묻은 사과의 공포를 연상할 수도 있고, 어떤 사람은 중력을 연상할 수도 있다. 이러한 현상과 관련하여 리치(Leech)는 언어의 의미를 '언어를 통해 전달되어지는 모든 것'으로 보는 입장에서 어휘와 문장의 의미를 분류하였다. 이에 따르면, 의미에는 여러 가지 유형이 있으며 크게 일차적인 의미와 주변적인 의미로 나뉜다. 일차적인 의미 유형은 '논리적 또는 개념적 의미'이고 주변적인 의미 유형은 '내포적 의미', '사회적 의미', '정서적 의미', '반영적 의미', '연어적 의미', '주제적 의미' 등이다.

일차적인 의미인 '개념적 의미(conceptual meaning)'는 흔히 외연적 또는 인지적 의미(denotative or cognitive meaning)라고 하며 언어적 의사소통의 중심 요소라고 할 수 있다. 개념적 의미는 음운론에서의 변별적 자질에 해당하는 대조적 자질들로 분석 가능하며 통사론에서의 성분 구조와 마찬가지로 작은 성분 단위 의미가 체계적으로 결합함으로써 더 큰 단위의 의미가 형성된다. 예를 들어, '아줌마'와 '아저씨'의 개념적 의미는 (8)과 같이 명시될 수 있다.

(8) ㉠ '아줌마'의 개념적 의미: [+인간, [-남성]([+여성]), [+성숙], [+기혼]
    ㉡ '아저씨'의 개념적 의미: [+인간, [+남성]([-여성]), [+성숙]

그런데 '아줌마'나 '아저씨'라는 단어를 들었을 때 우리에게 떠오르는 것은 (8)만이 아니다. 이처럼 개념적 의미에 부가되어 전달되는 가치를 '내포적 의미(connotative meaning)'라고 한다. 내포적 의미는 개념적 의미를 손상시키지 않으면서 사람에 따라, 시간과 공간에 따라 달라지는 주변적, 가변적 특성을 갖는다.

한편, '아줌마', '아주머니', '아지매'는 같은 개념적 의미를 공유하는 한편으로 사회적으로는 다른 가치를 가진다.

(9) ㉠ '아줌마'의 사회적 의미: '아주머니'의 낮춤말이자 어린아이 말(사회적 지위, 사용자).
    ㉡ '아주머니'의 사회적 의미: 결혼한 여자를 예사롭게 부르는 말(사회적 지위).

  © '아지매'의 사회적 의미: '아주머니'의 강원·경상 방언(지역).

 '아줌마'는 '아주머니'의 낮춤말로서, 그 단어를 사용하는 화자와 청자의 사회적 관계를 반영하고 다른 한편으로는 어린아이들이 '아주머니'를 이르는 말이므로 언어 사용자가 누구인지를 반영한다. 또 '아지매'는 '아주머니'의 강원·경상 방언으로서, 그 단어를 사용하는 사람의 출신 지역이나 거주 지역 등을 반영한다. 이와 같이 언어가 사용되는 사회적 환경 및 상황과 밀접하게 관련되어 전달되는 의미를 '사회적 의미(social meaning)'라고 한다.

 사회적 의미처럼 언어가 사용되는 상황과 밀접하게 관련되어 화자의 감정이 전달되는 경우가 있는데 이때 반영되는 감정을 '정서적 의미 (affective meaning)'라고 한다.

  (10) 〇 때론 만 마디 말보다 침묵이 낫답니다.

   〈 정숙해 주시기 바랍니다.

   〉 조용히 해!, 입 다물어!

   《 닥쳐!

 (10)은 똑같은 개념적 의미를 갖고 있는 말이나 화자가 청자에게 갖고 있는 존경심이나 심리적 태도에 따라 전혀 다른 감정을 표현한다. 정서적 의미는 문체, 억양, 목소리의 크기에 의존하는 매우 주변적인 의미에 해당한다.

 그런가 하면, 어휘가 갖는 의미는 다른 의미의 영향을 받기도 한다. 아래에 제시된 '따위'와 '예쁜', '잘생긴' 등은 이러한 사실을 잘 보여준다.

  (11) 〇 화분에 채송화, 봉숭아, 맨드라미 따위를 심었다.

ⓛ 이 비싼 화분에 채송화 따위를 심다니!

ⓒ 예쁜 소녀, 예쁜 누나, 잘생긴 소년, 잘생긴 오빠

ⓔ 예쁜 청년, 예쁜 아저씨, 잘생긴 언니, 잘생긴 할머니

'따위'는 같은 종류의 것들이 나열되었다는 뜻과 앞에 나온 대상을 낮잡아 이른다는 뜻을 지닌다. '따위'가 사물을 나열하는 맥락에서 쓰일 때에는 원래 그 나열하는 대상을 낮잡아 이르는 뜻이 없다. 그런데 (11ⓛ)을 읽으면 채송화, 봉숭아, 맨드라미 들이 왠지 보잘것없게 느껴진다. 그것은 '따위'의 다른 의미, 즉 (11ⓛ)에서의 부정적인 의미가 투사되어 반영된 결과이다. 이처럼 어휘의 의미는 그 어휘가 가진 다른 의미의 영향을 받기도 하는데 그 결과로 얻게 되는 의미를 '반영적 의미(reflected meaning)'라고 한다.

한편 '예쁘다'와 '잘생기다'는 둘 다 외모가 아름답다는 개념적 의미를 갖고 있다. 그러나 (11ⓒ)에 비해 (11ⓔ)은 출현 빈도가 높지 않다. '연어적 의미(collocative meaning)'는 이처럼 어떤 단어의 의미가 그 단어와 함께 출현하는 다른 단어의 의미에 영향을 받는 경우를 말한다.

이상에서 살펴본 다섯 가지 주변적 의미, 즉 내포적 의미, 사회적 의미, 정서적 의미, 반영적 의미, 연어적 의미는 '연상적 의미(associated meaning)'로 분류되며 여러 가지 면에서 개념적 의미와 다르다.

(12) 개념적 의미와 연상적 의미의 대비

개념적 의미	연상적 의미
• 언어 공동체에 의하여 공유된 공통적 체계의 일부 • 고정적인 불변의 의미	• 개인의 경험에 따라 변하는 불안정한 의미 • 개방적이고 가변적인 의미

한편, 마지막 의미 유형인 '주제적 의미(thematic meaning)'는 앞선 여섯 가지 의미 유형과 달리 화자가 정보를 조직하는 방법에 따라 다르게 전달되는 의미이다. 즉, 어순 도치나 초점 부여, 강조 등에 의하여 개념적으로는 같은 내용이 의사소통 차원에서는 다른 가치를 갖게 되는 것을 이른다.

(13) ㉠ 나는 떡은 개떡을 가장 좋아한다.
    ㉡ 개떡은 내가 가장 좋아하는 떡이다.

이상에서 살펴본 7가지 유형의 의미는 모두 각각의 의사소통적 가치를 가진 것으로, 이 가운데 어휘 의미론은 개념적 의미를 주로 다룬다.

5.2.2. 어휘 의미의 분석

언어 형식의 의미는 대개 그것이 무엇인지 불분명해 보이기 때문에 형식화하기 어렵고 체계적으로 기술하거나 분석하기가 곤란한 것으로 여겨져 왔다. 그러다가 구조주의가 꽃을 피운 20세기 초중반, 언어학과 문화 인류학의 방법론이 원용되면서 어휘 의미의 분석이 가능해지고 어휘 의미 사이의 관계도 체계적으로 파악할 수 있게 되었다. 그 대표적인 방법이 바로 '장 이론(field theory)'이다.

'장 이론'은 하나의 장(場)을 이루는 어휘들은 의미적 공통성을 갖고 있으며, 하나의 장 내부에는 부분 장(sub-field)이 존재한다고 본다. 장과 부분 장은 어휘들의 의미와 관련되는 것이므로 '의미장(semantic field)'이라고 할 수 있으며, 장 이론은 하나의 어휘의 의미를 더 작은 의미 성분으로 나눌 수 있다는 '성분 분석(componential analysis)'의 토대가 된다.

의미장

다음 어휘들을 관찰하고 분류해 보자.

(14) 양배추, 상추, 시금치, 무, 당근, 고구마, 호박, 오이, 비행기

(14)에 제시된 어휘들 가운데에는 의미적으로 서로 긴밀히 관련되는 것도 있고, 관련되되 직접적이지 않은 것도 있으며, 아예 관련이 없는 것도 있다. 이를 구분하여 표시해 보면 다음과 같다.

(15) ㉠ 양배추, 상추, 시금치 / 무, 당근, 고구마 / 호박, 오이
  ㉡ 비행기

가장 일차적인 분류는 '채소'와 '비행기' 사이에서 이루어질 것이다. '채소'는 '양배추, 상추, 시금치, 무, 당근, 고구마, 호박, 오이'로 이루어진 어휘 집단이 공통적으로 가진 개념적 성분으로, 이들 어휘는 곧 '채소 어휘'라는 장을 구성하게 된다. 그런데 이 안에서도 더 깊은 관련을 가진 것끼리 부분 장을 형성하는데 '양배추, 상추, 시금치'는 '잎채소', '무, 당근, 고구마'는 '뿌리채소', '호박', '오이'는 '열매채소'로 묶인다. 이러한 관계를 도식화하여 나타내면 다음과 같다.

(16) '채소'의 하위 분류와 계층 관계

'양배추, 상추, 시금치, 무, 당근, 고구마, 호박, 오이' 등은 비유적으로 표현하여 의미적인 '친족 관계'에 있는 어휘들이다. 그렇다면 (16)처럼 어

휘를 한데 모으고 분류하여 어휘들의 관계를 체계화할 수 있지 않을까?

장 이론을 발전시킨 트리어(Trier)에 의하면, 의미장은 곧 개념장(conceptual field)이다. 개념적으로 관련되는 어휘들이 모여 개념장을 형성하며, 그렇게 모인 어휘들이 '어휘장(lexical field)'를 이룬다. 앞에서 본 '양배추, 상추, …' 등은 '채소 의미장'을 형성하는 '채소 어휘장'의 어휘 집단들이라 할 수 있다. '채소'는 '잎채소', '뿌리채소', '열매채소'라는 부분 장들로 이루어지며 이들 사이에는 뒤에서 살필 '상하위어' 관계가 성립한다. 그리고 '잎채소'와 '뿌리채소', '열매채소'는 서로 '동위어'의 관계에 있다.

그간 장 이론에 의하여 '친족어 장', '색채어 장', '감각어 장' 등이 체계적으로 연구되었는데, 의미장, 즉 개념장은 같더라도 언어마다 어휘장은 다르다는 사실에 주목할 필요가 있다. 친족어 장을 예로 들면 다음과 같다.

(17) 친족어 장에서의 차이

의미 영역	한국어	영어	말레이어
손위 남자 형제	형/오빠	brother	sudarā
손아래 남자 형제	남동생		
손위 여자 형제	누나/언니	sister	
손아래 여자 형제	여동생		

(17)은 같은 개념장에 대해서도 언어에 따라 그것을 어휘적으로 표현하는 양상은 다를 수 있음을 잘 보여준다. 즉, 남자 형제에 대하여 한국어는 손위와 손아래를 구별하여 각각 '형/오빠', '남동생'으로 표현하는데 영어는 이를 개념적으로는 구별하더라도 표현은 'brother'로만 표현하고 말레이어에서는 서열뿐만 아니라 남녀에 대한 차이도 표현하지 않는다.

한편, 한 언어에서도 어떤 의미장에 개념적으로는 있을 법하나 실제 그 개념을 표현하는 어휘가 없는 경우가 있다. 이것을 '어휘적 빈자리(lexical gap)'이라고 한다. 예컨대, 손가락에 대한 고유어 명칭을 보면, '엄

지손가락, 집게손가락, 가운뎃손가락, 새끼손가락'은 있지만 네 번째 손가락을 가리키는 고유어가 없다. 또한 '아버지'와 '어머니'의 상위어로 '어버이'라는 고유어가 있으나 '할아버지'와 '할머니'의 상위어를 가리키는 고유어가 없다. 그러한 빈자리는 '약지', '조부모'처럼 외래어가 채우는 경우가 많다.

(18) 어휘적 빈자리와 빈자리 채우기

성분 분석

우리가 주변에서 보는 사물이 겉에서 관찰하기에는 매우 복잡하고 다양해 보이나 실제로는 단순하며 한정되어 있는 몇몇 성분들의 다양한 조합에 의한 것이라는 사실은 이미 잘 알려져 있다.

언어도 마찬가지여서 일찍이 구조주의 음운론자들은 음소를 변별적인 자질의 덩어리로 인식하였다. 음소를 구성하는 성분들을 조음 위치나 조음 방식과 같은 자질로 보고, 어떤 자질들이 모여 해당 음소를 구성하는지 살핌으로써 음소의 내부 구조를 파악하고자 한 것이다. 그렇게 하면서 음소의 본질을 정밀하게 이해할 수 있게 되었을 뿐만 아니라 음소와 음소 사이의 관계도 체계적으로 파악할 수 있게 되었다.

의미론에서도 이러한 방법론을 원용하여 어휘 의미의 '성분 분석'을 시도하게 되었다. 성분 분석은 어휘의 의미를 의미 성분의 집합으로 보고 그 의미 성분을 밝힘으로써 의미의 내부 구조를 파악한다. 앞서 (8)에서 어휘의 개념적 의미가 대조적 자질들의 조합으로 분석될 수 있음을 보았는데, '아줌마'의 의미는 '[+인간, [-남성](또는 [+여성]), [+성숙], [+기혼]'으로 분석된다. 이때 '[인간, [남성](또는 [여성]), [성숙], [기혼]' 등이 의미 성분(semantic component) 또는 의미 자질(semantic feature)인데 해당 어휘가 그 자질을 갖고 있으면 '+' 기호로 나타내고 갖고 있지 않으면 '-' 기호로 나타낸다. 그러므로 성분 분석 '[+인간, [-남성](또는 [+여성]), [+성숙], [+기혼]'에 따르면 '아줌마'의 의미는 '성숙하고 결혼한, 남성이 아닌(또는 여성인) 인간'이 된다.

한편, '아저씨'의 의미는 '[+인간, [+남성](또는 [-여성]), [+성숙]'으로 분석된다. 우리가 흔히 '아줌마'와 의미적으로 대립 관계에 있는 어휘로 '아저씨'를 떠올리지만, 성분 분석에 의하면 두 어휘는 대립 관계에 있다고 하기 어렵다. 의미 성분에는 '공통적 성분'과 '시차적 성분'이 있는데 일반적으로 여러 개의 공통 성분을 기반으로 하나의 성분이 서로 대립하는 경우, 즉 시자석 성분이 하나 있는 경우, 두 어휘가 내립 관계에 있는 것으로 본다.

(19) ㉠ 소년: [+인간, [+남재](또는 [-여성]), [-성숙]
　　 ㉡ 소녀: [+인간, [-남재](또는 [+여성]), [-성숙]
　　 ㉢ 아저씨: [+인간, [+남재](또는 [-여성]), [+성숙]

(19)에서 '소년'과 '소녀'의 성분 분석 결과를 보면 두 어휘는 '[인간, [성숙]'을 공통적 성분으로 가지고 '[남성](또는 [여성])'을 서로 대립하는 시차적 성분으로 가진다. 하나의 의미 성분이 시차적이므로 '소년'과 '소녀'는 대립 관계에 있다. '소년'과 '아저씨'도 '[성숙]'이라는 하나의 시차적 성분에 의하여 변별되므로 대립 관계에 있다. '소녀'와 '아저씨'는 흔히 서로 대립하는 의미를 가지는 것으로 여기나 실제로는 그렇지 않다. 그 이유는 두 개의 의미 성분인 '[남성](또는 [여성]), [성숙]'이 시차적이기 때문이다.

'아줌마'와 '아저씨'의 경우도 마찬가지로 대립 관계에 있지 않다. '아줌마'는 개념적으로 결혼한 여자를 지시하는 반면, '아저씨'는 결혼 여부가 의미 내용에 포함되지 않는다. 그러므로 두 어휘를 구성하는 성분이 서로 다른 것으로 분석되며, 공통적 성분과 시차적 성분이 일대일로 대응되지 않는 것이다.

이처럼 성분 분석은 한 어휘의 의미를 형식적으로 명시할 수 있을 뿐만 아니라 관련된 어휘 간의 의미 관계를 분명히 하는 장점을 지닌다. 그러나 다음을 생각해 보면 성분 분석에 한계가 있음을 잘 알 수 있다. 우선, 음소를 구성하는 성분인 변별적 자질과는 달리 어휘의 의미 성분은 그 목록을 작성하기가 쉽지 않다. 이는 어휘 의미의 성분 분석이 자의적으로 이루어질 수도 있다는 가능성을 암시하는 것이다. 또한 의미를 분석하는 데 사용되는 의미 성분의 수를 한정하기 어렵기 때문에 경제성이나 효용성 면에서 무의미한 작업이 될 수도 있다. 또 하나 간과할 수 없는 것은 성분 분석이 곤란한 어휘도 많다는 점이다. 예컨대, '복(福)', '정의(正義)', '행복', '귀엽다', '크다' 등은 그 의미 성분이 무엇인지 알기 어렵다.

5.2.3. 어휘의 의미 관계

구조주의 의미론의 주된 관심사는 성분 분석과 같이 한 어휘 의미의 내부 구조를 파악하는 일과 의미장과 같이 어휘의 의미 관계를 체계화하는 일이다. 이 절에서는 어휘의 의미 관계에 대하여 자세히 알아보고자 하는데, 먼저 (20)에 제시한 어휘의 짝들이 의미적으로 어떤 관련성을 토대로 성립하는지 생각해 보자.

(20) ㉠ 메아리 - 산울림, 핸드폰 - 휴대전화

㉡ 깨끗하다 - 더럽다, 크다 - 작다

ⓒ 동물 - 개, 학교 - 대학교

ⓔ 손에 상처가 났다 - 손이 부족하다

ⓜ 다리다 - 달이다, 사랑(愛) - 사랑(舍廊)

짝을 이루는 어휘의 의미가 (20ⓙ)에서는 서로 같고 (20ⓛ)에서는 서로 반대된다. (20ⓒ)에서는 두 어휘의 의미가 상하위 관계에 있으며, (20ⓔ)에서는 하나의 어휘 '손'이 관련되지만 조금은 다른 두 가지의 의미로 쓰이고 있다. 마지막으로 (20ⓜ)은 소리는 같으나 의미는 전혀 다른 짝을 보여 준다. 이처럼 어휘 사이에는 다양한 의미 관계가 성립하는데 (20ⓙ)~(20ⓜ)에서 포착할 수 있는 의미 관계를 각각 '동의 관계', '대립 관계', '상하 관계', '다의 관계', '동음 관계'라고 일컫는다.

동의 관계

'메아리'와 '산울림', '핸드폰'과 '휴대전화'와 같이 지시하는 바가 서로 같은 어휘들의 관계를 '동의 관계(synonymy)'라고 하고 동의 관계에 있는 어휘들을 '동의어(synonym)'라고 한다. 그런데 우리가 일반적으로 넓은 의미로 동의어라고 할 때에는 개념적 의미가 서로 같은 경우를 말하나, 절대적인 의미의 동의어는 개념적 의미뿐만 아니라 내포적 의미나 사회적 의미 같은 연상적 의미까지 완전히 같아서 두 어휘가 출현하는 어떤 맥락에서도 서로 대치가 가능하여야 한다. 흔히 동의 관계에 있다고 여겨지는 '잔치'와 '파티'의 경우를 보자.

(21) ⓙ 생일잔치, 돌잔치, 회갑잔치, ²종강잔치, ²크리스마스잔치

ⓛ 생일파티, ²돌파티, ²회갑파티, 종강파티, 크리스마스파티

'잔치'와 '파티'는 '기쁜 일이 있을 때에 음식을 차려 놓고 여러 사람이

모여 즐기는 일'이라는 공통된 개념적 의미를 갖고 있으나 연상적 의미
는 조금 다르다. 즉, '잔치'는 전통적으로 내려오는 행사로, 참석자는 가
족과 친지들을 포함하며 그 연령층도 비교적 높다는 인식이 있다. 반면
에 '파티'는 최근에 생긴 '신식' 행사로, 반드시 가족과 친지가 참석하는
것은 아니며 참석자 연령층도 그다지 높지 않은 것으로 여겨진다. 이러
한 연상적 의미의 차이로 말미암아 (21)과 같은 현상이 나타나며, 이는
곧 '잔치'와 '파티'가 완전하게 같은 의미를 가진 어휘들이 아니라는 사실
을 잘 보여준다. 이처럼 개념적 의미만 동일한 어휘들을 상대적인 동의
어, 즉 '유의어'라고 일컬으며, 우리가 흔히 말하는 동의어는 대개 유의어
에 해당한다.

　동의어는 몇 가지 요인에 의해 나타나게 된다. 다음에 제시한 동의어
들은 어떤 요인에 의해 나타났는지 생각해 보자.

　　(22) ㉠ 가위 - 가우 - 가왜 - 가새 - 까새 - 가시개 - 깍개

　　　　㉡ 잔치 - 파티, 빨래 - 세탁

　　　　㉢ 명의(名義) - 이름, 치아 - 이

　　　　㉣ 파출부 - 가사도우미, 동무 - 친구

　　　　㉤ 변소 - 화장실, 죽다 - 돌아가다

　　　　㉥ 큰집 - 교도소, 짜세 - 최고, 발리다 - 지다

　(22㉠)은 표준어 '가위'의 지역 방언이다. 지리적 차이는 동의어를 발생
시키는 주요 요인이 된다. (22㉡)에서 보듯이 외래어의 유입도 동의어가
발생하는 요인이며 (22㉢)에서 보듯이 전문어와 일반어의 병존도 동의어
발생의 원인이다. (22㉣)은 내포 의미의 차이에 따른 동의어로, 부정적인
의미를 내포한 어휘를 그렇지 않은 어휘로 대체하는 과정에서 동의어가
발생한다. (22㉤)은 금기어와 완곡어의 경우로, 기피하고자 하는 대상을

직접적으로 지시하지 않으려는 동기에서 동의어가 나타나게 된다. 마지막으로 (22ⓗ)은 은어(隱語)에 의해 발생하는 동의어로, 은어는 특정 집단이 폐쇄적으로 공유함으로써 소속감을 강화하려는 의도로 기존 어휘의 의미를 전용하거나 새 어휘를 만들면서 나타나게 된다.

그런데 동의 관계에 있는 어휘들은 같은 개념 영역에서 우위를 차지하기 위하여 경쟁하기도 한다. 그 결과 '메아리'와 '산울림'처럼 비등한 힘으로 경쟁 관계를 지속하는 동의어들도 있으나 한쪽이 승리하여 결국 동의 관계를 잃어버리고 마는 어휘들도 있다. (23)의 각 항목에서 경쟁에서 우위를 차지한 어휘가 무엇인지 찾아보고 그 어휘가 경쟁력을 가지는 이유를 생각해 보자.

(23) ㉠ ᄀᆞ롬 - 강(江), 즈믄 - 천(千)

　　 ㉡ 뫼 - 산(山), 온 - 백(百), 노리개 - 액세서리

　　 ㉢ 녀름(>여름) - 농사(農事)

(23㉠)에서 'ᄀᆞ람', '즈믄'보다 '강', '천'이 경쟁력이 있는 이유는 짧기 때문이다. 같은 의미라면 음절 수가 적은 쪽이 많은 쪽보다 선호된다. (23㉡)은 고유어보다 외래어의 힘이 더 강하다는 사실을 잘 보여준다. 음절의 길이가 같거나 심지어 더 길더라도 외래어가 더 선호된다. (23㉢)은 동음어를 가지지 않은 쪽이 경쟁력이 있음을 보여준다. '녀름'은 '농사'와 동의 관계에 있었는데 음운 변화를 겪으면서 '여름'으로 형태가 바뀌었다. 그 결과 '여름(夏)'과 같은 소리를 가진 동음어가 되어 사용에 더 주의를 기울어야 하는 어휘가 되고 말았다. 이에 비하여 '농사'는 의미 파악에 장애가 없으므로 비교 우위를 점하게 되었다.

동의어의 경쟁은 통시적으로 어휘 목록과 의미 변화의 한 요인이 된다. 경쟁에서 밀린 어휘들은 소멸하기도 하고('ᄀᆞ롬', '즈믄', '녀름', '뫼' 등), 의

미가 변화하기도 한다. '온'은 '모든'의 의미로, '노리개'는 '여자들이 한복을 입을 때 사용하는 장신구' 또는 '장난삼아 가지고 노는 물건'의 의미로 바뀌면서 어휘로서의 생명을 이어나가게 되었다.

대립 관계

우리가 흔히 말하는 '반대말'은 의미가 서로 반대되는 어휘를 이른다. 그런데 의미가 서로 반대된다는 것은 무엇을 뜻하는가?

(24) ㉠ 사랑의 반대말은 미움이 아니라 무관심이다.

㉡ 산토끼의 반대말은 집토끼, 판토끼, 죽은 토끼 등이다.

(24)는 일반인이 어휘의 대립 관계에 대해 어떻게 파악하고 있는지 잘 보여주는 사례이다. 일반 언중뿐만 아니라 언어학자 사이에서도 용어와 개념 정립에서 많은 이견을 보여, '반대어', '반대말', '반의어', '상대어', '대립어'와 같은 많은 용어가 혼재하고 있다.

앞서 5.2.2에서 지적했듯이 성분 분석은 '반대말' 등을 어휘들의 대립 관계로써 명확하게 규정한다. '대립 관계(antonymy)'는 성분 분석의 결과 공통적 성분을 공유하면서 단 하나의 시차적 성분을 갖고 있는 어휘 의미 관계를 일컬으며, 그러한 관계에 있는 어휘들을 '대립어(antonym)'라 한다.

대립어는 대립의 구체적인 성격에 따라 몇 가지 유형으로 나눌 수 있다.

(25) 대립어의 유형

㉠ 남자 - 여자, 삶 - 죽음, 살다 - 죽다

㉡ 높다 - 낮다, 무겁다 - 가볍다

㉢ 위 - 아래, 앞 - 뒤

(25㉠)은 한 의미 영역을 양분하여 한쪽에 속하면 다른 한쪽에는 속할 수 없는 상호 배타적인 관계의 대립어이다. '살다'와 '죽다'를 예를 들어 생각해 보자. 생명을 가진 모든 것은 살아 있지 않으면 죽은 것이고 죽지 않았으면 산 것이다. 살아 있으면서 동시에 죽은 것은 없고, 살아 있지 않으면서 죽지 않은 것은 없다. 이처럼 '살다'와 '죽다'는 이 둘이 합하여 생명을 가진 것의 '生死'라는 의미 영역을 온전하게 채운다는 뜻에서 '상보적 대립어(complementary)'라고 한다.

(26) '살다'와 '죽다'의 상보적 대립 관계

상보석 대립어는 나음과 같은 세 가지 중요한 특징을 가진다.

(27) 상보적 대립어의 주요 특징
    ㉠ 'X가 살아 있다' → 'X는 죽지 않았다'
       'Y가 죽었다' → 'Y는 살아 있지 않다'
    ㉡ *'X는 살아 있으면서 죽었다'
       *'X는 살아 있지도 않고 죽지도 않았다'
    ㉢ *'X는 매우/조금 살아 있다'
       *'Y는 X보다 더 죽었다'

첫째, 함의(entailment) 관계에서의 특징으로, 한쪽의 단언(assertion)은 다른 한쪽의 부정(negation)을 함의한다('함의'는 문장 의미 관계의 하나로 5.3.2.에서 자세히 살펴볼 것이다). 둘째, 배타적인 관계이기 때문에 동시에 긍정하거나 부정할 수 없다. 마지막으로, 절대적인 의미를 갖기 때문에 정도어로 수식할 수 없다.

다음으로, (27ⓛ)의 '높다'와 '낮다', '무겁다'와 '가볍다'는 정도의 크기에서 정반대의 위치에 있으면서 대립하는 '정도 대립어(gradual antonym)'이다. '높다'와 '낮다', '무겁다'와 '가볍다'는 각각 '높이'와 '무게'의 정도가 나열된 '척도(尺度, scale)' 위에 존재하며, 정도의 크기는 척도에서 왼쪽으로 갈수록 작아지고 오른쪽으로 갈수록 커진다. 그리고 척도의 가운데에는 중립 영역이 있어서 '높지도 않고 낮지도 않은 정도', '무겁지도 않고 가볍지도 않은 정도'가 존재하므로 상보적이 아니다.

(28) '높다'와 '낮다'의 정도 대립 관계

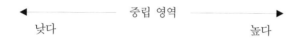

정도 대립어의 특징은 다음과 같다.

(29) 정도 대립어의 주요 특징
　　　ㄱ 'X가 높다' → 'X가 낮지 않다'
　　　　 'X가 낮지 않다' ↛ 'X가 높다'
　　　ㄴ 'X는 높지도 않고 낮지도 않다'
　　　ㄷ 'X는 매우/조금 높다'
　　　　 'Y는 X보다 더 낮다'

첫째, 함의 관계에서의 특징으로, 한쪽의 단언은 다른 한쪽의 부정을 함의하지만 그 역은 성립하지 않는다. 어떤 것이 낮지 않다고 하여 반드시 높다고 할 수는 없기 때문이다. 이것이 (28)에서 볼 수 있는 중립 영역과 관련된다. 둘째, 중립 영역이 존재하기 때문에 양쪽을 동시에 부정할 수 있고, 마지막으로, 상대적인 의미를 갖기 때문에 정도어로 수식하거나 정도를 서로 비교할 수 있다.

한편, 상보적 대립어와 정도 대립어의 중간적인 성격을 갖는 대립어로 '옳다'와 '그르다', '깨끗하다'와 '더럽다' 부류가 있다. 이들은 '정도 상보어 (gradable complementary)'로 불리는 것으로, 정도성을 갖고 서로 대립한다는 점에서는 정도 대립어의 성격을 가지나 중립 영역을 갖지 못한다는 점에서 상보적 대립어의 성격을 보인다.

(30) 정도 상보어의 주요 특징

    ㉠ 'X가 옳다' → 'X가 그르지 않다'

       'X가 그르지 않다' → 'X가 옳다'

    ㉡ *'X는 옳지도 않고 그르지도 않다'

    ㉢ 'X는 매우 옳다'

(30㉠, ㉡)은 '옳다'와 '그르다'가 상보적인 관계이기 때문에 나타나는 현상이며 (30㉢)은 이들이 정도성을 갖는 데에서 기인하는 것이다.

마지막으로, (25㉢)은 '방향 대립어(directional opposite)'로서 어떤 기준점을 기준으로 서로 반대에 위치하는 상대적인 개념을 나타낸다.

대립어는 특정 환경에서 그 대립성을 잃는 경우가 있다. 이를 '중화 (neutralization)'라고 하는데, 이는 서로 변별적으로 대립하는 두 음소가 특정 환경에 놓였을 때 그 대립을 잃고 마는 현상과 같다.

(31) ㉠ 남산이 얼마나 <u>높습니까?</u>

    ㉡ 남산의 <u>높이</u>

    ㉢ 남산이 우리 집 앞산보다 더 <u>높다.</u>

남산이 그다지 높은 산이 아니라는 사실을 떠올린다면 (31)의 '높다'가 모두 '낮다'와 대립하는 의미가 아니라는 것을 잘 이해할 수 있다. 이때의 '높다'는 의문문, 명사화, 비교구문에서 중화된 의미로 사용되었으며, '낮다'와의 대립 관계 없이 '높은 정도'라는 뜻을 나타낸다.

상하 관계

앞서 우리는 의미장에 대해 알아보는 과정에서 한 의미장과 그 의미장의 부분 장 사이에 상하 관계가 성립함을 확인하였는데 '상하 관계(hyponymy)'란 같은 개념을 공유하는 어휘들 사이에 존재하는 위계 관계를 이르며, 그러한 관계에 있는 어휘들을 각각 '상위어(또는 상의어, hyperonym)', '하위어(또는 하의어, hyponym)'라고 한다.

(32) 채소 - 뿌리채소, 동물 - 포유동물, 원소 - 산소

상위어는 의미장에서 하위어보다 높은 계층에 위치하는데, 하위어는 상위어의 의미를 함의하나 그 역은 성립하지 않는 '일방 함의'의 특징을 보인다.

(33) 'X가 뿌리채소이다' → 'X가 채소이다'
     'X가 채소이다' ↛ 'X가 뿌리채소이다'

'무'는 뿌리채소이면서 동시에 채소이지만, '배추'는 채소이지만 뿌리채소는 아니다. 이처럼 상위어와 하위어가 일방 함의를 보이는 까닭은 상위어가 하위어를 포함하기 때문이다.

동음 관계와 다의 관계

사전에서 '손'이라는 표제어를 찾아보면 다음과 같은 정보가 나온다.

(34) '손'의 검색 결과 일부

검색 결과에서 눈에 띄는 것은 '손'이라는 표제어가 11건이나 된다는 사실과 '손¹'과 '손²'는 '손³'과 달리 하나의 표제어임에도 두 개 이상의 의미를 갖고 있다는 사실이다. 어휘들이 전혀 다른 개념을 지시하나 우연히 소리가 같은 '동음 관계(homonymy)'를 보이거나 하나의 어휘가 갖는 두 개 이상의 의미들이 '다의 관계(polysemy)'를 형성하는 일은 여러 어휘들이 보이는 일반적인 모습으로, '동음어(homophone, homonym)'와 '다의어

(polysemy)'의 존재는 때로 '기호'로서의 언어가 가진 약점으로 지적되기도 한다. 동음어와 다의어는 말만 가지고는 무슨 뜻인지 알기 어렵기 때문이다.

동음어는 소리와 철자가 완전히 같은 '동음동철어'와 소리만 같고 철자는 다른 '동음이철어'가 있다.

(35) ㉠ 손(手) - 손(客), 쓰다(書) - 쓰다(用) - 쓰다(苦)
　　 ㉡ 반드시 - 반듯이, 조리다 - 졸이다

동음어가 생겨나게 된 원인에는 언어의 자의성, 음운 변화, 외래어 유입 등이 있다. 먼저, 소리와 뜻이 자의적으로 결합하기 때문에 우연히 소리가 같은 어휘가 만들어질 수 있다. 인간의 인지 능력이 허용하는 범위에서 최소의 소리로 최대한의 의사를 전달하려다 보니 동음어가 나타나게 되는 것이다. 또한 본래는 소리가 다른 어휘들이었으나 통시적으로 음운 변화를 겪으면서 우연히 소리가 같아지는 경우가 있다. '쓰다(用)'는 중세국어 시기에 '쓰다'였으나 어두자음군이 소실되면서 '쓰다'가 되었다. 마지막으로 외래어의 유입도 동음어를 만드는 요인이다. 고유어 '손(手)'과 한자어 '손(孫)', '사랑(愛)'과 '사랑(舍廊)'이 그렇게 형성된 동음어의 예이다.

한편, 다의어는 한 어휘의 기본 개념이 여러 맥락에서 사용되면서 다양한 파생적 의미를 획득하면서 생기기도 하고 '은유'나 '환유'와 같은 인지 작용에 의해서 발생하기도 한다('은유'와 '환유'는 5.2.4.에서 상론한다). (34)의 '손¹'은 다음과 같은 의미를 갖고 있다.

(36) ㉠ 손으로 잡다. (신체 부위)
　　 ㉡ 손에 반지를 끼다. (손가락)
　　 ㉢ 손이 부족하다. (노동력)

ⓔ 손이 많이 가는 일 (노력, 기술)

ⓜ 손에 넣다. (영향력, 권한)

ⓗ 장사꾼의 손에 놀아나다. (수완, 꾀)

'손¹'의 기본 의미는 (36ⓖ)인데, (36ⓛ)~(36ⓗ)으로 가면서 기본 의미와의 관련성은 유지하고 있으나 점점 추상적인 의미를 나타낸다. 일반적으로 한 어휘의 기본 의미는 사용 맥락에 따라 구체적인 의미가 추상화되거나, 공간적인 개념이 시간적인 개념이 되는 경향을 보이며 의미를 확장해 간다. 그러나 한 어휘의 다의 관계는 어디까지나 기본 의미와의 관련성을 확보하고 있는 경우에 성립하는 것으로, 의미 확장이 거듭되다가 기본 의미와의 관련성을 잃어버리게 되면 그때부터는 소리만 같은 동음어가 되고 만다.

5.2.4. 은유와 환유

논문이나 설명문의 어휘는 글자 그대로의 의미로 해석되나 문학 작품의 어휘는 비유적으로 해석되는 경향이 있다. 언어학에서는 오랫동안 어휘 의미를 일반적인 의미와 비유적인 의미로 나누고 이 둘을 별개의 것으로 생각해 왔으나, 특히 인지언어학이 발전하면서 두 의미를 본질적으로 같은 것으로 보는 시각이 대두하였다. 즉, 비유적 표현은 예술의 영역에 속하는 것으로 일상 언어와는 차원이 다른 것으로 여겨졌으나 비유적인 의미 활동 자체가 매우 일상적이라는 시각이 힘을 얻은 것이다. 사실 (37)에서 보듯이 비유적 표현은 일상에서 자주 접하는 방송이나 신문에서 쉽게 찾을 수 있으며, 특히 사실 전달을 목적으로 함에도 불구하고 비유적 표현을 빈번히 사용한다는 사실에 주목할 필요가 있다.

(37) ⓖ A사와 B사, 운명 건 전쟁 시작

ⓛ 세계 과학 두뇌 한국 기업 노크

비유는 '은유(metaphor)'와 '환유(metonymy)'가 있는데, (37)의 '전쟁', '노크'는 은유적 표현이고, '두뇌'는 환유적 표현이다. 은유와 환유는 다음과 같은 차이를 가진다.

(38) 은유와 환유의 대비

은유	환유
유사성 바탕	인접성 바탕
주관적 관련성 (불투명)	객관적 관련성 (투명)
내적인 대등성을 기초로 동일화	외적인 인접성을 기초로 동일화

은유는 두 대상의 유사성을 바탕으로 하나 환유는 인접성을 바탕으로 한다. 은유에서 포착하는 유사성은 두 대상이 가진 여러 가지 의미적 속성 또는 의미적 자질 가운데 찾아지는 것이므로 객관적으로 보았을 때 서로 관련이 없는 대상들이 은유로 엮이는 경우가 많다. 그러므로 은유적 표현이 전달하고자 하는 의미는 불투명하게 느껴진다. 반면에 환유는 두 대상의 객관적인 인접성을 바탕으로 하므로, 현실 속에서 그 관련성을 쉽게 찾을 수 있다. 그러므로 환유적 표현은 그 전달하고자 하는 의미가 투명하게 느껴지고 은유에 비해 더 쉽게 이해된다.

은유와 환유의 이러한 차이는 (37)의 '전쟁'과 '두뇌'를 비교해 보면 쉽게 이해할 수 있다. '전쟁'은 A사와 B사가 세계 시장 점유율을 놓고 상대를 이기기 위하여 치열하게 경쟁하고 소송까지 일삼는 양상이 전쟁과 유사한 것을 기초로 한 주관적인 은유적 표현이다. 양자 사이의 유사성은 A사와 B사가 그간에 벌여 온 일에 대하여 잘 모르거나, 알고 있더라도 그것이 가진 속성을 하나하나 따져보지 않으면 쉽게 포착하기 어렵다. 반면에 '두뇌'는 객관적으로 관련성이 포착되는 환유적 표현이다. '두뇌'는 '두뇌가 우수한 사람'과 직접적으로 맞닿아 있는 대상이기 때문에 두 대상의 관련성을 비교적 쉽게 찾아낼 수 있는 것이다.

그렇다면 은유와 환유는 보다 구체적으로 무엇이며 어떤 기제에 의하여 작동하는가?

은유

은유란 익숙하지 않은 개념을 익숙한 개념을 통하여 이해하고자 하는 인지적인 책략으로, 익숙하지 않은 개념을 '목표 영역(target domain)', 익숙한 개념을 '근원 영역(source domain)'이라고 한다. 예를 들어 '연애는 운전이다.'라고 하는 것은 잘 알지 못하는 '연애'의 개념을, 잘 알고 익숙한 '운전'이라는 개념을 통하여 이해하고자 하는 것이다.

(39) '연애는 운전이다'의 은유 기제

연애는	운전이다
목표 영역	근원 영역
추상적	구체적
낯선 개념(새로움)	익숙한 개념(진부함)

은유가 성립하기 위해서는 두 대상의 개념적 속성이 유사성과 이질성을 동시에 가지고 있어야 한다. 얼핏 보면 서로 무관해 보이는 '연애'와 '운전'이 어떤 유사성과 이질성을 가지고 있는지 정리해 보면 아래와 같다.

(40) '연애'와 '운전'의 유사성과 이질성

	'연애'	'운전'
이질성	·두 사람이 함께 하는 일이다. ·어려도 할 수 있다. ·자격증이 필요 없다.	·각자 하는 일이다. ·만 18세부터 가능하다. ·자격증이 필요하다.
유사성	·비용이 든다. ·처음 시작할 때는 재미있는데 익숙해지면 무감각해진다. ·한눈팔거나 과속하면 큰일 난다. ·중간에 끼어드는 사람이 있으면 짜증난다.	

'사랑'과 '운전'이 가진 내부적인 속성을 들여다보면 생각 외로 많은 유사성이 발견되고, 그것을 기초로 은유가 가능해진다. 내적인 유사성을 찾는 과정은 신속한 의미 전달과 해석에 걸림돌이 될 수 있으나 목표 영역에 대해 새롭고 신선하게 이해할 수 있게 해 준다는 점에서 가치를 갖는다.

환유

우리가 어떤 것을 지시할 때 다른 것이 아닌 바로 그 대상의 이름을 사용할 것 같지만 실제로는 상당히 부정확하게, 허술하게 지시하는 경우가 많다. (41)의 각 문장을 액면 그대로 해석해 보면 다 말이 되지 않는다.

(41) ㉠ 냄비가 끓기 시작하면 불을 끄세요.
    ㉡ 손에 반지를 끼웠다.
    ㉢ 내일부터 지하철이 파업한다.
    ㉣ 남의 이목을 조심하게.

냄비가 끓는 것, 손에 반지를 끼우는 것, 지하철이 파업하는 것, 다른 사람의 눈과 귀를 조심하는 것, 하나하나가 다 불가능한 일들이다. 그러나 우리는 흔히 이렇게 말하고 또 제대로 알아듣는다. 이와 같이 어떤 것을 그것과 인접한 다른 것을 통해 가리키는 것을 환유라고 한다.

환유는 서로 인접한 대상 사이에서 일어나며 큰 대상으로 작은 대상을 가리키기도 하고(축소 지칭) 작은 대상이 큰 대상을 가리키기도 한다(확대 지칭). (41㉠, ㉡)은 축소 지칭의 예로 '냄비'는 '냄비 속의 내용물'을, '손'은 '손가락'을 가리킨다. 그리고 (41㉢, ㉣)은 확대 지칭의 예로 '지하철'은 '지하철 노동조합'을, '이목'은 '주의나 관심'을 가리킨다. 이러한 환유는 다의어를 생성하는 한 요인으로 작용하기도 한다.

5.3. 문장 의미론

문장 의미론은 문장의 의미와 관련된 제 현상을 연구하는 분야이다. 문장 의미론의 주된 관심사는 대략 세 가지 질문으로 정리할 수 있다.

첫째, 문장에 의해 표현되는 의미는 무엇이며 그것을 어떻게 형식화할 수 있는가? 문장은 어휘와 마찬가지로 의미를 담는 형식이나, 어휘보다 큰 단위이므로 더 복잡하고 많은 의미를 담을 수 있을 것으로 여겨진다. 또한 문장은 여러 어휘들이 결합하여 만들어지므로 문장의 의미와 어휘의 의미 사이에는 일정한 관계가 성립한다. 문장 의미론은 이처럼 문장이 담는 의미를 밝히고 그것을 체계적으로 기술하는 일에 관심을 둔다.

둘째, 문장들의 의미 사이에는 어떤 관계가 성립하는가? 어휘들이 서로 여러 가지 의미 관계를 맺으며 영향을 주고받는 것과 마찬가지로 문장 사이에서도 여러 가지 의미 관계가 포착된다. 이에 문장의 의미 관계의 유형을 분석하고 체계적으로 기술하는 일은 문장 의미론의 주요 과제 가운데 하나가 된다.

셋째, 하나의 문장이 두 가지 이상의 의미를 나타내는 경우 어떻게 해야 하는가? 하나의 어휘가 두 개 이상의 의미를 가질 수 있듯이 하나의 문장이 두 개 이상의 의미를 가질 수도 있다. 문장 의미론은 그러한 중의적인 문장들의 목록을 정리하고 중의성(ambiguity)의 원인을 밝히고자 한다.

이제 위에서 밝힌 문장 의미론의 세 가지 주된 과제를 하나씩 자세히 살펴보기로 한다.

5.3.1. 문장의 의미

문장이라는 언어 형식이 나타내는 의미는 과연 무엇인가? 다음 문장들을 통해 생각해 보자.

(42) ㉠ 영희가 웃는다.
　　　㉡ 영희가 철수를 좋아한다.

(42㉠) '영희가 웃는다'는 '영희'와 '웃다'로 이루어져 있으므로 이 문장의 의미는 분명히 '영희'와 '웃다'의 의미와 관련이 있을 것이다. 그렇다면 문장 의미와 어휘 의미 사이의 관계는 어떻게 포착할 수 있는가?

여기서는 형식의미론(Formal Semantics)의 관점에서 질문에 대한 답을 찾고자 하는데, 형식의미론에서는 언어 형식 하나하나가 실제 세계와 대응된다고 가정하며, 언어 형식과 실제 세계와의 관계를 '지시(denotation)' 개념으로 설명한다. 이에 따르면, '영희'의 의미는 고유명사 '영희'라는 형식이 지시하는 개체, 즉 실제 세계에 존재하는 '영희'라는 사람이다. 동사 '웃다'라는 형식이 지시하는 것은 무엇일까? '웃다'는 '이 세상에 존재하는 모든 웃는 개체들의 집합'을 지시한다.

이제 문장 '영희가 웃는다'의 의미에 대해서 생각해 볼 차례이다. 단어나 형태소에 통사 규칙이 적용되어 문장이 이루어지듯이, 문장의 의미 역시 그것을 구성하는 어휘소들의 의미로부터 도출되는 것으로 볼 수 있다. 이 시각을 원리화한 것을 '합성성의 원리(the principle of compositionality)'라고 한다. 이 원리에 따르면 통사적으로 보다 복잡한 구성의 의미는 더 작은 부분의 의미가 합성되어 형성된다. 문장 '영희가 웃는다'의 의미도 '영희'와 '웃다'의 의미가 모여 형성되며, '영희'와 '웃다'가 모일 수 있는 것은 둘이 술어-논항 관계를 형성하기 때문이다. 앞서 제시한 '영희'와 '웃다'의 의미를 고려하면 '영희가 웃다'의 의미는 '이 세상에 존재하는 모든 웃는 개체들의 집합에 영희라는 사람이 포함되어 있다'가 된다. 그리고 실제 세계에 영희라는 사람이 존재하고 웃는 개체들의 집합에 영희가 포함되어 있을 때 그 문장의 '진리치(또는 진리 값, truth value)'는 '참'이 된다. 즉, 실제 세계에서 일어나는 일에 대하여 사실을 기술한 것이다.

(42ㄴ)의 의미 역시 '지시'와 '합성성의 원리'에 의하여 해석할 수 있다. '영희가 철수를 좋아한다.'의 의미는 논항 '영희', '철수'와 술어 '좋아하다'의 의미로부터 형성되는데, 이들의 의미가 합성되는 방법은 여러 가지 가능성이 있다. 그 중 몇 가지만 들어보면 다음과 같다.

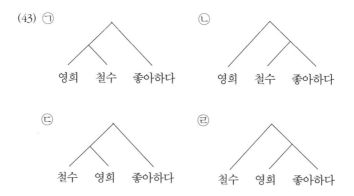

(43) ㉠ 영희 철수 좋아하다
㉡ 영희 철수 좋아하다
㉢ 철수 영희 좋아하다
㉣ 철수 영희 좋아하다

(43)에서 '영희가 철수를 좋아한다.'의 의미로 이해되는 것과 부합하는

것은 (43ⓒ)이다. 즉, '철수'의 의미와 '좋아하다'의 의미가 먼저 결합한 다음 '영희'의 의미가 결합하는 것이 그 문장의 의미에 대한 우리의 직관에 맞는 것이다. 이를 통하여 부분의 의미가 모여 더 큰 단위의 의미를 이룰 때에는 일정한 규칙에 따르며, 문장의 의미 결합 방식은 통사적 결합 방식과 통한다는 사실을 알 수 있다.

우리는 무한한 수의 문장을 만들어 낼 수 있으며 동시에 무한한 수의 문장에 의미를 부여할 수 있는 능력을 갖고 있다. 유한한 수의 통사 규칙을 반복적으로 적용함으로써 무한한 문장을 형성하듯이 문장의 의미도 일정한 규칙에 의하여 도출될 수 있는 것이며 그러한 규칙을 체계적으로 정리하고자 하는 것이 형식의미론을 중심으로 하는 문장 의미론의 주요 목표라 할 수 있다.

5.3.2. 문장의 의미 관계

문장도 어휘와 마찬가지로 다른 문장과 의미 관계를 형성한다. 문장들의 의미 사이에 형성되는 관계는 '동치', '모순', '함의', '전제'를 들 수 있다.

동치

다음 문장들의 의미는 각각 어떤 관계를 갖고 있는가?

(44) ㉠ 철수가 자고 영희가 공부한다.

영희가 공부하고 철수가 잔다.

㉡ 철수는 남자이다.

철수는 여자가 아니다.

(44㉠)에 제시한 두 문장은 서로 의미가 같으며, (445ⓒ)에 제시한 두 문장도 서로 의미가 같다. (44㉠)이 철수가 자는 사건과 영희가 공부하는

사건이 동시에 일어남을 나타낼 때, 두 사건 중 어느 것을 먼저 나열하여도 같은 의미가 나온다. (44ⓒ)은 '남자'와 '여자'가 상보적인 대립 관계를 갖는 어휘들이기 때문에 어떤 대상이 한 영역에 속하면 그 사람은 필연적으로 다른 영역에서 배제된다(5.2.3의 대립 관계 참조).

이처럼 두 문장의 의미가 같을 때 그러한 관계를 '동치(equivalence)'라고 한다. 동치의 정의는 (45)와 같다.

> (45) 동치의 정의
>
> 어떤 문장 A와 B가 있어서 A가 참이면 B가 참이 되고 B가 참이면 A가 참이 될 때, A와 B는 동치라고 한다.
>
> 참고 A와 B가 동치이면 A는 B를 함의하고 B는 A를 함의하는 쌍방 함의 관계가 성립한다. '함의'에 대해서는 잠시 후에 살핀다.

> (44') ㉠ 철수가 자고 영희가 공부한다.
>
> ⇔ 영희가 공부하고 철수가 잔다.
>
> ㉡ 철수는 남자이다. ⇔ 철수는 여자가 아니다.
>
> 참고 '⇔'는 동치 관계를 나타내는 기호이다.

그러나 절대적 동치 관계에 있는 문장은 드물다. 이는 절대적인 의미의 동의어가 그리 많지 않은 사실과 같다. 5.2.1.에서 살펴본 리치의 일곱 가지 의미 유형을 상기하면서 아래 두 문장의 동치 여부를 판단해 보자.

> (46) ㉠ 어부들이 상어를 잡았다.
>
> ㉡ 상어가 어부들에게 잡혔다.

(46)의 두 문장은 동일한 사건을 나타낸다. 그러나 '주제적 의미'가 다

르다는 점에서 절대적인 동치 관계에 있다고 하기는 어렵다.

모순

서로 같은 의미를 나타내는 문장들도 있지만 (47)과 같이 서로 양립할 수 없는 의미 관계를 가진 문장들도 있다.

(47) ㉠ 나는 국어학을 공부했다.

　　　 나는 국어학을 공부하지 않았다.

　　 ㉡ 책상 위에 책이 있다.

　　　 책상 위에 책이 없다.

(47)의 문장들은 한쪽이 참이 되면 다른 쪽은 참이 될 수 없는 관계에 있는데, 이러한 관계를 '모순(contradiction)'이라 한다.

(48) 모순의 정의

　　 어떤 문장 A와 B가 있어서 A가 참이면 B가 거짓이 되고 B가 참이면 A가 거짓이 되는 경우, A는 B와 모순 관계에 있다고 한다.

(47') ㉠ 나는 국어학을 공부했다. ↔ 나는 국어학을 공부하지 않았다.

　　 ㉡ 책상 위에 책이 있다. ↔ 책상 위에 책이 없다.

　　 참고 '↔'는 모순 관계를 나타내는 기호이다.

함의

다음 두 문장들의 관계를 잘 살펴보자. 어떤 관계가 포착되는가?

(49) ㉠ 철수가 사과를 먹는다.

철수가 과일을 먹는다.

ⓛ 철수는 자고 영희는 공부한다.

철수는 잔다.

ⓒ 영희는 재미있는 영화를 보았다.

영희는 영화를 보았다.

ⓔ 영희는 키가 크다.

영희는 키가 작지 않다.

ⓜ 철수는 총각이다.

철수는 독신이다.

(49)에 있는 다섯 가지 문장의 쌍들은 모두 첫 번째 문장이 사실일 경우 두 번째 문장도 사실이 된다는 공통점을 가진다. (49ㄱ)은 상하위어 관계에 있는 '사과'와 '과일'의 관계에서 기인하는 함의 관계이다. 어떤 내상이 하위어 집단에 속할 경우 그 대상은 필연적으로 상위어 집단에 속할 수밖에 없기 때문이다. (49ㄴ)은 등위 접속으로 연결된 두 문장이 참이면 각각의 문장도 참이 되는 경우이다. (49ㄷ)은 '재미있는 영화'가 '영화'의 부분 집합이 되기 때문에 재미있는 영화를 보았다면 곧 영화를 보았음을 의미한다. (49ㄹ)은 '크다'와 '작다' 사이에 성립하는 대립 관계에 의해 나타나는 함의 관계이다. (49ㅁ)는 '총각'의 어휘 의미가 '독신'이라는 개념을 내포하는 데에서 기인하는 것으로 어떤 사람이 총각이라면 그 사람은 독신일 수밖에 없다.

(49)의 문장들이 보이는 의미 관계를 '함의(entailment)'라고 하며 다음과 같이 정의한다.

(50) 함의의 정의

어떤 문장 A와 B가 있어서 A가 참이면 B도 반드시 참이 될 때 A는

B를 함의한다고 한다.

(49') ㉠ 철수가 사과를 먹는다. ⊩ 철수가 과일을 먹는다.
㉡ 철수는 자고 영희는 공부한다. ⊩ 철수는 잔다.
㉢ 영희는 재미있는 영화를 보았다. ⊩ 영희는 영화를 보았다.
㉣ 영희는 키가 크다. ⊩ 영희는 키가 작지 않다.
㉤ 철수는 총각이다. ⊩ 철수는 독신이다.

참고 '⊩'는 함의 관계를 나타내는 기호이다.

(49)의 각 문장에서 함의 관계는 한 쪽 방향으로만 성립한다. 즉, (49㉠)에서, 철수가 사과를 먹는다는 것은 곧 과일을 먹는다는 것을 의미하지만 철수가 과일을 먹는다고 해서 반드시 사과를 먹는다고 할 수는 없다. 함의 관계가 양쪽 방향으로 모두 성립한다면 그것은 앞에서 살펴본 동치에 해당한다. 두 문장이 일방 함의 관계이면 '함의', 쌍방 함의 관계(상호 함의 관계)이면 '동치'이다.

전제

다음 문장들은 겉으로 직접 표현되지 않았음에도 불구하고 전달되는 의미를 갖고 있다. 그것이 무엇인지 생각해 보자.

(51) ㉠ 철수가 사과를 먹는다.
㉡ 영희는 그 영화를 본 것을 후회한다.
㉢ 사과를 먹은 사람은 철수이다.
㉣ 너는 어디에서 철수를 만났니?

(51㉠)은 문장 자체의 의미도 갖고 있지만 철수라는 사람이 존재한다

는 의미도 함께 갖고 있다. (51ⓒ)이 사실이면 영희가 그 영화를 보았다는 것 역시 사실이며, (51ⓒ)은 누군가가 사과를 먹었다는 사실을 함께 알려준다. (51ⓔ)은 청자가 철수를 만났다는 사실이 명시적으로 표현되지 않았음에도 전달된다.

이처럼 어떤 문장이 사실일 때 언어적으로 표현되지 않았으나 사실로서 전달되는 또 다른 의미를 '전제(presupposition)'라고 한다. 전제는 다음과 같이 함의 관계에 근거하여 정의되며, '부정 검증법'에 의하여 전제 여부를 판별한다.

(52) 전제의 정의

어떤 문장 A와 B가 있어서 A가 참이면 B가 반드시 참이 되고 ~A가 참이어도 B가 참이 될 때 A는 B를 전제한다고 한다.

참고 '~'는 부정을 나타내는 기호이다.

앞에서 살펴본 함의는 어떤 문장이 참일 때 다른 문장도 반드시 참이 되는 경우를 말했는데, 전제는 어떤 문장이 참일 때뿐만이 아니라 거짓이어도 다른 문장이 반드시 참이 되는 경우를 말한다. 예를 들어, (51㉠)에서, 철수가 사과를 먹는 것이 사실이라면 철수가 과일을 먹는 것도 사실이다. 철수가 사과를 먹는 것이 사실이 아니라면 과일을 먹는 것은 사실이 아닐 수도 있다. 한편, 철수가 사과를 먹는 것이 사실이라면 철수라는 사람이 존재하는 것도 사실이다. 철수라는 사람이 존재한다는 사실은 그가 사과를 먹든 안 먹든 관계없이 사실로 유지된다. 이때 '철수가 사과를 먹는다'는 '철수가 과일을 먹는다'를 함의하고 '철수가 존재한다'를 전제한다고 할 수 있다.

이처럼 어떤 문장이 다른 문장을 함의하는지 아니면 전제하는지를 알아보려면, 그 어떤 문장이 거짓일 때에도 함의 관계가 유지되는지를 확인한다. 이를 '부정 검증법'이라고 한다. 부정 검증법에 따라 (51)의 전제 의미를 분석해 보면 아래와 같다.

(51') ㉠ 철수가 사과를 먹는다. ‖ 철수가 존재한다.

철수가 사과를 먹지 않는다. ‖ 철수가 존재한다.

그러므로 '철수가 사과를 먹는다. ≫ 철수가 존재한다.'

㉡ 영희는 그 영화를 본 것을 후회한다. ‖ 영희는 그 영화를 보았다.

영희는 그 영화를 본 것을 후회하지 않는다. ‖ 영희는 그 영화를 보았다.

그러므로 '영희는 그 영화를 본 것을 후회한다. ≫ 영희는 그 영화를 보았다.'

㉢ 사과를 먹은 사람은 철수이다. ‖ 누군가 사과를 먹었다.

사과를 먹은 사람은 철수가 아니다. ‖ 누군가 사과를 먹었다.

그러므로 '사과를 먹은 사람은 철수이다. ≫ 누군가 사과를 먹었다.'

참고 '≫'는 전제 관계를 나타내는 기호이다.

(51'㉠)을 '존재 전제'라고 하고 (51'㉡)을 '사실성 동사에 의한 전제'라고 한다.[3] (51'㉢)은 '분열문에 의한 전제'이다.

한편, (51㉣)의 경우는 부정 검증법의 결과와 우리의 직관이 상충한다.

(51') ㉣ 너는 어디에서 철수를 만났니? ‖ 너는 철수를 만났다.

너는 어디에서 철수를 만나지 않았니? ‖̸ 너는 철수를 만났다.

---

3 '후회하다', '고백하다'와 같은 동사를 '사실성 동사(factive verb)'라고 한다. '말하다', '믿다', '주장하다', '생각하다'는 말하는 내용, 믿는 내용 등의 진리치에 대하여 아무것도 말해 주는 것이 없는데 그러한 동사를 '비사실성 동사(nonfactive verb)'라 한다. 한편, '가정하다', '상상하다'는 가정하는 내용, 상상하는 내용 등이 항상 거짓임을 전제하는데 이를 '반사실성 동사(counterfactive verb)'라 이른다.

그러므로 '너는 어디에서 철수를 만났니? ≫너는 철수를 만났다.'

부정 검증법에 따르면 설명 의문문 '너는 어디에서 철수를 만났니?'의 부정은 '너는 철수를 만났다'를 함의하지 않으므로 '너는 철수를 만났다'를 전제하지 않는다. 그러나 우리의 직관에 따르면 '너는 어디에서 철수를 만났니?'라는 문장은 '너는 철수를 만났다'를 전제하는 것으로 여겨진다.

이때 우리가 선택할 수 있는 방법은 두 가지이다. 하나는 전제가 아니라고 하는 방법이고 다른 하나는 전제라고 인정하되, 화용론적 관점에서 전제라고 하는 방법이다. 전자는 의미론적인, 즉 논리적인 두 문장 간의 관계에 입각하여서 전제를 정의하는 방법이고 후자는 화자가 어떤 문장을 발화할 때 사실이라고 믿는 것을 전제라고 정의하는 방법이다. 의미론적 관점에서만 전제를 정의하면 설명 의문문과 그밖의 여러 가지 경우에서 직관을 무시하면서 다른 관점에서 설명해야 하는 부담이 생긴다. 반면 화용론적 관점에서 전제를 정의하면 지나치게 많은 현상이 전제가 된다. 이러한 사정 때문에 전제의 정의는 아직까지 안정되었다고 보기 어려우며 학계에서 논의가 진행 중이다.

5.3.3. 문장의 중의성

한 문장이 하나의 의미를 나타내는 것이 정확한 의사소통을 위하여 이상적이나 여러 가지 원인에 의해 한 문장이 두 가지 또는 그 이상의 의미를 나타내는 경우가 있다. (53)에 제시된 문장이 각각 어떤 의미들을 나타내는지 확인해 보고 그러한 중의성이 어디에서 기인하는지 살펴보자.

(53) ㉠ 영희는 도화지에 큰 배를 그렸다.

㉡ 영희는 빵을 먹고 커피를 마셨다.

㉢ 모든 이가 누군가를 사랑한다.

(53㉠)에서는 영희가 그린 '배'가 과일을 뜻할 수도 있고 교통 수단일 수도 있으며 신체의 일부일 수도 있다. 이로 인해 (53㉠)은 중의적으로 해석되는데 이러한 중의성은 '배'가 동음어인 데에서 기인한다. (53㉡)은 영희가 빵을 먹으면서 동시에 커피를 마셨다는 의미로 해석할 수도 있고 빵을 다 먹은 다음에 커피를 마셨다는 의미로 해석할 수도 있다. 이는 연결어미 '-고'가 '동시(同時)'와 '순서(順序)'라는 두 가지 의미를 갖기 때문에 생기는 현상이다. (53㉢)은 모든 사람이 동시에 한 사람을 사랑한다는 의미와 서로 다른 사람을 각각 한 명씩 사랑한다는 의미를 가지고 있다. '누군가'가 한 사람일 수도 있고 다수일 수도 있는 이 현상은 수량 표현 '모든 이'와 '누군가'의 의미 영역 또는 작용역(semantic scope)에 따른 것이다.

이처럼 문장의 중의성은 그 원인에 따라 어휘에 의한 것, 문법 형태소나 문법 구조에 의한 것, 의미 영역에 의한 것으로 분류할 수 있으며 각각의 사례를 더 자세히 살펴보면 다음과 같다.

(54) ㉠ 우리 어머니는 손이 크다.
 ㉡ 철수가 한복을 입고 있다.

(54㉠)은 '손'이 다의어이기 때문에 두 가지 의미로 해석되고 (54㉡)은 '입다'의 특성에 의해 한복을 입는 과정을 나타내기도 하고 한복을 입는 동작이 완료되어 그 결과가 지속되고 있음을 나타내기도 한다.

(55) ㉠ 영희와 철수는 학교에 갔다.
 ㉡ 착한 영희와 철수는 학교에 갔다.
 ㉢ 영희는 철수처럼 웃는다.
 ㉣ 남편이 아내보다 딸을 더 좋아한다.

(55㉠)은 접속조사 '-와'의 접속 기능이 '영희'와 '철수'를 대상으로 할 수도 있고 '영희가 학교에 가다'와 '철수가 학교에 가다'를 대상으로 할 수도 있다는 데에서 기인하는 중의성이다. (55㉡)은 관형어 '착한'의 수식 범위가 '영희'에 국한되는지, 아니면 '영희와 철수' 전체에 해당하는지에 따라서로 다른 의미로 해석되는 경우이다. (55㉢)은 영희의 웃는 모습이 철수의 웃는 모습과 같다는 뜻과 철수가 웃듯이 영희도 웃는다는 뜻이 모두가능하다. 이는 '-처럼'이 이끄는 부사어가 문장에서 동사구를 수식하는성분부사어일 수도 있고 문장 전체를 수식하는 문장부사어일 수도 있기때문에 발생하는 중의성이다. (55㉣)은 딸을 좋아하는 주체인 '남편'과 '아내'가 서로 비교되는 경우로 해석되기도 하고 남편이 좋아하는 대상인'아내'와 '딸'이 서로 비교되는 경우로 해석되기도 한다.

(56) 철수는 보고서를 이메일에 첨부하여 제출하지 않았다.

(56)은 다양한 의미로 해석된다. 이러한 다양한 의미는 부정어 '않'의의미 영역이 문장 안에서 어디까지 미치는지에 따른 중의성에 해당한다. 수량 표현과 마찬가지로 부정어도 의미 영역에 의한 중의성을 유발하는주요 인자라 할 수 있다.

5.4. 화용론

화용론은 인간이 언어를 매개로 어떻게 의사소통하는지를 연구하는언어학의 한 분야이다. 근대적인 개념의 화용론은 1938년에 이르러서야처음으로 성립되었고 최근까지도 '언어학의 신데렐라'라는 찬사와 '언어학의 쓰레기통'이라는 악평을 함께 받고 있다.

언어는 의사소통을 하기 위한 도구로 기능할 수 있다. 언어 교육에서 '의사소통 능력'의 개념을 규정할 때에 화용적 능력을 문법적 능력과 적어도 대등하게, 또는 그 이상으로 중시한다는 사실을 감안하면 화용론의 중요성이 쉽게 간과되기 어려울 것이다. 그뿐만 아니라, 왼쪽 관자엽 손상으로 문법적 능력은 잃었으나 말투, 말의 느낌, 상대방 목소리에 담긴 의도 등은 감지하는 환자의 경우는 비록 상대방의 말을 다 이해하지 못하더라도 기대 이상의 의사소통을 해 내는 데 반해, 오른쪽 관자엽 손상으로 문법적 능력만 갖고 있는 환자의 경우는 의사소통이 거의 불가능하다는 뇌 신경학의 임상 보고 역시 인간의 의사소통에는 문법 그 이상의 무엇이 있음을 충분히 짐작하게 한다.

의미론이 언어 형식과 세계와의 관련성을 탐구하고자 한 것이라면 화용론의 관심은 그러한 언어를 사용하는 인간을 향한다. 화용론의 구체적인 연구 주제로는 '화시', '전제', '함축', '화행', '대화 분석' 등이 있으며, 여기에서는 '화시', '함축', '화행'을 중심으로 살펴보기로 한다.

5.4.1. 화시(deixis)

형식 의미론에 따르면 '철수가 대학생이다.'라는 문장은 '철수가 이 세상에 존재하고, 대학생인 사람들의 집합에 철수가 포함된다'를 의미한다. 그러면 다음 문장의 의미는 무엇인가?

(57) ㉠ 나는 대학생이다.
　　　㉡ 저 사람은 대학생이다.

(57㉠)와 (57㉡)의 의미를 해석해 보면, 뜻밖의 난관에 부딪히게 된다. '나', '저 사람'이 이 세상에 존재해야 하는데 '나'와 '저 사람'이 대체 누구를 가리키는지 확인할 수가 없는 것이다. 이 형식들이 누구를 가리키는지

확인하려면 문장 그 이상의 정보를 살펴야 한다. 즉, 그 문장을 말하는 사람이 누구인지, 발화 장면에는 화자 말고 누가 있는지 등의 발화 맥락을 함께 보아야 비로소 '나'와 '저 사람'이 누구를 가리키는지 확인할 수 있는 것이다. 이런 맥락에서 (57㉠)은 그 문장을 말하는 사람이 대학생인 사람의 집합에 속함을 의미하고, (57㉡)은 발화 장면 안에 있는, 화자와 청자에게 가까이 있지 않은 어떤 사람이 대학생 집합에 속함을 의미한다.

'나', '저'는 '철수'처럼 고정된 지시를 가지고 있지 못하고 발화 장면을 구성하는 어떤 것을 가리키기 때문에 발화 맥락을 고려하지 않는 문장 의미론에서는 이들의 존재가 도전적일 수밖에 없다. '나', '저' 등의 형식이 갖는 지시 기능을 '화시(話示, 또는 '직시' 直示)'라고 하는데, '화시(deixis)'는 '가리킴'을 뜻하는 그리스어에서 유래한 것으로, 어떤 문법적 형식이나 어휘의 지시가 발화 맥락에 의존하여 가변적으로 이루어지는 현상을 일컫는다.

일반적으로 화자는 발화 장면의 모든 것을 자신의 관점으로 이해하고 조직한다. 그리하여 화자는 발화 맥락의 시공간적 좌표의 원점에 위치하는데 이를 '화시적 중심(deictic center)'이라고 한다. 화시적 중심은 발화 맥락을 구성하는 요소 가운데 '화자, 여기, 지금'으로 구성되며, 화시적 기능을 갖는 언어 형식들은 바로 이 화시적 중심을 기준으로 하여 그 지시를 확인하게 된다. 그런데 화자의 역할은 한 사람이 고정적으로 갖는 것이 아니라 대화에 참여하는 사람들이 번갈아서 맡게 되므로, 화시적 중심은 늘 변하며 발화 순간 화자의 위치에 의해 규정된다.

전통적으로 '인칭', '장소', '시간'이 화시 범주로 간주되어 왔고 언어 형식으로는 '인칭대명사', '지시대명사' 등의 어휘뿐만 아니라 '시제'나 '경어법'을 나타내는 문법 형식 등이 화시 범주에 포함된다. 화시는 구체적으로 '인칭 지시', '사물 및 장소 지시', '시간 지시', '사회적 관계 지시' 등으로 나뉘며 해당 범주와 예는 다음과 같다.

(58) 화시의 종류와 해당 범주

종류	범주	예
인칭 지시	인칭 표현	'나, 너, 우리, 자기' 등
사물 및 장소 지시	지시 표현	'이, 그, 저'와 '이것, 그것, 저것, 여기, 거기, 저기, 이리, 그리, 저리' 등 '이, 그, 저' 관련 형식
시간 지시	시제	'-었-' 등
사회적 관계 지시	경어법	'-으시-, -습니다, -어요' 등

인칭 지시

발화 장면에는 어떤 사람들이 존재하는가? 가장 먼저 생각할 수 있는 사람이 바로 발화를 하는 사람이고, 그 다음이 그 발화를 듣는 사람이다. 또 발화를 하거나 듣는 사람은 아니지만 그 발화에서 언급되는 사람도 있다. '인칭 지시(person deixis)'는 발화 장면에 있는 사람을 가리키는 것과 관련되는데, 전통적으로 말하는 사람, 즉 '화자'를 '1인칭(first person)', 듣는 사람, 즉 '청자'를 '2인칭(second person)', 화자도 청자도 아닌 제3자를 '3인칭(third person)'으로 구별해 왔다. 인칭을 '대화 참여자의 역할'로 정의하기도 하는데, 그러한 관점에 의하면 '3인칭'이라고 불리던 것은 더 이상 인칭으로 인정받지 못하고 '비인칭(非人稱)' 범주로 간주되어 사물 지시와 동등하게 취급된다.

인칭 범주를 나타내는 가장 일반적인 언어 형식은 대명사이며, 인칭 대명사의 목록은 개별 언어에서 인칭 외에 어떤 개념을 나타내는가에 따라 달라진다. 언어에 따라 '수(number)' 개념을 나타내기도 하고, '성(gender)'이나 '청자에 대한 화자의 존경 여부'를 나타내기도 한다. 영어의 대명사는 인칭 외에 '수'와 '성'을 나타내고, 불어는 2인칭 대명사 'tu'와 'vous'에서 보듯이 '존대 여부'까지도 나타낸다.

그럼 국어의 경우는 어떠한가?

(59) ㉠ 나, 우리, 저, 저희
　　㉡ 너, 너희, 당신
　　㉢ 그, 그녀

국어의 인칭 대명사는 인칭에 더해 수와 존경 여부를 포함한다. (59㉠)은 1인칭 대명사인데, 단수, 복수 여부뿐만 아니라 청자에 대한 존경의 표시로 화자를 낮추는 겸손 자질을 반영하고 있다. (59㉡)은 2인칭 대명사로, 단복수 여부와 청자에 대한 존대 여부를 반영한다. '당신'은 흔히 2인칭 존칭의 기능을 갖고 있다고 기술되나, 실제 구어 생활에서 화자보다 높은 청자를 직접 가리킬 때 사용되는 경우는 거의 없고 노래나 시 등에서 찾아볼 수 있을 뿐이다. 일상 구어 생활에서 사용하는 '당신'은 부부 사이에서 상대방을 가리키거나 낯선 관계에서는 오히려 상대방을 낮추어 가리키는 기능을 갖고 있다. 국어에서 화자보다 높은 청자를 가리킬 때에는 대명사보다는 그 사람과 관련된 직함 등을 이용하거나 또는 직접 가리키는 일 자체를 회피한다.

성의 경우에는 논란의 여지가 있으나 (59㉢)의 '그', '그녀'가 사용되기 시작한 시점이 20세기 초이고 현대국어에서도 구어에서는 잘 사용되지 않는다는 점을 중시하면 국어의 인칭 대명사가 성을 적극적으로 반영한다고 보기는 어렵다.

사물 및 장소 지시

발화 장면에 있는 대상을 가리킬 때 어떤 방법을 사용하는가? 다음의 발화를 보고 생각해 보자.

(60) ㉠ 이 옷 어때?

　　㉡ 그 옷 너한테 참 잘 어울린다.

　　㉢ 저 옷 우리가 어제 사려고 했던 옷 맞지?

우리가 (60)을 통해서 알 수 있는 것은 화자가 가리키고자 하는 사물이 그 사물의 위치와 관련되어 표현되고 있다는 점이다. (60㉠)의 '이 옷'은 화자가 입고 있는 옷, 또는 화자 옆에 있는 옷을 가리키고, (60㉡)의 '그 옷'은 청자가 입고 있는 옷, 또는 청자와 가까이에 있는 옷을 가리키는 것으로 해석된다. (60㉢)의 '저 옷'은 화자와 청자에게 가까이 있지 않은 어떤 옷을 가리키는 것으로 이해된다.

발화 장면에 존재하는 사물을 가리킬 때 가장 먼저 생각할 수 있는 방법은 그 사물의 위치를 이용하는 것이다. 이에 우리는 사물을, 그 사물의 위치에 대한 정보를 제공함으로써 지시한다. 그렇다면 사물의 위치는 어떻게 나타내는가?

화자는 자신의 위치를 중심으로 공간을 분할하여 인식하며, 공간 분할 방식은 각 언어마다 차이를 보인다. 즉, '2분 체계(화자에게 가까운, 화자에게 가깝지 않은)'를 갖고 있는 언어도 있고 '3분 체계(화자에게 가까운, 화자에게 가깝지도 멀지도 않은, 화자에게 먼, 또는 화자에게 가까운, 청자에게 가까운, 양자에게 가깝지 않은)'를 가진 언어도 있으며, 그 이상으로 분할하는 체계를 가진 언어도 있다.

국어의 경우 화자의 위치를 중심으로 발화 공간을 3분하는 체계를 갖고 있어서 화자에게 가까운 위치를 '이', 청자에게 가까운 위치를 '그', 화·청자에게 모두 가깝지 않은 위치를 '저'로써 지시한다. 그리하여 발화 장면에 있는 사물뿐만 아니라 장소, 사람까지도 '이, 그, 저'의 위치 정보를 이용하여 가리킬 수 있게 된다. 여기서 사람을 지시하는 것은 앞에서 살펴본 '인칭' 개념과 다르다. 인칭은 발화 참여자의 역할 개념이었으나 여기서의 사람 지시는 발화 장면에 존재하는 사람을 가리키는 것으로, 사물이나 장소를 가리키는 것과 동일한 개념이다.

(61) ㉠ {이, 그, 저} 책이 요즘 잘 읽힌다.

　{이것, 그것, 저것}이 요즘 잘 읽힌다.

　{이게, 그게, 저게} 요즘 잘 읽힌다.

㉡ {이, 그, 저} 식당에서 파는 냉면이 맛있다.

　{이곳, 그곳, 저곳, 여기, 거기, 저기}에서 파는 냉면이 맛있다.

㉢ {이, 그, 저} 친구가 고등학교 때 내 단짝이었어.

　{얘, 걔, 쟤}가 고등학교 때 내 단짝이었어.

　'이, 그, 저' 가운데 '이, 그'는 발화 장면에 존재하는 사람 또는 사물뿐 아니라 언어적인 맥락(즉, 문맥)에 존재하는 사람 또는 사물을 가리키는 '조응(또는 대용, anaphora)' 기능도 갖고 있는데, 이는 화시와 구별할 필요가 있다.

(62) ㉠ 11호 태풍이 북상하고 있는데, 이 태풍은 한반도 서쪽을 지나갈 것으로 예상되어 큰 피해가 우려된다.

㉡ 어제 도서관에 갔는데, 거기서 우연히 중학교 동창을 만났다.

　(62)의 '이', '거기'는 각각 '11호 태풍'과 '도서관'을 가리키는 것으로서, '11호 태풍'과 '도서관'은 선행 발화에 이미 등장하여 대화 참여자에게 이미 알려진 대상이다. 화자가 그 대상을 다시 가리킬 때 심리적으로 가깝다고 여기면 '이', 가깝지 않으면 '그'를 사용하게 된다.

시간 지시

사건이 발생한 시간을 언어적으로 나타내는 방법은 다음과 같은 것을 생각해 볼 수 있다.

(63) 나는 <u>아침</u> <u>7시에</u> 일어났다.

(63)에는 사건이 일어난 시간과 관련된 정보를 표시하는 형식이 세 가지 있다. '아침, 7시'와 '-었-'이 그것인데, 전자와 후자는 여러 가지 면에서 차이를 보인다. 첫째, '아침, 7시'는 어휘적 형식이고 '-었-'은 문법적 형식이다. 둘째, '아침, 7시'는 지시하는 시간의 범위가 분명하지만 '-었-'은 과거라는 사실만 나타낼 뿐이다. 셋째, '아침, 7시'는 고유한 자기 지시를 갖고 있으나 '-었-'은 고유한 자기 지시 없이 상대적인 시간의 위치만을 나타낸다.

사건의 시간의 위치를 나타내는 방법 가운데 화시와 관련된 형식은 '-었-'이다. 화자는 발화 공간을 자신의 위치를 기준으로 분할하였던 것과 마찬가지로 시간이라는 추상적인 개념도 자신을 중심으로 분할하여 지시한다. 이때 기준이 되는 것은 자신이 발화한 시간, 즉 '발화시(utterance time)'이다. 화자가 말하는 사건이 발생한 시간을 '사건시(event time)'라고 하는데, 사건의 시간적 위치는 발화시와 사건시의 상대적인 관계에 의하여 결정된다. 즉, 사건시가 발화시보다 앞서면 '과거', 발화시와 같으면 '현재', 발화시보다 뒤에 오면 '미래'가 되는 것이다.

'지금', '아까', '좀 있다가' 등도 발화시와의 관계에 의해 사건시의 위치를 나타내는 형식들이나, 언어학에서는 일정한 문법 형식에 의하여 시간적 위치가 지시되는 경우에만 '시제'라는 문법적 범주로 정의한다.

사회적 관계 지시

앞서 인칭 지시에서 인칭 대명사가 인칭 개념뿐만 아니라 화자와 청자의 사회적 관계 자질도 반영하는 것을 보았는데, 국어의 경어법 역시 화자와 청자의 사회적 관계와 같은 발화 장면적 요소를 문법화하는 화시의 중요한 범주이다. '-으시-'와 종결어미 등이 이러한 비언어적인 사회적 관계를 언어적으로 표시하는 형식들이다. (64)에서 이들 형식들이 어떠한 사회적 관계를 기호화하는지 살펴보자.

(64) ㉠ 어머니께서 활짝 웃<u>으시</u>더구나.

㉡ 이번 비로 더위가 한풀 꺾이겠<u>습니다</u>.

㉢ 싸우지 말고 사이좋게 놀<u>아라</u>.

(64㉠)의 '-으시-'는 주어인 '어머니'가 말하는 사람보다 더 높다는 것을 나타낸다. 즉, '-으시'는 화자와 주어의 관계를 비교하여 화자보다 주어가 지시하는 대상이 더 높음을 나타내는 형식이다. 한편 (64㉡, ㉢)의 종결어미 '-습니다'나 '-어라'는 말하는 사람과 듣는 사람과의 관계를 나타내는데, '-습니다'는 말하는 사람보다 듣는 사람이 더 높음을, '-어라'는 말하는 사람이 듣는 사람보다 더 높음을 표시한다. 그런데 이들이 반영하는 비언어적인 맥락상의 정보는 그뿐이 아니다. (64㉡)은 화자가 자신보다 높은 청자를 극진히 대우하고자 하는 반면, (64㉢)은 그러한 대우 의지가 없다. 또한 (64㉡)은 청자에게 격식을 갖추어 말하는 경우이지만 (64㉢)은 비격식적인 상황에서의 발화이다. 이와 같이, 청자경어법을 나타내는 형식은 화자와 청자의 관계뿐 아니라, 화자가 청자를 대우하려는 의지의 유무와 발화 상황의 격식성 여부 등 한층 복합적인 발화 맥락적 요소를 반영한다.

5.4.2. 함축

화용론의 주요 관심사 가운데 하나는 말하지 않아도 의미가 전달되는 현상이다. 다음 발화에서 언어적으로 표현되지 않았음에도 전달되는 의미가 무엇인지 생각해 보기로 하자.

(65) ㉠ 영미는 방송국 아나운서이다. 그러므로 발음이 매우 정확하다.

　　 ㉡ A: 시험 잘 봤어?

　　　 B: 열심히 봤어.

(65㉠)에서 말해진 것 이외에 우리가 알 수 있는 정보는 무엇인가? 바로 '방송국 아나운서는 발음이 매우 정확하다.'라는 것이다. 그런데 이 정보는 어디에서 나오는 것인가? 이는 '그러므로'가 가진 의미를 통해 우리가 추론하여 얻게 되는 정보이다. 그러면 (65㉡)의 대화에서 우리가 알 수 있는 사실은 무엇인가? 그것은 B가 시험을 잘 보지 않았을 수 있다는, 또는 B가 스스로 시험을 잘 보지 않았다고 생각한다는 사실이다. 이는 (65㉠)과는 달리 어떤 언어 형식이 가진 의미로부터 추론되는 의미가 아니라 B가 A의 질문의 핵심을 피하고 다른 대답을 한 데에서 추론되는 의미이다.

'함축(implicature)'은 이처럼 말해진 것과 전달된 것 사이의 공백을 설명하기 위한 개념으로, 화자가 언어로서 표현하지 않았으나 청자에게 전달되는 추론적 의미를 말한다. 함축은 (65㉠)처럼 연결어미나 특수조사 등 특정 언어 형식의 의미에 의해 발생하기도 하고 (65㉡)와 같이 일반적으로 요구되는 대화의 규칙을 어기는 데에서 발생하기도 한다. 전자를 '고정 함축(conventional implicature)'이라고 하고 후자를 '대화적 함축(conversational implicature)'이라고 한다.

고정 함축은 특정한 언어 형식의 의미로부터 유발되기 때문에 맥락에 영향을 받지 않는다. 그러므로 엄밀히 따지자면 화용론의 영역이라기보다는 의미론의 영역이다.

(66) ㉠ 영희만 기한 내에 보고서를 제출했다.

㉡ 영희도 기한 내에 보고서를 제출했다.

(66)의 두 문장에서는 일정한 추론 의미를 얻을 수 있는데 (66㉠)은 '다른 사람은 기한 내에 보고서를 제출하지 않았다.'이고 (66㉡)은 '다른 사람도 기한 내에 보고서를 제출했다.'이다. 이러한 추론 의미는 특수조사 '-만'과 '-도'에서 유발되는 것으로 누가 어떤 사람에게 이 문장을 발화하더라도 이 같은 추론 의미를 얻게 된다.

이와 달리, 대화적 함축은 우리가 일반적으로 따르는 대화의 원리를 고의로 어김으로써 추론되는 의미로서, 맥락의 영향을 빌린다는 점에서 화용론의 연구 대상이 된다. 우리가 일상적으로 주고받는 대화는 겉으로 보면 아무런 체계나 규칙도 없이 진행되는 것처럼 보이지만 실제로는 일정한 원리의 지배 하에 이루어진다. 그라이스(Grice)는 의사소통에 참여하는 사람들이 따르는 대화의 원리로 '협동의 원리(cooperative principle)'를 제시하였다. 그리고 사람들이 협동의 원리를 지키기 위하여 '대화의 격률(maxims of conversation)'을 준수하는 것으로 보았다.

(67) 협동의 원리

대화를 할 때에는 지금 당신의 말이 이루어지고 있는 상태에서 지향한다고 생각되는 목적이나 방향에 부합되도록 하시오.

이는 곧 현재 참여하고 있는 대화의 목적과 취지에 맞게 말해야 한다는 것을 의미한다. 대화의 격률은 목적과 취지에 맞게 대화하기 위하여 지켜야 할 세부 사항을 '질의 격률', '양의 격률', '관련성의 격률', '태도의 격률'로 나누어 제시한 것이다.

(68) 대화의 격률

    ㉠ 질의 격률: 진실된 대화를 하시오. 특히,

        1. 사실이 아니라고 믿는 것을 말하지 마시오.

        2. 충분한 증거가 없는 것을 말하지 마시오.

    ㉡ 양의 격률

        1. 대화에서 요구하는 만큼 정보를 제공할 수 있도록 하시오.

        2. 대화에서 요구되는 것 이상으로 정보를 제공하지 않도록 하시오.

    ㉢ 관련성의 격률: 관련성 있는 대화를 하시오.

    ㉣ 태도의 격률: 명확하게 하시오. 특히,

        1. 애매한 표현을 하지 마시오.

        2. 중의적인 표현을 하지 마시오.

        3. 간결하게 하시오.

        4. 순서에 맞게 하시오.

질의 격률은 거짓이나 증거 없는 말을 하지 말라는 것이고 양의 격률은 필요한 만큼만 말하라는 뜻이다. 관련성의 격률은 지금 진행하는 대화의 내용과 관련된 것만 말하라는 것이고 태도의 격률은 간단명료하고 조리 있게 말하라는 것을 의미한다.

우리가 다른 사람과 대화할 때에는 일반적으로 이러한 원리와 격률을 준수하고자 하기 때문에 상대방이 이를 어길 경우에는 그 까닭을 되짚어서 생각하게 되는데 그러한 과정에서 함축 의미가 발생한다. 질의 격률을 어기는 경우는 반어적으로 표현할 때나 과장하여 말할 때에서 찾아볼 수 있다. (69㉠)에서 A는 약속에 늘 늦었는데 오늘도 늦었다. B는 A가 또 늦

은 것에 대해 훌륭하다고 판단하지 않았을 것이고 (69ⓛ)의 B는 A를 백
번 이상이나 깨우지 않았을 것이다. 사실과 거리가 있는 말을 하는 B를
보며 우리가 추론할 수 있는 것은 B가 A의 상황을 긍정적으로 여기지 않
는다는 것(69㉠), 그리고 B가 A를 깨우기 위해 노력했으나 효과가 없었다
는 것이다(69ⓛ).

(69) ㉠ A: 늦어서 미안.

　　　B: 정말 훌륭하네, 한결같은 시간관념.

　　ⓛ A: 오늘 아침에 왜 안 깨웠어? 지각했잖아.

　　　B: 내가 백 번도 더 깨웠다.

　함축 의미는 양의 격률, 관련성의 격률, 태도의 격률을 위반하였을 때
에 더 흔히 관찰된다. 우리가 앞에서 살펴본 (65ⓛ)은 관련성의 격률을
어긴 경우에 발생하는 함축 현상이다. 상대방이 말하고자 하는 내용과 거
리가 있는 말을 함으로써 관련성의 격률을 어긴 것이다. 양의 격률과 태
도의 격률을 어기는 경우는 다음 대화에서 관찰할 수 있다.

(70) ㉠ A: 수학 숙제랑 영어 숙제랑 했니?

　　　B: 수학 숙제 다 했어요.

　　ⓛ A: 사업 제안서 준비는 잘 진행되고 있나?

　　　B: 그게, 초안은 한 달 전에 다 잡은 상태이고 팀원이 각각 역할

　　　　 을 나누어 맡아서 진행하고 있는데, 김 대리가 집에 우환이 좀

　　　　 있고 최 대리는 아직 자료 조사하러 지방에 출장 가 있고…

　　　　 그리고 총무팀에서 예산을 좀 검토해 줘야 저희 쪽에서도 사

　　　　 업 제안의 규모를 더 정확하게 잡을 수 있을 것 같습니다.

(70)의 각 대화에서 B는 모두 대화의 격률을 위반함으로써 어떤 의미를 전달하고 있다. (70㉠)에서 A는 수학 숙제와 영어 숙제를 다 했는지 묻고 있는데 B는 수학 숙제에 대해서만 답변하고 영어 숙제는 언급하지 않는다. 즉, 현재의 대화에서 요구되는 만큼 충분한 정보를 제공하지 않음으로써 양의 격률을 위반한 것이다. 질문에 대해 절반밖에 대답하지 않은 B를 보며 우리는 B가 영어 숙제를 하지 않았다는 사실을 추론할 수 있다. (70㉡)에서 B는 태도의 격률을 위반하고 있다. 제안서 준비 상황에 대하여 두서없이 이런저런 사정을 장황하게 늘어놓음으로써 사업 제안서 준비가 잘 되고 있지 않다는 사실을 짐작하게 한다.

대화적 함축은 맥락에 의하여 영향을 받고 취소가 가능하다. (70㉠)에서 발생하는 '영어 숙제는 하지 않았다'라는 함축 의미는 (70'㉠)에서 '영어 숙제는 아까 다 했고요.'라고 덧붙임으로써 취소된다.

(70') ㉠ A: 수학 숙제랑 영어 숙제랑 했니?

　　　　 B: 수학 숙제 다 했어요. <u>영어 숙제는 아까 다 했고요.</u>

5.4.3. 화행

1930~40년대 미국에서는 행동주의 심리학자 스키너(Skinner)를 중심으로 인간의 언어를 '언어 행동'의 관점에서 연구하는 흐름이 형성되어 있었다. 이에 따르면, '물 한 잔 주세요.'라는 말은 화자가 물을 마시고 싶은 욕구가 있음을 의미하며 청자가 이 말을 듣고 화자의 요청대로 커피를 준다면 이는 화자의 요청을 강화하게 된다.

행동주의의 영향을 받은 구조주의 언어학자 블룸필드(Bloomfield)는 언어 형식의 의미를 화자가 그것을 말하는 상황, 곧 자극 및 그 언어 형식이 청자에게 불러일으키는 반응으로 정의하였다. 이러한 블룸필드의 자극-반응론은, 같은 욕구라도 사람마다 언어적으로 표현하는 방식이 다르고 같은 요청에도 듣는 사람에 따라 제각기 다른 반응을 보이게 마련이므로 의미 이론으로서 큰 지지를 받지 못하였다. 그러나 1960~70년대 오스틴(Austin)과 설(Searle)이 '화행(speech act)' 개념을 정립하는 데 큰 영향을 주었다.

화행은 인간의 발화를 행위의 관점에서 바라본 것으로, 발화를 하게 만드는 화자의 의도와 그 발화를 통해 유발되는 청자의 반응에 주목한다.

(71) A: 오늘 너무 춥다.

　　 B: 어디 들어가서 따뜻한 차라도 마시자.

(71)에서 겉으로 드러나는 것은 대화 참여자 A와 B가 주고받는 말이다. 그러나 이 대화가 이루어지는 배경에는 A의 의도와 이에 대한 B의 반응이 존재한다. A의 의도가 '오늘 너무 춥다.'를 빌화하게 하였고 그 말을 들은 B가 그 말에 들어 있는 A의 의도를 파악하여 '어디 들어가서 따뜻한 차라도 마시자.'라고 말하며 찻집을 찾아보는 행위를 유도하는 것이다. 이와 같이 (71)의 대화는 A와 B가 주고받는 대화적 층위와 그 대화 이면에 존재하면서 대화를 이끌어내고 구체적인 행위를 유도하는 화행적 층위로 구성된다.

발화를 산출함으로써 수행되는 행위는 세 가지 서로 관련된 행위로 구성된다.

(72) 차 한 잔 하실래요?

'차 한 잔 하실래요?'는 발화 그 자체로 언어적 표현이다. 그런데 이 발화는 청자에게 사귀자고 요청하거나 잠시 휴식을 취하라고 권유하는 의사소통적 의도를 갖고 있다. 그리고 이 발화를 통해 청자가 같이 차를 마실 것을 기대한다. 이와 같이 발화 행위는 언어적 표현을 산출하는 '언표적 행위(locutionary act)'와, 언어적 표현을 통해 의사소통의 의도를 전달하는 '언표내적 행위(illocutionary act)', 언어적 표현을 통해 청자에게 어떤 반응이나 행동을 기대하는 '언향적 행위(perlocutionary act)'로 구성된다.

한편, 우리는 화행을 수행할 때 그 의도를 직접적으로 표현하기도 하고 간접적으로 돌려 표현하기도 한다. 예를 들어, 상대방이 틀어 놓은 TV 소리가 너무 커서 소리를 줄였으면 좋겠다고 생각할 때 그것을 어떻게 표현하겠는가?

(73) ㉠ TV 소리 좀 줄여.

㉡ TV 소리가 커서 공부에 집중이 잘 안 돼.

(73㉠)은 의도를 있는 그대로 표현하는 직접 화행(direct speech act)이고 (73㉡)는 의도를 우회적으로 표현하는 간접 화행(indirect speech act)이다. 직접 화행은 의도를 명료하게 전달할 수 있는 장점이 있으나 상대방에게 어려운 부탁을 하거나 상대방의 요청을 거절하는 등의 부담스러운 화행을 할 때 자칫 상대방의 체면을 손상시킬 위험이 있다. 반면 간접 화행은 불분명하게 표현되므로 발화의 의도가 잘못 전달될 수 있는 단점이 있으나 상대방과의 관계가 껄끄러워질 가능성이 낮다는 장점을 갖고 있다. 그러므로 의도를 상대방에게 전달할 때 직접 화행을 할지 아니면 간접 화행을 할지 여부는 전달하고자 하는 내용이 가진 부담의 정도와 친소 관계나 힘의 관계와 같은 화청자의 관계에 따라 결정되기 마련이다.

국어사

6.1. 국어의 기원과 국어사의 시대 구분

지금까지의 계통론 연구에 따르면 국어는 알타이 어족에 속하는 것으로 알려져 있다. 람스테트(G. Ramstedt)에 의해 국어의 계통 문제가 최초로 제기되었고, 이후 포페(N. Poppe)가 알타이 어족의 분화에 대한 연구에서 국어 계통론의 근거를 마련하였다. 이를 정리하면 아래와 같다.

    (1) 국어의 계통

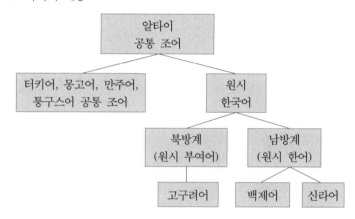

위에서 보듯이 한국어는 알타이 공통 조어에서 가장 먼저 분화되어 나왔다. 같은 알타이 어족의 언어인 터키, 몽고, 만주, 퉁구스어에 비해 한국어가 더 이질적인 모습을 보이는 것은 한국어가 알타이 공통 조어에서 가장 먼저 분화하여 독자적인 발달을 겪었기 때문이다.

알타이 공통 조어에서 분화된 원시 한국어는 다시 북방계의 원시 부여어와 남방계의 원시 한어로 분화된다. 북방계의 원시 부여어는 그대로 고구려어로 계승되고, 남방계의 원시 한어는 다시 백제어와 신라어로 분화되어 삼국의 언어가 성립된 것이다. 국어사에서 백제어와 신라어가 고구려어에 비해 더 가깝다고 해석하는 것도 백제, 신라, 고구려어 공통 조어에서 고구려어가 가장 먼저 분화되었다는 가설에 입각한 것이다.

국어사의 시대 구분은 국어의 변화를 기준으로 가른다. 즉 어떤 시기를 전후해서 국어에 많은 변화가 일어났을 경우 그 시기를 시대 구분의 하나의 기준점으로 잡는다. 언어는 어느 날 갑자기 변화하는 것이 아니라 오랜 시간 점진적으로 변화한다. 따라서 정확히 몇 년을 기점으로 국어사의 시대가 갈리거나 하는 것은 아니다. 그렇기 때문에 정확히 몇 년도가 국어사 시대 구분의 기준점이라고 말할 수는 없고, 다만 변화를 야기하게 된 계기가 되는 시기를 추정하는 것이다. 따라서 국어사의 시대 구분에서는 시대 구분의 기준이 되는 언어적 사건이 무엇이었느냐를 이해하는 것이 중요하다.

국어사의 시대 구분을 살펴보면 먼저 『국어사개설』(이기문, 1972)의 시대 구분은 아래와 같다.

(2) 국어사의 시대 구분

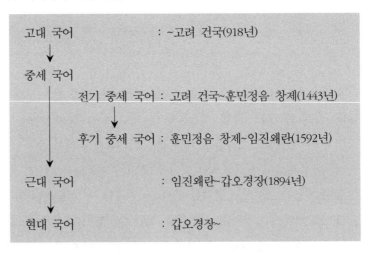

고대 국어와 중세 국어를 가르는 분기점은 고려의 건국이다. 고려의 건국은 통일 신라 시대 경주 중심의 언어에서 개경 중심의 언어로, 언어

의 중심을 이동시킨 사건이다. 물론 고대 국어는 자료의 절대적인 부족으로 인해 고려의 건국이 구체적으로 이전 시기와 다른 어떠한 언어 변화를 야기하였는지를 알 수는 없다. 하지만 한 나라의 언어에도 중심 언어와 주변 언어가 있고, 주변 언어는 중심 언어를 향하는 경향이 있다. 이러한 점에서 고려의 건국으로 경주에서 개경으로 언어의 중심이 이동한 것은 언어 내적으로 많은 변화를 초래했을 것이라고 가정하게 된다.

중세 국어와 근대 국어를 가르는 기준이 되는 사건은 임진왜란이다. 역사의 시대 구분에서도 임진왜란은 중대한 사건인데, 임진왜란을 통해 이전 시기에 비해 서민 의식이 급격히 성장했기 때문이다. 이러한 서민 의식의 성장은 언어에서도 많은 변화를 야기하였다. 모음 체계 및 자음 체계의 변화가 있었고, 구개음화, 원순모음화, 움라우트와 같은 발음의 편의를 도모하는 음운 현상들이 생겨났다. 이밖에도 성조가 소멸되고, 경어법 체계가 이전 시기에 비해 단순화되는 등 임진왜란을 기점으로 상당히 많은 변화가 일어났다.

중세 국어는 다시 전기 중세 국어와 후기 중세 국어로 가른다. 이때 시대 구분의 기준이 되는 사건은 훈민정음의 창제이다. 훈민정음의 창제로 한자를 빌려서 사용하던 문자 생활에 변화가 생긴 것은 분명하지만, 훈민정음의 창제로 창제 전과 후의 언어가 갑자기 달라질 수는 없다. 그럼에도 훈민정음 창제 시기를 기준으로 전기 중세 국어와 후기 중세 국어를 가르는 이유는 훈민정음의 창제로 인해 우리말을 우리글로 적게 되었고, 그럼으로 인해 언어생활에도 변화가 있었을 것으로 가정하기 때문이다. 훈민정음 창제 이전에는 말은 우리말을 썼지만, 글은 한문을 사용하거나 한자를 빌려서 표기하는 이두, 구결을 사용하여 언어생활과 문자 생활이 일치하지 않았다. 훈민정음의 창제를 통해 이러한 언문 불일치의 상황에서 언문일치의 상황으로 바뀌게 되었고, 이는 실제 언어생활에서도 변화가 있었을 것으로 추정하게 하는 것이다. 사실 훈민정음 창제 이전의 우리말의 실상을 파악할 수 있는 자료가 절대적으로 부족한 상황에서 훈민정음 창제 이전 시기와 이후 시기의 언어의 실상을 비교하는 것은 현실적으로 어렵다.

근대 국어와 현대 국어를 가르는 기준은 갑오경장이다. 갑오경장 역시 역사적으로 상당히 중요한 사회 변화 및 의식의 변화를 야기한 사건이다. 갑오경장을 기점으로 우리나라가 본격적으로 근대화되면서 새로운 제도나 문물, 문화를 나타내는 많은 새로운 어휘들이 생성되거나 차용되는 변화가 일어났다. 어휘적인 측면 외에 갑오경장이라는 역사적 사건이 구체적으로 언어에 어떠한 변화를 야기하였는지를 증명하기는 쉽지 않다. 하지만 사회 변화나 의식의 변화가 어떠한 형태로든 언어에도 반영되었을 것이라고 보기 때문에 갑오경장을 근대 국어와 현대 국어를 가르는 기점으로 잡는 것이다.

이기문(1972)의 국어사의 시대 구분은 위에서 살펴본 것처럼 실제 언어적 사실을 기반으로 해서 이루어지지 못한 약점이 있다. 우리말의 실상을 제대로 파악할 수 있는 시기는 훈민정음 창제 이후 한글로 기록된 문헌 자료들이 나타난 때이다. 훈민정음 창제 이전까지는 우리말을 기록한 자료가 절대적으로 부족하며, 남아 있는 자료의 경우에도 모두 한자를 빌려서 표기한 차자 표기 자료이기 때문에 실제 당시의 언어 실상을 파악하기 어렵다. 그래서 실제 언어적 사실을 기반으로 시대 구분의 기점을 정하는 데에는 근본적인 제약이 있는 게 사실이다.

박병채(1989)는 훈민정음의 창제를 기점으로 고대 국어와 중세 국어를 가른다. 중세 국어와 근대 국어를 가르는 기준, 근대 국어와 현대 국어를 가르는 기준은 이기문(1972)과 동일하다. 다만 송나라 손목이 지은 「鷄林類事」(1103)를 기준으로 고대 국어를 다시 전기 고대 국어와 후기 고대 국어로 구분하였다. 『계림유사』에는 고려인들이 사용한 어휘 353개를 한자의 음과 훈을 빌려 실어 놓았는데, 비록 어휘로 한정되어 있긴 하지만 당시 우리말의 실상을 파악할 수 있는 중요한 자료라는 사실이 시대 구분에 반영되었다. 하지만 이 역시 실제 언어적 사실에 입각하였다고 보기는 어렵다. 『鷄林類事』를 전후한 언어적 사실을 여전히 알 수 없기 때문이다.

6.2. 차자 표기와 훈민정음

6.2.1. 차자 표기(借字表記)

훈민정음이 창제되기 전까지는 우리말을 표기하는 고유의 문자가 없었다. 그래서 한자를 빌려서 우리말을 표기할 수밖에 없었는데, 이러한 표기 방식을 차자 표기라고 한다. 차자 표기 방식은 기본적으로 한자의 음이나 훈을 이용하여 우리말을 표기하는 방식이다. 음을 차용한 것을 음차(音借), 훈을 차용한 것을 훈차(訓借)라고 하고, 음으로 읽어야 하는 자(字)를 음독자, 훈으로 읽어야 하는 자를 훈독자라고 한다. 이러한 차자 표기 방식이 체계화된 것이 향찰, 이두, 구결이다. 향찰, 이두, 구결 모두 한자를 빌려서 국어를 표기했다는 점에서 공통적이지만, 그 방식에서는 서로 차이가 있다.

먼저 『三國史記』와 『三國遺事』의 지명 및 인명 표기에서 나타난 차자 표기의 양상을 보면 (3)과 같다.

(3) ㉠ <u>水谷城</u>縣 一云 <u>買旦忽</u>   〈『삼국사기』 37〉

　　 ㉡ <u>水城</u>郡 本高句麗<u>買忽</u>郡   〈『삼국사기』 35〉

　　 ㉢ <u>石</u>山縣本百濟<u>珍惡</u>山   〈『삼국사기』 36〉

(3)에서 왼쪽이 한자 표기이고, 오른쪽이 우리말을 한자를 빌려서 표기한 차자 표기이다. 이들 대응 관계를 도식화하면 (4)와 같다.

(4) ㉠ 水谷城 = 買旦忽

　　㉡ 水城 = 買忽

　　㉢ 石 = 珍惡

　위의 대응쌍에서 한자 '水'에 '買'가, 그리고 한자 '谷'에 '旦'이 대응됨을 확인할 수 있다. 따라서 '水'의 뜻을 가진 고구려어가 [매]이고, '谷'의 뜻을 가진 고구려어가 [단]이라는 것을 알 수 있다. 같은 방식으로 '城'의 뜻을 가진 고구려어가 [홀](忽), '石'의 뜻을 백제어가 [도록](또는 [도락])임을 알 수 있다(도록 > 돍 > 돌). '珍惡'에서 '珍'은 훈차자이고, '惡'은 음차자이다.

향찰(鄕札)

　향찰은 향가를 표기하기 위해 고안된 차자 표기이다. 어휘적인 의미는 훈차를 하고, 조사나 어미 같은 문법적인 요소는 음차를 하는 방식을 취하고 있다.

(5) ㉠ 一等隱枝良出古 ᄒ돈 가지애 나고

　　　去奴隱處毛冬乎丁 가논 곤 모르온저　　　〈제망매가〉

　　㉡ 夜入伊遊行如可 밤 드리 노니다가　　　〈처용가〉

　(5㉠)은 '제망매가', (5㉡)은 '처용가'의 일부분이다. (5)에서 진하게 밑줄 친 '一', '枝', '出', '去', '處', '夜入', '遊行'은 훈차자이고, 나머지 '等隱', '良', '古', '奴隱', '毛冬乎丁', '伊', '如可'는 음차자이다. 해독한 부분에서 알 수 있듯이 훈차자들은 명사나 동사와 같은 어휘 형태소들을 표기한 것이고, 음차자들은 모두 조사나 어미와 같은 문법 형태소들을 표기한 것이다.

　향찰로 표기된 글을 향찰문이라고 한다. 향찰문은 한자 또는 한자 어구에 의존하지 않고 처음부터 끝까지 완전히 우리말의 구조로 이루어져 있다는 점에서 이두문이나 구결문과 다르다고 평가된다. 하지만 이두문과 구결문에도 이러한 형태가 존재하지 않는 것은 아님이 밝혀지면서, 향찰문과 이두문, 구결문의 차이를 명확히 밝혀내는 일이 쉽지만은 않게 되었다. 한 가지 분명한 것은 향찰은 향가 표기를 위해 사용된 제한된 용도의 표기였다는 점에서 이두나 구결 표기와 구분되며, 향찰문 역시 이두문이나 구결문과 달리 향가라는 시가의 가사라는 점에서 이두문이나 구결문과 구분된다는 점이다.

이두(吏讀)와 구결(口訣)

이두와 구결은 차자 표기 방식에서는 큰 차이가 없다. 그리고 문법 형태소를 표기하는 차자(借字)의 경우에도 이두와 구결 모두에 공통으로 사용된 자(字)들이 많다는 점에서 더욱 그렇다. 그렇지만 몇 가지 점에서 이두와 구결의 차이를 말할 수는 있다.

구결은 한문의 원문은 그대로 둔 채 국어의 문법 형태소만을 한자를 빌려서 표기하는 방식인 데 비해, 이두는 국어의 문장을 한자를 빌려서 표기하는 방식이라는 점에서 차이가 있다. 다시 말해 구결문은 한문의 원문을 건드리지 않는데 비해, 이두문은 한자를 빌려서 표기하지만 우리말의 어순으로 우리말의 문장을 만드는 일종의 창작문이라고 할 수 있다.

(6) 本國乙 背叛爲遣 他國乙 潛通謀反爲行臥乎事 〈大明律 1:4〉
   본국을 배반하고 타국을 잠통모반하닌누온 일

(7) 若 王子ㄴ 見 當 願 衆生 法ㄴ 從ㅌ 化生ソ う ハ 〈華嚴經 6:21〉
   만일 왕자를 볼 때에는, 원컨대, 마땅히 중생은 법을 따라 화생함으로써

(6)은 이두문의 예이고, (7)은 구결문의 예이다. (6)의 한문 원문은 '謂

謀背本國 潛從他國'이다. 원문과 비교해 보면 (6)이 한문의 어순을 따르지 않고 있다는 것을 확인할 수 있다. 즉 한문은 '주어-서술어-목적어' 어순의 '背本國'인데, 이두문에서는 국어의 '주어-목적어-서술어' 어순에 맞춰 '本國乙 背叛'으로 바꾸었다. 이두문을 구결문과 달리 창작문이라고 하기도 하는 이유가 바로 여기에 있다.

반면 (7)의 구결문은 한문의 원문은 전혀 건드리지 않고, 원문에 구결자를 부기(附記)하는 방식을 취하고 있다. 즉 (7)에서 구결자를 모두 빼면 그대로 한문의 원문이다. 구결은 한문의 원문을 읽을 때, 구절 사이사이에 문맥을 밝혀주기 위해 들어가는 문법 형태들을 나타내기 위해 한문의 원문에 부기(附記)된 자(字)이다.

(8)

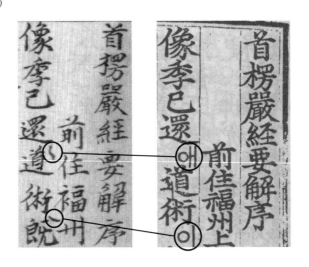

(8)의 왼쪽이 『愣嚴經』 원문이고 오른쪽이 『愣嚴經諺解』이다. 왼쪽에서 동그라미 안에 있는 부분이 구결자이다(像季巳還애 道術이). 그래서 구결을 달리 '토(吐)'라고도 하는 것이다. 참고로 구결(口訣)이라는 말 자체가 '입겿'의 차자 표기이다.

이두문과 구결문의 또 다른 차이는 국어의 문법 형태소를 나타낼 때 이두문에서는 한자의 정자(正字)가 많이 사용되는데 비해, 구결문에서는 약자(略字)가 주로 사용된다는 점이다. 하지만 이는 반드시 그런 것이 아니라 대체적인 경향성이 그렇다는 것이다. 앞서 언급했듯이 이두문과 구결문 모두에 공통으로 사용되는 차자도 많다.

이두문은 향찰문이나 구결문과 달리 실용문의 성격이 강하다. 이두문을 주로 사용하던 계층은 행정을 맡고 있던 서리(胥吏)들이었다. 한문은 주로 양반 계층에서 사용되었고, 일반 백성들은 어려운 한문을 잘 알지 못했다. 이러한 상황에서 이두는 일반 백성들이 문자 생활에 좀 더 쉽게 접근할 수 있는 매개 역할을 했다고 할 수 있다. 이두는 조선 후기까지도 행정 문서에서 광범위하게 사용되었다.

6.2.2. 훈민정음(訓民正音)

창제 동기

훈민정음의 창제는 비로소 우리말을 나타내는 우리 고유의 문자를 갖게 되었다는 것을 의미한다. 훈민정음이 창제되기 전까지는 어쩔 수 없이 중국의 문자인 한자를 빌려서 표기할 수밖에 없었으므로, 생각이나 느낌을 온전히 나타내는 데는 한계가 있었다. 또한 한자는 일반 백성들이 접근하기에는 어려운 문자였기 때문에, 주로 양반 계급이나 중인 계급들로 그 사용 계층이 제한되어 있었다. 이러한 상황에서 훈민정음의 창제는 비로소 일반 백성들도 문자 생활에 참여할 수 있는 길을 열었다.

훈민정음의 창제 동기는 크게 두 가지로 정리할 수 있다.

첫째, 백성들이 바른 문자 생활을 할 수 있게 하려는 애민 정신이다. 애민 정신은 실용성과 연결된다. 이는 훈민정음 예의(例義)의 기술에 분명히 드러나 있다.

어린 百빅姓셩이 니르고져 홇배 이셔도 ᄆᆞᄎᆞᆷ내 제 ᄠᅳ들 시러 펴디 몯홇 노미 하니라 내 이ᄅᆞᆯ 爲윙ᄒᆞ야 어엿비 너겨 새로 스믈여듧 字ᄍᆞᆼ를 밍ᄀᆞ노니 사ᄅᆞᆷ마다 ᄒᆡ여 수ᄫᅵ 니겨 날로 ᄡᅮ메 便뼌安한킈 ᄒᆞ고져 홇 ᄯᆞᄅᆞ미니라

위에서 보듯이 백성들이 자신의 뜻을 글로써 제대로 표현하지 못함을 불쌍히 여겨서, 백성들의 문자 생활을 편안하게 하기 위해 문자를 창제했다고 문자 창제의 목적을 분명히 밝히고 있다. 그리고 백성들이 편안하게 사용할 수 있는 문자라는 것은 곧 실용적인 문자이고, 결국 문자 생활의 실용성이라는 측면과 연결될 수 있다.

둘째, 한자음 교정이다. 훈민정음이 창제된 후에 곧 바로 『東國正韻』과 『洪武正韻譯訓』의 편찬 작업에 들어갔다는 사실이 이를 뒷받침해 준다. 또한 훈민정음의 자음자 중에는 국어에 존재하지 않는 소리를 표기하기 위한 문자도 포함되어 있는데, 이러한 문자를 굳이 만들었다는 사실도 한자음 교정이라는 목적을 염두에 두었음을 간접적으로 입증해 준다. 후음에 'ㅇ, ㆆ, ㆅ'자의 제자(制字)나, 연서자(連書字) 가운데 'ㅱ, ㆄ, ㅹ'자의 제자가 그것인데, 이들 문자는 동국정운식 한자음 표기에 주로 쓰였다. 동국정운식 한자음은 훈민정음이 창제될 당시의 현실 한자음이 아니라, 한자음 교정을 위해 인위적으로 만든 이상적 한자음이다.

애민 정신과 한자음 교정 중 어느 것이 주된 목적이었느냐에 대해 논란이 있긴 하지만, 1차적인 목적은 훈민정음의 기술대로 애민 정신이었다고 보는 것이 타당하다. 물론 한자음 교정도 중요한 목적 중의 하나였다고 할 수 있지만, 그것이 주된 목적이었다고 보는 것은 무리가 있다. 그리고 백성의 교화를 통한 왕권 강화를 또 다른 목적으로 들기도 한다.

일반 백성들이 문자 생활을 할 수 있게 된다는 것은 곧 일반 백성들이 정치에 참여할 수 있는 길이 열린다는 것을 의미하며, 이는 사대부들의 정치 권력을 약화시키는 부수적인 효과를 거둘 수 있었을 것으로 추정된

다. 그리고 사대부들의 정치 권력 약화는 곧 왕권 강화와 직결된다. 하지만 이것이 훈민정음 창제의 주된 목적이었다고 보기는 어려우며, 부수적인 목적 중에 하나였을 가능성은 있다고 할 것이다.

훈민정음이 창제되었음에도 그 주된 사용 계층은 주로 부녀자와 일반 백성들이었다. 그러다가 훈민정음의 사용이 확대되기 시작한 것은 17세기 이후 한글 소설과 부녀자 중심의 내방 가사가 발달하면서부터이다. 하지만 훈민정음 창제 이후에도 여전히 국가의 모든 공문서는 한문이나 이두문으로 작성되었고, 한글로 된 문서는 국가의 공식 문서로 인정을 받지 못했다. 한글로 된 문서가 국가의 공식 문서로 인정을 받기 시작한 것은 갑오경장 때부터이다.

제자 원리

훈민정음의 제자 원리는 크게 두 가지이다. 첫째는 상형(象形)이고, 둘째는 가획(加劃)이다. 훈민정음 해례 제자해(制字解)에 '各象其形而制之(각각 그 모양을 본떠서 글자를 만들었다)'라는 설명이나 정인지 서문에 나오는 '象形而字倣古篆(상형을 해서 만들되 글자 모양은 고전을 모방했다)'은 상형을 분명히 증언해 준다. 당시에는 중국의 문자학 이론을 크게 참고하였을 것이므로, 문자학의 기본이 되는 육서(六書) 가운데서도 가장 근본이 되는 상형을 훈민정음의 제자 원리로 삼아 자음자와 모음자를 만들었을 것이다. 자음자는 발음 기관 또는 자음 발음시의 발음 기관의 모양을 본떠서 만들었다. 제자의 순서는 아·설·순·치·후 각 조음 위치별로 각각 기본자 'ㄱ, ㄴ, ㅁ, ㅅ, ㅇ'을 제자한 후, 여기에 가획을 하는 방식으로 나머지 글자를 만들었다. 모음자의 상형은 자음자의 상형과 달리 구체적인 대상을 상형한 것이 아니라 추상적인 상형을 하였다. 즉 天, 地, 人을 상형하여 각각 기본자 '·(아래아)', 'ㅡ', 'ㅣ'를 만든 후, 초출자 'ㅗ, ㅏ, ㅓ, ㅜ'와 재출자 'ㅛ, ㅑ, ㅕ, ㅠ'를 제자하여 총 11자를 만들었다.

자음자인 초성 17자 중 기본자 'ㄱ, ㄴ, ㅁ, ㅅ, ㅇ'과 'ㄹ, ㆁ, ㅿ'을 제외한 9자는 가획을 통해 만들었다. 즉 기본자를 바탕으로 발음이 센(厲) 음의 순서대로 획을 더하여 다른 자음 글자들을 제자하였다. 이를 제자해에서는 '因聲加劃'으로 설명하고 있다. 예컨대 설음의 기본자 'ㄴ'에 1차 가획을 한 'ㄷ'은 'ㄴ'보다 센 소리가 되고, 'ㄷ'에 2차 가획을 한 'ㅌ'은 'ㄷ'보다 센 소리가 되는 방식이다. 치음의 'ㅅ → ㅈ → ㅊ'도 같은 원리이다. 즉 'ㅊ'이 가장 센 소리이다. (9)에서 이체자('ㄹ, ㆁ, ㅿ')는 가획의 원리를 따르지 않은 글자를 말한다.

(9) 훈민정음 초성 17자 제자 원리

五音	基本字	象形內容	加劃字	異體字
牙	ㄱ	舌根閉喉之形	ㅋ	ㆁ
舌	ㄴ	舌附上齶之形	ㄷ ㅌ	ㄹ
脣	ㅁ	口　　　形	ㅂ ㅍ	
齒	ㅅ	齒　　　形	ㅈ ㅊ	ㅿ
喉	ㅇ	喉　　　形	ㆆ ㅎ	

不厲 ────────→ 厲

상형과 가획에 더하여 훈민정음의 제자 원리에는 성리학의 음양오행설도 반영되어 있다. 이는 중성해에서 모음의 음양 대립을 설정한 것이나 '아·설·순·치·후'를 각각 '목·화·토·금·수', '봄·여름·늦여름·가을·겨울'에 비유한 것에서 확인할 수 있다.

이상의 설명에 따라 훈민정음의 중성 체계와 초성 체계를 도식화하면 아래와 같다. 먼저 중성 체계는 (10)과 같다.

(10) 훈민정음 중성 11자

기본자	象形	陰陽	舌	聲	初出字		再出字	
·	天	陽	縮	深	ㅗ	ㅏ	ㅛ	ㅑ
ㅡ	地	陰	小縮	不深不淺	ㅜ	ㅓ	ㅠ	ㅕ
ㅣ	人	中	不縮	淺				

(10)의 중성 11자를 다시 '축(蹙)'과 '장(張)'으로 나누었는데, '축'과 '장'은 현대 국어 음운론의 원순과 평순에 직접적으로 대응된다. 즉 'ㅗ, ㅛ, ㅜ, ㅠ'는 구축(口蹙) 모음, 'ㅏ, ㅑ, ㅓ, ㅕ'는 구장(口張) 모음으로 구분하였다. 현대 국어 음운론에서 구축 모음은 정확히 원순모음에 대응되고, 구장 모음은 정확히 평순모음에 대응된다.

다음으로 훈민정음의 초성 체계는 (11)과 같다.

(11) 훈민정음 초성 17자

	脣	齒		舌	牙	喉
全淸	ㅂ	ㅅ	ㅈ	ㄷ	ㄱ	ㆆ
次淸	ㅍ		ㅊ	ㅌ	ㅋ	ㅎ
全濁	ㅃ	ㅆ	ㅉ	ㄸ	ㄲ	ㆅ
不淸不濁	ㅁ			ㄴ	ㆁ	ㅇ
半舌				ㄹ		
半齒		△				

(11)에서 '순(脣)·치(齒)·설(舌)·아(牙)·후(喉)'는 조음 위치를 나타낸다. 각각 '순'은 양순 위치, '설'은 치조 위치, '아'는 연구개 위치, '후'는 후두 위치에 대응된다. '치'의 경우 치조 위치에 대응된다는 주장과, 치조보다 앞쪽이라는 주장이 있다. 그리고 '반설'과 '반치'에서 '반(半)'이 조음 위치의 반인지, 조음 방식의 반인지는 여전히 명확하게 논증되지 못하고

있지만, 대체로 조음 위치와 더 관련이 있는 것으로 해석한다.

전청(全淸)은 평음에, 차청(次淸)은 유기음, 전탁(全濁)은 된소리에 대응된다. 불청불탁(不淸不濁)은 유성 자음에 대응된다.

훈민정음의 28자의 제자 원리는 위에서 살펴본 것처럼 상형과 가획이다. 훈민정음 기본 28자에 포함되지 않은 글자들은 이미 만들어진 글자를 이용하여 만들었다. 이러한 방식에는 '병서(竝書)'와 '연서(連書)', '합용(合用)'이 있다. 다시 말해 병서와, 연서, 합용은 훈민정음 28자의 제자 원리가 아니라, 이미 만들어진 자를 운용하여 또 다른 자를 만드는 방식을 말한다.

병서에는 두 가지 방식이 있었다. 하나는 'ㄲ, ㄸ, ㅃ, ㅆ, ㅉ, ㆅ'처럼 같은 글자를 나란히 쓰는 각자 병서이고, 다른 하나는 'ㅺ, ㅼ, ㅄ, ㅴ, ㅵ'처럼 다른 글자를 나란히 쓰는 합용 병서이다.

연서는 순음(ㅂ, ㅍ, ㅃ ㅁ) 아래 후음의 불청불탁자 'ㅇ'을 써서 글사를 만드는 방식이다. 이 방식에 의해 만들어진 글자가 'ㅸ, ㆄ, ㅹ, ㅱ'이다. 이 가운데서 'ㅸ(순경음 비읍)'만이 국어 표기에 사용되었고, 나머지 연서자들은 동국정운식 한자음 표기에만 사용되었다.

합용은 모음의 기본자 11자를 운용하여 다른 모음자를 만들 때 사용된 방식이다. 즉 중성 11자 중에서 2자 또는 3자를 결합하여 기본자 이외의 모음자를 만들었다. 예컨대 'ㅐ'는 'ㅏ'와 'ㅣ' 2자를 합용하여 만든 글자이고, 'ㅒ'는 'ㅑ'와 'ㅣ' 2자를 합용하여 만든 글자이다. 그리고 'ㅙ'는 'ㅗ'와 'ㅏ', 'ㅣ' 3자를 합용하여 만든 글자이다.

훈민정음의 독창성과 과학성

훈민정음은 독창적이고 과학적인 문자라고 알려져 있다. 그러면 독창적이라고 하는 근거와 과학적이라고 하는 근거는 무엇인가? 먼저 독창성의 근거로는 두 가지 정도를 들 수 있다.

첫째, 지구상에 존재하는 대부분의 문자들은 상형에서 출발하여 오랜 시간 동안 점차 정교화되고 체계화되어 하나의 문자 체계로 발전한 것이다. 그래서 어떠한 문자도 창제자라는 존재가 있을 수 없다. 하지만 훈민정음은 이런 일련의 과정을 거치지 않고 처음부터 완전한 기호 체계를 만들었다. 즉 말 그대로 문자를 창제한 것이다. 그래서 훈민정음을 독창적인 문자라고 할 수 있는 것이다.

　훈민정음을 창제할 때 파스파 문자나 몽골 문자, 인도 문자에 대한 고려가 없었던 것은 아니지만, 이것이 훈민정음의 독창성을 부인하는 증거는 되지 못한다. 즉 세종이 훈민정음을 창제할 때 이미 존재하는 문자들을 참고하였다는 것은 사실이지만, 그렇다고 해서 훈민정음이 이미 존재하는 문자와 직접적으로 관련된 것은 아니기 때문이다.

　둘째, 훈민정음은 국어의 음절에 대한 정밀한 분석을 토대로 만들어졌다. 중국 운학(韻學)에서 음절은 성모(聲母)와 운모(韻母)로 2분하는데 비해, 훈민정음에서는 음절을 초성(初聲), 중성(中聲), 종성(終聲)으로 3분하였다. 이는 중국의 운학을 참고하였지만, 중국의 운학을 그대로 따르지 않고 국어의 특성에 맞게 음절을 분석하였다는 증거이다. 이 역시 훈민정음이 독창적이라는 말할 수 있는 근거이다.

　하지만 중국 운학의 자모 체계와의 일치를 고려한 흔적들이 일부 있는 것은 사실이다. 예컨대 후음 체계의 문자 가운데 'ㅇ, ㆅ, ㆆ'를 제자한 사실이나, 15세기 국어에 실존했던 음소 'ㅸ'(순경음 비읍)을 초성 17자 목록에서 누락시킨 사실은 중국 운학의 체계를 반영한 결과이다. 그러나 훈민정음의 창제 동기 가운데는 한자음 교정이라는 또 하나의 목적이 있었음을 고려할 때, 이러한 사실이 훈민정음의 독창성을 약화시키지는 않는다고 할 것이다.

　다음으로 훈민정음이 과학적이라고 말하는 근거는 훈민정음의 제자 원리가 현대 음성학·음운론의 음성 분석 방식과 거의 일치한다는 사실 때문이다. 즉 훈민정음 창제 당시에 이미 국어의 소리를 조음 위치와 조음 방식에 따라 정밀하게 분석하고, 이러한 분석을 토대로 각각의 소리에 대응하는 글자를 만들었다.

또한 소리를 음절 단위로 분석하고, 음절을 다시 초성·중성·종성으로 분석한 후, 각각 초성자, 중성자, 종성자를 만들었다. 이 역시 현대 음성학·음운론의 음절 분석 방식과 일치한다. 그리고 자음의 제자에서 소리의 세기를 고려하여 가획을 한 사실은 소리의 물리적 특성까지 분석하여, 이러한 소리의 물리적 특성을 문자에 반영했음을 말해 준다. 모음의 제자에서도 축(蹙)에 따른 모음의 분류는 조음 방식에 따른 소리의 차이를 제자에 반영한 것으로 현대 음성학·음운론의 원순성의 유무에 따른 모음의 분류와 정확히 일치한다.

훈민정음이 과학적이라고 말하는 것은 바로 이러한 이유들에서이다.

6.3. 국어사의 변화

6.3.1. 음운의 변화

자음 체계의 변화

현대 국어의 자음 체계와 중세 국어의 자음 체계에는 차이가 있다. 즉 중세 국어에서 근대 국어를 거쳐 현대 국어에 이르는 동안 자음 체계에 변화가 있었다.

중세 국어의 현실 자음 체계는 훈민정음의 자음 체계와는 약간의 차이가 있다. 이는 훈민정음이 현실 자음 체계를 고려하긴 했지만, 한자음 교정을 위한 자음 제자도 동시에 고려하였기 때문이다.

(12) 중세 국어 현실 자음 체계

조음 위치 조음 방식	순음 (양순음)	치음		설음 (치조음)	아음 (연구개음)	후음 (후음)
전청(예사소리)	ㅂ	ㅅ	ㅈ	ㄷ	ㄱ	(ㆆ)
차청(거센소리)	ㅍ		ㅊ	ㅌ	ㅋ	ㅎ
전탁(된소리)	ㅽ	ㅆ (ㅉ)		ㄸ	ㄲ	
불청불탁(유성음)	ㅁ			ㄴ	ㆁ	(ㅇ)
순경음	ㅸ					
반치음		△				
반설음				ㄹ		

(12)의 중세 국어 현실 자음 체계를 (11)의 훈민정음의 자음 체계와 비교해 보면 두 가지 정도의 차이가 있다. 첫째, 중세 국어의 현실 자음 체계에는 훈민정음의 자음 체계에 있는 전탁자 'ㆅ'이 빠져 있고, 둘째, 중세 국어의 현실 자음 체계에는 /ㅸ/이 있지만 훈민정음의 자음 체계에는 /ㅸ/이 없다.

/ㅎ/은 유기음이기 때문에 유기음의 된소리가 현실에서 존재했다고 보기는 어렵다. 그런데 중세 국어에서 'ㆅ'이 표기상에 나타나는 예들이 존재하긴 한다. (13㉠)은 '당기다'의 의미를 가진 '혀다'이고, (13㉡)은 '켜다'의 의미를 가진 '혀다'이다.

(13) ㉠ 혀 爲引 〈훈민정음언해 48〉

　　　 쎨리 횟도로 혀라 莎呵 〈월인석보 10:102〉

　　 ㉡ 蘇油燈을 혀더 〈월인석보 10:120〉

중세 국어 당시 이미 '혀다'와 함께 '혀다'가 같이 나타난다. 이러한 사실에서 'ㆅ'이 음소로서 기능했다고 보기는 어렵다. 그래서 현실 자음 체계에서는 'ㆅ'이 빠진다.

/ㅸ/은 훈민정음의 자음 체계에는 빠져 있지만, 분명히 중세 국어에서 음소로 존재했던 소리이다. 훈민정음 용자례(用字例)의 '사ᄫᅵ', '드ᄫᅴ'에서 중세 국어 당시 현실 자음 체계에 /ㅸ/이 실재했음을 확인할 수 있다.

중세 국어 현실 자음 체계에서 괄호 안에 들어 있는 'ㅇ, ㆆ, ㅆ'의 경우 음소였는지 아닌지에 대해 이견이 있는 소리들이다. 먼저 'ㅇ'의 경우 중세 국어 당시에 최소 대립어를 확인할 수 없기 때문에 음소였다고 보기에는 무리가 있다. 그런데 'ㅇ'이 중세 국어 당시에 소극적이지만 음소였다고 볼 수도 있는 증거들이 존재한다.

(14) ㉠ 몰애(모래), 멀위(머루), 겻위(거위)

㉡ 알오(알고), 달아(달라), 앗이(아우가), 엿이(여우가)

중세 국어의 표기법은 『용비어천가』와 『월인천강지곡』을 제외하면 소리 나는 대로 적는 표기법을 기본으로 하고 있다. 그런데 (14)처럼 선행 음절 종성의 /ㄹ/이나 /ㅿ/이 연음되지 않은 표기들이 존재한다. 소리 나는 대로 적었으면 당연히 '모래, 아로'처럼 표기되었을 텐데, /ㄹ/이나 /ㅿ/이 그대로 선행 음절 종성으로 표기된 것은 이때의 'ㅇ'이 음가가 있는 소리였기 때문일 가능성이 있다. 'ㅇ'을 음소로 보는 입장은 이러한 해석에 입각한 것이다.

'ㆆ' 역시 최소 대립어를 확인할 수 없으나, 고유어 표기에 'ㆆ'이 쓰였다는 것도 분명한 사실이다.

(15) 'ㆆ'의 분포

㉠	㉡	㉢
-ㄹㆆ + 평음	-ㄹ + 각자 병서	-ㄹ + 평음
아롫 배라 〈석보상절 19:5〉	몬홀 뼈니 〈법화경 언해 3:131〉	得홀 배 〈두시언해 6:52〉
닐옳 디니 〈월인석보 7:70〉	볼 띠니 〈월인석보 8:33〉	심굴 디니라 〈두시언해 7:9〉
도라옳 길헤 〈월인석보 8:87〉	오실 낄ㅎ로 〈월인석보 7:10〉	도라갈 길히 〈두시언해 8:13〉
몯미듫 거시니 〈석보상절 6:11〉	몯홀 꺼시라 〈석보상절 6:38〉	求홀 거슬 〈두시언해 6:40〉

(15㉠)에서 보듯이 관형사형 어미 '-을' 뒤에서 그 존재를 분명히 확인할 수 있다는 사실에서 음소로 보는 견해가 많다.

하지만 (15㉡)에서 보듯이 'ㄹㆆ + 평음' 표기와 'ㄹ + 각자 병서' 표기가 혼재하고 있다. 그리고 『원각경언해』(1465) 이후부터 각자 병서 표기가 사라지게 되는데, 그러면서 (15㉢)처럼 표기되기도 하였다. 이러한 사실에서 (15㉠)의 'ㆆ'을 음소라기보다는 후행 음절의 평음이 된소리로 실현됨을 알려주는 일종의 된소리 부호로 보기도 한다.

된소리 가운데서 /ㅈ/의 된소리가 중세 국어에 존재했느냐도 논란이 되는 문제이다. /ㅈ/의 된소리가 분명히 확인되는 것은 근대 국어에 와서이다. 어쨌든 이러한 논란은 된소리 계열 가운데서 /ㅈ/의 된소리가 가장 나중에 생겼다는 것을 말해 주는 것이다.

중세 국어에서 된소리는 전탁자(ㅃ, ㅆ, ㅉ, ㄸ, ㄲ, ㆅ)와 'ㅅ'계 합용 병서(ㅄ, ㅆ, ㅄ, ㅳ, ㅺ) 두 가지 방식으로 표기되었는데, 실제 고유어 표기에는 후자인 'ㅅ'계 합용 병서가 된소리 표기로 주로 쓰였다. 그러다 근대 국어로 오면서 된소리 표기는 'ㅅ'계 합용 병서로 단일화되었다. 된소리를 'ㅅ'계 합용 병서로 표기하는 방식은 근대 국어를 거쳐 20세기 초반까지 지속되었다. 그러다가 오늘날과 같이 각자 병서인 'ㅃ, ㄸ, ㅆ, ㅉ, ㄲ'으로 된소리를 표기하게 된 것은 〈언문철자법〉(1930)에 이르러서이고, 〈한글마춤법통일안〉(1933)에서 〈언문철자법〉의 표기 방식을 채택함으로써 지금까지 이어져 오고 있다.

　참고로 훈민정음 28자 목록에는 초성 17자, 중성 11자라고 되어 있는데, 훈민정음에서 초성 17자라 함은 위 도표에서 전탁자(ㅃ, ㅆ, ㅉ, ㄸ, ㄲ, ㆅ)를 뺀 나머지를 이르는 말이다. 전탁자가 초성 17자 목록에서 빠진 것은 전탁자에 해당하는 소리가 음소가 아니었기 때문이 아니라, 제자의 방식이 나머지 17자와 달리 병서(각자 병서)라는 이미 만들어진 초성 17자의 2차적 운용 방식에 의해 만들어진 자였기 때문이다. /ㅸ/이 훈민정음 초성자 목록에서 빠진 것 역시 같은 맥락에서 이해할 수 있다. /ㅸ/ 역시 2차적 운용 방식인 연서(連書)에 의해 만들어진 글자였기 때문이었다고 하겠다. /ㅸ/이 중세 국어 당시에 음소가 아니었기 때문은 아니다.

　근대 국어에 오면서 'ㆆ'이 소멸되고, 'ㅸ > w(더버 > 더워)', 'ㅿ > ø'(이서라 > 이어라)의 변화가 일어난다. 그리고 치음으로 분류되었던 /ㅈ, ㅊ, ㅉ/이 설음 /ㄷ/의 뒤쪽인 경구개 쪽으로 조음 위치가 이동하는 변화가 일어났다. 근대 국어에 /ㅈ, ㅊ, ㅉ/이 경구개 위치로 조음 위치 이동을 하는 변화가 발생하면서 구개음화 현상이 나타나게 된다. 중세 국어에서 구개음화가 일어나지 않고 근대 국어에 와서 구개음화가 발생한 것은 바로 이러한 이유에서이다. 즉 중세 국어는 /ㅈ, ㅊ, ㅉ/이 경구개음이 아니었기 때문에, 경구개음이 없는 상황에서 구개음화 현상이 발생할 수 없었다. 그리고 아음의 불청불탁자 'ㆁ'의 표기가 'ㅇ'으로 바뀌는데, 이는 음운의 변화가 아니라 소리는 그대로인데 단지 표기만 바뀐 것뿐이다. 이러한 변화의 결과 근대 국어의 자음 체계가 현대 국어와 같은 모습을 띠게 되었다. 현대 국어의 자음 체계는 바로 근대 국어의 자음 체계가 오늘날까지 그대로 이어진 것이다.

　현대 국어와 달리 중세 국어에는 어두 자음군이 존재했었다. 즉 초성에 하나 이상의 자음이 올 수 있었다.

(16) 어두 자음군

　　㉠ ㅅ계 어두 자음군 : 싀다, 쏭, 쌜

　　㉡ ㅂ계 어두 자음군 : 뜯, 뿔, 딱, 뜬다, 쁘다

　　㉢ ㅄ계 어두 자음군 : 뿔, 뻬

　이 가운데서 실제 자음의 연쇄인 어두 자음군은 'ㅂ'계 어두 자음군이었다. 'ㅅ'계 어두 자음군은 표기상 두 자음의 결합이지만 실제 소리는 된소리였다. 따라서 'ㅄ'계 어두 자음군은 'ㅂ+ㅅ계 어두 자음군'의 연쇄로 그 소리는 'ㅂ-된소리'의 어두 자음군이다.

　'ㅂ'계 어두 자음군이 실제로 자음군이었다는 증거는 오늘날 '찹쌀, 좁쌀, 휩쓸다'에서 보이는 종성 /ㅂ/의 존재를 통해서 확인할 수 있다. '좁쌀, 찹쌀'은 '조+뿔', '차+뿔'의 합성어로 원래 '조'와 '차'에는 /ㅂ/이 없다. '좁쌀', '찹쌀'에서의 종성 /ㅂ/은 '뿔'의 초성 어두 자음군 'ㅄ'의 /ㅂ/이 선행 요소의 종성으로 내려와 그대로 굳어진 것이다. /ㅂ/이 선행 요소의 종성으로 내려올 수 있다는 것은 'ㅄ'이 자음군이었기 때문에 가능할 수 있는 일이다. 만일 'ㅄ'이 자음군이 아니라 하나의 소리를 나타내는 것이었다면, 'ㅂ'과 'ㅅ'이 분리될 수 없었을 것이기 때문이다. '입때', '접때'의 종성 /ㅂ/, '휩쓸다'의 종성 /ㅂ/ 역시 마찬가지이다.

　'ㅂ'계 어두 자음군은 근대 국어로 오면서 'ㅅ'계 어두 자음군으로 통합된다(뜯 > 쓴, 딱 > 싹). 'ㅅ'계 어두 자음군이 된소리이므로 'ㅂ'계 어두 자음군이 'ㅅ'계 어두 자음군으로 통합되었다는 것은 'ㅂ'계 어두 자음군이 된소리로 변화하였다는 것을 의미한다. 결국 이는 어두 자음군의 소멸을 뜻한다.

모음 체계의 변화

훈민정음의 28자 목록에 있는 모음 11자는 단모음뿐만 아니라 이중모

음도 포함되어 있다. 훈민정음의 모음 11자는 기본자 /·, ㅡ, ㅣ/에 초출
자 /ㅏ, ㅓ, ㅗ, ㅜ/, 재출자 /ㅑ, ㅕ, ㅛ, ㅠ/인데, 여기에서 재출자 /ㅑ,
ㅕ, ㅛ, ㅠ/는 단모음이 아니라 이중모음이다. 훈민정음 해례에서도 /ㅑ,
ㅕ, ㅛ, ㅠ/는 '起於ㅣ'라고 설명하고 있는데, '起於ㅣ'는 현대 음운론의 관
점에서 보면 활음 /y/로 시작한다는 말과 같다. 즉 'ㅑ, ㅕ, ㅛ, ㅠ'는 음운
론적으로 상향 이중모음 /ya, yə, yo, yu/이다.

　따라서 단모음의 경우 실제 중세 국어의 현실 모음 체계는 훈민정음
중성 11자에서 재출자 /ㅑ, ㅕ, ㅛ, ㅠ/를 뺀 7모음 체계이다. 중세 국어에
서 근대 국어, 현대 국어에 이르는 동안 모음 체계의 변화를 보이면 (17)
과 같다.

(17)

중세 국어			근대 국어			현대 국어		
전설	후설		전설	후설		전설	후설	
ㅣ	ㅡ	ㅜ	ㅣ	ㅡ	ㅜ	ㅣ	ㅟ	ㅡ ㅜ
	ㅓ	ㅗ	ㅔ	ㅓ	ㅗ	ㅔ	ㅚ	ㅓ ㅗ
	ㅏ	·	ㅐ	ㅏ	(·)	ㅐ		ㅏ

　(17)에서 보듯이 중세 국어의 모음 체계에는 전설에 /ㅣ/ 모음 하나뿐
이고, 후설에 6개의 모음이 몰려 있는 모음 체계였다. 중세 국어에서 표
기상의 'ㅔ, ㅐ, ㅚ, ㅟ'는 현대 국어에 이르는 동안 변화가 없지만, 중세
국어의 당시 'ㅔ, ㅐ, ㅚ, ㅟ'는 /əy, ay, oy, uy/의 하향 이중모음이었다.
그러다가 근대 국어에 오면서 하향 이중모음이었던 'ㅔ[əy]', 'ㅐ[ay]'가 단
모음 [e], [ɛ]로 변화하고, /·/가 소멸되는 변화가 일어났다. 대체로 이 시
기를 18세기 말경으로 추정한다. 그리고 곧 이어 근대 국어와 현대 국어
의 교체기 무렵에 하향 이중모음이었던 'ㅚ[oy]', 'ㅟ[uy]'도 단모음 [ö], [ü]
로 변화하였다.

/ㆍ/는 비어두에서 먼저 /ㅡ/로 변화하는 1단계 변화가 16세기 말쯤에 발생하고(다ᄅ다 > 다르다, 가ᄉᆞᆷ > 가슴), 이후 18세기 말에 이르러 어두의 /ㆍ/가 /ㅏ/로 변화하면서 완전히 소멸되었다(ᄒᆞᆷᄭᅴ > 함께, ᄃᆞᆰ > 닭, ᄡᆞᆯ > 쌀). 음소 /ㆍ/는 18세기말에 소멸되었지만, 문자 'ㆍ'는 20세기 초반까지도 사용된다.

여기에서 문자와 문자가 표상하는 음가가 현대 국어와 중세 국어가 달랐음을 분명히 인지할 필요가 있다. 문자는 소리를 나타내는 기호이다. 따라서 문자는 바뀌지 않았지만, 문자가 나타내는 소리는 변화할 수 있다. 앞서 보았듯이 모음자 'ㅔ', 'ㅐ', 'ㅚ', 'ㅟ'의 경우 중세 국어에서는 이들 문자가 표상하는 소리가 각각 하향 이중모음인 [əy], [ay], [oy], [uy]였지만, 근대 국어 이후에는 단모음 [e], [ɛ], [ö], [ü]를 나타낸다. 또 다른 예로 자음자 'ㅈ, ㅊ, ㅉ' 역시 중세 국어에서 현대 국어에 이르기까지 문자는 변화하지 않았지만, 문자가 나타내는 소리는 중세 국어와 현대 국어가 다르다. 중세 국어에서 /ㅈ, ㅊ, ㅉ/은 설음의 앞쪽에서 나는 소리였는데 비해, 근대 국어 이후에는 설음의 뒤쪽인 경구개 위치에서 나는 소리로 변화하였다.

이와 반대의 경우 즉, 소리는 그대로인데, 소리를 표상하는 문자가 바뀐 경우도 있다. 'ㆁ(옛이응)'이 바로 이에 해당한다. 중세 국어에서 연구개 비음 /ŋ/를 표상하는 문자는 'ㆁ'이었지만, 근대 국어로 오면서 'ㅇ'으로 바뀌었다.

6.3.2. 음운 현상의 변화

중세 국어의 음운론적 특징으로 먼저 음절말에서 실현될 수 있는 자음이 현대 국어와 달리 8개였다는 것을 들 수 있다. 즉 현대 국어에서 음절말에서 실현될 수 있는 자음은 /ㅂ, ㄷ, ㄱ, ㅁ, ㄴ, ㅇ, ㄹ/ 7개인데, 중세 국어에서는 여기에 더하여 /ㅅ/이 음절말에서 실현되었다. 이는 훈민정음 종성해에서 'ㄱ ㅇ ㄷ ㄴ ㅂ ㅁ ㅅ ㄹ 八字可足用也'라는 기술에서 분명히 확인할 수 있다. 그러다가 16세기 이후에 음절말 [ㅅ]과 [ㄷ]이 더 이상 대립을 이루지 못하고 음절말의 [ㅅ]이 [ㄷ]으로 중화되어 오늘날에 이르고 있다.

이때 발음상으로는 [ㅅ]이 [ㄷ]으로 중화되었지만, 표기상으로는 'ㅅ' 표기로 단일화되었다. 즉 중세 국어에서 'ㄷ' 종성을 가지고 있던 '벋, 붇(筆), 곧(處), 갇(笠)'이 근대 국어에서 '벗, 붓, 곳, 갓'으로 표기되었다. 이로 인해 원래 /ㅅ/ 종성을 가지고 있던 '옷, 이웃, 웃듬, 맛'과 원래 /ㄷ/ 종성을 가지고 있던 단어들이 표기상으로 구분이 되지 않게 되었다.

근대 국어 표기법에서는 이를 구분하기 위한 방법으로 원래 /ㄷ/ 종성을 가지고 있던 단어들은 '벗이, 붓이'처럼 분철 표기를 하고, 원래 /ㅅ/ 종성을 가지고 있던 단어들은 '이우시, 오시'처럼 연철 표기를 하여 구분하기도 하였다. 이러한 표기상의 구분은 근대 국이 당시의 문법 의식의 발달을 보여주는 한 증거로 설명된다.

중세 국어에서 근대 국어로 넘어오면서 여러 가지 새로운 음운 현상들이 발생한다. 구개음화, 움라우트, 원순모음화 등이 대표적이다.

구개음화의 발생 시기는 17세기 말에서 18세기 초 정도로 추정한다. 그러면 중세 국어에서는 왜 구개음화가 발생하지 않았는가? 이는 중세 국어의 자음 체계에서 그 원인을 찾을 수 있다. 즉 중세 국어의 자음 체계에서 /ㅈ, ㅊ, ㅉ/은 현대 국어처럼 경구개 위치에서 나는 소리가 아니었다. 다시 말해 경구개음이 아니었다. 훈민정음의 기술을 그대로 따른다면 /ㅈ/은 설음인 /ㄷ/보다 앞쪽에서 나는 소리였다. 학자에 따라서는 /ㅈ/을 설음과 같은 위치 즉, 현대 국어로 보면 치조음 위치에서 나는 소리였던 것으로 보기도 하는데, 어쨌든 적어도 중세 국어의 /ㅈ/은 경구개 위치에서 나는 소리는 아니었다. 즉 /ㅈ, ㅊ, ㅉ/은 중세 국어에서 현대 국어에 이르는 동안 문자는 변화 없이 그대로이지만, 문자의 소릿값은 중세 국어와 현대 국어가 다르다. 구개음화라는 말은 구개음의 존재를 전제한다. 그런데 중세 국어에는 /ㅈ, ㅊ, ㅉ/이 구개음이 아니었으므로 당연히 구개음화가 발생할 수 없었다. /ㅈ, ㅊ, ㅉ/이 현대 국어와 같은 경구개 위치에서 나는 소리로 변화한 것이 근대 국어이다. 그렇기 때문에 구개음화의 발생이 /ㅈ, ㅊ, ㅉ/이 경구개 위치로 이동한 근대 국어에 와서야 발생할 수 있었던 것이다.

근대 국어에 일어난 구개음화 중에는 '기픈 → 집픈', '계집 → 제집'처럼 /ㄱ/이 /i, y/ 앞에서 /ㅈ/으로 바뀌는 /ㄱ/ 구개음화도 있다. /ㄱ/ 구개음화는 어두 음절에서만 나타나는 특징이 있었다. 또한 근대 국어 시기에 '녀자 → 여자, 량반 → 양반'처럼 어두에서 /ㄴ/, /ㄹ/이 /i, y/ 앞에서 탈락하는 현상이 나타나는데, 이를 /ㄴ/ 구개음화, /ㄹ/ 구개음화라고 부르기도 한다. 아무튼 현대 국어의 두음 법칙은 근대 국어 시기에 발생한 /ㄴ/ 구개음화, /ㄹ/ 구개음화와 직접적으로 관련된 사건이다. 학자에 따라서는 '효ᄌᆞ → 쇼ᄌᆞ', '형님 → 성님'처럼 /ㅎ/이 /i, y/ 앞에서 /ㅅ/으로 바뀌는 현상도 구개음화의 범주에 포함하여 /ㅎ/ 구개음화라고 부르기도 하는데, /ㅎ/ 구개음화가 발생한 시기 역시 근대 국어이다.

/ㄱ/ 구개음화, /ㄴ/ 구개음화, /ㄹ/ 구개음화, /ㅎ/ 구개음화 모두 /ㄷ/ 구개음화와 달리 어두 음절에서만 나타나는 특성을 보인다는 점에서는 공통적이다. 그리고 /ㄴ/ 구개음화와 /ㄹ/ 구개음화는 /ㄴ/과 /ㄹ/이 경구개 음소로 교체하는 것이 아니라 각각 경구개 변이음 [ɲ], [ʎ]으로 교체한 뒤 결과적으로 탈락한다는 점에서 /ㄷ/, /ㄱ/, /ㅎ/ 구개음화와는 그 성격이 다르다.

움라우트가 발생한 것은 적어도 18세기 이후의 일이다. 그러면 중세 국어에서는 왜 움라우트가 발생하지 않았는가? 움라우트는 후설 모음이 전설 모음으로 바뀌는 현상이다. 그런데 중세 국어 모음 체계에서는 전설 모음에 /ㅣ/밖에 없었다. 표기상 'ㅔ, ㅐ, ㅚ, ㅟ'는 중세 국어 당시 각각

[əy], [ay], [oy], [uy]의 이중모음이었고, 'ㅔ, ㅐ, ㅚ, ㅟ'가 현대 국어와 같이 단모음 [e], [ɛ], [ö], [ü]로 변화한 것은 근대 국어에 와서의 일이다. 움라우트는 전설성 동화이므로 당연히 모음 체계에서 전설 모음의 존재를 전제한다. 하지만 중세 국어에서는 동화될 수 있는 전설 모음이 존재하지 않았기 때문에 움라우트가 발생할 수 없었던 것이다. 그래서 근대 국어에 와서 'ㅔ, ㅐ, ㅚ, ㅟ'가 전설 모음으로 [e, ɛ, ö, ü]로 바뀌는 변화가 일어난 후에야 비로소 움라우트가 발생하였다.

모음조화는 중세 국어 시기에는 비교적 잘 지켜졌다. 그러다가 근대 국어로 오면서 모음조화가 상당히 혼란스럽게 변화한다. 모음조화의 붕괴는 국어사적으로 /ㆍ/(아래 아)의 소멸과 직접적으로 관련이 있다. /ㆍ/의 소멸은 2단계에 걸쳐 일어난다. 1단계 변화는 16세기 무렵에 일어난 비어두에서의 /ㆍ/ > /ㅡ/의 변화이고, 2단계 변화는 18세기 무렵에 일어난 어두에서의 /ㆍ/ > /ㅏ/의 변화이다. /ㆍ/의 2단계 변화에 해당하는 예로는 'ㅎ나>하나', 'ㅍ리>파리' 등이 있다. 모음조화 붕괴와 직접적으로 관련이 있는 변화는 /ㆍ/의 1단계 변화이다.

중세 국어의 '아ㅊ, 가놀다'가 /ㆍ/의 1단계 변화에 의해 '아ㅊ > 아츰 > 아침', '가놀다 > 가늘다'로 변화하면서 단어 내부에서의 모음조화가 붕괴된다. 활용에서도 중세 국어에서는 '마ㄱ니(막으니) : 머그니(먹으니)', '마ㄱ면 : 머그면'처럼 '-ㆍX : -으X'의 대립이 유지되었다. 그러나 /ㆍ/의 1단계 변화로 인해 '-ㆍX : -으X'의 대립이 무너져 '마그니, 자브면'처럼 '-으X'로 단일화됨으로써 활용에서도 모음조화의 대립이 대부분 무너지게 되었다.

중세 국어에는 성조가 초분절 음소로서 변별적 기능을 담당하였다. 중세 국어 성조는 평성, 거성, 상성으로 구분이 되었고, 입성은 종성에 받침이 있느냐의 유무에 따른 것으로 종성에 받침이 있으면 입성이다. 따라서 성조의 대립은 평성, 거성, 상성 3가지이다.

훈민정음의 기술에 따르면, 평성은 '뭇닞가볼 소리', 거성은 '맛노폰 소리', 상성은 '처서미 눗갑고 內終이 노폰 소리'이다. 그리고 평성은 무점, 거성은 한 점, 상성은 두 점으로 표시하였다.

(18) 중세국어의 성조 표시

　　㉠ ·내(주격) － 내(속격)

　　㉡ :네(주격) － 네(속격)

　　㉢ ·뉘(주격) － :뉘(속격)

즉 동일한 '내'이지만 한 점이 찍힌 거성의 '·내'는 주격형이고, 무점인 평성의 '내'는 속격형으로 성조에 의해 의미가 달라졌다. 마찬가지로 상성의 ':네'는 주격형, 평성의 '네'는 속격형이고, 거성의 '·뉘'는 주격형, 상성의 ':뉘'는 속격형이다.

현대 언어학의 관점에서 보면 평성은 L(저조), 거성은 H(고조), 상성은 LH(저고조)이다. 그래서 상성은 평성이나 거성에 비해 LH의 복합조이기 때문에 평성, 거성과 달리 길이도 길다. 중세 국어 상성이 현대 국어에서 장음(長音)으로 실현되는 것은 바로 이 때문이다. 즉 중세 국어의 성조는 소멸되었지만, 음장은 여전히 유지되고 있기 때문에 중세 국어의 상성이 현대 국어에서는 장음으로 반사되는 것이다. 역으로 보면, 현대 국어에서 음장을 가진 말들은 중세 국어에서 대부분 상성을 가진 말들이었다.

중세 국어에는 'ㅎ' 종성 체언들이 많이 있었다. 'ㅎ' 종성 체언은 근대 국어까지도 부분적으로 남아 있었지만, 이후 현대 국어에서는 '암탉, 수탉' 등의 합성어에서 'ㅎ' 종성 체언의 흔적만 확인할 수 있을 뿐 완전히 소멸되었다. 중세 국어에서 '암'과 '수'는 원래 'ㅎ' 종성 체언인 '암ㅎ', '수ㅎ'이었다. 따라서 중세 국어에서 '암ㅎ'과 '수ㅎ'에 '닭'이 결합할 경우에는 종성의 /ㅎ/이 후행하는 '닭'의 /ㄷ/과 축약되어 '암탉', '수탉'이 된다.

즉 중세 국어 당시에 '암탉', '수탉'은 공시적으로 유기음화 규칙이 적용된 것이다. 그런데 근대 국어 이후 'ㅎ' 종성 체언의 'ㅎ'이 모두 소멸되면서 '암ㅎ', '수ㅎ'은 각각 '암', '수'로 그 형태가 변화하였다. 하지만 중세 국어 당시에 만들어진 합성어 '암탉'과 '수탉'은 '암ㅎ', '수ㅎ'의 변화에도 불구하고, 중세 국어 당시의 '암탉', '수탉'을 현대 국어까지 그대로 유지하고 있는 것이다. '암캐, 수캐, 암코양이, 수코양이…' 등도 마찬가지이다. 이와 평행하게 '조팝나무', '이팝나무'에서도 원래는 '조', '이'가 '조ㅎ', '이ㅎ'이었음을 알 수 있다.

6.3.3. 문법의 변화

굴절에서의 특성과 변화

1) 조사의 특성과 변화

중세 국어의 속격 조사는 현대 국어와 달리 두 종류가 있었다. '-익/의'와 '-ㅅ'이 그것이다. '-익/의'는 유정물 지칭의 평칭 체언에 결합하였고, '-ㅅ'은 무정물 지칭이나 유정물 지칭의 존칭 체언에 결합하였다. '-익/의'는 선행 모음의 종류에 따른 이형태로, 선행 모음이 양성 모음이면 '-익', 음성 모음이면 '-의'가 쓰였다.

(19) ㉠ 느믹 나랏 그를 〈월인석보 序:6〉
　　 ㉡ 부텻 나히 셰히러시니 〈석보상절 3:4〉

(19㉠)에서 유정물 '남' 뒤에서는 속격 조사 '-익'를, 무정물 '나라' 뒤에서는 속격 조사 '-ㅅ'을 확인할 수 있다. 그리고 (19㉡)의 '부텻'에서의 속격 조사 '-ㅅ'은 '부텨'가 유정물 존칭이기 때문이다.

그리고 부사격 조사의 하나인 처격 조사의 경우에도 현대 국어에는 '-에'만 있지만, 중세 국어에는 여러 가지 이형태가 있었다.

(20) ㉠ <u>天下애</u> 느라가니 〈석보상절 3:6〉

　　㉡ 우리 始祖ㅣ <u>慶興에</u> 사른샤 〈용비어천가 3〉

　　㉢ 狄人ㅅ <u>서리예</u> 가샤 〈용비어천가 4〉

　　㉣ 버듸 <u>지븨</u> 가니 그 지비 〈법화경언해 4:43〉

　　　<u>바민</u> 비취니 〈용비어천가 101〉

중세 국어 처격 조사는 체언 어간의 말모음에 따라 (20㉠)처럼 체언 어간 말모음이 양성 모음이면 '-애', (20㉡)처럼 음성 모음이면 '-에', (20㉢)처럼 'ㅣ' 모음이면 '-예'가 쓰였다. 그리고 속격 조사와 형태가 같은 '-이/의'가 (20㉣)에서처럼 처격으로도 쓰였다. '-이'와 '-의'의 교체는 선행하는 체언 어간의 말모음이 양성 모음이면 '-이', 음성 모음이면 '-의'가 결합하였다.

2) 어미의 특성과 변화

현대 국어에서는 판정 의문문과 설명 의문문이 종결 어미에 의해 구분이 되지 않는다. 단지 의문사의 유무에 의해 판정할 수 있다. 그런데 중세 국어에서는 판정 의문문과 설명 의문문이 종결 어미에 의해 구분이 되었다. 판정 의문문에는 '-아/어' 계열의 어미가 결합하였고, 설명 의문문에는 '-오' 계열의 어미가 결합하였다.

(21) ㉠ 그딋 아바니미 <u>잇느닛가</u> 〈석보상절 6:14〉

　　㉡ 이 善男子 善女人의 功德이 <u>하녀</u> 몯 <u>하녀</u> 〈법화경언해 7:68〉

　　㉢ 이 ᄯ리 너희 <u>죵가</u> 〈월인석보 8:94〉

(22) ㉠ 世尊히 두 소니 다 뷔어늘 므스글 노ᄒ라 ᄒ시ᄂ니잇고 〈월인석
보 7:54〉

㉡ 善宿ㅣ 그 마ᅀᆞᆷ 사ᄅᆞᆷᄃᆞ려 무로ᄃᆡ 究羅帝 이제 어듸 잇ᄂ뇨 〈월인
석보 9:36〉

㉢ 이 엇던 光明고 〈월인석보 10:7〉

(21)은 판정 의문문이고, (22)는 설명 의문문이다. 의문형 어미의 형태
가 어떠하든 판정 의문문은 '-아/어' 계열의 어미('-잇가, -녀, -가)가, 설명
의문문은 '-오' 계열의 어미('-잇고, -뇨, -고')가 결합하였음을 확인할 수
있다.

(21㉢)의 '-가', (22㉢)의 '-고'는 각각 체언 '죵', '光明'에 바로 결합하였
다는 사실에서 어미라고 볼 수 없다. 어미가 체언에 결합할 수는 없기 때
문이다. 이러한 이유로 (21㉢)의 '-가', (22㉢)의 '-고'를 보조사로 해석하기
도 한다. 그런데 이와 달리 '죵가', '光明고'를 각각 '죵이가', '光明이고'에
서 서술격 조사 '-이-'가 생략된 구조로 해석하기도 한다. 이 해석에 따르
면 (21㉢)의 '-가'와 (22㉢)의 '-고'는 어미가 된다.

현대 국어와 차이가 나는 중세 국어 의문문의 또 하나의 특징은 2인칭
의문을 나타내는 종결 어미 '-ㄴ다', '-ㅭ다/-ㄹ다'가 있었다는 사실이다.

(23) ㉠ 善宿ㅣ 나ᅀᅡ가 닐오ᄃᆡ 究羅帝여 네 命終ᄒᆞᆫ다 주거미 닐오ᄃᆡ 내
ᄒᆞ마 命終호라 〈월인석보 9:36〉

㉡ 阿難아 네 엇데 아디 몯ᄒᆞᇙ다 〈능엄경언해 4:116〉

(23㉠)에서 '네 命終ᄒᆞᆫ다'는 '너 命終하느냐?'의 의미이고, (23㉡)에서 '네
엇데 아디 몯ᄒᆞᇙ다'는 '너 어찌 알지 못하겠느냐?'의 의미이다. 이처럼 '-
ㄴ다', '-ㅭ다/-ㄹ다'는 주어가 2인칭일 때에만 나타나는 의문문이다. 2

인칭 의문을 나타내는 '-ㄴ다', '-ㅭ다/-ㄹ다'는 근대 국어에 오면서 사라지는데, 이는 현재 시제 선어말 어미 '-ᄂᆞ-'의 활용형 '가ᄂᆞ다'가 16세기 이후부터 '간다'로 바뀌는 변화가 일어나는 시기와 맞물려 있다. 즉 '가ᄂᆞ다'가 '간다'가 되면서 2인칭 의문 '간다'와 더 이상 구별되지 않게 되었고, 이로 인해 2인칭 의문이 쇠퇴한 것으로 볼 수 있다.

중세 국어에서 현재 시제 선어말 어미는 어간이 자음으로 끝나든 모음으로 끝나든 항상 '-ᄂᆞ-'로 실현되었다(예 : 잇ᄂᆞ다, 가ᄂᆞ다). 그러다가 현대 국어처럼 어간의 음운론적 조건에 따라 '-ㄴ/는-'으로 나타나기 시작한 것은 16세기 이후부터이다. 현대 국어에서 '가다'에 현재 시제가 결합하면 '간다'이지만, 중세 국어에서 '간다'는 위에서 살폈듯이 2인칭 의문문의 형태이다. 즉 중세 국어에서는 '가ᄂᆞ다'와 '간다'가 전자는 현재 시제, 후자는 2인칭 의문문으로 엄격히 구분되었다. 16세기 이후 현재 시제 형태가 '가ᄂᆞ다'에서 '간다'로 바뀌면서 2인칭 의문을 나타내던 '-ㄴ다'도 소멸된다.

현대 국어에서 관형사형 어미 '-는'은 더 이상 분석하지 않고 '-는'을 하나의 어미로 보는 입장과, '-ᄂᆞ-＋-은'으로 분석하는 입장이 공존하고 있다. 역사적으로는 현재 시제 선어말 어미 '-ᄂᆞ-'에 관형사형 어미 '-은'이 결합한 것이 관형사형 어미 '-는(<-ᄂᆞᆫ)'이다. 관형사형 어미 '-는'에 형용사가 결합할 수 없는 이유는 바로 이러한 역사적인 사실에서 찾을 수 있다. 즉 '-는'에 현재 시제 선어말 어미가 결합되어 있기 때문에 형용사가 올 수 없는 것이다.

중세 국어에는 주체 높임, 청자 높임, 객체 높임이 모두 문법 형태소에 의해 실현되었다. 주체 높임은 선어말 어미 '-ᄋᆞ시/으시-'로 나타냈다. 따라서 주체 높임은 중세 국어에서 현대 국어에 이르기까지 변화가 없다.

청자 높임은 현대 국어와 달리 선어말 어미 '-이-'에 의해 실현되었는데, 의문형에서는 이형태 '-잇-'이 쓰였다. 청자 높임 선어말 어미 '-이-/-잇-'은 근대 국어 이후에 없어지지만, 청자 높임법은 현대 국어까지 이어진다. 다시 말해 청자 높임법은 현대 국어까지 그대로 존속되고, 단지 청자 높임을 나타내는 어미가 '-이-/-잇-'에서 '-ㅂ니다/-습니다', '-ㅂ니까/-습니까' 등으로 바뀌었다.

객체 높임은 선어말 어미 '-ᅀᆸ-'으로 나타내었다. 이형태로 '-ᄌᆸ-/-ᄉᆸ-' 등이 있었다. 이형태의 조건 환경은 어간의 말음이 /ㄷ, ㅈ/이면 '-ᄌᆸ-', 어간이 모음으로 끝나거나 유성 자음일 때는 '-ᅀᆸ-', 나머지 환경에서는 '-ᄉᆸ-'이 쓰였다.

(24) ㉠ 須達이 舍利弗더브러 무로디 世尊이 ᄒᆞᄅᆞ 몇 里를 <u>녀시ᄂᆞ니잇고</u>
〈석보상절 6:23〉

　　주체 : 세존(世尊)

　　청자 : 사리불(舍利弗)

　　화자 : 수달(須達)

　　참고　녀시ᄂᆞ니잇고 : 녀-시-ᄂᆞ-니-잇-고

㉡ 闍婆摩羅 座애셔 니러나아 부텻긔 ᄉᆞᆲ오디 世尊하 摩耶夫人이 엇던 功德을 닷ᄀᆞ시며 엇던 因緣으로 如來를 <u>나ᄊᆞᄫᆞ시니잇고</u> 〈석보상절 11:24a〉

　　주체 : 마야부인(摩耶夫人)

　　객체 : 여래(如來)

　　화자 : 달파마나(闍婆摩羅)

　　청자 : 부텨

　　참고　나ᄊᆞᄫᆞ시니잇고 : 낳-ᅀᆸ-ᄋᆞ시-니-잇-고

(24㉠)에서 '-ᄋᆞ시/-ᄋᆞ시-'가 쓰인 것은 주체인 '세존'이 화자인 '수달'보다 높기 때문이고, '-이-'가 쓰인 것은 청자인 '사리불'이 역시 화자인 '수

달'보다 높기 때문이다. 그리고 (24ⓛ)에서 '-ᇫᆸ-'이 쓰인 것은 객체인 '여래'가 화자인 '달파마나'보다 높을 뿐 아니라 주체인 '마야부인'보다도 높기 때문이다. '여래'와 그 어머니 '마야부인'은 상호 높임의 관계이다. 그리고 '-ᄋᆞ시/으시-'가 쓰인 것은 화자인 '달파마나'보다 주체인 '마야부인'이 높기 때문이며, 그리고 '-잇-'이 쓰인 것은 화자인 '달파마나'보다 청자인 '부텨'가 높기 때문이다.

객체 높임법은 근대 국어 이후에 소멸된다. 현재는 단지 몇몇 어휘에 의해 객체 높임의 흔적이 남아 있을 뿐이다(예: 뵙다, 여쭙다). 객체 높임법은 소멸되었지만, 객체 높임을 나타내던 선어말 어미 '-ᇫᆸ-'은 사라지지 않고, 현대 국어의 '-습니다/-ㅂ니다'에 반사되어 있다. 객체 높임법이 사라짐으로 인해 남아 있는 '-ᇫᆸ-'은 더 이상 객체 높임의 기능을 할 수 없게 된다. 이러한 변화와 맞물려 중세 국어에서 청자 높임을 나타내던 선어말 어미 '-이-/-잇-'이 사라지면서, 그 자리에 '-ᇫᆸ-'이 대체되어 '-ᇫᆸ-'이 청자 높임의 기능을 하게 되었다. 그래서 현대 국어의 '-습니다/-ㅂ니다'가 형태상으로는 중세 국어 '-ᇫᆸ-'의 형태를 반사하고 있지만, 그 기능은 청자 높임이다.

3) 활용의 특성과 변화

활용에서 중세 국어와 현대 국어가 다른 점은 다음과 같다.

먼저 현대 국어의 /ㅂ/ 불규칙과 /ㅅ/ 불규칙 활용 어간의 경우 중세 국어 당시에는 규칙 어간들이었다. /ㅂ/ 불규칙 활용을 하는 어간들의 말자음은 중세 국어의 /ㅸ/에 소급된다. 즉 '덥다'의 중세 국어 활용형은 '덥다, 더ᄫᅥ, 더ᄫᅳ니'이다. 그리고 'ㅅ' 불규칙 활용 어간의 말자음은 중세 국어의 /ㅿ/에 소급된다. '짓다'의 중세 국어 활용형은 '짓다, 지ᅀᅥ, 지ᅀᅳ니'이다. 근대 국어로 오면서 일어난 음운 변화 /ㅸ/ > /w/에 의해 '더ᄫᅥ > 더워, 더ᄫᅳ니 > 더우니'로, 그리고 /ㅿ/ > ∅에 의해 '지ᅀᅥ > 지어, 지ᅀᅳ

니 > 지으니'로 변화하여 현대 국어에서는 불규칙 활용을 하는 어간이 되었다. /ㄷ/ 불규칙 어간은 중세 국어 시기에도 현대 국어와 마찬가지로 불규칙 활용을 하였다.

그리고 현대 국어의 '르' 불규칙 용언의 경우 중세 국어에는 2가지 종류가 있었다. 하나는 '오르다(오르다), 오르니, 올아'처럼 '오르'와 '올ㅇ'으로 교체하는 어간들이다. 이러한 유형에 해당하는 용언들에는 '다르다(다르다), 고르다(均)(고르다), 기르다, 니르다(謂)(이르다), 두르다'가 있다. 다른 하나는 '모르다, 모르니, 몰라'처럼 '모르'와 '몰ㄹ'로 교체하는 어간들이다. 이에 해당하는 용언들에는 'ᄆᆞ르다(乾)(마르다), 므르다(退), 샌르다(빠르다), 부르다, 흐르다'가 있다. 근대 국어로 오면서 '오르~올ㅇ-'의 교체를 보이던 어간들이 '모르~몰ㄹ-'의 교체에 합류하는 변화가 일어나 현대 국어에서는 모두 '르' 불규칙의 양상으로 실현된다.

중세 국어의 불규칙 활용 중에는 'ᄇᆞᅀᆞ디(碎), ᄇᆞᅀᆞ며, 븢아'처럼 'ᄇᆞᅀᆞ~븢ㅇ-'으로 교체하는 불규칙 활용도 있었다. 이러한 유형에 해당하는 용언에는 '그스-(牽)(끌다), 비스-(扮)(빗다)'가 있다. 그리고 '시므고, 시므디, 심거, 심굼'처럼 '시므~심ㄱ-'으로 교체하는 불규칙 활용도 있었다.

4) 곡용의 특성과 변화

특이한 불규칙 활용형은 곡용에서도 평행하게 존재하였다. 즉 중세 국어에는 곡용의 경우에도 불규칙 곡용이 있었다. 먼저 '노르도(獐), 노르와, 놀이, 놀이'처럼 '노르~놀ㅇ'으로 교체하는 것으로 '느르(津), 즈르(柄)' 등도 같은 교체를 보인다. 다음으로 'ᄆᆞ르도(棟), ᄆᆞ르와, 물리, 물릭'처럼 '마르~말ㄹ'로 교체하는 것으로 '흐르(하루)'도 같은 교체를 보인다. 그리고 '아ᅀᆞ도, 아ᅀᆞ와, 앗이, 앗익'처럼 '아ᅀᆞ~앗ㅇ'으로 교체하는 것으로 '여ᅀᆞ(여우)'도 같은 교체를 보인다. 마지막으로 '나모도, 나모와, 남기, 남굴, 남기'처럼 '나모~남ㄱ'으로 교체하는 것으로 '구무(穴), 녀느(他), 불무(풀무), 므스'도 같은 교체를 보인다.

현대 국어와 달리 중세 국어에서는 내포문의 주어에 주격 조사가 결합하지 않고 속격 조사가 결합한 문장 구성들이 나타난다.

(25) ㉠ 諸子ㅣ [아비의 便安히 안존] 둘 알오 〈법화경언해 2:138〉

　　㉡ 이 東山은 [須達이 샨 거시오 〈석보상절 6:40〉

(25)에서 내포문 서술어 '앉다'의 주어 '아비'가 속격 조사와 결합한 '아비의'로 실현되었고, 역시 내포문 서술어 '사다'의 주어 '須達'이 속격 조사와 결합한 '須達의'로 실현되었다.

또한 내포문의 주어가 주격 조사가 아닌 목적격 조사와 결합한 문장 구성도 나타난다.

(26) ㉠ [오직 똥을 둘며 뿌믈] 맛볼 거시라 〈번역소학 9:316〉

　　㉡ [사르미 이룰 다봇 옮둧] 호믈 슬노니 〈두시언해중간본 7:16〉

(26)에서 보듯이 내포문 서술어 '둘며 뿌믈'의 주어 '똥'이 주격 조사가 아닌 목적격 조사와 결합한 '똥을'로, 그리고 내포문 서술어 '옮다'의 주어 '사르미 일'이 주격 조사가 아닌 목적격 조사와 결합한 '사르미 이룰'로 나타나고 있다. 이때는 대체로 내포문 주어가 모문 서술어의 목적어로도 가능한 경우일 때가 많다. 즉 '똥을 맛보다', '이룰 ᄒ다'처럼 내포문 주어가 모문 서술어의 목적어로도 가능할 때 내포문 주어가 목적격 조사를 취한다.

중세 국어와 같은 유형은 아니지만 내포문 주어가 목적격 조사를 취하는 현상은 현대 국어에서도 찾아볼 수 있다. 이때 모문 서술어는 '생각하다, 여기다, 느끼다'처럼 사유와 관련된 일부 동사로 제약된다.

(27) ㉠ 철수는 영이가 예쁘다고 생각한다.

　　 ㉡ 철수는 영이를 예쁘다고 생각한다.

　　 ㉢ 철수는 영이를 [영이가 예쁘다고 생각한다.

　(27㉠)의 내포문 주어 '영이가'가 (27㉡)에서는 목적격 조사를 취한 '영이를'의 형태로 나타나고 있다. 한편 (27㉢)에서 '영이를'과 '영이가' 둘 중 하나가 생략되어서 (27㉠), (27㉡)이 되는 것으로 보기도 하는데, 이렇게 보면 (27㉡)의 '영이를'은 내포문이 아니라 모문에 위치하기 때문에 내포문 주어가 목적격 조사를 취했다고 할 수 없다.

형태소 및 단어의 변화

　실질 형태소가 형식 형태소로 변화하기도 하는데, 이를 문법화(grammaticalization)라고 한다. 현대 국어의 보조사 '-부터', '-조차', '-까지'가 대표적인 경우이다.

(28) ㉠ 法性 모물 <u>브터</u> 得ᄒ시며 〈석보상절 20:14〉

　　 ㉡ 샹녯 이룰 <u>조차</u> ᄒᄂᆞᆫ 〈석보상절 19:25〉

　　 ㉢ 님금 셤기ᅀᆞᆸ보ᄃᆡ 힚 <u>ᄀ장</u> 홀씨 〈월인석보 2:63〉

　'-부터'는 중세 국어의 동사 '븥-'의 활용형 '브터'가 문법화된 것이고(브터 > 부터), '-조차'는 중세 국어의 동사 '좇-'의 활용형 '조차'가 문법화된 것이다. 그리고 '-까지'는 중세 국어의 명사 'ᄀ장(極)'이 문법화된 것이다 (ᄀ장 > ᄭ장 > 까지).

　중세 국어에서는 합성어였던 것이 합성어를 이루던 어기가 접사로 문법화되면서 현대 국어에서 파생어가 된 경우도 이다. '엿보다', '엿듣다'의 접두사 '엿-'이 그것이다.

(29) ㉠ 窓으로 <u>여서</u> 지블 보니 〈능엄경언해 5:72〉

　　 ㉡ 믓ᄀ새 고기 <u>엿ᄂ니ᄂ</u> 수업슨 가마오디오 〈번역박통사 上:70〉

원래 '엿-'은 동사였다. 그러나 동사 '엿-'이 사라지고, '엿보다, 엿듣다, 엿살피다'처럼 합성어에만 '엿-'이 남아 있다. 이로 인해 현대 국어에서는 더 이상 '엿-'이 동사로 기능하지 못하고 접사로 문법화되었다.

의문 대명사 '무엇'에 대응하는 중세 국어 어형은 '므ᅀ'이다. 중세 국어 '므ᅀ'는 모음으로 시작하는 조사 앞에서는 '므ᇫ'으로, 부사격 조사 '-와/과' 앞에서는 '므ᇫ'으로 나타난다.

(30) ㉠ 일후미 <u>므ᅀ</u>고 〈능엄경언해 5:18〉

　　 ㉡ 네 <u>므ᇫ</u>글 보ᄂ다 〈능엄경언해 1:100〉

　　 ㉢ <u>므ᇫ</u>과 ᄀᆮᄒᆞ뇨 〈육조법보단경언해 中:6〉

'므ᅀ', '므ᇫ'은 관형사로도 쓰이는데, 이때의 '므ᅀ', '므ᇫ'은 현대 국어의 '무슨'의 뜻이다. 일반적인 관형사의 형태는 '므ᇫ'이다.

(31) ㉠ <u>므ᇫ</u> 마롤 ᄒᆞ시더뇨 〈석보상절 23:30〉

　　 ㉡ <u>므ᇫ</u> 마롤 ᄒᆞ더시뇨 阿難이 ᄉᆞᆲ보디 〈석보상절 23:31〉

현대 국어에서는 부사로만 쓰이는 '아니'가 중세 국어에서는 명사로도 쓰였다. (32)에서 보듯이 '아니' 뒤에 조사가 결합한 것을 볼 수 있는데, 조사가 결합하였다는 사실에서 '아니'가 명사임을 알 수 있다.

(32) ㉠ 둘 <u>아니롤</u> 조차 順ᄒᆞ샤미라 〈원각경언해 上 2:134〉

　　 ㉡ 이와 이 <u>아니왜</u> 업수믈 알면 〈능엄경언해 2:57〉

중세 국어에서는 명사 파생 접미사와 명사형 어미가 다르게 실현되었다. 명사 파생 접미사는 '-옴/음'이었고, 명사형 어미는 '-옴/움'이었다. 즉 명사형 어미는 반드시 '-오/우-'를 선행시켰다. 이때의 '-오/우-'를 의도법 선어말 어미로 해석하기도 하지만, 정확히 이때의 '-오/우-'가 의도를 나타낸다고 보기 어려운 측면도 있다.

아무튼 중세 국어에서는 이처럼 파생 명사와 명사형이 구분이 되었다. 그래서 '여름(果)', '사름'은 파생 명사이고, '여룸', '사롬'은 명사형으로 형태상으로 구분이 되었다. 근대 국어로 오면서 '-오/우-'가 소멸되면서 명사 파생 접미사와 명사형 어미의 형태상의 차이가 없어지게 되었다. 그래서 현대 국어에서는 문장에서의 기능을 통해 파생 명사인지 명사형 어미가 결합한 용언의 활용형인지를 판단해야 한다.

현대 국어에서 '새 책, 새 모자'의 관형사 '새(新)', 그리고 '날고기, 날김치'의 접두사 '날-(生)'이 중세 국어에서는 명사로도 쓰였다.

(33) ㉠ 새와 늘ᄀ니와 〈능엄경언해 7:83〉

　　 ㉡ 느룰 머그면 〈능엄경언해 8:5〉

(33㉠)에서 '새'에는 접속조사 '-와'가, (33㉡)에서 '늘'에는 목적격 조사 '-롤'이 결합한 것을 볼 수 있다. 조사가 결합하였다는 것은 '새'와 '늘'이 명사였음을 증언해 준다.

참고문헌

이 책에서 논의한 내용들을 좀 더 자세히 살피고 깊이 이해하려고 할 때 요긴한 참고문헌들을 소개한다. 아래에 소개하는 참고문헌들은 이 책을 접할 독자들의 수준을 고려해서 선정하였지만 필자의 주관적인 판단이 어느 정도 반영된 것일 수밖에 없다. 이에 경우에 따라서는 독자 개인과 잘 맞지 않는 책이 선정되어 있을 수도 있으므로 일단 아래 목록들을 참고로 하되, 수동적인 자세에서 벗어나 독자 자신에게 가장 적합한 책을 적극적으로 찾아 나서길 바란다.

기호 자체에 대한 이해, 기호학

이 책 1장에서 살폈듯이 언어는 기호의 일종이다. 언어를 포함하여 기호 자체를 집중적으로 다루는 분야가 기호학인데 아래 책은 이 분야를 개괄적으로 이해하는 데 많은 도움이 된다.

김경용(1994), 『기호학이란 무엇인가』, 민음사.

송효섭(2013), 『인문학, 기호학을 말하다』, 이숲.

언어에 대한 전체적인 조망, 언어학

이 책 1장에서 언급했듯이 국어 문법을 제대로 이해하려면 다른 여러 언어의 문법도 살펴야 한다. 더불어 국어 문법에서 조금 떨어져서 언어 자체의 문법, 즉 보편 문법의 정체를 살피고, 나아가 개별 문법과 보편 문법의 중간에 존재하는 유형적 문법도 살펴야 국어 문법에 대한 이해가 깊어진다. 아래 책은 여러 언어의 문법, 언어 자체에 대한 통찰, 보편 문법과 유형적 문법의 실상을 이해하는 데 많은 도움이 된다.

강범모(2020), 『언어: 풀어쓴 언어학 개론』, 개정 4판, 한국문화사.

김진우(2004), 『언어』, 깁더본, 탑출판사.

Isac, D. & C. Reiss(2013), *I-Language*, 2nd edition, Oxford University Press.

Jackendoff, R.(1994), *Patterns in the Mind*, Basic Books. [이정민 · 김정란 옮김(2000), 『마음의 구조』, 태학사]

Pinker, S.(1994), *The Language Instinct*, Allen Lane. [김한영 · 문미선 · 신 효식 옮김(2008), 『언어 본능』, 개정 2판, 동녘 사이언스]

Song, Jae-Jung[송재정](2004), *Linguistic Typology*, Pearson. [김기혁 옮김 (2009), 『언어 유형론』, 보고사]

국어 문법의 전체적인 틀, 국어학 개론

이 책에서는 국어학을 음운론, 형태론, 통사론, 의미론과 화용론, 국어사로 나누고 각 분야를 개괄적으로 훑으며 국어학의 토대를 쌓아 왔다. 이러한 성격 의 책들 중에 이 책과 함께 보면 좋을 만한 것들을 아래에 제시한다. 대개 현상 이나 이론에서 이 책보다 전문적이라 할 수 있는데 이 책의 내용을 토대로 하 면 어렵지 않게 이해할 수 있을 것이다.

구본관 외(2020), 『한국어학 개론』, 집문당.

노대규 외(1991), 『국어학 서설』, 신원문화사.

신승용(2012), 『국어사와 함께 보는 학교문법 산책』, 개정판, 태학사.

신지영 외(2012), 『쉽게 읽는 한국어학의 이해』, 지식과 교양.

이익섭(2011), 『국어학 개설』, 3판, 학연사.

최전승 · 최재희 · 윤평현 · 배주채(2008), 『국어학의 이해』, 개정판, 태 학사.

음운론에서 의미론까지, 국어학 각론

국어 문법의 개괄적인 내용을 넘어 보다 넓고 깊은 내용을 알고 싶으면 각 론으로 들어가야 한다. 음운론, 형태론, 통사론, 의미론과 화용론 각 분야를 이해하는 데 도움이 될 만한 책들을 소개한다. 책에 따라서는 어느 한 분야만 다룬 것도 있고, 둘 이상의 분야, 예를 들어 형태론과 통사론을 함께 다룬 것 도 있다.

강범모(2018), 『의미론: 국어, 세계, 마음』, 한국문화사.

구본관 외(2015), 『한국어 문법 총론』Ⅰ·Ⅱ, 집문당.

권재일(2012), 『한국어 문법론』, 태학사.

남기심(2001), 『현대국어 통사론』, 태학사.

남기심 외(2019), 『새로 쓴 표준 국어 문법론』, 한국문화사.

박영순(2007), 『한국어 화용론』, 박이정.

배주채(2013), 『한국어의 발음』, 개정판, 삼경문화사.

서정목(2017), 『한국어의 문장 구조』, 역락.

신승용(2013), 『국어 음운론』, 역락.

윤평현(2008), 『국어 의미론』, 역락.

이성범(2019), 『소통의 화용론』, 2판, 한국문화사.

이정훈(2012), 『발견을 위한 한국어 문법론』, 서강대학교 출판부.

이진호(2005), 『국어 음운론 강의』, 삼경문화사.

임지룡(2018), 『한국어 의미론』, 한국문화사.

정연찬(1997), 『개정 한국어 음운론』, 한국문화사.

정한데로(2019), 『발견을 위한 한국어 단어형성론』, 서강대학교 출판부.

황화상(2013), 『현대국어 형태론』, 개정판, 지식과 교양.

국어의 변화, 국어사

국어사도 국어학 각론에 속하지만 국어학 각론과 분리하여 따로 소개한다. 국어사는 국어학 개론이 아닌 각론에 해당하는 수준의 문법 지식이 어느 정도 갖추어지고, 한글이 아닌 다른 문자, 주로 한자로 기록된 국어사 자료를 해독할 수 있는 기본적인 능력을 갖추어야 탐구할 수 있기 때문이다. 그래도 6장을 통해 알 수 있듯이, 한글, 보다 정확히는 훈민정음(訓民正音)이 창제된 15세기 중반부터의 자료는 이 책 수준에서도 어느 정도는 이해할 수 있다. 이에 이 책 수준에서 이해할 수 있으며 훈민정음으로 기록된 자료를 위주로 한 국어사 책을 소개한다.

신승용(2022), 『쉽게 풀어 쓴 국어사 개론』, 집문당.

위의 책보다는 다소 어렵지만 아래의 책들도 국어사에 접근하는 데 유용하다. 더불어 언어의 역사를 탐구하는 방법을 다룬 책도 함께 소개하는데 국어사 연구의 방법론을 이해하는 데 크게 도움이 된다.

고영근(2020), 『표준 중세국어 문법론』, 4판, 집문당.
안병희·이광호(1990), 『중세국어 문법론』, 학연사.
이광호(2004), 『근대국어 문법론』, 태학사.
Bynon, T.(1977), *Historical Linguistics*, Cambridge University Press. [최전승 옮김(1992), 『역사언어학』, 한신문화사]

한편 국어사 연구의 토대가 되는 국어사 자료는 그 자료가 어느 시기의 언어를 반영한 것인지, 어떤 지역의 언어가 반영되었는지, 번역문인지 아닌지, 구어체인지 문어체인지 등에 대해 알아야 오해와 오용을 막을 수 있다. 현대국어 자료가 아니기 때문에 어쩔 수 없는 노릇인데 국어사 자료에 관한 여러 문제를 폭넓게 논의한 아래 논저는 국어사 자료를 이해하는 데에 매우 유용하다.

홍윤표(2012), 「국어사 자료」, 『국어학』 65, 국어학회.
홍윤표(2017), 『국어사 자료 강독』, 태학사.

국어사 자료에 대한 기본적인 지식을 갖추었으면 당연히 직접 국어사 자료를 접해야 한다. 그런데 국어사 자료가 대개 역사적 유물이기 때문에 그 원본을 직접 입수하여 이용하기는 어렵다. 이에 국어사 자료를 영인해서 간행한 책을 이용하거나, 디지털 한글 박물관(http://archives.hangeul.go.kr/), 한국 고전적 종합 목록 시스템(http://www.nl.go.kr/korcis/) 등의 기관에서 제공하는 국어사 자료 이미지 파일을 이용한다. 국어사 자료를 영인한 책과 이미지 파일을 제공하는 기관들에 대한 기본적인 정보는 바로 위에 소개한 논저를 참고하면 된다.

위에 소개한 논저 중 홍윤표(2017)은 실제 국어사 자료를 발췌하여 제시하고 주석까지 달아 놓아서 초심자가 국어사 자료에 입문하는 데 좋은 길잡이가 되는데, 이러한 성격의 논저를 아래에 하나 더 소개한다. 아래에 소개하는 논저는 〈훈민정음 언해본〉(1459년)부터 시작해서 〈독립신문〉(1896년~1899년)까지여러 국어사 자료를 소개하면서 각 자료의 일부를 발췌하고 그에 대한 설명을 덧붙이고 있어서 홍윤표(2017)과 함께 국어사 자료에 입문하는 데에 좋은 길잡이가 된다.

　　이승희 · 이병기 · 이지영(2017), 『국어사 자료 강독』, 개정판, 사회평론아
　　　　카데미.

〈훈민정음〉은 국어사뿐만 아니라 다른 영역의 한국어 문법 연구의 든든한반석이다. 따라서 충실히 이해할 필요가 있는데, 이 책 수준에서 접할 수 있는책을 소개하면 아래와 같다. 〈훈민정음〉에 집중한 책과 생활사 · 문화사의 영역으로까지 관점을 넓힌 책으로 그 성격을 나눌 수 있는데, 친절하고 쉬우면서도 포괄적인 시각을 취하고 있어서 초심자에게 큰 도움이 된다.

　　국립국어원 편(2008), 『알기 쉽게 풀어 쓴 훈민정음』, 생각의 나무.
　　김주원(2013), 『훈민정음: 사진과 기록으로 읽는 한글의 역사』, 민음사.
　　박창원(2014), 『한국의 문자, 한글』, 이화여자대학교 출판부.
　　홍윤표(2013), 『한글 이야기』 1 · 2, 태학사.

문법의 작동 방식, 언어심리학 또는 심리언어학

　이 책을 시작하며 1장에서 밝혔듯이 문법에 대한 탐구는 문법의 작동 방식에 대한 탐구와 나란히 가야 한다. 문법의 작동 방식, 즉 화청자의 실제적인언어 행동은 심리언어학 혹은 언어심리학 분야에서 집중적으로 연구되는데 이분야를 소개하는 책으로서 이 책 수준에서 충분히 이해할 만한 것들을 아래에소개한다.

　　김영진(2018), 『언어심리』, 학지사.
　　Aitchison, J. (2012), *Words in the Mind*, 4th edition, Wiley-Blackwell. [3판

옮김. 홍우평 옮김(2004), 『언어와 마음』, 역락

Cowles, H.(2010), *Psycholinguistics 101*, Springer Publishing Company. [이승복 · 이희란 옮김(2012), 『언어심리학 101』, 시그마프레스]

Whitney, P.(1997), *The Psychology of Language,* Houghton Mifflin. [이승복 · 한기선 옮김(1999), 『언어심리학』, 시그마프레스]

아쉽게도 국어 자료를 다루면서 문법의 작동 방식을 쉽게 설명한 책을 찾기는 어렵다. 아쉬운 대로 아래 책과 아래 책에서 소개하는 논저들을 참고할 수 있다. 이 책 수준에서는 꽤 어려울 수 있음을 미리 밝힌다.

조명한 외(2003), 『언어심리학』, 학지사.

찾아보기

모음

신승용(申昇容)

서강대학교 학사, 석사, 박사.

영남대학교 국어교육과 교수. 음운론 및 음운사, 문법 교육 및 외국어로서의 한국어 교육 연구.
『음운 변화의 원인과 과정』(2003), 『학교문법산책』(2010), 『국어음운론』(2013), 『기저형과 어휘
부』(2018), 「중세국어피동 접사 '-이-, -히-, -기-, -리-'의 분포적 특성과 성격」(2019), 「복합어의
기저형과 복합어 경계 교체의 공시성 유무」(2020) 외 논저 다수.

이정훈(李庭勳)

서강대학교 학사, 석사, 박사.

서강대학교 국어국문학과 교수. 문법론 및 언어 이론 연구.
『조사와 어미 그리고 통사구조』(2008), 『발견을 위한 한국어 문법론』(2012), 『한국어 구문의 문법』
(2014), 『한국어 생성 통사론』(공저, 2018), 「조각문의 형성 방식과 다중 조각문」(2018), 「내핵 관계
절 구성과 분열문의 '것'의 통사론」(2020) 외 논저 다수.

오경숙(吳敬淑)

서강대학교 학사, 석사, 박사.

서강대학교 전인교육원 조교수. 문법론 및 의미론, 외국어로서의 한국어 교육 연구.
『한국어의 비교 구문 연구』(2010), 『한국어 어미의 문법』(공저, 2014), 『초등학생을 위한 표준
한국어』(공저, 전 33권, 2019, 2020), 「한국어 문법 교육에서 '이다'와 관련한 몇 가지 문제」(2018),
「한국어 사용자 관점에서 문법 항목 의미 기술의 방향」(2020) 외 논저 다수.